D0818393

AGENT ZIGZAG

BEN MACINTYRE

AGENT ZIGZAG

*Prawdziwa opowieść wojenna o Eddiem Chapmanie
— kochanku, zdrajcy, bohaterze, szpiegu*

Przełożył
Aleksander Sudak

Wydawnictwo
Nasza Księgarnia

Tytuł oryginału angielskiego
Agent Zigzag
The True Wartime Story of Eddie Chapman – Lover, Traitor, Hero, Spy

Copyright © 2007 by Ben Macintyre

© Copyright for the Polish translation by Aleksander Sudak, 2010

© Copyright for the Polish edition by Wydawnictwo „Nasza Księgarnia", 2010

Cover design by David Mann
Cover photos (clockwise): © News International Syndication;
© Popperfoto/Getty Images; © BBC; Courtesy of Bibbi Røset

OD AUTORA

Opisana poniżej historia oparta jest na urzędowych dokumentach, listach, dziennikach, doniesieniach prasowych, relacjach świadków i wspomnieniach.

Anglik Eddie Chapman po raz pierwszy zwrócił moją uwagę, gdy przeczytałem zamieszczoną w „The Times" pośmiertną notkę o nim. Oto wśród postaci wybitnych i dobrych pojawił się ktoś, kto zyskał sobie pewną wielkość, ale w sposób daleki od powszechnie pochwalanego. Równie intrygujące było to, o czym notka nie mówiła – bo i nie mogła – czyli wyczyny Chapmana podczas drugiej wojny światowej. Takie szczegóły pozostawały opieczętowane w tajnych archiwach Wydziału Piątego Wywiadu Wojskowego (Military Intelligence 5 – MI5). W tamtych czasach wydawało się, że historia Eddiego Chapmana nie zostanie nigdy opowiedziana do końca.

Później jednak, w ramach nowej polityki otwartości, Wydział Piąty zaczął udostępniać trzymane dotąd w tajemnicy materiały, które nie szkodziły żyjącym ani nie zagrażały bezpieczeństwu narodowemu. Pierwsze „akta Zigzaga" zostały przekazane do Archiwum Narodowego w roku 2001. Zawierały ponad tysiąc siedemset stron dokumentów związanych ze sprawą Chapmana: kopie protokołów przesłuchań, przechwycone meldunki radiowe, raporty, opisy, diagramy, tajne sprawozdania, notatki, listy i fotografie. Akta są bardzo szczegółowe i przedstawiają nie tylko wydarzenia i ludzi, lecz także wszelkie drobiazgi z życia szpiega, jego nastroje i uczucia, nadzieje, obawy i sprzeczności jego postępowania. Prowadzący sprawę Chapmana urzędnicy stworzyli jego pełny wizerunek, drobiazgowo (czasem godzina po godzinie) relacjonując jego działania.

Jestem ogromnie wdzięczny Wydziałowi Piątemu za zgodę na udostępnienie dodatkowych akt odnoszących się do sprawy oraz Howardowi Daviesowi z Archiwum Narodowego za pomoc w moich staraniach.

Po wojnie ukazały się wspomnienia Chapmana, ale Ustawa o tajnych dokumentach (Official Secrets Act) nie pozwoliła mu na opisanie wyczynów w roli podwójnego agenta, zaś podana przezeń wersja wydarzeń to raczej pasjonująca lektura niż źródło wiedzy. Jak twierdzili przesłuchujący go śledczy, chronologia była zjawiskiem całkowicie mu obcym. W książce, którą mają Państwo przed sobą, wszystkie cytaty pochodzą ze źródeł wymienionych w przypisach. Dla jasności zdecydowałem się ujednolicić pisownię, a od czasu do czasu przekształciłem wypowiedzi zaczerpnięte z materiałów źródłowych w wypowiedzi bezpośrednie. Historię Chapmana możemy również odtworzyć dzięki wspomnieniom ludzi, którzy w różnym stopniu związani byli z opisywanymi osobami i wypadkami. Jestem wdzięczny dziesiątkom rozmówców z Wielkiej Brytanii, Francji, Niemiec i Norwegii, w tym Betty Chapman, za wielogodzinne wywiady, w których wracali do wydarzeń sprzed ponad półwiecza. Z oczywistych powodów niektóre z osób zamieszanych w ciemne sprawy Chapmana wolały zachować anonimowość.

Zaledwie kilka tygodni przed planowaną datą oddania tej książki do druku w Wydziale Piątym znaleziono całą teczkę akt, która została przeoczona podczas przekazywania dokumentów do archiwum państwowego. Teraz wspaniałomyślnie udzielono mi zgody na pełny dostęp do jej zawartości. Materiały te można obecnie przeglądać w Archiwum Narodowym. W nadzwyczajny sposób, dzięki relacjom oficerów prowadzących Chapmana, pozwalają one zgłębić psychikę agenta. Może był to ostatni brakujący element zagadki Zigzaga.

Zigzag – zygzak, linia łamana, której części przypominają literę Z.

Należy odszukać w swoich szeregach szpiegów wroga, przekonać ich do siebie i wykorzystać, udzielić stosownych instrukcji i wysłać z powrotem do obozu wroga. W ten sposób pozyskamy szpiega nawróconego, działającego na naszą korzyść.

Sun Tzu, *Sztuka wojny*, przeł. Jarek Zawadzki

Wojna czyni złoczyńców, a pokój ich wiesza.

George Herbert

PODRÓŻE EDDIEGO CHAPMANA

NORWEGIA
OSLO
LONDYN
BERLIN
NIEMCY
PARYŻ
JERSEY
NANTES
WŁOCHY
FRANCJA VICHY
PORTUGALIA
MADRYT
LIZBONA
HISZPANIA

1 LONDYN — JERSEY, LUTY 1939
2 JERSEY — PARYŻ, LISTOPAD 1941
3 PARYŻ — NANTES, KWIECIEŃ 1942
4 NANTES — LONDYN, GRUDZIEŃ 1942
5 LONDYN — LIZBONA, MARZEC 1943
6 LIZBONA — MADRYT, MARZEC 1943
7 MADRYT — PARYŻ, KWIECIEŃ 1943
8 PARYŻ — BERLIN, KWIECIEŃ 1943
9 BERLIN — OSLO, KWIECIEŃ 1943
10 OSLO — PARYŻ, KWIECIEŃ 1944
11 PARYŻ — LONDYN, CZERWIEC 1944

Prolog

2.13 nad ranem, 16 grudnia 1942

Niemiecki szpieg wyskakuje z czarnego zwiadowczego focke-
-wulfa szybującego nad Cambridgeshire. Jego jedwabny spadochron
otwiera się z furkotem, potem przez dwanaście minut bezszelestnie
płynie w dół. Świecą gwiazdy, ale ziemia, którą skoczek poczuł pod
stopami, wskutek zarządzonego podczas wojny zaciemnienia jest
smoliście czarna. Z nosa obficie cieknie mu krew.

Szpieg jest dobrze wyposażony. Nosi fasowane przez armię
brytyjską buty i hełm. W kieszeni ma portfel zabrany angielskiemu żołnierzowi, który zginął cztery miesiące wcześniej pod Dieppe, a w nim dwa fałszywe dowody tożsamości i prawdziwy list od
Betty, swojej dziewczyny. W plecaku zapałki do „szyfrów" nasą-
czone chininą, odbiornik radiowy, mapę wojskową, dziewięćset
dziewięćdziesiąt funtów w używanych banknotach o różnych nominałach, rewolwer typu Kolt, saperkę i kilka par okularów w celu
ukrycia oblicza. Cztery z jego zębów są zrobione ze złota, co opła-
ciła hitlerowska Trzecia Rzesza. Rozwiane poły płaszcza ukazują
trochę już niemodny cywilny garnitur. W górnej kieszeni prawej
nogawki spodni wszyta jest celofanowa paczuszka z pigułką cyjan-
ku potasu.

Szpieg nazywa się Edward Arnold Chapman. Angielska policja zna go również jako Edwarda Edwardsa, Edwarda Simpsona
i Arnolda Thompsona. Jego niemieccy przełożeni obdarzyli go
pseudonimem „Fritz" (Fryc) albo pieszczotliwie „Fritzchen" (Frycek). Wywiad brytyjski na razie nie ma dlań żadnego imienia.

Tego wieczora okręgowy komisarz policji z Cambridgeshire po pilnym telefonie od jakiegoś dżentelmena z Whitehall nakazał wszystkim swym podwładnym uważać na osobnika nazwanego tylko agentem X.

Eddie Chapman ląduje na świeżo zaoranym polu o 2.25 nad ranem i pada twarzą w rozmiękłą glebę. Oszołomiony, zwalnia spadochron, zrzuca poplamiony krwią płaszcz i zakopuje te rzeczy. Wpycha rewolwer do kieszeni i grzebie w plecaku, szukając mapy i zapałek. Mapy nie ma, musiała wypaść. Szuka jej na kolanach w ciemności. Klnie i siada na gołej ziemi, zastanawiając się, gdzie, kim, a przede wszystkim – po czyjej stronie jest.

1

Hotel de la Plage

Wiosna 1939 roku wcześnie zawitała na wyspę Jersey. Słońce wlewające się przez okna restauracji Hotelu de la Plage otoczyło oślepiającą aureolą mężczyznę siedzącego naprzeciw Betty Farmer. Był odwrócony tyłem do morza i z zadowoleniem zajadał niedzielny przysmak za sześć pensów – rostbef ze „wszystkimi dodatkami"[1].

Betty, osiemnastoletnia wiejska dziewczyna, świeżo przybyła z okolic Shropshire, wiedziała, że mężczyzna zupełnie nie przypomina tych, których znała do tej pory. Poza tym jej informacje o Eddiem Chapmanie były raczej ograniczone: dwadzieścia cztery lata, wysoki i przystojny, z cienkim wąsikiem jak u Errola Flynna w *Szarży lekkiej brygady* oraz głębokimi, piwnymi oczami, głos mocny, choć wysoki, z lekkim północno-wschodnim akcentem. Wciąż się śmiał i sypał dowcipami. Wiedziała, że musi być bogaty, bo „robił w filmie"[2] i jeździł bentleyem. Nosił drogie garnitury, złoty pierścień i kaszmirowy płaszcz z kołnierzem z norek. Dzisiaj miał na sobie schludny krawat w żółte kropki oraz pulower bez rękawów. Poznali się w klubie na ulicy Kensington Church i choć z początku Betty nie przystała na zaproszenie do tańca, wkrótce dała się ubłagać. Eddie został jej pierwszym kochankiem, ale potem zniknął, mówiąc, że ma pilny interes w Szkocji. „Wyjeżdżam – oznajmił. – Ale zawsze będę wracał"[3].

Wierny tej obietnicy pojawił się nagle u drzwi jej mieszkania, uśmiechnięty i zdyszany. „Co byś powiedziała na wyjazd do Jersey, a potem może na południe Francji?" – zapytał[4]. Betty rzuciła się do pakowania rzeczy.

Ku swemu zaskoczeniu odkryła, że będą podróżować w towarzystwie. Na przednich siedzeniach zaparkowanego przed domem bentleya siedziało dwóch mężczyzn: kierowca, wielkie, paskudne chłopisko o pomarszczonej twarzy; i drugi – niski, szczupły, ciemnowłosy. Para ta nie wyglądała na właściwych towarzyszy podczas romantycznych wakacji. Kierowca uruchomił silnik i z zawrotną szybkością popędzili poprzez londyńskie ulice, by z piskiem opon zajechać na lotnisko Croydon, zaparkować za hangarem i zdążyć na samolot Jersey Airways. Wieczorem zatrzymali się w hotelu stojącym nad brzegiem morza. Eddie powiedział recepcjoniście, że przyjechali do Jersey kręcić film. Wpisali się do księgi gości jako państwo Farmer z Torquay, a po obiedzie poszli do West Park Pavilion, nocnego klubu na molo, gdzie tańczyli, grali w ruletkę i wypili kilka drinków. Dla Betty był to dzień nieznanych do tej pory szczęścia i dekadencji.

Wszyscy mówili, że zbliża się wojna, ale w restauracji Hotelu de la Plage tej słonecznej niedzieli panował niezmącony spokój. Kiedy Eddie i Betty jedli kremowe ciasto podane na talerzach z eleganckim niebieskim wzorkiem, złocistą plażę zalewały migotliwe fale toczące się wśród rozproszonych wysepek. Eddie opowiadał właśnie kolejną zabawną historię, gdy nagle zesztywniał. Do restauracji weszło kilku mężczyzn w płaszczach i brązowych kapeluszach i jeden z nich wdał się w ożywioną rozmowę ze starszym kelnerem. Nim Betty zdążyła coś powiedzieć, jej towarzysz wstał, pochylił się, by ją pocałować, a potem wyskoczył przez okno, które okazało się zamknięte. W zgiełku rozbijanego szkła, pękających naczyń, pisków kobiet i nawoływań kelnerów Betty Farmer patrzyła, jak Eddie Chapman pędzi w dół plaży, mając na karku dwóch ludzi w długich płaszczach.

Teraz należy wymienić kilka szczegółów dotyczących Eddiego Chapmana, których nie znała Betty. Eddie miał żonę, inna kobieta oczekiwała jego dziecka, a poza tym był kanciarzem. Nie jakimś tam drobnym wyłudzaczem, ale zdeklarowanym zawodowym złoczyńcą, „księciem podziemia", jak zwykł o sobie mawiać[5]. Łamanie prawa stało się dla Chapmana powołaniem. Po latach, kiedy uznał, że powinien podać jakiś powód wyboru takiej, a nie innej drogi życiowej, twierdził, że wczesna śmierć matki zmarłej na gruźlicę w szpitalu dla ubogich „wyrzuciła go z torów" i zwróciła przeciw społeczeństwu[6]. Czasem o to, że trafił na drogę przestępstwa, winił skrajną nędzę i bezrobocie panujące w czasie Wielkiego Kryzysu na północy Anglii. Tak naprawdę jednak droga ta była mu pisana.

Edward Chapman urodził się 16 listopada 1914 roku w Burnopfield, małej wiosce zagłębia węglowego Durham, kilka miesięcy po zakończeniu pierwszej wojny światowej. Jego ojciec, mechanik okrętowy, był za stary, by walczyć. Prowadził Klipera, obskurny pub w Roker, i przepijał większość zarobków. Dla Eddiego, najstarszego z trojga dzieci, nie było pieniędzy, nie okazywano mu też miłości, otrzymał jedynie trochę dobrych rad i powierzchowne wykształcenie. Wkrótce miał nabrać zamiłowania do chuligaństwa i pogardy dla władzy. Inteligentny, ale leniwy, zuchwały i szybko się nudzący młody Chapman często uciekał ze szkoły, wolał bowiem wałęsać się po plaży w poszukiwaniu butelek po lemoniadzie, skupowanych w cenie pensa za sztukę, a potem spędzać popołudnia w kinie w Sunderland na oglądaniu *Szkarłatnego kwiatu* czy filmów Alfreda Hitchcocka: *Szantażu* i szpiegowskiej sagi *Człowiek, który wiedział za dużo*.

W wieku siedemnastu lat, po krótkim i niedającym mu żadnego zadowolenia bezpłatnym terminowaniu w zakładzie mechanicznym w Sunderland, Chapman wstąpił do wojska, choć był na to trochę za młody. Zaciągnął się do Drugiego Batalionu Gwardii Coldstream. Już na początku szkolenia w Caterham upadł podczas gry w piłkę ręczną i ciężko skaleczył się w kolano, a blizna, którą nosił od tej pory, w przyszłości miała pozwolić policji skutecznie go identyfikować. Czapa z niedźwiedziego futra i elegancki czerwony mundur wywoływały szczebioty i westchnienia dziewcząt, ale Chapmanowi szybko znudziło się wartowanie przy londyńskiej Tower, natomiast zaczęło go kusić miasto.

Nosił czerwony mundur gwardzisty już dziewięć miesięcy, kiedy otrzymał sześć dni urlopu. Wachmistrzowi powiedział, że jedzie do domu, ale naprawdę razem ze starszym kolegą udał się na włóczęgę po Soho i West Endzie, chciwym okiem mierząc eleganckie kobiety, uwieszone u ramion mężczyzn w świetnie skrojonych garniturach. W kawiarni przy Marble Arch Eddie zauważył ładną ciemnowłosą dziewczynę, która też nie spuszczała z niego oczu. Poszli na tańce do Smokeya Joego w Soho, a potem do niej. Namówiła go, by zatrzymał się u niej na jeszcze jedną noc; został na dwa miesiące, aż wydali cały jego żołd. Chapman może i zapomniał o wojsku, ale ono nie zapomniało o nim. Był pewien, że to ciemnowłosa wydała go policji. Został aresztowany za oddalenie się ze służby bez zezwolenia i wtrącony do więzienia wojskowego w Aldershot, tak zwanej „szklarni", gdzie przez osiemdziesiąt cztery dni czyścił baseny dla chorych. Zwolnienie z więzienia i z wojska oznaczało koniec jego pierwszej odsiadki i ostatniej stałej pracy. Z trzema funtami w kieszeni, w wytartym garniturze, z więzienną fryzurą[7] wsiadł do londyńskiego autobusu i z miejsca udał się do Soho.

Soho lat trzydziestych XX wieku to jaskinia rozpusty i osobliwych uciech. Stanowiło rozdroże londyńskiego społeczeństwa, gdzie bogaci o słabych charakterach spotykali zuchwałych kryminalistów. Było miejscem o przewrotnym uroku. Chapman znalazł sobie zajęcie jako barman, później jako statysta w filmach, zarabiając trzy funty za „trzydniowe mieszanie się z tłumem"[8]. Pracował jako masażysta, tancerz, a wreszcie bokser i zapaśnik amator. W zapasach radził sobie świetnie, silny fizycznie i gibki jak kot, o „żylastym i muskularnym ciele"[9]. Był to świat sutenerów i bukmacherów, kieszonkowców i szmuglerów, niekończących się imprez u Smokeya Joego i zakrapianych szampanem śniadań u Quaglina. „Zadawałem się z oszustami wszelkiej maści – pisał potem Chapman. – Oszustami na torach wyścigowych, złodziejami, prostytutkami i szumowiną nocnego życia wielkiego miasta"[10]. Chłopaka podniecało przebywanie w tej tłocznej, szemranej enklawie, ale był to kosztowny kaprys. Chapman zasmakował w koniaku i stoliku do gry i wkrótce został bez grosza.

Jego kradzieże początkowo przedstawiały się całkiem niepozornie: tutaj sfałszowany czek, tam porwana walizka, gdzie indziej małe włamanie. Wszystko to były drobne, pospolite przestępstwa, nieudolne kroki czeladnika. W styczniu 1935 roku Chapman został złapany w ogrodzie domu w Mayfair i skazany na karę dziesięciu funtów grzywny. Miesiąc później udowodniono mu, że skradł czek i wyłudził kredyt. Tym razem sąd wykazał się mniejszą pobłażliwością i młody człowiek otrzymał wyrok dwóch miesięcy ciężkich robót w Wormwood Scrubs. Kilka tygodni po zwolnieniu wrócił do więzienia, tym razem w Wandsworth, gdzie odsiedział trzy miesiące za wkroczenie na cudzy grunt i próbę włamania.

Zaczął też popełniać przestępstwa całkiem obrzydliwej natury. Na początku 1936 roku został uznany winnym „zachowania obrażającego moralność publiczną w Hyde Parku"[11]. Jak miała wyglądać ta publiczna obraza, dokładnie nie wiadomo, ale niemal na pewno przyłapano go na gorącym uczynku z prostytutką. Musiał uiścić grzywnę w wysokości czterech funtów oraz kwotą piętnastu szylingów i dziewięciu pensów opłacić lekarza badającego, czy wolny jest od choroby wenerycznej. Dwa tygodnie później został oskarżony o oszustwo, kiedy nie chciał zapłacić rachunku w hotelu.

Jeden z mu współczesnych wspomina młodego człowieka jako „przystojnego, bystrego umysłu, pełnego werwy i czegoś desperackiego, co czyniło go atrakcyjnym dla mężczyzn i niebezpiecznym dla kobiet"[12]. Desperacja mogła popchnąć go do tego, by czerpać zyski z męskiego zainteresowania, kiedyś bowiem napomknął o jakiejś homoseksualnej aferze ze swoim udziałem. Kobiety podobno nie mogły mu się oprzeć. Wiadomo z pewnej relacji, iż zarabiał, uwodząc te „z wyższych sfer"[13]. Posyłał im robione przez wspólnika kompromitujące zdjęcia i groził, że pokaże je mężom dam. Podobno raz „zaraził osiemnastoletnią dziewczynę jakąś chorobą weneryczną i szantażował ją tym, że opowie jej rodzicom, iż nabawił się tego właśnie od niej"[14].

Chapman staczał się nieubłaganie po równi pochyłej drobnych przestępstw, prostytucji, szantażu i coraz dłuższych pobytów w więzieniach, znaczonej od czasu do czasu dzikimi awanturami w Soho, kiedy nagle naukowy przełom w kryminalnym świecie całkowicie odmienił jego losy.

Na początku lat trzydziestych brytyjscy przestępcy odkryli nitroglicerynę. W tym mniej więcej czasie, podczas kolejnej odsiadki, Chapman poznał Jamesa Wellsa Hunta, „najlepszego włamywacza w Londynie"[15]. Ten „zimny, opanowany, zdecydowany na wszystko typ"[16] opracował technikę rozbijania sejfów poprzez wywiercenie dziury w zamku i włożenie tam prezerwatywy napełnionej nitrogliceryną i wodą. Jimmy Hunt i Chapman zostali wspólnikami, a wkrótce dołączył do nich Antony Latt, alias Darlington, alias Darry, nieustraszony włamywacz, pół-Birmańczyk, który twierdził, że jego ojciec jest sędzią wśród tamtejszych krajowców. Potrzebowali też kierowcy, więc do swojej grupy zwerbowali jeszcze młodego kryminalistę, Hugh Ansona.

Za swój pierwszy cel nowo powstały Nitrogang obrał sobie Isobel, elegancki sklep kuśnierski w Harrogate. Hunt i Darry włamali się do środka i skradli pięć futer z norek, dwie czapy z lisa, a z sejfu dwieście funtów. „Trzęsący się ze strachu i niezdolny w niczym pomóc"[17] Chapman pozostał w samochodzie. Następny był lombard w Grimsby. Podczas gdy Anson trzymał auto na wysokich obrotach, aby zagłuszyć eksplozję, Hunt i Chapman włamali się do pustego domu obok, przebili przez ścianę i wysadzili cztery sejfy. Dostali za to, za pośrednictwem pasera z West Endu, piętnaście tysięcy funtów. Następnie doszło do włamania do kina Swiss Cottage Odeon, gdzie użyli żelaznego łomu, skoku na Express Dairies oraz błyskawicznego napadu na sklep przy Oksford Street. Odjeżdżający z tego ostatniego miejsca Anson wpakował skradziony samochód na latarnię. Kiedy banda uciekła, wokół dymiącego wehikułu zgromadził się tłum gapiów i jeden z nich, notowany za drobne kradzieże, popełnił ten błąd, że wsadził rękę pod maskę. Gdy Scotland Yard sprawdził jego odciski palców, skazano go na cztery lata więzienia. Nitrogang miał z tego nie lada uciechę.

Chapman nie był już tym lekkomyślnym drobnym złodziejaszkiem co kiedyś, ale przestępcą o ustalonej renomie, wydającym pieniądze równie szybko, jak je rabował, zadającym się z podziemną arystokracją, uprawiającymi hazard playboyami, rozpustnymi aktorami, zapijaczonymi dziennikarzami, lunatycznymi literatami i nieuczciwymi politykami powiązanymi z półświatkiem. Zaznajomił się z Noelem Cowardem, Ivorem Novello, Marleną Dietrich i młodym filmowcem Terence'em Youngiem, który miał już wkrótce nakręcić pierwszy film o Jamesie Bondzie. Young był uprzejmym mężczyzną, dumnym ze swych eleganckich garniturów, znajomości win i sławy kobieciarza. Najpewniej naśladując nowego przyjaciela, Chapman również zaczął kupować ubrania na Savile Row i jeździć szybkim samochodem. W Gnieździe przy Kingly Street trzymał zarezerwowany stolik, gdzie mile spędzał czas wśród dziewcząt i butelek. „Potrafił powiedzieć coś na każdy niemal temat – wspomina Young. – Większość z nas wiedziała, że jest przestępcą, ale lubiliśmy go za maniery i osobowość"[18].

Chapman zaintrygował Younga. Choć nie robił tajemnicy ze swego procederu, filmowiec widział w nim coś ujmującego. „To przestępca i zawsze nim będzie – zwierzał się zaprzyjaźnionemu prawnikowi – ale zdaje się, że ma więcej zasad i jest bardziej uczciwy niż ktokolwiek z nas"[19]. Chapman potrafił wyciągnąć komuś pieniądze z portfela, nawet gdy stawiał mu drinka, ale nigdy nie zdradził przyjaciela ani nie zranił jego uczuć. Był pacyfistą w brutalnym świecie, w jakim się obracał. „Nie odpowiadała mi przemoc – mówił po latach. – Żyłem z przestępstwa lepiej niż dobrze, a nigdy nie musiałem się do niej uciekać"[20].

Nierozważny, wolny od trosk, bezbożny Chapman napawał się swą reputacją. Do albumu wklejał wycinki z gazet opisujących jego przestępstwa. Cieszył się zwłaszcza, kiedy przeczytał, że policja o ostatnie napady podejrzewa amerykańskie gangi, bo na miejscu

przestępstwa znajdowano gumę do żucia. Tymczasem Nitrogang
używał jej po prostu do mocowania nitrogliceryny do sejfów. Latem
1935 roku zrabowali tyle pieniędzy, że Chapman i Darry postanowili
wynająć dom w Bridport, na plaży Dorset, w którym chcieli spędzić
dłuższe wakacje. Jednak już po kilku tygodniach zaczęło im się nudzić i wrócili do „pracy"[21]. Chapman podał się za inspektora z zarzą-
du Metropolitan Water i pozwolono mu wejść do domu przy Edg-
ware Road, gdzie wybił dziurę w ścianie łączącej go z sąsiednim
sklepem i zabrał stamtąd sejf. Wynieśli go głównymi drzwiami, załadowali do bentleya i zawieźli do garażu Hunta na St Luke's Mews
39 w Notting Hill, gdzie wysadzili jego drzwi.

Przestający z pisarzami i aktorami Chapman w pełni uświada-
miał sobie swoje braki w wykształceniu. Oświadczył zatem, że ma
zamiar zostać pisarzem, i zaczął intensywnie czytać, zgłębiając literaturę angielską w poszukiwaniu wiedzy i wskazówek. Kiedy go za-
pytano, z czego się utrzymuje, odparł z iskierką w oku, że jest zawodowym tancerzem. Tańczył od klubu do klubu, od pracy do pracy,
od książki do książki i od kobiety do kobiety. Pod koniec 1935 roku
ogłosił, że się żeni z Verą Freidberg, egzotyczną dziewczyną, córką
Rosjanki i niemieckiego Żyda. Dzięki niej poznał podstawy niemieckiego. Po zaledwie kilku miesiącach zamieszkał jednak w pensjonacie Shepherd's Bush z inną kobietą, młodszą od niego o pięć lat
Fredą Stevenson, tancerką estradową z Southend, elegancką i pełną
temperamentu. Kochał ją, ale kiedy w Nite Lite Club spotkał Betty
Farmer, swoje „dziewczę z Shropshire", pokochał i ją.

Nitrogang mógł wodzić za nos niejednego gliniarza zastanawia-
jącego się nad pozostawianą na miejscu przestępstwa gumą do żucia, ale Scotland Yard zaczął się pilnie interesować działalnością
Edwarda Chapmana. Powołano do życia oddział „nitroglicerino-
wy", a w roku 1938 „Police Gazette" zamieściła zdjęcia Chapmana,
Hunta i Darry'ego jako podejrzanych o niedawne wysadzenie sejfów
w kilku kinach. Świadomi, że policja depcze im po piętach, gangste-
rzy na początku 1939 roku załadowali nitrogliceryną kilka toreb na
kije golfowe, złożyli je w bagażniku bentleya i ruszyli na północ. Po

zameldowaniu się w pewnym drogim hotelu wdarli się do pomieszczeń Towarzystwa Spółdzielczego Edynburga i opróżnili sejf. Chapman, wychodząc przez świetlik w dachu, stłukł szybę. Usłyszał to przechodzący policjant i natychmiast dmuchnął w gwizdek. Pozostali złodzieje zaczęli uciekać drugą stroną przez mur, w kierunku torów kolejowych. Jeden z nich się pośliznął i skręcił nogę w kostce, więc musieli go zostawić. Pozostali dobiegli do samochodu i szofera, z miejsca ruszając na południe, ale dogonił ich jadący na sygnale wóz policyjny. Uciekający przez mur Chapman również został złapany. Czterej włamywacze trafili do więzienia w Edynburgu, lecz Chapman z jakiegoś niejasnego powodu wyszedł na czternaście dni za kaucją w wysokości stu pięćdziesięciu funtów.

Kiedy sprawa numer siedemnaście trafiła na wokandę Najwyższego Sądu w Edynburgu, okazało się, że Chapman i jego wspólnicy uszli sprawiedliwości. Wydano zatem na cały kraj stosowny list gończy, zamieszczono fotografie i na każdym angielskim posterunku policja miała wypatrywać Eddiego Chapmana – kanciarza, więźnia, cudzołożnika, szantażystę, kasiarza, bywalca Soho, a teraz jednego z najbardziej poszukiwanych ludzi w Anglii. 4 lutego 1939 roku banda zagarnęła czterysta siedemdziesiąt sześć funtów i trzy szylingi z pewnego sklepu spółdzielczego w Bournemouth. Darry wysłał do swej dziewczyny list, w którym napomykał, że jadą do Jersey, ale list przejęła policja i rozesłała ostrzeżenie, że podejrzani mogą zbiec na Wyspy Normandzkie, a potem na kontynent: „Należy być przygotowanym na kłopoty, gdyż przynajmniej jeden z mężczyzn jest uzbrojony, a wszyscy zamierzają stawić opór przy aresztowaniu"[22].

I w taki oto sposób Eddie Chapman znalazł się w Hotelu de la Plage na wyspie Jersey, skąd z hukiem wyskoczył na plażę, zostawiając za sobą dwóch policjantów w cywilu, przerażoną dziewczynę i niedokończone ciasto.

2

Więzienie na wyspie Jersey

The Evening Post.

Poniedziałek, 13 lutego 1939

SZOKUJĄCE SCENY W HOTELU NA WYSPIE JERSEY

~~~

NAJŚCIE POLICJI W CZASIE LUNCHU

~~~

Dwaj goście skuci kajdankami
Złodziej ratuje się skokiem przez okno
Domniemany gang groźnych kasiarzy

List wysłany do pewnej dziewczyny w Bournemouth doprowadził wczoraj do aresztowania dwóch członków nitroglicerynowego gangu, poszukiwanego za wysadzenie sejfu w sklepie spółdzielczym i zrabowanie 470 funtów. Trzeci, powiadomiony jakoś o planowanym najściu policji na Hotel de la Plage w Havre-le-Pas, ratował się ucieczką.

Goście Hotelu de la Plage spożywali lunch, kiedy członek policji ochotniczej C.G. Grant z St Helier i sześciu ubranych po cywilnemu policjantów wtargnęło na salę i nim większość zgromadzonych zdążyła się zorientować, w czym rzecz, dwóch mężczyzn zakuto w kajdanki i rozpoczął się pościg za trzecim, domniemanym przywódcą bandy. Ten, najwidoczniej czujniejszy od pozostałych, uciekł przez wychodzące na promenadę okna restauracji.

Tym trzecim mężczyzną, nadal poszukiwanym, jest Edward Chapman, alias Arnold Edward Chapman, Edward Edwards i Thompson, zawodowy tancerz, szczupłej budowy ciała, mierzący sześć stóp wzrostu, o miłej powierzchowności, z niewielkim wąsem, ubrany w białą koszulę, krawat w żółte kropki, niebieski pulower bez rękawów, szare flanelowe spodnie i brązowe sandały na bosych nogach. Znany jest jako niebezpieczny przestępca. Może teraz nosić kupioną gdzieś kurtkę lub płaszcz, gdyż dysponuje gotówką.

Poszukiwania Chapmana trwają i wszystkie statki znajdują się pod obserwacją. Każdy, kto spotka tego człowieka lub może coś wiedzieć o miejscu jego pobytu, proszony jest o powiadomienie najbliższego posterunku policji.

Chociaż policja wkrótce zaniechała pościgu, Chapman pędził jeszcze blisko milę w górę plaży, a potem zawrócił i udał się na drugą stronę wyspy. Tam ukrył się w jakiejś pustej w niedzielę szkole. Wieczorem powrócił do Havre-le-Pas w płaszczu nieprzemakalnym, ściągniętym ze szkolnego wieszaka, z wysoko podniesionym kołnierzem. Zameldował się w jednym z pensjonatów na skraju miasteczka i tutaj zgolił wąsy scyzorykiem. Kiedy schodził na dół i właścicielka, pani Corfield, zażądała zapłaty z góry, Chapman dał jej to, co miał w portfelu, mówiąc, że resztę uiści rano. Bez pieniędzy był w potrzasku, dlatego musiał ukraść ich nieco więcej.

Gdy zapadł zmrok, Chapman wymknął się z pensjonatu i ruszył do nocnego klubu West Park Pavilion, gdzie gang spędził ubiegłą noc. Gdy tylko jej lokator się oddalił, pani Corfield włożyła kapelusz i poszła prosto na posterunek.

W West Park Pavilion Chapman nie zastał nikogo. Włamał się przez okno w męskiej toalecie, znalazł sejf klubowy i zaniósł go do sutereny. Tam odwrócił go dnem do góry i rozwalił za pomocą kilofa oraz obcążków znalezionych w kotłowni budynku. W środku leżało piętnaście funtów, trzynaście szylingów i dziewięć pensów w srebrze, kilka miedzianych funtów i dwanaście dziesięcioszylingowych banknotów. Chapman powrócił do pensjonatu z pełnymi kieszeniami i poszedł spać, zamierzając z rana wyjechać niepostrzeżenie jakąś łodzią bądź przekupić jej właściciela.

The Evening Post

Wtorek, 14 lutego 1939

DOMNIEMANY WŁAMYWACZ PRZED SĄDEM

~~~

Poszukiwany ujęty w łóżku
Podejrzany o włamanie do West Park Pavilion
Obwiniony wstawia się za swą „przyjaciółką"

~~~

Poszukiwania na całej wyspie niejakiego Chapmana, który uciekł po najściu policji na Hotel de la Plage, dobiegły końca. Dzięki informacji dostarczonej policjantom z St Helier został on ujęty w pensjonacie przy Sand Street i potwierdził swą tożsamość wobec funkcjonariuszy. Przyznał się też do włamania do West Park Pavilion ubiegłej nocy.

Włamywacz nie sprawiał policji żadnych kłopotów i dobrowolnie opowiedział o wszystkim, czego „dokonał".

Dzisiejszego ranka Chapman stanął przed sądem i po skazaniu na karę więzienia poprosił, aby jego towarzyszce pozwolono opuścić wyspę. „Mam tutaj dziewczynę – powiedział w nader kulturalny sposób – która jest w bardzo

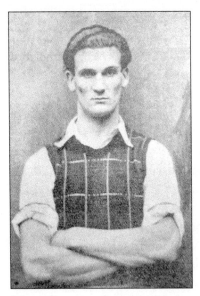

i chciałbym prosić, aby położono kres tym badaniom, gdyż nie wiedziała, w jakim tu jestem charakterze".

Sędzia: „Gdyby była osobą rozsądną, już by wyjechała. Nie potrzebujemy jej tutaj. Nie mamy przeciw niej żadnych zarzutów, może więc opuścić wyspę, kiedy tylko zechce".

Obwiniony został wówczas odprowadzony do celi, a jego „przyjaciółka", atrakcyjna blondynka o błękitnych oczach i półdługich, przystrzyżonych kłopotliwym położeniu. Zosta- na pazia włosach, która nazy- ła przesłuchana przez policję, wa się Betty Farmer, również znajduje się pod obserwacją opuściła salę.

Betty doświadczyła wielu nieprzyjemności w ciągu minionych czterdziestu ośmiu godzin, poddana rewizji przez kierownictwo Hotelu de la Plage, przesłuchiwana przez okropnych detektywów i w końcu przeniesiona do mniejszego, tańszego i dużo mniej wygodnego hotelu Royal Yacht. Kiedy skutego Chapmana wyprowadzono z sądu, ubłagała jednego ze strażników, aby przekazał mu list miłosny, który napisała na hotelowej papeterii. Włożył go do kieszeni, uśmiechnął się szeroko i pomachał jej ręką.

Włamanie do nocnego klubu West Park Pavilion było aktem zadziwiającej głupoty, ale też okazało się szczęśliwym trafem. Darry i Anson zostali już wysłani na stały ląd, aby wysłuchać rozlicznych zarzutów przed Centralnym Sądem Kryminalnym w Londynie. Chapman jednak złamał prawo wyspy Jersey, z jej starożytnym kodeksem i tradycjami samorządowymi, toteż miał stanąć przed obliczem wyspiarskiej sprawiedliwości.

11 marca 1939 roku Edward Chapman zjawia się przed Królewskim Sądem Jersey i przyznaje do włamania i kradzieży. Prowadzący sprawę prokurator generalny Jersey wymienił liczne przestępstwa Chapmana i wskazał, że włamanie do nocnego klubu zostało „dokonane rozmyślnie, ze zręcznością świadczącą o niemałym doświadczeniu i dowodzi, że oskarżony chciał się utrzymywać za pomocą takiego postępowania"[1]. Zażądał dla tego „groźnego złoczyńcy, który odrzucił pewne ofiarowane mu szanse"[2], najwyższej przewidzianej za takie przestępstwa kary, czyli dwóch lat ciężkich robót. Przysięgli zaakceptowali żądanie prokuratora.

Jak się wkrótce przekonał Chapman, więzienie na wyspie Jersey okazało się „ponurą, małą klatką"[3], gdzie nieliczni więźniowie przez osiem godzin dziennie wypychali materace i sypiali na drewnianych pryczach, wznoszących się kilka stóp nad podłogą. Dyscyplina była zaskakująco słaba. Dla naczelnika, emerytowanego żołnierza kapitana Thomasa Charlesa Fostera, więźniowie stanowili tylko kłopot, który przeszkadzał mu przyjemniej spędzać czas – na odwiedzinach u sąsiadów, plażowaniu i łowieniu ryb. Foster polubił Chapmana, ponieważ ten powiedział mu, że był żołnierzem. W niedługim czasie został jego ordynansem. Do obowiązków Chapmana należało zajmowanie się ogrodem naczelnika i jego domem, który przylegał do więziennego szpitala.

Słonecznego popołudnia 7 lipca kapitan Foster, jego żona i osiemnastoletni syn Andrew wsiedli do rodzinnego samochodu i ruszyli w dół wybrzeża do St Brelade, by wziąć udział w corocznej letniej fecie Szkockiego Stowarzyszenia Jersey, najważniejszego towarzyskiego wydarzenia na wyspie. Podczas nieobecności naczelnika Chapman miał się zająć sprzątaniem jego kuchni. Dowódca straży Briard przed udaniem się na urlop dozór nad wszystkimi więźniami zlecił strażnikowi Packerowi. Kiedy ten otwierał bramę, aby wypuścić wóz naczelnika, kapitan Foster, strojny we wspaniały kilt, przy huku uruchamianego silnika polecił mu mieć oko na Chapmana[4].

Gdy w oddali ucichły odgłosy samochodu naczelnika, Chapman rzucił szczotkę i poszedł na górę do pustej sypialni Andrew Fostera. Z szafy młodzieńca wyciągnął szary, prążkowany garnitur, brązowe buty, brązowy kapelusz filcowy i dwie kraciaste czapki wyrobu firmy Leach and Justice z Perth. Garnitur nieco uwierał go pod pachami, ale poza tym w miarę pasował. Chapman zabrał również walizkę, do której zapakował lornetkę naczelnika, słoik sześciopensówek zbieranych przez panią Foster, trzynaście funtów z szuflady biurka naczelnika oraz pogrzebacz i kaganek z kominka. Wydostał się na zewnątrz przez świetlik w dachu, przeczołgał się nim do samego końca, zeskoczył na szpitalne podwórze, wspiął się na pokryty szkłem mur i zniknął po drugiej stronie. Pani Hamon, pracująca wtedy w pralni, spostrzegła jakąś postać na dachu, ale myślała, że to ktoś z pracowników.

W godzinę później strażnik Packer, który przez ten czas flirtował z panną Lesbird, córką siostry przełożonej, zaszedł do kuchni zobaczyć, jak sobie tam radzi Chapman. Nie przejął się zbytnio, widząc, że w domu nikogo nie ma. „Myślałem wtedy, że Chapman stroi sobie żarty i skrył się gdzieś w więzieniu" – wspominał później[5]. Przeszukał ogród i szopę, potem z innymi strażnikami poszedł sprawdzić w więzieniu. Dopiero wtedy się przestraszył. Minęły dwie pełne godziny, nim udało się wyciągnąć kapitana Fostera z zebrania Szkockiego Stowarzyszenia. Okręgowego komisarza policji znaleziono w klubie golfowym, pościg pod dowództwem młodego Andrew Fostera wyruszył na lotnisko. Przetrząśnięto hotele i pensjonaty, łodzie otrzymały zakaz opuszczania przystani, a wszyscy policjanci i ochotnicy na wyspie wyruszyli na największą w jej historii obławę.

Walter Picard, mieszkający przy Five Mile Road, był jednym z niewielu ludzi na wyspie, którzy nie wiedzieli o ucieczce więźnia. Spędził on wieczór pod żywopłotem z kobietą, która nie była panią Picard. Kiedy po schadzce wracali w ciemnościach do samochodu, zaskoczył ich widok mężczyzny w źle dopasowanym garniturze, pochylonego nad otwartą maską i najwyraźniej mającego zamiar uruchomić auto.

Mężczyzna wyglądał na zmieszanego, ale oświadczył: „Nie wiecie, kim jestem? Jestem z policji"[6]. Na te słowa Picard rzucił się na „samochodowego złodzieja" i przy krzykach swojej towarzyszki rozpoczął bójkę. Po silnym ciosie przeciwnika upadł na murek, a Chapman zniknął w mroku. Na siedzeniu pasażerskim swego samochodu wstrząśnięty Picard znalazł brązowy kapelusz, kaganek i trzy laski nitrogliceryny.

Był to zaiste niezwykły, pełen przeżyć dzień dla Chapmana. Zaledwie dwie mile od więzienia pan A.A. Pitcher uprzejmie podwiózł go autem do pierwszej budki telefonicznej, skąd zbieg zadzwonił na lotnisko, ale tylko po to, by się dowiedzieć, że ostatni samolot na stały ląd właśnie odleciał. Pitcher wysadził go przy molo, gdzie w kawiarni Milano Chapman spożył jakiś posiłek. Następnie zameldował się w hotelu La Pulente i zamówił taksówkę. Kierowcy Luxicab oświadczył, że interesują go kamieniołomy, i wybrali się na przejażdżkę po wyspie, podczas której upatrzył sobie cel. Po południu, gdy pracownicy wyszli z kamieniołomu L'Etacq na zachodnim krańcu Jersey, Chapman przelazł przez bramę, znalazł mały, umocniony bunkier, w którym trzymano materiały wybuchowe, i wyważył drzwi łomem wziętym z narzędziowni kamieniołomu. Wyszedł stamtąd, niosąc pięć funtów nitrogliceryny i dwieście zapalników. Wtedy to właśnie, idąc wieczorem w dół Five Mile Road ze swym wybuchowym łupem, wypatrzył zaparkowany samochód Waltera Picarda i postanowił go ukraść.

Wiedząc o tym, że wiadomość o bójce szybko się rozniesie, Chapman uciekał dotąd, aż natknął się na pusty bungalow, należący do Franka Le Quesne. Włamał się do środka, zaparzył sobie herbaty, używając tylu torebek, że „napoiłby pięćdziesiąt osób"[7], jak skarżył się później właściciel, i poszedł spać.

Tymczasem Walter Picard złożył na policji zeznanie, według którego: „jechał do domu samochodem, kiedy zatrzymała go nieznana mu młoda kobieta, prosząc, aby podwiózł ją do bungalowu przy Five Mile Road. Odparł, że podrzuci ją tam, gdzie sam mieszka, i tak uczynił, ale uprosiła go, by pojechał nieco dalej, a kiedy to zrobił, z jakiejś przyczyny zgasły mu światła. Zatrzymał samochód, a wtedy jego pasażerka powiedziała, że bungalow, do którego chce się dostać, znajduje się całkiem blisko, i spytała, czy nie chciałby jej tam odprowadzić. Zgodził się po pewnym wahaniu, ale nie uszli połowy drogi, kiedy się odwrócił i zobaczył, że w samochodzie znów palą się światła. Zawrócił i zobaczył wysokiego mężczyznę pochylającego się nad zapłonem. Obcy odwrócił się, wymierzył mu cios i uciekł"[8].

Nawet policjanci uznali tę wyszukaną opowieść za „dziwną", a jaki użytek zrobiła z niej pani Picard, można się tylko domyślać.

Nazajutrz rano pewien rybak z dużą siatką do połowu krewetek wielkimi krokami przemierzał plażę Plemont. Gdyby ktoś przyjrzał mu się bliżej, dostrzegłby, że pod płaszczem rybackim nosi elegancki garnitur, a pod nim kostium kąpielowy w paski, należący do Franka Le Quesne. Chapman uznał, że kostium ten pozwoli mu się ukryć wśród zażywających kąpieli słonecznej plażowiczów. W kieszeniach miał tyle materiałów wybuchowych, że wystarczyłoby na rozpętanie małej wojny.

Później tego ranka pani Gordonowa Bennet doniosła, że mężczyzna odpowiadający mniej więcej opisowi zbiegłego więźnia odwiedził jej cukiernię, znajdującą się na urwisku wychodzącym na plażę. Członek policji ochotniczej Centenier Percy Laurie i konstabl William Golding udali się sprawdzić tę wiadomość. Obaj byli ubrani po cywilnemu. Golding poszedł na plażę, zaś Laurie zaczął przeszukiwać jaskinie pod urwiskiem. Na plaży kilka osób rozgrywało mecz piłki nożnej, któremu z bliska przyglądał się wysoki mężczyzna z siatką w ręku.

– Nazywa się pan Chapman – powiedział Golding, podchodząc do kibica.

– Nie nazywam się Chapman – odparł zagadnięty i cofnął się o krok. – Myli się pan.

– Czy pójdzie pan bez oporu?

– Będziesz musiał mnie zaprowadzić[9] – odparł Chapman i kiedy Golding chwycił go za rękę, zaczął krzyczeć, że go napadnięto, i wzywać na ratunek futbolistów. Z pobliskiej jaskini wyłonił się Laurie i pobiegł na pomoc. Rozpętała się ogólna bijatyka, bo kie-

dy policjanci próbowali założyć Chapmanowi kajdanki, rzucili się
na nich półnadzy plażowicze[10]. Bójka ustała, kiedy Golding uderzeniem w przeponę powalił Chapmana na ziemię. „To musiało go
zniechęcić" – powiedział później Golding[11]. Chapman nie opierał się
bardziej również dlatego, że w kieszeniach miał osiem lasek nitrogliceryny i piętnaście zapalników i wiedział, iż byle uderzenie w fa-
talne miejsce może wysadzić w powietrze jego, policjantów, futbolistów i połowę plaży w Plemont.

The Evening Post.

Piątek, 6 lipca 1939

UCIECZKA SKAZANEGO Z WIĘZIENIA

~~~

DRAMATYCZNA HISTORIA POSZUKIWAŃ NA WYSPIE

~~~

RZEKOMY NAPAD NA KIEROWCĘ SAMOCHODU

~~~

KRADZIEŻ NITROGLICERYNY Z KAMIENIOŁOMU

~~~

POJMANY NA PLAŻY PO WALCE Z POLICJANTEM

Po spędzeniu niecałych dwudziestu czterech godzin na wolności zbiegły z państwowego więzienia skazaniec został ponownie ujęty. Wszyscy dostępni w tym czasie policjanci wzięli udział w przeszukiwaniu wyspy.

Zbiegły mężczyzna to Edward Chapman, posiadający kilka pseudonimów i długi wykaz czynów przestępczych. Znany jest jako niebezpieczny człowiek, wspólnik złodziei i złoczyńców oraz specjalista od ładunków wybuchowych.

Chapman został ujęty dzisiaj o drugiej po południu po zaciętej walce z policjantem na piaskach w Plemont. Kiedy zajechała więzienna karetka, zgromadzony tłum czekał, aby popatrzeć na Chapmana. Ten wydawał się zupełnie spokojny i z ciekawością przyglądał się zebranym, a na jego twarzy pojawił się lekki uśmiech.

Posterunkowy z St Helier złożył później gorące podziękowania policjantom wszystkich stopni, którzy wzięli udział w tej najbardziej ekscytującej od lat obławie, przeprowadzonej na wyspie.

Naczelnik więzienia wrzał z wściekłości i upokorzenia. Zarząd więzienny udzielił mu surowej nagany za „karygodne niedbalstwo, pozwalające na nadmierną swobodę osadzonemu o tak kryminalnej przeszłości jak Chapman"[12]. Foster wyładował swój gniew na strażnikach, skazańcach i przede wszystkim na Chapmanie, który po powrocie do więzienia musiał wysłuchać reprymendy. Naczelnik, nie przebierając w słowach, oskarżył go o to, że wymyślił swą wojskową przeszłość, aby pozyskać jego względy.

– Nigdy nie byłeś w wojsku, jak mi opowiadałeś – burzył się. – Jesteś zwykłym łgarzem i zasługujesz na baty. Dlaczego to zrobiłeś?[13]

Chapman zastanowił się chwilę i odpowiedział szczerze:

– Po pierwsze, nie lubię więziennej dyscypliny, a po drugie, jestem pewien, że w Anglii dostanę dodatkowy wyrok, więc jeden skok więcej mi nie zaszkodzi.

Znalazłszy się znów w celi, Chapman oddał się niewesołym rozmyślaniom. Po odsiedzeniu kary na Jersey zostanie wysłany na stały ląd i osądzony za inne przestępstwa, tak jak Darry i Anson, którzy przebywali teraz w Dartmoor. Mógł się spodziewać, że dowodów, które zgromadził przeciwko niemu Scotland Yard, wystarczy, by w tym czy innym więzieniu spędził kolejne czternaście lat.

Mieszkańcy Jersey tworzyli ścisłą, przestrzegającą prawa wspólnotę, toteż władze wyspy nie mogły mieć większych złudzeń co do tego więźnia, który ważył się okraść naczelnika ich więzienia, rzucać o mury ich współobywatelami i stoczyć walną bitwę z policją.

6 września 1939 roku Chapman stanął przed przysięgłymi Sądu Kryminalnego i otrzymał dalszy rok więzienia, sumujący się z poprzednim wyrokiem. Ku pewnej irytacji Chapmana fakt ten doczekał się w „Evening Post" jedynie krótkiej wzmianki, bo mieszkańcy Jersey mieli w tym czasie inne zmartwienia. Przed trzema dniami Wielka Brytania wypowiedziała wojnę Niemcom.

3

Wojna na wyspie

Wszystkie wojny – a ta w szczególności – na ogół postrzegane są w kategoriach czarno-białych: zły i dobry, zwycięzca i zwyciężony, bohater i tchórz, patriota i zdrajca. Dla większości ludzi wojenna rzeczywistość nie przedstawia się jednak w ten sposób, jawi się raczej jako monotonna szarość niewygody i kompromisu, czasem tylko rozświetlona błyskawicą gwałtu. Wojna jest sprawą zbyt zagmatwaną, aby łatwo tworzyć bohaterów i zbrodniarzy. Po złej stronie zawsze znajdą się ludzie dzielni, po zwycięskiej – złoczyńcy, a między nimi masa zwyczajnych ludzi, starających się przetrwać. Z dala od pól bitewnych wojna zmusza jednostki do dokonywania wyboru w okolicznościach, których nie stworzyły i których się nie spodziewały. Większość się przystosowuje, niektórzy idą na współpracę i tylko bardzo nieliczni odnajdują w sobie ten wewnętrzny kompas, o którego istnieniu nie wiedzieli, a który pozwala im utrzymać się na właściwej ścieżce.

Wieści o wojnie z trudem przenikały za granitowe mury więzienia na wyspie Jersey. Zawsze wstrętna więzienna strawa stała się jeszcze gorsza po wprowadzeniu kartek na żywność. Część strażników wstąpiła do wojska, a ci, którzy zostali, dostarczali skąpych, niepewnych informacji. Nazistowski blitzkrieg najpierw w Danii i Norwegii w kwietniu 1940 roku, a potem we Francji, Belgii, Luksemburgu i Holandii niewiele obchodził Chapmana. Jego świat ograniczał się do sześciu stóp kwadratowych celi. Kiedy 14 czerwca 1940 roku Niemcy wkraczali do Paryża, miał za sobą zaledwie połowę trzyletniego wyroku.

Chapman przeczytał wszystkie dwieście książek z więziennej biblioteki, a potem przeczytał je jeszcze raz. Z pomocą kilku starych podręczników wziął się do nauki francuskiego i doskonalenia niemieckiego, który trochę już znał. Nauczył się na pamięć wierszy Tennysona i przeczytał *Historię świata* H.G. Wellsa, podręcznik rzekomo odnoszący się do przeszłości, lecz nasycony filozofią autora. Szczególnie przypadła mu do gustu idea „światowego państwa związkowego", w którym wszystkie narody miały zgodnie ze sobą współpracować. „Nacjonalizm jako Bóg musi w ślad za bogami plemiennymi odejść do lamusa. Naszą prawdziwą narodowością jest człowieczeństwo"[1] – pisał Wells. Tymczasem szatan narodowego socjalizmu maszerował coraz bliżej.

Chapman po raz setny odczytywał liścik miłosny Betty, napisany na papeterii hotelu Royal Yacht, kiedy z Southend-on-Sea przyszedł inny list, który na jakiś czas usunął w cień myśl o dziewczynie. Freda Stevenson, tancerka, z którą żył w Shepherd's Bush, informowała Eddiego, że jest ojcem rocznej Diane Shayne, urodzonej w lipcu 1939 roku w szpitalu miejskim w Southend. Załączyła fotografię swoją i dziecka. Pisała, że żyje w skrajnej nędzy, ledwo mogąc przetrwać na wojennych racjach żywnościowych, i prosiła, by przysłał jej pieniądze. Chapman poprosił o zgodę na napisanie listu, ale kapitan Foster złośliwie odmówił. Kolejne, pozostawione bez odpowiedzi listy Fredy nabrzmiewały żalem, a potem gniewem. Chapmana, niemogącego pomóc ani jej, ani swemu pierwszemu dziecku, pozbawionego w więzieniu resztek ludzkiej życzliwości, ogarnęło bezgraniczne przygnębienie.

The Evening Post.

Sobota, 29 czerwca 1940

ZACIEKŁE NALOTY NA WYSPY NORMANDZKIE PORTY ZBOMBARDOWANE

CIĘŻKIE STRATY NA OBU WYSPACH

Ubiegłej nocy podczas bombardowania i ostrzału z karabinów maszynowych, przeprowadzonego przez co najmniej trzy niemieckie samoloty, na wyspie Jersey zginęło dziewięć osób, a wiele odniosło obrażenia. Głównym celem nalotu był port. Bomby spadły na przystań, powodując poważne zniszczenia własności należącej wyłącznie do ludności cywilnej.

Chapman leżał na swojej drewnianej pryczy, kiedy po raz pierwszy usłyszał nad głową warkot samolotów Luftwaffe. Po trzech dniach Wyspy Normandzkie zyskały sobie wątpliwą sławę, stając się jedyną częścią Wielkiej Brytanii, którą podczas drugiej wojny światowej zajęli Niemcy. Nie napotkali oporu, gdyż wcześniej Brytyjczycy wycofali ostatnie oddziały obronne. Większość mieszkańców zdecydowała się zostać na miejscu, natomiast Chapmanowi nie dano wyboru. Mógł się jedynie zastanawiać, czy jakaś bomba uderzy w budynek więzienia, przynosząc mu śmierć lub sposobność ucieczki. Mieszkańcy Jersey zostali poinstruowani, by nie stawiać oporu, a zastępca szeryfa Alexander Moncrieff Coutanche, który prowadził proces Chapmana, polecił im wrócić do domów, wywiesić białe flagi i słuchać zarządzeń Niemców.

Hitler uznał, że kiedy Niemcy wygrają wojnę, Jersey będzie idealnym kurortem.

Na czas niemieckiej okupacji służba więzienna Jersey, podobnie jak policja, została podporządkowana nazistowskiej administracji. O oddzielonych od świata murem i kratami skazańcach nikt nie pamiętał. Więzienny wikt wydzielano jeszcze oszczędniej, od kiedy wolni mieszkańcy Jersey musieli walczyć o skromne zasoby pozostawione im przez najeźdźców. Listy od Fredy przestały przychodzić. Chapman pocieszał się myślą, że jeśli Niemcy będą nadal panować na Jersey, gdy zakończy się jego kara, nie wyślą go tam, gdzie czeka go dalsze odosobnienie.

Niemcy powołali do życia własne sądy, działające równolegle do cywilnych. W grudniu 1940 roku młody pomywacz z hotelu Miramar, niejaki Anthony Charles Faramus, stanął przed jednym i drugim. Ten mieszkaniec wyspy o reputacji chuligana, liczący sobie

dwadzieścia jeden lat, został skazany przez sąd Jersey na pół roku
więzienia za wyłudzenie dziewięciu funtów na posiadane rzekomo
pełnomocnictwo. Niemiecki sąd polowy dołożył mu jeszcze miesiąc
za roznoszenie antyniemieckich ulotek.

Faramus, skryty, delikatny, o cienkim wąsiku i przenikliwych
szarych oczach, był dziwnym, ale sympatycznym facetem. Zdaniem
Chapmana nie nadawał się zbytnio na kanciarza. Łatwo się rumienił i promieniował jakimś rodzajem „utraconej subtelności"[2], chociaż jednocześnie bardzo lubił ostre, obsceniczne dowcipy. Wysoki
i szczupły, wyglądał, jakby mógł go porwać podmuch wiatru. Zanim
zatrudnił się w hotelu, pracował jako fryzjer w St Helier. Chapman
i Faramus stali się towarzyszami z celi i serdecznymi przyjaciółmi.

15 października 1941 roku, na kilka dni przed swoimi dwudzie-
stymi szóstymi urodzinami, Chapman wyszedł na wolność. Faramus, którego wypuszczono kilka miesięcy wcześniej, czekał na
niego przed bramą więzienia. Chapman nie wiedział nic o ataku nazistów na Grecję i Jugosławię, zatopieniu pancernika Bismarck i ob-
lężeniu Leningradu, ale skutki wojny widać było po zmianach, jakie
zaszły w wyglądzie Jersey. W ostatni dzień wolności przechadzał
się po plaży pełnej zadowolonych, sytych wycieczkowiczów. Teraz
była to wyspa uginająca się pod okupacją, wyczerpana i głodna, drę-
czona moralnym niepokojem, jaki płynie z wyboru między oporem,
uległością a kolaboracją.

Faramus wynajął mały sklep przy Broad Street w St Helier, wy-
posażył go w kilka krzeseł, stare lustra, nożyczki i brzytwy i razem
z Chapmanem otworzył coś, co szumnie nazwali salonem fryzjer-
skim. Ich klientelę stanowili głównie niemieccy oficerowie, gdyż
Wyspy Normandzkie – które Hitler postrzegał jako pierwszy krok
do zdobycia Wielkiej Brytanii – zmieniły się w wielkie, potężnie
umocnione koszary, miejsce pobytu największego pułku piechoty
niemieckiej armii.

Faramus golił Niemcom brody i strzygł włosy, zaś Chapman
prowadził uprzejme rozmowy w swej podstawowej niemczyźnie.
Jednym z nielicznych angielskich klientów był dobiegający średnie-

go wieku mężczyzna, były bukmacher z Birmingham nazwiskiem Douglas Stirling. Oportunista, jakich tworzy każda wojna, handlował na czarnym rynku, kupując od Niemców papierosy, herbatę i alkohol i sprzedając je z zyskiem miejscowym. Zakład fryzjerski okazał się idealną przykrywką dla tego kwitnącego handlu, miejscem, w którym paskarstwo łączyło się z troską o wygląd wrogów.

Pewnego ranka, wychodząc z rowerem z mieszkania nad zakładem, które zajmował wraz z Faramusem, Chapman zapomniał o niemieckim przepisie nakazującym trzymać się prawej strony ulicy i wpadł prosto na wyjeżdżającego zza rogu na motocyklu niemieckiego kuriera. Żadnemu z mężczyzn nic się nie stało, ale Niemiec się wściekł. Jak można się było spodziewać, Chapman powędrował na posterunek policji, gdzie stanął przed trzema oficerami Feldgendarmerie, niemieckiej policji wojskowej. Jeden z nich, niski mężczyzna mówiący dobrze po angielsku, zmierzył go nieprzyjemnym spojrzeniem i powiedział:

– Mamy powody sądzić, że posiadasz niemiecką broń. Gadaj, gdzie trzymasz karabin.

– Nie mam żadnych niemieckich karabinów – odparł speszony Chapman.

– Jesteś pewien?

– Tak.

– Słuchaj więc, mamy cię na oku i jeśli czegoś spróbujesz, wpadniesz w tarapaty. Tylko cię ostrzegam.

– Dziękuję – odparł Chapman i szybko się oddalił[3].

To nie było ostrzeżenie, lecz groźba. Chapman został skazany na karę osiemdziesięciu marek niemieckich za wykroczenie drogowe, ale bardziej niepokojące w całej rozmowie było to, że sugerowano, iż jest potencjalnym członkiem ruchu oporu albo nawet sabotażystą. Zetknięcie się z Feldgendarmerie wzbudziło w Chapmanie niepokój. Jął obmyślać plan, który pozwoliłby mu opuścić tę wyspę-więzienie. Swoim pomysłem podzielił się z Faramusem i Douglasem Stirlingiem. Co oni na to, by zgłosić się do nazistów w charakterze szpiegów? Gdyby ich przyjęli, pojawiłaby się szansa, by potajemnie zostali wysłani do Anglii, nie mówiąc o tym, że wreszcie zaczęłoby się coś dziać. Stirling odniósł się do tego projektu z entuzjazmem, mówiąc, że wtajemniczy weń swego syna. Faramus okazał więcej rezerwy, ale i on uznał, że gra jest warta świeczki.

Wracając do tych wydarzeń po wielu latach, Chapman przyznał, że motywy, jakimi się kierował w 1941 roku, były sprzeczne i mgliste. Twierdził, że do złożenia propozycji szpiegowania na rzecz Niemców skłoniła go naturalna i szczera chęć ucieczki i połączenia się z Diane, dzieckiem, którego jeszcze nie widział. „Gdyby udało mi się zwieść Niemców, wysłano by mnie najpewniej do Anglii" – pisał[4]. Znał jednak siebie na tyle, by wiedzieć, że za tą decyzją kryło się jeszcze coś. „To wszystko wygląda teraz na piękną opowiastkę – przyznał później. – Może nawet wtedy nie było szczere i nie chcę udawać, że kiedy zacząłem rozważać ten plan, nie kierowało mną nic innego. Nie przyszło to w jednej tylko chwili i pod wpływem kaprysu"[5]. Pałał niekłamaną nienawiścią do brytyjskiego establishmentu i, jak wielu słusznie skazanych przestępców, miał się za ofiarę rażącej niesprawiedliwości. Poza tym niezmiernie imponowały mu dyscyplina i uprzejmość niemieckich oficerów w eleganckich mundurach. Propaganda nazistów podkreślała niezmiennie, że armie ich są niezwyciężone i okupacja będzie trwać wiecznie. Chapman chodził głodny, znudzony i tęsknił za przygodą. W czasach spędzonych w Soho zadawał się z gwiazdami filmowymi i zawsze wyobrażał sobie siebie jako głównego aktora we własnym dramacie. Odgrywał gangstera z wyższych sfer, a teraz miał się wcielić w fascynującą rolę szpiega. Mało, jeśli w ogóle, zastanawiał się nad tym, czy takie postępowanie jest dobre, czy złe. To miało okazać się później.

Chapman i Faramus ułożyli list w starannej niemczyźnie i wysłali go do dowództwa niemieckiego garnizonu w St Helier z prośbą o przekazanie do generała Ottona von Stulpnägela, głównodowodzącego wojsk okupacyjnych we Francji i na Wyspach Normandzkich. W kilka dni później wezwano ich do biura niemieckiego majora, gdzie Chapman beztrosko oświadczył, że on i jego towarzysz pragną wstąpić do tajnych służb niemieckich. Wyliczył swe występki, podkreślił, że w Anglii ciążą na nim liczne wyroki, pochwalił się znajomością materiałów wybuchowych, a na koniec wygłosił tyradę przeciw Wielkiej Brytanii. „Cały czas mówił o rewanżu – pisał później Faramus. – Powiedział, że ma już dosyć rządzących Anglią i tylko czeka, by wyrównać z nimi rachunki"[6]. Major kiwał beznamiętnie głową, a sekretarka sporządzała notatki, zapisała też nazwiska i adresy młodych ludzi. Major oświadczył, że omówi sprawę z „wyższymi oficerami".

Zdawało się, że po tym wszystkim nic się już nie wydarzy. Przez kilka następnych dni, jak tylko jakiś Niemiec zaszedł do zakładu, Chapman „opowiadał o swoim wstręcie do społeczeństwa, które go zaszczuło, i nienawiści do Anglików i wszystkich ich działań"[7] – w nadziei, że dojdzie to do władz niemieckich. Czas jednak płynął, a od generała Stulpnägela nie nadchodziła żadna wiadomość. Najpewniej ich podanie zostało odrzucone albo najzwyczajniej zignorowane zgodnie ze starą zasadą, że nie przyjmuje się do siatki szpiegowskiej tych, którzy o to proszą.

Chapman całkiem już zapomniał o swoim planie i teraz pilnie się zastanawiał, jak otworzyć klub nocny z przemycanym alkoholem, kiedy pewnego mglistego wieczora jego i Faramusa wyrwały z łóżek podniesione niemieckie głosy i wściekłe walenie w drzwi. W progu stało dwóch oficerów i Chapman pomyślał, że próby podjęcia współpracy z Niemcami wydały owoce. Nie mógł się bardziej pomylić. Nie byli to pracownicy niemieckiego wywiadu, ale gestapo. A on i Faramus nie zostali zwerbowani, tylko aresztowani. Skutych kajdankami, wepchnięto ich do czekającego w mżawce vauxhalla i zawieziono do doków. Znajdujący się z nimi wyższy oficer w stopniu hauptmana, czyli kapitana, powiedział im bez ogródek, że są jeńcami i zginą przy pierwszej próbie ucieczki. Z samochodu przeszli na pokład małej krypy, gdzie zostali przykuci do żelaznej sztaby przyśrubowanej do sterowni. Zaryczał silnik i łódź wypłynęła z portu, kierując się prosto na południe, ku ledwo widocznym w deszczu brzegom Francji. Oficerowie gestapo siedzieli w cieple pod pokładem, a jeńcy dygotali z zimna, chłostani deszczem.

Następnych kilka godzin upłynęło im w strachu na przenosinach z miejsca na miejsce. Najpierw port St Malo o mglistym poranku, później dwie godziny spędzone na posterunku policji, gdzie przykutym kajdankami do ławki żandarm podał bagietkę i trochę zeschłego sera. Następnie przejazd w zamkniętym przedziale pociągu do Paryża i w końcu przybycie na Gare du Nord, gdzie czekała ich wojskowa ciężarówka i uzbrojona eskorta. Niemieccy strażnicy nie chcieli rozmawiać, a w odpowiedzi na pytania wzruszali ramionami. Faramus był blady ze strachu, jęczał cicho z głową w dłoniach, gdy pędzili z milczącą eskortą gestapo szerokimi bulwarami okupowanej stolicy Francji. Na koniec ciężarówka minęła wielką bramę wjazdową, uwieńczoną ogromnymi kłębami drutu kolczastego, i zajechała do kolejnego więzienia.

Dużo później Chapman dowiedział się, co wtedy zaszło. W ciągu kilku tygodni przed aresztowaniem na wyspie kilkakrotnie zrywano druty telefoniczne, co było kolejnym z serii aktów małego sabotażu. Władze niemieckie przesłuchały w tej sprawie policjantów z Jersey, z których kilku było teraz czynnymi kolaborantami. Ci z miejsca wskazali Chapmana i Faramusa jako najbardziej podejrzanych. „Angielscy policjanci powiedzieli im, że jeśli są jakieś kłopoty, to ja muszę w tym maczać palce" – smętnie wyznał Chapman[8].

Dla młodego przestępcy było to całkowicie nowe doświadczenie – aresztowano go za występek, którego nie popełnił.

4

Romainville

Fort de Romainville górował nad wschodnimi przedmieściami Paryża. Okrutny, kamienny olbrzym w roku 1941 stał się symbolem nazistowskiego piekła. Ten nieforemny bastion, rozrośnięty, otoczony fosą, zbudowany na niskim wzgórzu w latach trzydziestych XIX wieku, był częścią pierścienia obronnego wokół Paryża, mającego chronić miasto przed wrogim atakiem. Stacjonowało w nim też wojsko na wypadek wystąpień rewolucyjnych. Stara forteca służyła teraz nazistom za coś w rodzaju obozu dla zakładników, jako miejsce przesłuchań, tortur i zbiorowych straceń, stanowiąc symbol zastraszenia, przed którym nie ma ucieczki. Romainville było „poczekalnią śmierci", więzieniem dla cywilów – członków ruchu oporu, więźniów politycznych, prominentnych Żydów, komunistów i intelektualistów, podejrzanych o szpiegostwo, wywrotowców i „siewców niepokoju", a także tych, którzy po prostu nie okazywali dość szacunku nowym władcom Francji.

Zmieniająca się stale populacja więzienna stanowiła ważny element w brutalnej arytmetyce nazistowskiej okupacji. W odwecie za każdy akt oporu wyciągano z cel i rozstrzeliwano jakąś grupę jeńców. Na przykład napad na niemieckich żołnierzy w paryskim kinie Rex zdaniem Niemców był wart życia stu szesnastu zakładników z Romainville. Im większe wyzwanie rzucano wrogom, tym większe żniwo zbierała tutaj śmierć. Czasem zakładnicy dowiadywali się, za jaki czyn płacą życiem, najczęściej jednak nie.

Chapman i Faramus, więźniowie polityczni podejrzani o sabotaż, zostali rozebrani, odziani w więzienne uniformy i postawieni przed komendantem obozu kapitanem Brüchenbachem, przysadzistym człowieczkiem o zasłoniętych grubymi okularami oczach jak „dziury po kulach w metalowych drzwiach". Ten burknął, że ma rozkaz zatrzymać ich do dalszego rozporządzenia gestapo. Drobiazgowy Faramus zauważył, że mężczyzna cuchnął wódką[1].

Pomaszerowali później do baraku otoczonego płotem wysokim na dwanaście stóp, zwieńczonym drutem kolczastym, pilnowanym po obu stronach przez strażników wyposażonych w reflektory i karabiny maszynowe. Wepchnięto ich do zimnej, oświetlonej jedną żarówką celi, w której stało kilka prycz, i zamknięto drzwi. Leżąc na gnijących słomianych materacach, przyjaciele zastanawiali się nad szansami przeżycia, jeden z niejakim optymizmem, drugi przygnębiony do ostatnich granic.

– Co byś powiedział, gdybyś miał być rozstrzelany, Eddie? – spytał Faramus.

– Nie sądzę, bym się tym bardzo przejął[2] – padła odpowiedź, w którą nie wierzył sam Chapman. – Miałem całkiem niezłe życie.

Nazajutrz rano, gdy znaleźli się na dziedzińcu, z szeptów współwięźniów dowiedzieli się, że przed chwilą stracono szesnastu ludzi w odwecie za zamordowanie przez bojowników ruchu oporu niemieckiego oficera w Nantes. Na drzwiach każdej celi widniało ostrzeżenie: „*Alles verboten*" – „Wszystko wzbronione"[3]. Nie było w tym żadnej przesady. Nie pozwalano pisać i odbierać listów, przejmowano paczki od kwakrów i z Czerwonego Krzyża, bito niemiłosiernie i bez powodu. Pozbawieni kontaktu ze światem zewnętrznym więźniowie mierzyli czas zmianami warty i odgłosami odległego ruchu ulicznego Paryża. Jedzenie było ściśle wydzielane i zawsze takie samo: pół kwarty wodnistej zupy jarzynowej, cztery uncje czarnego chleba oraz uncja zjełczałej margaryny albo sera. Z początku dwaj przybysze wyławiali z zupy robaki, lecz po kilku dniach chłeptali ją do końca, jak wszyscy inni.

Więzionym mężczyznom i kobietom pozwalano rozmawiać na potężnym dziedzińcu fortecznym, lecz stosunki seksualne były zabronione, co jeden ze strażników objaśnił im pierwszego dnia za pomocą wyszukanej, wielojęzycznej szarady:

– *Madame prisonniers. Parler, promenade, ja! Aber NIX, verboten, fig-fig Nix.* – A potem, na wypadek wątpliwości, dorzucił: – *NIX. Keine fig-fig*[4]!

Dla Chapmana zabrzmiało to jak wyzwanie.

Więźniowie fortu Romainville stanowili osobliwą mieszaninę ludzi bogatych i biednych, dzielnych i słabych, winnych i niewinnych. Poza Chapmanem i Faramusem nie osadzono tu żadnego Anglika. Wśród aresztowanych były Paulette, blondynka zatrzymana za szpiegostwo, i Ginette, której mąż już został za nie stracony. Inne kobiety trzymano jako zakładniczki, gdyż ich mężowie lub ojcowie przystąpili do Wolnych Francuzów albo aktywnie działali w ruchu oporu. W forcie przetrzymywano Kahna, bogatego żydowskiego bankiera z Niemiec, Michelina, potentata na rynku opon, dwóch belgijskich handlarzy diamentów oraz tajemniczego osobnika o nazwisku Leutsch, niemieckojęzycznego dziennikarza szwajcarskiego, który nosił rogowe okulary i utrzymywał, że pracuje dla angielskiego wywiadu. Wśród jeńców francuskich znalazł się były minister informacji i dziennikarz radiowy Le François, więziony za odmowę współpracy z propagandą niemiecką. Jedna z kobiet, kelnerka z kawiarni na Montparnasse, siedziała tu za spoliczkowanie obmacującego ją oficera gestapo. Pewien starszy mężczyzna nazwiskiem Weiss, ekscentryczny poliglota, chorobliwie wręcz lękający się wody, został aresztowany za napisanie artykułu, w którym zastanawiał się, jak należy podzielić pokonane Niemcy. Wielu trafiło tu po prostu w wyniku jakiejś sprzeczki czy awantury z okupantami, a byli i tacy, którzy nie mieli pojęcia, dlaczego znaleźli się w forcie.

Każdy więzień miał inną historię, ale wszyscy byli dosyć małomówni; niektórzy ograniczali się jedynie do podania imienia. Więzienie roiło się bowiem od informatorów, kapusiów, którzy mogli wyciągać prawdę od szpiegów i agitatorów, a potem ich ujawniać. Aresztowani szczególnie nie ufali pewnemu Belgowi o nazwisku Bossuet. Twierdził on, że urodził się w Cardiff, i dobrze mówił po angielsku, choć ze śladami slangu. Z początku Chapman odnosił się do niego przyjaźnie, ale wkrótce dowiedział się, że to *mouchard*, czyli zawodowy donosiciel, który zyskał sobie przydomek „Czarny Diament"[5]. Szeptano, że za jego sprawą poszło na śmierć dwudziestu dwóch więźniów. Ludzie stronili od niego, a niektórzy atakowali go, kiedy strażnicy byli czymś zajęci. W końcu Belg zniknął z więzienia, co miało być dowodem jego winy, choć wszechobecny w Romainville lęk brał się także z tego, że więźniów sprowadzano i zabierano bez zapowiedzi i wyjaśnień. Niejaki Dreyfus, mężczyzna w średnim wieku, potomek słynnej ofiary antysemickiej nagonki, siedział w forcie przez krótki czas, a potem zwolniono go bez słowa wytłumaczenia. Pozostali od razu uznali, że musiał zdradzić. „Niebezpiecznie było wdawać się w rozmowy – wspominał Chapman. – Nikt nie wiedział nic o innych. Nikt nie chciał rozmawiać"[6].

A jednak w tej żrącej atmosferze strachu i nieufności istniała równie potężna chęć kontaktu. Z zapamiętaniem łamano zakaz obcowania z płcią przeciwną. Mężczyźni i kobiety wykorzystywali każdą okazję do zbliżenia: pod prysznicami, pod schodami, w składzie na węgiel i w ciemniejszych zakątkach dziedzińca. Pomieszczenia w koszarach nie były celami, więc zamki łatwo się otwierały. Więźniowie obmyślali skomplikowane plany schadzek, by w kontaktach seksualnych znaleźć choć chwilę ulgi. Z Romainville nikt nigdy nie uciekł, ale w ten sposób można było choć na krótki czas zapomnieć o rzeczywistości. Kilka tygodni po przybyciu Chapman zaczął się spotykać z jasnowłosą Paulette, starszą od niego o blisko dziesięć lat, a Faramus zadawał się z więźniarką imieniem Lucy. Patrząc wstecz, obaj mężczyźni z pewnością wyolbrzymiali swe „podboje". Bardziej obyty od kolegi Chapman przyjmował chyba tę dziwną mieszankę seksu i strachu jako coś naturalnego, ale naiwny w sprawach miłosnych Faramus twierdził, że były to prawdziwe romanse, szczere i pełne uczucia[7]. W tej zamkniętej i zdradliwej społeczności, w której śmierć przychodziła bez ostrzeżenia czy wyjaśnienia, jedynym znakiem wolności pozostawał seks.

Podczas gdy Chapman i Faramus planowali skomplikowane schadzki z więźniarkami, niemiecka administracja wojskowa zaczęła rozważać ich propozycję szpiegowania na rzecz Niemiec, o której już zdążyli zapomnieć. Ich list z Jersey trafił do Berlina, stamtąd do biura niemieckiego wywiadu w Hamburgu, a potem z powrotem na Jersey. Chapman właśnie odsiadywał karę dwóch tygodni zamknięcia w lochach fortu, kiedy wreszcie w grudniu 1941 roku list go dogonił. W *cachots*, podziemnych kazamatach, znalazł się po bójce ze znienawidzonym Bossuetem. Osadzeni samotnie więźniowie dostawali chleb i zupę raz na trzy dni. Cela była nieoświetlona, zimna i wilgotna. Aby się rozgrzać, Chapman zbierał żwir z podłogi i przysypywał się nim po szyję.

Mijał tydzień, odkąd siedział w odosobnieniu, gdy wywleczono go z lochu, zaprowadzono pod strażą do biura Brüchenbacha i zamknięto w pokoju na zapleczu. Wkrótce stanął przed oficerem SS, który starannie zamknął za sobą drzwi. Jakiś czas przyglądał się Chapmanowi, aż w końcu zaczął mówić. W doskonałej angielszczyźnie, w której nie było słychać ani śladu obcego akcentu, przedstawił się jako oberlejtnant Walter Thomas. Bez słowa wstępu czy wyjaśnienia zaczął pytać osadzonego o dawne występki, znajomość materiałów wybuchowych, pobyt w więzieniu na Jersey i o znajomość niemieckiego. Czasami zaglądał do jakichś akt. Zdawało się, że zna wszystkie szczegóły kryminalnej działalności Chapmana, wie nie tylko o przestępstwach, za które Eddie został skazany, ale także tych, o które go podejrzewano. Ze znajomością faktów mówił o Wielkiej Brytanii, latach spędzonych przez Chapmana w Soho, uwięzieniu go w Edynburgu i ucieczce na Jersey. Nie zmieniał wyrazu twarzy, ale widać było, że odpowiedzi go zadowalają. Chapman wspominał później, że jego rozmówca wydawał się typem „statecznym, akademickim"[8]. Po godzinie oficer dał znać, że rozmowa dobiegła końca, i Chapmana wyprowadzono z biura, lecz nie do lochu, a z powrotem do baraku.

– Co się stało? – zapytał Faramus, zaskoczony wcześniejszym wypuszczeniem kolegi z ciemnicy[9].

Chapman kazał mu przysiąc, że zachowa tajemnicę, i opisał spotkanie z oficerem SS. Powiedział, że ich propozycja działania na rzecz Niemców nareszcie wydała owoce.

– Dla ciebie wszystko dobrze się składa – odparł Faramus, zdjęty nagłym lękiem. – Ty im się przydasz na pewno, ale co ze mną? Co ja dla nich znaczę[10]?

Chapman starał się uspokoić młodszego towarzysza, ale obaj wiedzieli, że Faramus ma rację. Naziści z pewnością mogli się posłużyć doświadczonym i przebiegłym przestępcą o bogatej przeszłości, mającym liczne powody, by nienawidzić panującego w Anglii porządku. Na cóż jednak mógłby się przydać Trzeciej Rzeszy szczupły, dwudziestoletni fryzjer, którego jedyną zbrodnią była nieudana próba wyłudzenia dziewięciu funtów?

Dalszym dowodem zainteresowania nazistów Chapmanem było pojawienie się po kilku dniach wojskowego fotografa z aparatem marki Leica. Zrobił mu kilkanaście zdjęć z profilu i *en face*, po czym zniknął.

Na początku stycznia 1942 roku Chapman znów został wezwany do komendantury. Przesłuchująca go tym razem osoba nie mogła bardziej się różnić od oberlejtnanta Thomasa o martwych oczach. W fotelu komendanta rozsiadła się istna piękność. Jej wielkie brązowe oczy, długie, pomalowane na czerwono paznokcie i leżący na oparciu kosztowny płaszcz z czarnej owczej wełny sprawiły, iż Chapman pomyślał, że właśnie zeszła z planu filmowego. Na chwilę jej widok zaparł mu dech w piersi. Obok stał mężczyzna w cywilnym ubraniu. Chapman zauważył jego atletyczną posturę i opaloną twarz. Elegancki ubiór i lekko znudzony wyraz twarzy obojga sprawiał, że wyglądali, jakby uczestniczyli w sesji fotograficznej.

Mężczyzna zadawał pytania po niemiecku, a kobieta tłumaczyła je na angielski, w którym słychać było amerykański akcent. Ani przez chwilę nie starali się ukrywać celu rozmowy. Pytali, jak Chapman wyobraża sobie pracę dla niemieckiego wywiadu i co go do tego skłoniło. Chcieli wiedzieć, jakiej pensji się spodziewa i co byłby gotów robić, gdyby przerzucono go potajemnie do Anglii. Kobieta paliła papierosy w długim, czarnym ustniku; jeden za drugim.

– A może nie wróciłby już pan do nas? – zapytała niespodziewanie[11].

– Musielibyście mi zaufać – odpowiedział Chapman[12].

Kiedy przed wyjściem kobieta wkładała płaszcz, Chapman spojrzał na metkę wewnątrz: Schiaparelli, włoski projektant. Przyszło mu na myśl, że nazistowskich szpiegów – jeśli ta para nimi była – stać najwidoczniej na najmodniejsze ubrania.

W ciągu kilku następnych tygodni życie więzienne toczyło się jak dawniej, raz tylko zakłócone straszliwym nalotem RAF na wielkie zakłady Renault w Boulogne-Billancourt, na drugim brzegu Sekwany, naprzeciwko Romainville. Zakłady te stanowiły teraz część nazistowskiej machiny wojennej, produkowały bowiem ciężarówki dla armii niemieckiej. 3 marca dwieście trzydzieści pięć bombowców niskiego zasięgu – największa liczba, jaka podczas całej wojny została skierowana na pojedynczy cel – uderzyło na fabrykę. Chapman i Faramus widzieli z okien baraku płomienie, błyski od wystrzałów dział przeciwlotniczych, czuli, jak potężne wybuchy wstrząsają powietrzem, i patrzyli, jak niebo nad miastem zabarwia się piekielnym ogniem. Chapman wyczuwał lęk towarzysza.

– Najpewniej dadzą cię do jakiegoś obozu dla cywilów – powiedział. – Albo zatrzymają tutaj, jeśli mnie przyjmą. Posłuchaj, Tony, nie martw się i pozostaw to mnie. Zaufaj mi[13].

Obaj Anglicy siedzieli w Romainville jeszcze prawie cztery miesiące, kiedy Chapmana po raz już ostatni zabrano do biura Brüchenbacha. Oczekiwał go oberlejtnant Thomas, tym razem w towarzystwie wyższego rangą oficera, ubranego w mundur rittmeistra, czyli kapitana kawalerii. Thomas przedstawił go jako „herr doktora Stephana Graumanna". Ten prawie dworskim gestem poprosił więźnia, by usiadł, i zaczął przepytywać go łagodnym głosem, w starannej, staromodnej angielszczyźnie, z akcentem typowym dla wyższych sfer. Zapytał, jak Chapman był traktowany w Romainville, i kiedy ten opowiedział, jak z rozkazu Brüchenbacha znalazł się w *cachots*, uśmiechnął się szyderczo i stwierdził, że komendant jest po prostu tresowaną bestią[14].

Wyniosłe, ale życzliwe zachowanie Graumanna wywołało sympatię Chapmana. Oficer często uśmiechał się do siebie, jak gdyby przypominał sobie jakiś żart. Uważnie słuchał odpowiedzi więźnia, odchylając się w krześle, wskazujący palec jednej ręki trzymając w wewnętrznej kieszeni munduru, a drugą gładząc rzednące włosy. Co jakiś czas zakładał okulary w grubych oprawkach i zaglądał w rozłożone przed sobą akta. Chapman uznał, że jest to „człowiek wyrozumiały i tolerancyjny"[15].

Graumann ponownie zajął się przeszłością Chapmana. Pytał o jego przestępstwa, znajomość niemieckiego i francuskiego, o członków Nitrogangu i ich obecne miejsce pobytu. Co jakiś czas wracał do pytania, co bardziej wpłynęło na chęć współpracy Chapmana: nienawiść do Anglii czy obietnica wysokiego wynagrodzenia. Ten odpowiadał, że obie te rzeczy są dla niego równie ważne. Przesłuchanie ciągnęło się przez trzy godziny.

Wreszcie Graumann wbił w więźnia swe wodniste, błękitne oczy i przeszedł do sedna sprawy. Jeśli Chapman zgodzi się przejść szkolenie w zakresie sabotażu, obsługiwania radiostacji i pracy wywiadowczej, a potem podjąć się misji w Wielkiej Brytanii, po powrocie może liczyć na sowite wynagrodzenie. Chapman przystał na to bez wahania, a potem zapytał, czy Faramus pójdzie z nim. Odpowiedź Graumanna była jednoznaczna: dla tajnych służb niemieckich Faramus jest „bezużyteczny"[16].

– W czasie wojny musimy zachować ostrożność, toteż jeden z was powinien tutaj pozostać – dodał[17].

Chociaż nie wyraził tego wprost, wiadomo było, co ma na myśli: Faramus będzie odpowiadał życiem za postępowanie przyjaciela.

Gdy podali sobie ręce, na małym palcu Graumanna Chapman zauważył grubą, złotą obrączkę z pięcioma czarnymi kropkami, zwrócił też uwagę na miękkość jego dłoni. Były to ręce człowieka, który nigdy nie pracował fizycznie. Jego głos, ręce i sygnet wskazywały jasno na arystokratyczne pochodzenie.

– Jeśli nie napyta pan sobie biedy, wyjdzie pan z Romainville w ciągu dwóch tygodni – rzekł Graumann, odwracając się w drzwiach.

Chapman powrócił do baraku podniesiony na duchu, ale też zaniepokojony zawoalowanymi groźbami[18] wobec Faramusa. Nie powtórzył mu słów Niemca, ale wiadomość, że towarzysz wkrótce wyjdzie na wolność, z pewnością uświadomiła młodzieńcowi powagę własnej sytuacji.

– Przypuśćmy, że się wywiniesz – zauważył Faramus – wtedy ja na pewno oberwę. Eddie, co będzie, jeśli już dostaniesz się do Anglii i nie zechcesz wrócić? Nie mam ochoty zostać rozstrzelany, poza tym jestem za młody, żeby umierać[19].

– Proszę, Tony, daj mi to rozegrać po swojemu. Stawką jest też moje życie, nie zapominaj o tym – starał się go uspokoić Chapman. Tych słów nie sposób było zakwestionować; losy przyjaciół ściśle się teraz ze sobą łączyły. Większość ofiar Romainville nigdy się nie dowiedziała, dlaczego poszła na śmierć. Gdyby Faramusa skazano na rozstrzelanie, wiedziałby, że zdradził go kolega. Chłopak zdawał sobie sprawę z tego, że gra Eddiego mogła kosztować go życie. Czy uda się „śmiały blef" Chapmana? „W strachu i rozpaczy – pisał Faramus – modliłem się o to za siebie i za niego".

18 kwietnia 1942 roku Chapmana wyprowadzono z celi.

– Do widzenia i powodzenia – rzekł, śmiejąc się i klepiąc przyjaciela po plecach. – Wyglądaj mnie po wojnie w Londynie!

– Do widzenia i powodzenia – odparł Faramus tak pogodnie, jak tylko potrafił[20].

W komendanturze Chapman spotkał się z oberlejtnantem Thomasem. Kiedy odbierał swe nieliczne rzeczy przywiezione z Jersey, w tym cywilne ubranie, Brüchenbach podpisywał zwolnienie. Potem Chapman wyszedł przez bramę Romainville i wraz z Thomasem wsiadł do czekającego na nich samochodu. Był wolny. Jak jednak zauważył jego towarzysz, kiedy rozsiedli się na tylnych siedzeniach, a szofer ruszył prosto na zachód, była to wolność szczególnego rodzaju.

– Jesteś wśród przyjaciół i mamy zamiar ci pomóc – odezwał się w swej jasnej, rzeczowej angielszczyźnie oficer. – Zatem nie próbuj czegoś równie głupiego, jak ucieczka, bo mam broń[21].

Dodał, że od tej pory w miejscach publicznych Chapman powinien posługiwać się tylko niemieckim.

Na Gare Montparnasse przesiedli się do zarezerwowanego przedziału pierwszej klasy w pociągu jadącym do Nantes. W wagonie restauracyjnym Chapman wreszcie najadł się do syta. Ascetycznie wyglądający Thomas jadł niewiele, toteż Chapman dokończył również jego kolację.

Był już wieczór, kiedy pociąg dotarł do Nantes, portowego miasta w zachodniej Francji, położonego nad potężną Loarą, która uchodzi do Atlantyku. Na peronie czekał na nich zwalisty młodzieniec z rzucającym się w oczy złamanym nosem. Przedstawił się jako Leo, wziął walizkę Thomasa i tobołek Chapmana i zaprowadził mężczyzn do czekającego na nich wielkiego mercedesa.

Chapman zapadł się w skórzany fotel, a Leo gwałtownie ruszył krętymi, brukowanymi ulicami Nantes. Kiedy opuścił miasto, skierował się na północny zachód, mijając zadbane farmy i łąki z pasącymi się stadkami krów. Przed jedną z wiejskich knajp stało kilku wieśniaków, którzy bez widocznego zainteresowania patrzyli na przejeżdżający samochód. Po jakichś siedmiu kilometrach Leo zwolnił i skręcił w prawo. Minęli budynek, który robił wrażenie fabryki, przejechali przez most kolejowy, aby wreszcie zatrzymać się przed żelazną, pomalowaną na zielono bramą w wysokim murze. Gęste topole zakrywały wszystko, co znajdowało się za ogrodzeniem. Leo zawołał strażnika w uniformie, a ten otworzył bramę.

Po kilku chwilach dalszej jazdy samochód stanął przed wielką, kamienną rezydencją. Chapman został wprowadzony do środka, a potem schodami w górę, do pełnego książek gabinetu. Zastał tutaj znajomą postać w trzyczęściowym, prążkowanym garniturze, piszącą coś przy biurku.

– Witamy w Villa de la Bretonnière – rzekł doktor Graumann, wstając, by uścisnąć dłoń Chapmana. – Rozsiądź się i skosztuj naprawdę niezłej brandy[22].

5

Villa de la Bretonnière

Po Romainville Villa de la Bretonnière wydawała się prawdziwym rajem. Ta trzypiętrowa budowla była rówieśnicą paryskiego więzienia, bo również powstała w latach trzydziestych XIX wieku. Trudno by było jednak znaleźć bardziej kontrastujące ze sobą miejsca. Willa reprezentowała typ budownictwa określany przez Francuzów mianem *maison de maître*, oznaczającym coś większego od rezydencji a mniejszego od *château*. Miała wszystko, co cechuje miejsce odpoczynku zamożnego człowieka: dębowe podłogi, wielkie marmurowe kominki, kryształowe żyrandole i podwójne drzwi, wiodące do wielkiego, starannie utrzymanego ogrodu. Dom należał wcześniej do bogatego Żyda prowadzącego kino w Nantes, do czasu aż został zarekwirowany, a jego właściciel „przeniesiony". Otoczony drzewami i wysokim murem, znakomicie nadawał się na potrzeby nazistowskiego wywiadu.

Tego wieczora Chapman, którego powitanie Graumanna i brandy zdecydowanie podniosły na duchu, został skierowany do pokoju na ostatnim piętrze. Po raz pierwszy od czterech lat nie zaryglowano za nim drzwi. Położył się w świeżej lnianej pościeli, a obudziło go pianie koguta. Chapman pomyślał, że w życiu nie widział nic równie pięknego: teren opadał łagodnie ku zachodowi, przez lasy i pola, w stronę rzeki Erdre. Ptactwo wodne taplało się w otoczonej zdobieniami sadzawce, a po trawniku uganiały się młode owczarki alzackie.

Na śniadanie zaprowadził go oberlejtnant Thomas. W jadalni Chapman zastał siedzącego u szczytu stołu Graumanna, czytającego „The Times" i jedzącego jajka na miękko. Graumann skinął nowo przybyłym głową, ale nie odezwał się słowem. Jak wkrótce miał się przekonać Chapman, arystokrata nigdy się nie odzywał przy śniadaniu. Przy stole siedziało jeszcze kilku mężczyzn, pochłoniętych spożywaniem grzanek, jaj, masła, miodu i świeżej kawy, a wszystko podawano na kosztownej porcelanie byłego właściciela. Chapman rozpoznał Leo, szofera o spłaszczonym nosie, który posłał mu uśmiech, odsłaniając przy tym poszczerbione zęby.

Kiedy francuska służąca sprzątnęła po śniadaniu, podano papierosy i Thomas przystąpił do prezentacji zgromadzonych w pokoju. Każdy z nich posługiwał się fałszywym nazwiskiem, o czym Chapman nie wiedział. Rumiany, mocno zbudowany mężczyzna, z perłową szpilką u krawata, przedstawił się jako Hermann Wojch. Następny był Robert Keller, szczupły blondyn lat dwudziestu kilku, potem Albert, łysiejący mężczyzna w średnim wieku, o pogodnym wyrazie twarzy. Ku zaskoczeniu Chapmana kolejny z zebranych, noszący pumpy do kolan i złoty zegarek na rękę, powitał go po angielsku, w gwarze cockney. Powiedział, że nazywa się Franz Schmidt.

Później w gabinecie na piętrze Graumann przyjął swoją zwykłą postawę, chowając palec za wycięcie kamizelki, i oświadczył Chapmanowi, że odtąd jest on członkiem Abwehry – niemieckiego kontrwywiadu, zbierającego informacje i szkolącego szpiegów – i że zostaje przydzielony do sekcji w Nantes, jednego z najważniejszych ośrodków szkolenia w zakresie sabotażu niemieckich tajnych służb w Europie[1].

Przez następne trzy miesiące – ciągnął Graumann – Chapman będzie intensywnie przygotowywany do zadania pod jego osobistym nadzorem. Keller nauczy go obsługi radiostacji, Wojch i Schmidt sabotażu i technik szpiegowskich, Leo skoków ze spadochronem. Kiedy przejdzie odpowiednie testy, zostanie skierowany z pewną misją do Anglii i jeśli spisze się zgodnie z oczekiwaniami, otrzyma hojną nagrodę. Nie było natomiast mowy o tym, co nastąpi, jeśli nie zaliczy testów.

Tymczasem będzie mógł swobodnie poruszać się po La Bretonnière, ale zawsze w towarzystwie Thomasa. Ma unikać zadawania się z miejscowymi i pod żadnym pozorem nie sprowadzać do domu kobiet. W obecności Francuzów wolno mu mówić tylko po niemiecku, a jeśli zaczepi go jakiś Niemiec, powinien wytłumaczyć, że większość życia spędził w Ameryce. Teraz pracuje w Baustelle Kerstang, wojskowej jednostce inżynieryjnej, naprawiającej drogi i budynki w okupowanej Francji.

Graumann stwierdził, że dla swego bezpieczeństwa Chapman musi mieć jakiś pseudonim. Jak zwykle Anglicy nazywają Niemców? Frycami? Zachichotał, mówiąc, że właśnie taki kryptonim będzie dobry dla świeżo upieczonego szpiega Abwehry o numerze V-6523.

Przyswajając kolejne wiadomości, Chapman coraz częściej łapał się na stwierdzeniu, iż doktor Graumann w swym prążkowanym garniturze przypomina bardziej „szanowanego biznesmena"[2] niż szefa siatki szpiegowskiej. Mówił stanowczo, choć łagodnie, a jego oczy rzucały żywe błyski spod ciężkich powiek. Wypowiadając się, raz za razem kołysał się lekko w przód i w tył. Chapmana uderzał jego głos, „zaskakująco miękki jak na Niemca"[3], który jednak nieznacznie twardniał, kiedy informował:

– Widzisz, zapoznasz się z mnóstwem rzeczy, ale musisz wiedzieć, że w naszym wydziale najważniejsza jest dyskrecja. Proszę, byś nie był zbyt wścibski[4].

Całymi miesiącami Abwehra rozglądała się za Brytyjczykiem, którego mogłaby wyszkolić na szpiega i sabotażystę oraz przerzucić do Anglii. Miał to być człowiek bez skrupułów, potrafiący się ukrywać, inteligentny, bezwzględny i sprzedajny. Przybycie Chapmana do La Bretonnière nie było kwestią przypadku. Stanowiło raczej nowe, śmiałe posunięcie w zmaganiach tajnych służb Anglii i Niemiec, rozgrywających się niezauważalnie, lecz nieprzerwanie już od dwóch lat.

Przed wybuchem drugiej wojny światowej Abwehra – której nazwa znaczy dosłownie „obrona" – zaliczana była do najlepszych tajnych służb w Europie. MI5, powołany do walki z obcym wywiadem na terenie Zjednoczonego Królestwa i w całym Imperium Brytyjskim, tak wtedy wyrażał się o Abwehrze: „...to bezwzględnie pierwszorzędna organizacja zarówno pod względem organizacyjnym, jak i kadrowym"[5]. Była to jednak ocena zdecydowanie na wyrost. Zadziwia wręcz, jak mało tajne służy obydwu krajów wiedziały o sobie wzajemnie. W 1939 roku pracownicy Wydziału Szóstego brytyjskiej Tajnej Służby Wywiadowczej (Secret Intelligence Service – SIS), zwanego też MI6 i działającego wszędzie poza brytyjskim terytorium, nie mieli pojęcia, jaką nazwę nosi wywiad niemiecki ani komu podlega. W szczerej samoocenie dokonanej po wojnie MI5 przyznawał, że „do upadku Francji tajne służby jako całość znajdowały się w stanie, który można nazwać tylko chaotycznym... starały się wymyślić jakieś sposoby wykrycia niemieckich agentów, nie mając żadnej wiedzy na temat niemieckiego wywiadu"[6].

Równie źle była przygotowana Abwehra. Hitler ani się nie spodziewał, ani nie życzył sobie wojny z Wielką Brytanią i nazistowski wywiad kierował swe zainteresowania głównie na Wschód. Na Wyspach siatka wywiadowcza Abwehry praktycznie nie istniała. Kiedy Wielka Brytania i Niemcy zaczęły szykować się do wojny, między ich wywiadami rozpoczął się swoisty taniec cieni. Oba jęły budować siatki szpiegowskie praktycznie od zera. Oba posądzały się wzajemnie o nadzwyczajną skuteczność oraz zaawansowane przygotowania i oba były w błędzie.

Ich pierwsze poważniejsze starcie dotyczyło osoby drobnego, niepewnego i wyjątkowo irytującego walijskiego elektryka nazwiskiem Arthur Owens. Jako producent baterii do akumulatorów jeździł on w latach trzydziestych w interesach do Niemiec, gdzie zdobył dla Admiralicji nieco informacji o wartości technicznej i wojskowej. W roku 1936 został formalnie przyjęty do angielskiego wywiadu jako agent Snow (Śnieg), co stanowiło częściowy anagram nazwiska Owens. W tym samym jednak czasie Walijczyk nawiązał potajemną współpracę z Abwehrą. MI6 przejął jego korespondencję, ale kiedy zarzucono mu podwójną grę, Owens oświadczył, że działa w interesie Anglii, co Wydział Szósty chwilowo przyjął do wiadomości. Na polecenie z Niemiec Owens zabrał z biura rzeczy znalezionych na Victoria Station bezprzewodowy radioodbiornik i przekazał go Brytyjczykom, dostarczając im wartościowych informacji o konstrukcji niemieckiego radia. Potem bez uprzedzenia wyjechał do Hamburga, jak przypuszczano – na dobre.

Drugiego dnia po wypowiedzeniu przez Anglię wojny Niemcom Walijczyk dał jednak o sobie znać, dzwoniąc do Sekcji Specjalnej i prosząc o spotkanie. W więzieniu Wandsworth dostał do wyboru karę śmierci albo pracę w charakterze podwójnego agenta i raz jeszcze zaprzysiągł wierność Wielkiej Brytanii. We wrześniu 1939 roku wyjechał do Holandii, tym razem w towarzystwie emerytowanego inspektora policji Gwilyma Williamsa, który udawał walijskiego nacjonalistę pragnącego zrzucić angielskie jarzmo. Spotkali się tam z oficerem Abwehry Nikolausem Ritterem i powrócili do Londynu z wartościowymi informacjami, w tym z kluczem do różnych niemieckich kodów radiowych.

Anglicy wciąż nie ufali Śniegowi, a nieufność ta pogłębiła się po serii zagadkowych wydarzeń na Morzu Północnym. Ritter polecił Owensowi, by zwerbował jeszcze jednego agenta, mającego przejść szkolenie w Niemczech, i zgodził się podesłać łódź podwodną, która zabrałaby ich gdzieś na południe od Dogger Bank. Wydział Szósty, zawsze gotów do podrzucenia Abwehrze swego człowieka, od razu wyszukał byłego kanciarza i złodzieja Sama McCarthy'ego, który przystał na tę rolę. Gdy Owens i McCarthy płynęli trawlerem na miejsce spotkania, obaj byli coraz bardziej przekonani, że ten drugi pracuje dla Niemców. Dwa dni przed planowanym spotkaniem McCarthy zamknął Owensa w jego kabinie i popłynęli z powrotem. Kiedy Owensa zrewidowano, znaleziono przy nim raport na temat działań brytyjskiego wywiadu. Ślad prowadził do Williama Rolpha, kierownika restauracji na Picadilly i sporadycznego informatora Wydziału Piątego. Rolph przyznał, że Owens namówił go do szpiegostwa na rzecz Niemiec i wkrótce po odejściu przesłuchujących popełnił samobójstwo, wsadzając głowę do piecyka gazowego.

Resztę wojny Owens spędził w więzieniu i aż do teraz nie wiadomo jeszcze, czy był patriotą, czy zdrajcą, a może jednym i drugim. Niemniej przypadek ten dowiódł, jakie nadzwyczajne korzyści może przynieść prowadzenie podwójnego agenta, i dostarczył kilku wyjątkowo ważnych informacji z dziedziny techniki i kryptologii. Farsa na Morzu Północnym wykazała, że Abwehra próbuje pozyskać niezadowolonych obywateli brytyjskich, nawet przestępców, jako agentów.

Tymczasem narastające pogłoski o niemieckiej inwazji sprawiły, że lęk przed szpiegami nabrał w Wielkiej Brytanii rozmiarów epidemii. Kolejne kraje europejskie ulegały nazistowskiemu blitzkriegowi, co można było wytłumaczyć tylko w jeden sposób: w każdym państwie poza linią frontu musi istnieć siatka niemieckich agentów, wspomagających natarcie ich armii. Przyjmowano zatem, że podobna siatka została stworzona też w Anglii i dąży do upadku państwa. Mit niemieckiej piątej kolumny zrodził się na fali niespotykanej w Anglii zbiorowej histerii, podsycanej przez prasę i polityków. „Mamy do czynienia z istnieniem całej klasy obywateli dotkniętych manią szpiegowską – pisał Churchill, sam nią zarażony. – Wojna to znakomita pożywka dla tych zacnych ludzi"[7].

Niemieccy wywiadowcy byli wszędzie i nigdzie. Policję zasypywano doniesieniami o dziwnych postaciach w przebraniu, błyskających nocą światłach, płonących stogach i o sąsiadach, u których słyszano przez ścianę jakieś dziwne stukanie po nocach. Jeden szczególnie zaciekły łowca agentów widział mężczyznę z „typowo pruskim karkiem"[8]. Baden-Powell, twórca ruchu skautów, twierdził, że rozpozna niemieckiego szpiega po jego chodzie. Każdy mógł być szpiclem. „Podejrzewajcie wszystkich – wyśmiewał to szaleństwo Evelyn Waugh – wikarego, wiejskiego sklepikarza, wieśniaka, którego rodzina żyje tu od stu lat, tych, po których nie wiadomo, czego się spodziewać"[9]. Szpiedzy mieli rozkładać na ziemi gazety, dając tym sygnał niemieckim lotnikom, zatruwać czekoladę, przenikać do policji, do samobójczych ataków werbować szaleńców z zakładów psychiatrycznych i wysyłać na angielską prowincję morderców przebranych za autostopowiczki.

Sprawdzanie doniesień pochłonęło mnóstwo energii i środków, nie przynosząc najmniejszych wyników. Najbardziej godnym ubolewania skutkiem tej histerii było internowanie dwudziestu siedmiu tysięcy Niemców, Włochów i innych „sprzymierzeńców wroga", w większości ludzi nie tylko niewinnych, lecz także zdecydowanie wrogich nazizmowi. Niemożność zdemaskowania spiskowców zwiększyła tylko przekonanie, że muszą być specjalistami o najwyższych kwalifikacjach. Wywiad, jak pisał jeden z jego pracowników, „pozostał z nader nieprzyjemnym uczuciem, że w tym kraju muszą być jacyś agenci, których nie potrafi ujawnić"[10].

Prawda zaś była taka, że do wybuchu wojny Abwehrze nie udało się zwerbować żadnych skutecznie działających w Anglii szpiegów poza Arthurem Owensem i jego rzekomą grupą walijskich wywrotowców. Kiedy jednak operacja Lew Morski, czyli plan niemieckiej inwazji na Wielką Brytanię, zaczęła nabierać kształtu, Abwehra zaciekle przystąpiła do naprawiania błędów. Z końcem 1940 roku, gdy nasilił się bój między RAF a Luftwaffe, do Anglii jęli napływać agenci. Przybywali pontonami, U-Bootami, hydroplanami, na spadochronach, wcielali się w role uchodźców i marynarzy. Jedni dysponowali najnowszymi radioodbiornikami i znakomicie wyrobionymi fałszywymi dokumentami, inni zjawiali się tylko w ubraniu, które mieli na sobie. Od września do listopada 1940 roku wysłano do Anglii co najmniej dwudziestu jeden agentów Abwehry z zadaniem donoszenia o ruchach wojsk, rozpoznawania i sabotowania obiektów ważnych dla systemu obronnego kraju, przygotowania na nieuchronną inwazję i wmieszania się w tłum uchodzącej armii angielskiej. Gestapo sporządziło już listę wybitnych Brytyjczyków mających trafić do więzień i w kwaterze głównej Abwehry mało kto wątpił, że szturmówki Hitlera przemaszerują wkrótce wzdłuż Whitehall.

Szpiedzy Abwehry stanowili różnorodną zbieraninę. Znajdowali się wśród nich żarliwi naziści, ale w większości były to szumowiny, skłonne dryfować w stronę szpiegowskiego świata: wszelkiego rodzaju oportuniści, przestępcy i garść fantastów. Znakomitą większość tych „inwazyjnych szpiegów" łączyła jedna cecha: byli amatorami. Wielu mówiło bardzo słabo po angielsku, niektórzy wcale. Niewielu miało za sobą coś więcej niż podstawowe szkolenie. Byli słabo poinformowani i często nie znali angielskich realiów. Jednego aresztowano, kiedy chciał zapłacić dziesięć funtów i sześć szylingów za bilet kolejowy wart dziesięć szylingów i sześć pensów.

Abwehra nigdy nie miała się dowiedzieć, że cały jej program szpiegowski w Wielkiej Brytanii został odkryty, rozmontowany i obrócony przeciw niej. To prawda, że wielu jej agentów zdawało się znikać gdzieś bez śladu, ale tego też się spodziewano. Kilku zaczęło wysyłać meldunki radiowe lub pisane atramentem sympatycznym, a byli też tacy, którzy znakomicie działali z ukrycia. Tak przynajmniej mówiono Hitlerowi. Bardziej wykształceni i doświadczeni oficerowie niemieckiego wywiadu wiedzieli jednak, że poziom prezentowany przez posyłanych do Anglii szpiegów jest żałośnie niski. Nieliczne dochodzące stamtąd informacje nie przedstawiały szczególnej wartości. Nie zanotowano też żadnego sabotażu godnego większej uwagi.

Kierownictwo Abwehry uznało zatem, że by pokonać umocnienia wywiadu brytyjskiego, musi rozejrzeć się za kimś innym niż zatrudniani dotąd amatorzy. Za szpiegiem zupełnie innego pokroju: starannie wybranym i odpowiednio wyszkolonym przez fachowców od szczególnych, wysoce niebezpiecznych zadań. Osobnik taki powinien być oddany sprawie, bezwzględny i o ile to możliwe, powinien być Anglikiem. W tym celu w marcu 1942 roku powołano do życia oddział (*Dienststelle*) Abwehry w Nantes, stanowiący elitarny ośrodek szpiegowski. Rittmeister Graumann, wschodząca gwiazda Abwehry, został szefem nowej szkoły, mając do dyspozycji pieniądze, doświadczonych nauczycieli i obszerną rezydencję wraz z personelem, leżącą na obrzeżach miasta, w małej wiosce St Joseph. Jednostka podporządkowana była paryskiej kwaterze głównej Abwehry, ale w dużym stopniu działała samodzielnie.

Znalezienie angielskiego renegata wartego szkolenia na szpiega najwyższej klasy powierzono młodemu, władającemu angielskim oficerowi Abwehry nazwiskiem Walter Praetorius, zdeklarowanemu naziście, ale i szczeremu anglofilowi. Jego pradziad ze strony matki Henry Thoms (sic!) był szkockim handlarzem lnu, który wywędrował z Dundee do bałtyckiego portu Ryga i ożenił się z Niemką. Praetorius niezwykle szczycił się swoją brytyjską krwią i lubił mówić każdemu, kto chciał słuchać, że jest latoroślą „wodzowskiej linii klanu McThomasów"[11].

Praetorius ukończył uniwersytet w Berlinie i w roku 1933, w wieku dwudziestu dwóch lat, w ramach brytyjsko-niemieckiego programu wymiany studentów wyjechał do Southampton, by doskonalić znajomość angielskiego na tamtejszym uniwersytecie. Zamierzał zostać nauczycielem. W Anglii grywał na flecie, wiosłował w drużynie uniwersyteckiej i nosił się na modłę dżentelmena. Nade wszystko jednak lubił tańczyć. Najbardziej trwałym nabytkiem jego rocznego pobytu w Anglii okazała się miłość do angielskich tańców ludowych. Nauczył się kroków swych szkockich przodków: reela i tańca z mieczami, ale nade wszystko pokochał morrisa. Anglicy raczej się śmieją z tego tańca, lecz Praetorius był zafascynowany osobliwymi czapkami i ruchami tancerzy. Podczas wakacji jeździł rowerem po Anglii, fotografował ludowe tańce i analizował ich kroki. Po miesiącach starannych studiów ogłosił, że morris jest źródłem wszelkiego tańca na świecie, a tym samym światowej kultury. Z całą pewnością takiej teorii nie głosił nikt poza nim, ani przedtem, ani potem.

Praetorius był bardzo lubiany w Southampton, gdzie z racji rudawego odcienia rzednących włosów nazywano go „Rdzawy" (Rusty) i zapamiętano jako człowieka o miłej, ujmującej osobowości[12]. Jednocześnie był on osobą ulegającą wpływom, przechodzącą ze skrajności w skrajność i łatwo wpadającą w nadmierny, bezrefleksyjny entuzjazm. Kiedy w 1934 roku wrócił do Niemiec, jego umiłowanie tańca ustąpiło wkrótce jeszcze większemu zauroczeniu faszyzmem. W aktach brytyjskiej policji zapisano, że matka Praetoriusa była „wściekłą nazistką"[13], a młody Walter przyjął nowe credo z właściwym sobie zapałem i naiwnością, w związku z czym szybko awansował w szeregach faszystów. Wyższość rasy germańskiej i anglosaskiej nad wszystkimi innymi stała się jego wyznaniem wiary, a wybuch wojny – sposobnością do wykazania niemieckiej siły w szeregach SS[14]. Śmierć Hansa, jego jedynego brata, na początku wojny w Polsce tylko zagrzała go do czynu. Łagodny flecista Rdzawy, rozkochany w ludowych tańcach, stał się żarliwym, bezkompromisowym nazistą.

Oberlejtnant SS Praetorius, o szpiegowskim pseudonimie „Walter Thomas", obranym na cześć szkockich przodków, zabrał się do pracy, brnąc przez stosy papierów i odwiedzając więzienia, ośrodki dla uchodźców i obozy dla jeńców wojennych w poszukiwaniu materiału na idealnego szpiega. Szukając kolaborantów na Jersey, zatrzymał się w hotelu Almadoux. Przesłuchiwał przestępców i dezerterów, obywateli angielskich zatrzymanych na okupowanych terenach, a nawet sympatyków IRA, których można by zwerbować do walki z Anglikami. Żaden z nich jednak nie spełniał oczekiwań. I nagle, pod koniec marca 1942 roku, Praetorius wysłał pełen ekscytacji meldunek do nowo mianowanego szefa oddziału Abwehry w Nantes, w którym donosił, że w paryskim więzieniu wyszukał angielskiego złodzieja, który mógłby być szkolony w sabotażu, i że ma zamiar od razu go przesłuchać[15].

6

Doktor Graumann

Chapman zaczął poznawać swój nowy dom wraz z Praetoriusem, alias Thomasem, jako przewodnikiem i strażnikiem. Jego sypialnia mieściła się na drugim piętrze La Bretonnière, bezpośrednio nad sypialnią Graumanna, którego apartament zajmował większość pierwszego piętra. W pokoju obok Chapmana ulokowany był Keller, u którego znajdowała się również radiostacja. Wojch i Schmidt mieszkali razem, zaś sypialnia Praetoriusa znajdowała się tuż za sypialnią Graumanna. Na parterze mieściła się jadalnia, elegancka palarnia o ścianach wyłożonych boazerią pomalowaną w stylu Fragonarda oraz wielki gabinet z biurkami stojącymi pod ścianami i stalowym sejfem w kącie. Obok głównego budynku znajdował się domek ogrodnika, przekształcony teraz w laboratorium chemiczne, w którym wytwarzano materiały wybuchowe, dlatego pełno w nim było moździerzy, wag i groźnie wyglądających butelek, szeregami pokrywających półki.

W La Bretonnière zatrudniano stosowną liczbę służących. Trzydziestojednoletnia Odette zajmowała się gotowaniem i sprzątaniem, a pomagała jej kilkunastoletnia Jeanette. Dwóch ogrodników, z których jeden niedawno wyszedł z więzienia, codziennie przychodziło strzyc trawę, doglądać kwietników, wyrywać chwasty w warzywniku i karmić trzymane tu kozy, świnie i drób.

Szkolenie rozpoczęło się natychmiast. Zainstalowano aparat Morse'a i pod okiem Kellera oraz Praetoriusa Chapman zaczął uczyć się odróżniać kropki od kresek. Potem przeszedł do liter składających się z dwóch elementów, potem trzech, a w końcu opanował cały niemiecki alfabet. Uczył się też podstaw stenografowania, sztuczek pomagających zapamiętać sekwencje liter i tego, jak złożyć radioodbiornik.

Trzeciego dnia jego pobytu w willi ogrodników wcześnie odesłano do domów i Wojch przeprowadził w ogrodzie kontrolowaną eksplozję, a następnie przyrządził „chemiczną mieszankę" w laboratorium. Rumiany sabotażysta z tak niesamowitą zręcznością wybierał i łączył różne substancje, że uważający się za eksperta Chapman był pod wrażeniem: „Brał coś do ręki, oglądał, smakował, a potem zaczynał mieszać. Nie sądzę, aby był chemikiem, po prostu znakomicie go wyszkolono" – wspominał[1]. Chapman i Wojch codziennie pracowali w laboratorium, produkując bomby i urządzenia zapalające z użyciem tak prostych składników jak cukier, nafta i chloran potasu. Chapman uczył się też na pamięć ich receptur.

Leo trenował go, jak skakać i upadać bez szwanku – pod kątem planowanego zrzutu spadochronowego. Przy najwyższym buku w ogrodzie stała drabina i Chapman stopniowo zeskakiwał z niej z coraz większej wysokości, aż mógł zeskoczyć z blisko dziesięciu metrów, nie wyrządzając sobie żadnej krzywdy. Po latach spędzonych w więzieniu był w bardzo słabej formie, więc Leo przygotował dla niego bogaty zestaw ćwiczeń. Eddie rąbał drewno, aby wzmocnić ramiona, a każdego ranka Praetorius zabierał go na czteromilową przebieżkę brzegiem Erdre. Chapman zachwycał się urodą rzeki koło Nantes, przyznając, że dopiero po opuszczeniu więzienia zdał sobie sprawę z tego, „jak wiele piękna znajduje się w otaczającym go świecie".

Pędził tam naprawdę sielankowe życie. O 8.30 dzwonek wzywał na śniadanie, zaś o 10 zaczynała się nauka wysyłania meldunków radiowych do placówek Abwehry w Paryżu i Bordeaux. Resztę czasu do południa zabierały ćwiczenia w sabotażu, nauka kodowania albo trening skoków. Lunch jedzono o 12.30, po nim następowała sjesta do 15 albo 15.30, a po niej ciąg dalszy szkolenia. Wieczorami mieszkańcy willi grali w brydża, w kręgle na trawniku albo spacerowali do Café des Pêcheurs, małego wiejskiego baru o ścianach wyłożonych drewnem, gdzie przyglądali się zachodzącemu za rzeką słońcu i pili piwo w cenie trzech franków za szklankę. Czasem w towarzystwie kogoś z zespołu Chapman wyjeżdżał na wieś, aby na czarnym rynku kupić żywność: świeże jajka, chleb, szynkę i wino. Targował się jeden z kierowców, Belg o imieniu Jean, bo francuscy chłopi od Niemca żądaliby więcej. Żywność była bardzo droga, na przykład szynka kosztowała dwa i pół tysiąca franków, ale pieniądze najwyraźniej nie stanowiły problemu.

W La Bretonnière alkohol płynął strumieniami. Uderzał szczególnie styl picia doktora Graumanna. Chapman obliczył, iż każdego wieczoru szef opróżnia przynajmniej dwie butelki wina, przeplatając kieliszki szklankami brandy. Wydawało się, jakby to w ogóle na niego nie wpływało. W soboty mieszkańcy willi wsiadali do czterech służbowych samochodów z francuskimi rejestracjami i przepustkami wydanymi przez SS i jechali do Nantes. Tam jedli obiad w Chez Elle, tańczyli w Café de Paris albo zachodzili do kabaretu Le Coucou, gdzie butelka czarnorynkowego szampana kosztowała trzysta franków. Chapman nie płacił za nic i dostawał tyle „kieszonkowego", ile sobie życzył[2]. Podczas tych wycieczek widywał znak „V" – symbol ruchu oporu, malowany kredą w widocznych miejscach. Czasem gorliwi naziści ozdabiali „V" swastyką, „niwecząc tym propagandę". Niektórzy członkowie grupy odwiedzali kontrolowany przez Niemców burdel w mieście. Jego stałym klientem był Albert o rysach mopsa, który tak wychwalał wdzięki tamtejszych les jolies filles (ślicznych dziewcząt), że koledzy nazwali go „Joli Albert", co zupełnie do niego nie pasowało.

Chapmanowi w szczególności odpowiadało towarzystwo Wojcha, który „kochał życie, zawsze miał mnóstwo pieniędzy, był dość błyskotliwy, lubił dziewczyny i trunki" – jak wspominał później Chapman[3]. Wojch, niegdyś bokser, był niesamowicie silnym mężczyzną. Lubił wyzywać innych na coś w rodzaju zapasów, podczas których należało chwycić przeciwnika za rękę i powalić na kolana. Niemiec niezmiennie wychodził z nich zwycięsko.

Chapman zaczynał postrzegać tych ludzi jako swych przyjaciół. Nigdy nie przypuszczał, aby imiona, pod jakimi ich znał, były fałszywe. Słyszał raz, jak Thomasa nazwano Praetoriusem, ale myślał, że to po prostu przydomek.

Niezależnie jednak od okazywanej przy alkoholu wylewności jego nowi towarzysze uważali na to, co mówią, zachowywali się z rezerwą i nie zwierzali się z tego, co robili poza murami rezydencji. Od czasu do czasu Wojch albo Schmidt znikali gdzieś na tydzień lub dłużej i kiedy wracali, Chapman próbował dyskretnie wyciągnąć z nich, gdzie byli. Rozmowa, jak wspominał, przebiegała zawsze podobnie:

– Miałeś dobrą podróż?

– Tak, nie najgorszą.

– Gdzie byłeś?

– Och, za miastem[4].

Chapman nauczył się nigdy nie żądać wyczerpującej odpowiedzi. Kiedy raz po pijanemu zapytał Wojcha, czy był kiedykolwiek w Ameryce, ten odparł z zimnym uśmiechem: „A tobie po co takie pytania?"[5].

Mimo pozornie prywatnej, domowej atmosfery ściśle przestrzegano zasad bezpieczeństwa. Wszystkie ważne dokumenty znajdowały się w biurowym sejfie. Czasami Chapman widział, jak Graumann wychodził do ogrodu z jakimś listem albo tajnym dokumentem, wyjmował go z kieszeni, zapalał papierosa, a potem palił całą kopertę[6]. Nocą spuszczano ze smyczy dwa straszne owczarki alzackie, które trzymały wszelkich intruzów z dala, zaś Chapmana w domu. Pewnego ranka Keller spotkał go samego w pomieszczeniu z radiostacją i wyrzucił stamtąd bez ceregieli. Odtąd drzwi zawsze zamykano na klucz, wyposażono je też w alarm elektryczny. Raz, gdy Graumann spostrzegł, że Chapman poszedł z rana popływać sobie w Erdre, zebrał całą grupę i dał upust wściekłości:

– Dobry Boże! Wychodzi sam? Nie ma żadnych papierów. Co by było, gdyby go zgarnęła francuska policja[7]?!

Później szef wziął Chapmana na stronę i powiedział spokojnie:

– Słuchaj uważnie. Jeśli zechcesz popływać, zabierz ze sobą któregoś z chłopców. Jeśli masz ochotę gdzieś wyjść, oni mają rozkaz ci towarzyszyć; wystarczy tylko zapytać[8].

Mimo wszystko Chapman w sposób nieunikniony gromadził strzępki informacji o swoich współmieszkańcach. Leo, Wojch i Schmidt byli właściwie prostodusznymi chłopakami ze wsi[9]. Wojch chwalił się, że przed wojną boksował na olimpiadzie. Znał dobrze Londyn i rozklejał się, kiedy wspominał dawną dziewczynę, irlandzką pokojówkę z hotelu Hyde Park. Z rzucanych od niechcenia uwag Chapman wywnioskował, że brał on udział w wysadzeniu w powietrze pewnego hotelu w Paryżu. Zdarzyło się to przed atakiem na Francję i zginęło wówczas wielu oficerów alianckich. Drobne, ale istotne szczegóły z przeszłości wychodziły powoli na jaw. Thomas przy każdej okazji nosił swój uniwersytecki krawat wioślarski i chwalił się, że w Southampton nie było lepszego wioślarza. Albert przyznał, że przed wojną pracował jako przedstawiciel pewnej niemieckiej firmy w Liberii. Leo był zawodowym bokserem.

Kiedy Chapman zapytał Schmidta, skąd wziął się u niego akcent cockney, ten wyjaśnił, że przed wojną pracował jako kelner w londyńskiej restauracji Frascati. Bywał w Soho, w miejscach dobrze znanych Chapmanowi, w tym u Smokeya Joego i w Gnieździe, wspominał też potańcówki w Regal Theatre przy Marble Arch. Eddie powoli zaczął sobie zdawać sprawę, że ci ludzie nie są zwykłymi instruktorami, lecz doświadczonymi szpiegami i sabotażystami, zatrudnionymi we Francji i w Anglii jeszcze przed wybuchem wojny.

O ile jednak niektórzy „chłopcy" zaczęli się ukazywać w ostrzejszym świetle, o tyle ich szef skrywał swą przeszłość za stalową żaluzją uprzejmości. Podczas szkolenia w obsłudze radia kazał Chapmanowi przesyłać angielskie wierszyki dla dzieci, takie jak *Miała Mary jagniątko* i *Poszła sobie świnka na targ*[10]. „Były to rzeczy, które, moim zdaniem, mógł znać tylko Anglik"[11] – dziwił się Chapman. Tymczasem Graumann twierdził, że był w Wielkiej Brytanii zaledwie raz. Gdy Eddie wyraził zaskoczenie jego „niesamowitym angielskim akcentem"[12], szef uprzedził następne pytanie, mówiąc, że miał „bardzo dobrego guwernera"[13].

Pewnej nocy, już po kolacji, rozmawiali o psach. „Pokażę wam zdjęcie mojego"[14] – rzekł Graumann, wstając od stołu, i po kilku minutach wrócił ze zniszczoną fotografią. Pies był widoczny, ale twarz trzymającej smycz osoby została starannie oddarta.

„Doktor Stephan Graumann" był w rzeczywistości kimś całkiem innym. Nazywał się Stephan Albert Heinrich von Gröning. Był arystokratą, nienagannie wychowanym, bardzo bogatym, o wyrafinowanym smaku. „Naprawdę niezła brandy"[15], jaką nalał pierwszego wieczora Chapmanowi, rzeczywiście stanowiła sedno jego życia.

Von Gröningowie od ośmiu stuleci byli pierwszą rodziną Bremy, miasta w północnych Niemczech, gdzie dzięki handlowi i odpowiednio kojarzonym małżeństwom dorobili się ogromnej fortuny. Przez wszystkie te lata możny ród wydał siedemnastu członków bremeńskiego parlamentu i wybitnego osiemnastowiecznego dyplomatę, który studiował w Lipsku razem z Goethem, a potem został ambasadorem na dworze Napoleona. W uznaniu zasług otrzymał arystokratyczny tytuł „von" i odtąd von Gröningowie zaczęli jeszcze bardziej bogacić się i piąć w górę.

Urodzony w 1898 roku Stephan wzrastał w warunkach, jakimi cieszyli się tylko najbardziej uprzywilejowani. Jego matką była spadkobierczyni fortuny pewnego Amerykanina niemieckiego pochodzenia, Helena Graue, stąd właśnie jego *nom d'espion* – Graumann. W domu von Gröningowie posługiwali się angielskim z akcentem ludzi z wyższych sfer. Mieszkali w ogromnej, pięciopiętrowej kamienicy przy głównym placu Bremy, imponującej budowli z kamienia, pokrytej stiukami, z bajeczną biblioteką, portretami starych mistrzów na ścianach i armią służących czekających na rozkazy młodego Stephana. Jeden czyścił mu buty, drugi przyrządzał posiłki, inny oszklonym powozem z rodowym herbem woził go do ekskluzywnej, prywatnej szkoły.

Beztroskie życie von Gröninga omal nie zakończyło się przedwcześnie w 1914 roku, kiedy po wybuchu pierwszej wojny światowej zaciągnął się do wojska. Nie dla młodego Stephana nędzne i ciasne kwatery w okopach – otrzymał rangę oberlejtnanta w legendarnych Białych Dragonach, chyba najbardziej elitarnym pułku jazdy w armii cesarskiej. Wziął udział w jednej z ostatnich kawaleryjskich szarż w historii, kiedy większość jego kolegów padła pod ogniem angielskich karabinów maszynowych. On przeżył i za waleczność otrzymał Krzyż Żelazny drugiej klasy. Wojna nie trwała dla niego długo. Wkrótce nabawił się zapalenia płuc, potem gruźlicy i został zwolniony z armii. Matka dla poratowania zdrowia wysłała go do Davos, znanego szwajcarskiego kurortu, gdzie spotkał i pokochał Walijkę Gladys Nott Gillard, również chorującą na gruźlicę, również dobrze urodzoną, ale ubogą. 19 grudnia 1923 roku wzięli ślub w kościele św. Łukasza w Davos.

Nowożeńcy wynajęli wielką rezydencję w Davos, zwaną Villa Baby, a następnie udali się w podróż do Bremy, potem do Hamburga i na koniec do Bawarii. Po drodze von Gröning założył handlującą kawą spółkę Gröning i Schilling, która wkrótce padła, a potem zaczął grać na giełdzie – tylko po to, by stracić jeszcze więcej pieniędzy. Gdyby nie uważał, że nie wypada zajmować się rachunkami, przekonałby się, że od bankructwa ratuje go jeszcze tylko dom w Bremie i kilka słynnych płócien.

Czarujący, waleczny, uzdolniony intelektualnie, lecz leniwy, pod koniec wojny von Gröning znalazł się w próżni, w której trwał przez następne siedemnaście lat. Nie odczuwał potrzeby uczenia się. Zbierał ryciny Rubensa i Rembrandta, podróżował mało, pił dużo i nie uprawiał żadnego sportu; raz tylko w życiu przejechał się rowerem, ale uznał to za „niewygodne" i nigdy więcej do tego nie wracał[16]. Po tym jak splajtowało przedsięwzięcie z kawą, nie chciał już mieć nic wspólnego z handlem czy z jakimkolwiek biznesem i całkowicie oddał się uciechom życia człowieka bogatego, za jakiego beztrosko się uważał. „Był wspaniałym kompanem i bardzo zdolnym – mówił jeden z jego krewnych – ale tak naprawdę w życiu nie zdziałał niczego"[17].

Stephana i jego żonę łączyło właściwie jedynie zamiłowanie do psów pokojowych, alkoholu i wydawania pieniędzy. Rozeszli się w 1932 roku, jako oficjalny powód podając „pozamałżeński zwią- zek von Gröninga"[18]. Arystokrata otrzymał nakaz płacenia alimen- tów w wysokości dwustu pięćdziesięciu marek miesięcznie, co wzięła na siebie jego matka. Potem zgodził się jednorazowo prze- kazać Gladys cztery tysiące marek, ale znów coś stanęło temu na przeszkodzie. Przyszło jej zatem uczyć angielskiego w hamburskiej szkole, podczas gdy jej były mąż całymi dniami wylegiwał się na kanapie w bibliotece rodzinnego domu, czytając książki po niemiec- ku, angielsku i francusku oraz paląc papierosy. Mimo wszystko po- zostali przyjaciółmi – Stephan nie należał do ludzi łatwo przyspa- rzających sobie wrogów.

Narodzinom faszyzmu von Gröning przyglądał się z wyniosłym dystansem. Od młodzieńczych lat był patriotą i monarchistą, a przy tym arystokratą starej daty. Szkoda mu było czasu na zaprzątanie sobie głowy brunatnymi koszulami z ich skrajnymi ideami. Anty- semityzm był dla niego czymś prostackim, zaś Hitlera miał za „pry- mitywa", parweniusza z Austrii, którą to opinię zachował jednak wyłącznie dla siebie.

Wybuch wojny wyrwał von Gröninga z jego nudnego bytowania. Stephan wstąpił do kawalerii – formacji bardzo różniącej się od wy- twornych lansjerów jego młodości – i służył na froncie wschodnim jako oficer sztabowy, przydzielony do Oberkommando 4 Heeres- gruppe Mitte. Po roku poprosił o przydział do Abwehry. Ten wy- wiad wojskowy, podlegający naczelnemu dowództwu sił zbrojnych Niemiec, pod względem ideologicznym stanowił pewną anomalię. Służyli w nim zagorzali naziści, lecz także wielu ludzi pokroju von Gröninga, oficerów starej daty, zdecydowanych wygrać wojnę, ale wrogich nazizmowi. Abwehrę uosabiał jej szef, admirał Wilhelm Ca- naris, niezwykle wyrafinowany szpieg, traktujący całą organizację jak własne lenno. Hitler nigdy mu nie ufał i całkiem słusznie, gdyż Canaris zwrócił się na koniec w stronę Wielkiej Brytanii, zaczynając rozmowy o zakończeniu wojny od zgody na usunięcie führera.

Szpiegostwo odpowiadało von Gröningowi intelektualnie i ideo- wo, a jego znajomość języków oraz angielskiej i amerykańskiej kultury czyniła go cennym pracownikiem wywiadu. Lata spędzone w Bremie na wylegiwaniu się w bibliotece nie poszły całkiem na marne: pod ciężkimi powiekami i jowialnym zachowaniem ukrywał się doświadczony i zimny obserwator natury ludzkiej. Jego rzucająca się w oczy życzliwość zachęcała do zwierzeń, ale on, jako von Gröning z Bremy, zawsze zachowywał dystans. Umiał znaleźć się w każdym towarzystwie, nigdy jednak nie zapominał, kim jest[19]. Szybko uznano go za osobę rokującą nadzieje w pracy wywiadowczej i kiedy Canaris rozglądał się za kimś, kto pokierowałby nową szkołą dla szpiegów w Nantes, bremeńczyk wydał się najwłaściwszą osobą na to stanowisko.

Von Gröning polubił Chapmana. Podziwiał bijącą od Anglika energię, tak różną od jego własnego wielkopańskiego rozleniwienia. Wiedział także, że może zmienić Chapmana w swoją potężną, tajną broń.

Fotografia, którą wręczył Eddiemu, przedstawiała Gladys bawiącą się z ich terierem. Zanim jednak zszedł ze schodów, starannie wydarł podobiznę kobiety. Nie zamierzał narażać się na niewielkie nawet ryzyko, iż Chapman mógłby rozpoznać jego byłą brytyjską żonę i znaleźć klucz do tożsamości „doktora Graumanna".

Von Gröning coraz mocniej wiązał Chapmana z zespołem. Jego metody były proste, ale skuteczne. Anglikowi schlebiano i pobłażano, wciągając go w gęstą atmosferę tajnego bractwa. Jak wszyscy okrutni ludzie z Hitlerem włącznie, pracownicy oddziału Abwehry w Nantes również potrafili ulegać sentymentom i nostalgii. Von Gröning założył „domowy kąt"[20], mieszczący się na sekretarzyku w palarni, gdzie podwładni mogli prezentować zdjęcia z rodzinnych miejscowości, i przyniósł skądś fotografię Berwick-on-Tweed, położonego najbliżej Burnopfield, gdzie przyszedł na świat Chapman. Urodziny świętowano prezentami, ciastem i strumieniami alkoholu. Von Gröning zachęcał do swobody, pozwalając na przykład na rysowanie po ścianach nieużywanego poddasza. Jedna z karykatur przedstawiała Hitlera jako marchewkę, a autorem portretu blondynki mocno przypominającej Betty Farmer był najpewniej Chapman.

Von Gröninga ubawiło przedstawienie Hitlera w postaci warzywa, jednak zmusił się, by przypomnieć Chapmanowi, że należy on teraz do zwycięskiej armii niemieckiej, która podbiła pół Europy i wkrótce rzuci na kolana Anglię i Rosję. Praetorius, najzagorzalszy nazista w zespole, nie pozwalał nikomu o tym zapomnieć.

Życie na poziomie, znakomite jedzenie, zadzierzgnięte więzi i propaganda przyniosły oczekiwane skutki. Chapmanowi udzieliło się to, co nazywano „niemieckim duchem"[21], a jego próżność mile łechtało przekonanie, że ten ośrodek szkoleniowy, prowadzony przez twardych, potrafiących wypić ludzi, założono tylko dla niego. Każdy posiłek zaczynał się chóralnym „heil Hitler!"[22], w którym uczestniczył również i Anglik. Gdy Thomas głosił, że Wielka Brytania przegra wojnę, Chapman przyznawał mu rację, chociaż „takie przechwałki sprawiały, że robiło mu się ciężko na duszy".

Kiedy zakrapiane wieczory dobiegały końca, można było usłyszeć adepta pracy wywiadowczej, gromko śpiewającego Lili Marleen wraz z resztą zespołu. Piosenka ta – jak twierdził Chapman – mówiła o nadziejach każdego, kto „gdzieś tam zostawił swoją dziewczynę"[23].

Tyle poświęcanej mu uwagi z pewnością mogło przyprawić Anglika o zawrót głowy, ale nie aż tak dalece, jak wyobrażał to sobie von Gröning.

Nie wiadomo, kiedy Chapman zdecydował się szpiegować swych niemieckich instruktorów. Po wielu latach przyznał szczerze, że nie umie powiedzieć, kiedy ani nawet dlaczego zaczął zbierać informacje. Prawdopodobnie chciał po prostu zabezpieczyć się na przyszłość. Instynkty szpiega i złodzieja nie różnią się zbytnio od siebie – obaj żyją z kradzionych dóbr i działają na tych samych zasadach. Wartość informacji zależy od głodu kupującego, ale rynek należy do sprzedającego. Z początku powoli i z wielką ostrożnością Chapman zaczął gromadzić tajemnice, mogące w najwyższym stopniu zainteresować angielski wywiad.

Zwrócił uwagę na sposób, w jaki von Gröning przeglądał ogłoszenia w „The Times", a czasem w „Manchester Guardian", podkreśląc pewne ustępy i robiąc notatki. Posłyszał, że podczas jednej ze swych tajemniczych nieobecności Wojch dokonał sabotażu w Hiszpanii, a raz poprzez uchylone drzwi dostrzegł w przedpokoju co najmniej pięćdziesiąt funtów nitrogliceryny w równych stosach. W szafie sypialni von Gröninga zobaczył na półkach najróżniejsze niemieckie mundury, ponumerowane na rozmaite sposoby[24]. Obserwował, jak po każdych zajęciach z obsługi radia szef zabiera książki kodowe i starannie zamyka je w sejfie. Wiedział, że gdyby miał po temu sposobność i trochę dynamitu, mógłby bez trudu otworzyć schowek.

Później Chapman twierdził, że sporządził kilka uniwersalnych kluczy i dostał się do różnych szuflad w całym domu. Ze względu na to, jak pilnie go strzeżono, nie wydaje się to prawdopodobne, ale na pewno podsłuchiwał towarzyszy, wywiercił bowiem pod okapem dachu swej sypialni niewielki otwór prowadzący do łazienki von Gröninga. Gdyby go pytano, miał powiedzieć, że zrobił to, aby umieszczonymi tam chemikaliami z laboratorium wytruć szczury buszujące za boazerią i niedające mu zasnąć. Po przyłożeniu ucha mógł usłyszeć, o czym rozmawiano na dole, ale nie dowiedział się niczego ciekawego. Zaczął sporządzać notatki na temat szyfrów, częstotliwości i czasu nadawania meldunków między Nantes, Paryżem i Bordeaux. Naniósł na mapę stanowiska artylerii przeciwlotniczej w tej okolicy oraz kwaterę niemieckiego dowództwa w *château* po drugiej stronie rzeki, osłoniętą siecią maskującą. Wbrew zakazowi starannie pozapisywał skład chemiczny każdej sporządzanej bomby.

W miarę jak postępowało szkolenie, dowództwo Abwehry coraz częściej dopytywało o protegowanego von Gröninga i Chapman czuł się oglądany i sprawdzany niczym jakiś okaz na wiejskim jarmarku. W maju Praetorius zawiózł go do Paryża, gdzie w apartamencie przy Rue de Luynes spotkał się z tłustym mężczyzną o czerwonej twarzy, który pił szampana i sypał angielskimi dowcipami, ale nie ustawał w zadawaniu wnikliwych pytań. Z jego zachowania Chapman wywnioskował, że był on „wysoko postawioną w organizacji pluskwą"[25]. Von Gröning powiedział tylko, że człowiek ten jest „jednym z najlepszych, jakich mamy"[26].

Niedługo potem samochodem z szoferem przyjechał z Angers ubrany po cywilnemu Niemiec. Przybysz był niesamowicie brzydki, niemal całkowicie łysy, wyjąwszy pojedyncze pasma włosów z tyłu czaszki, o pożółkłych, mieniących się złotem zębach. Miał na sobie gruby płaszcz, w ręku skórzaną teczkę i kopcił jednego papierosa za drugim. Von Gröning podejmował go z przesadnym respektem, a Chapman uznał, że gość „wyglądał na żigolaka"[27]. Mężczyzna dokładnie wypytywał go o sprawy związane z kodami i z sabotażem. Kiedy odjechał, Praetorius powiedział, że to „stary gestapowiec"[28], szef kontrwywiadu w zachodniej Francji, odpowiedzialny za wyłapywanie wrogich szpiegów, wraz z zespołem radiooperatorów czuwającym przez całą dobę, aby ścigać „czarnych nadawców"[29], czyli telegrafistów potajemnie wysyłających meldunki do Anglii. Łowca szpiegów z Angers poprosił, by na miesiąc przydzielić Chapmana do jego oddziału w charakterze prowokatora wśród alianckich agentów, którzy wpadli w ręce Niemców, i jako pomocnika w innych działaniach kontrwywiadu. Von Gröning odmówił z oburzeniem: Fryc był jego własną zdobyczą i nie zamierzał się nim dzielić.

W czerwcu 1942 roku Chapmana zabrano do Paryża, by odbył swój pierwszy prawdziwy skok ze spadochronem. Jak mu powiedziano, miał zacząć od wysokości dziewięciuset stóp i zwiększać ją stopniowo do tysiąca pięciuset. Po nocy spędzonej w hotelu Grand i obiedzie we włoskiej restauracji Poccardi zawieziono go na mały poligon koło lotniska Le Bourget, na północny wschód od Paryża, gdzie piętnaście lat wcześniej po locie przez Atlantyk wylądował Charles Lindbergh. Chapman wszedł na pokład junkersa ze spadochronem i po kilku minutach unosił się nad francuską ziemią. Pierwszy skok zakończył się pełnym sukcesem, ale drugi, oddany bezpośrednio po pierwszym, omal nie okazał się ostatni. Spadochron nie otworzył się prawidłowo i gdy skoczek znajdował się pięćdziesiąt stóp nad ziemią, szarpnął nim podmuch wiatru, rzucając go wysoko w górę, a potem w dół, tak że padł twarzą na pas startowy. Skoczek stracił przytomność i kilka zębów. Opatrzył go niemiecki lekarz, a po powrocie do Nantes von Gröning skierował go do najlepszego w mieście dentysty, niejakiego doktora Bijeta. Ten zajął się jego szczęką i po dwóch tygodniach zabiegów Chapman otrzymał piękny garnitur złotych zębów, co kosztowało Abwehrę dziewięć i pół tysiąca franków. Wydatek ten doprowadził do gorącej wymiany zdań między von Gröningiem a jego paryskimi zwierzchnikami, pierwszej z wielu, które miały później nastąpić.

Chapman czynił stałe postępy w posługiwaniu się radioodbiornikiem. Mierzący mu stoperem czas Praetorius ogłosił, że osiągnął już szybkość siedemdziesięciu pięciu znaków na minutę w szyfrze ręcznym (różnym od szyfru Enigmy), opartym na jednym haśle: „BUTTERMILK". Praetorius zapewnił Anglika, że bez znajomości tego słowa kod jest „nie do złamania"[30]. Kiedy Chapman nabrał wprawy, podobnie jak większość radiooperatorów zaczął tworzyć własne „pismo", czyli charakterystyczne dla siebie znaki, po których mógł rozpoznać go inny radiotelegrafista czy odbiorca. Meldunki zawsze kończył „roześmianą" sekwencją „HE HU HO HA" albo jakąś jej odmianą. Nazywał ten ozdobnik „swoim małym hasłem"[31].

Wkrótce zmienił niemiecki nadajnik na radio produkcji brytyjskiej, najpewniej zdobyte na jakimś agencie z Wysp działającym we Francji. Zwykle podczas szkolenia meldunki nadawano po niemiecku, ale Chapman miał posługiwać się również angielskim i francuskim. Wysyłał wiersze, rymowanki, powiedzenia i przysłowia. Pewnego dnia wystukał wiadomość o treści: „Jest bardzo zimno, ale lepiej niż w Rosji"[32]. Do Maurice'a, szefa radiooperatorów w Paryżu, napisał z prośbą, aby kupił w jego imieniu prezent ślubny dla Odette, ich gospodyni. Nieco później spróbował przekazać tą drogą angielski dowcip: „Klient wchodzi do sklepu i pyta o cenę krawatów. Zaskoczony tym, jak bardzo są drogie, mówi, że za tę cenę można kupić parę butów. »Wyglądałby pan śmiesznie – odpowiada sprzedawca – z parą butów na szyi«. Fryc"[33]. Dowcip nie był najwyższych lotów, ale paryscy operatorzy w ogóle nie grzeszyli poczuciem humoru. „A co to za idiotyzmy?" – brzmiała ich odpowiedź[34].

Kiedy przyszło lato, w La Bretonnière nastał okres błogiego spokoju, czasem tylko zakłócanego ogłuszającymi wybuchami, dobiegającymi z ogrodu. Skarżącym się sąsiadom mówiono, że niemieccy inżynierowie detonują bomby znajdowane na budowanej drodze. W lipcu von Gröning powiadomił Paryż, że Fryc przeszedł serię testów i szkolenie przynosi dobre wyniki. Szef szpiegowskiej szkoły w Nantes dobrze się bawił. Kierowanie La Bretonnière przypominało nieco prowadzenie ekskluzywnego męskiego klubu, nawet jeśli jego bywalcy mogli się wydawać odrobinę nieokrzesani.

Chapman również był szczęśliwy. „Miałem wszystko, czego chciałem" – wspominał[35]. Podczas jednej z wypraw na wieś kupił sobie młodego wieprzka, którego nazwał Bobby. Imię stanowiło prawdopodobnie nawiązanie do jego dawnego życia. Angielscy *bobbies* (policjanci), mniej pochlebnie zwani *pigs*, czyli prosiakami, podążali za Chapmanem przez całe lata, a teraz wszędzie chodził za nim Bobby Prosiak. Ten inteligentny, przywiązany do właściciela zwierzak mieszkał na podwórku koło domu. Na gwizd Chapmana pędził jak tresowany pies, a potem kładł się racicami do góry, domagając się drapania po brzuchu. Kiedy Chapman szedł popływać do Erdre (nie musiał już tego robić w czyimś towarzystwie), Bobby udawał się wraz z nim, by taplać się w przybrzeżnym błocie. Potem Anglik i jego wierny prosiak wracali szczęśliwi do domu drogą porośniętą pierwiosnkami i żółtymi irysami.

7

Kryptolodzy

Latem 1942 roku analitycy z Bletchley Park – ośrodka tajnych kodów i szyfrów, ukrytego głęboko na wsi w Buckinghamshire – odczytali jedną z najdziwniejszych wiadomości podczas całej wojny. Wysłano ją z placówki Abwehry w Nantes do kwatery głównej w Paryżu, a brzmiała następująco: „Droga Francjo. Twój przyjaciel Bobby Prosiak z każdym dniem nabiera ciała. Żre jak król, ryczy jak lew i sra jak słoń. Fryc"[1]. Oburzone taką wulgarnością subtelne szyfrantki z Bletchley od razu zastąpiły słowo „srać" stosowną liczbą gwiazdek. Angielscy fachowcy od szyfrów czasów wojny dotarli do najbardziej wyszukanych kodów nazistów i odczytali większość najtajniejszych meldunków, ale tego zupełnie nie byli w stanie zrozumieć.

Od kilku miesięcy angielscy kryptolodzy i łowcy szpiegów śledzili działalność Fryca z żywym zainteresowaniem i rosnącym niepokojem. Wiedzieli, kiedy ten nowy, niebezpieczny szpieg niemiecki przybył do Nantes i kiedy udał się do Paryża. Znali liczbę zębów, które sobie wybił, i koszt ich uzupełnienia. Orientowali się, że mówi po angielsku i może nawet jest Anglikiem. Wiedzieli też, że wybiera się na Wyspy.

Łamanie najtajniejszych kodów Niemców przez jedyny w swoim rodzaju zespół matematycznych asów z domku na angielskiej wsi pozostaje chyba największym wyczynem wywiadowczym tej czy jakiejkolwiek innej wojny. Radiowa Służba Wywiadowcza (Radio

Security Service) zaczęła zbierać sygnały Abwehry w sierpniu 1940 roku. Radiostacja i kody otrzymane od Arthura Owensa umożliwiły deszyfrantom nader pomyślny start i niedługo już kryptografowie z Bletchley Park („Stacji X") zaczęli odczytywać wiadomości Abwehry nadawane za pomocą staromodnego kodu ręcznego. W grudniu następny zespół, pod kierownictwem natchnionego ekscentryka Dillwyna „Dilly'ego" Knoxa, złamał kod stosowany w Enigmie G (zwanej też Abwehr Enigma), używanej przez Abwehrę wersji przenośnej maszyny szyfrującej. Od tej chwili aż do końca wojny wywiad brytyjski przez cały czas przejmował i odczytywał przekazywane niemieckim tajnym służbom wiadomości radiowe*.

Jeden z członków zespołu przypisywał sukcesy błyskotliwej dedukcji i łutowi szczęścia[2], ale były one przede wszystkim rezultatem najwyższego wysiłku umysłowego i ciężkiej, mrówczej pracy. Meldunki Abwehry musiały zostać przechwycone, wysłane do Bletchley Park, wyselekcjonowane, ocenione, a na koniec odczytane i przekazane wywiadowi. Tego fantastycznego wyczynu Dilly'emu Knoxowi i jego „zespołowi wielkich pań" (z jakichś powodów Knox zatrudniał wyłącznie kobiety, i to kobiety wysokiego wzrostu) udawało się zwykle dokonać w ciągu dwudziestu czterech godzin. Często przystępował do pracy w piżamie i szlafroku, a potem, by się odprężyć, pędził samochodem po wiejskich drogach wokół Bletchley. Knox był jednym z najlepszych kryptologów i najgorszych kierowców, jakich wydała Wielka Brytania. Pewnego dnia po powrocie z przejażdżki po okolicy zauważył od niechcenia: „Zadziwiające, jak ludzie uśmiechają się i przepraszają, kiedy ich potrącisz"[3].

Rozszyfrowanie tajnych niemieckich wiadomości zbieranych pod kryptonimem Ultra stanowiło najbardziej strzeżoną tajemnicę czasu wojny. Wpływ tego wyczynu na jej przebieg trudno dokładnie oce-

---

* Autor nie ujawnia w tym miejscu wkładu polskich kryptologów (głównie Mariana Rejewskiego, Jerzego Różyckiego i Henryka Zygalskiego), którzy już w 1932 r. po raz pierwszy odkodowali wiadomości zaszyfrowane za pomocą Enigmy; dokumentacja ich prac została przekazana agencjom wywiadu Wielkiej Brytanii i Francji w 1939 r. (przyp. red.).

nić. Churchill nazywał przechwycone informacje swymi „złotymi jajkami"[4] i strzegł ich zazdrośnie. Abwehra nigdy się nie dowiedziała, że jej korespondencja jest regularnie odczytywana. Pozostawała w błędnym przekonaniu, że kodu nie da się złamać. Mnóstwo informacji zebranych przez deszyfrantów Ultry cytowano jako „Najtajniejsze Źródła" (Most Secret Sources).

Dzięki tym źródłom brytyjski kontrwywiad natychmiast otrzymywał wiadomości o szpiegach przerzucanych do Anglii, w tym o czasie i miejscu ich przybycia. „Inwazyjni szpiedzy" w większości mogli zostać ujęci zaraz po zjawieniu się na Wyspach, a niektórzy nawet straceni. Podjęta przez Abwehrę próba stworzenia na czas wojny siatki szpiegowskiej w Anglii nie powiodła się na całej linii. Co najważniejsze, wywiadowi niemieckiemu nie było dane się o tym dowiedzieć dzięki pewnemu żołnierzowi, pewnemu naukowcowi z Oksfordu i pewnej natchnionej idei.

Lęk przed inwazją sięgał szczytu, kiedy major (później pułkownik) Tommy Robertson, oficer Wydziału Piątego, który zajmował się sprawą agenta Owensa, udał się do swego dowódcy Dicka White'a i zwrócił mu uwagę na oczywisty fakt: martwy szpieg nie wyrządzi już szkody, ale też nie ma z niego żadnego pożytku. Natomiast pojmany agent może w zamian za darowanie życia porzucić swych niemieckich zleceniodawców i zacząć pracować dla Brytyjczyków. Już przypadek Owensa udowodnił, jaką wartość przedstawia kontrolowany podwójny agent, potrafiący przekonać wroga o swej aktywności i lojalności, mimo że jest całkiem inaczej. Najważniejsze zaś, że taki agent mógłby z czasem posłużyć także do dezinformacji wroga. W dodatku dzięki odkodowaniu niemieckiej korespondencji wywiad brytyjski miałby nawet szansę sprawdzać, czy podstęp się powiódł. Robertson powtarzał uparcie: zamiast wysyłać wrogich agentów do więzienia albo na szubienicę, trzeba zatrudniać ich u siebie.

Propozycja Robertsona trafiła do Guya Liddella, subtelnego, grającego na wiolonczeli kierownika Sekcji B Wydziału Piątego, zajmującej się kontrwywiadem. Liddell od razu dał temu pomysłowi swoje błogosławieństwo i, za zgodą rządu, Robertson został mianowany kierownikiem nowej sekcji, mającej przechwytywać wrogich szpiegów, werbować ich do współpracy, a potem prowadzić jako podwójnych agentów. Jednostka otrzymała niewinnie brzmiącą nazwę B1A. W tym samym czasie powstała jeszcze jedna pokrewna organizacja, skupiająca wyższych przedstawicieli wszystkich tajnych służb wojskowych, Home Forces (Wojsk Obrony Terytorialnej) i Home Defences (Obrony Cywilnej), której zadaniem była ocena prawdziwych i fałszywych informacji odsyłanych następnie przez podwójnych agentów. Ten zespół kontrolny otrzymał nazwę Komitetu Dwudziestu, bowiem dwa iksy oznaczające podwójnego agenta tworzyły rzymską dwudziestkę. Taki suchy, klasyczny dowcip wyjątkowo odpowiadał człowiekowi mianowanemu przewodniczącym komitetu, majorowi (później lordowi) Johnowi Cecilowi Mastermanowi, wybitnemu historykowi, wszechstronnemu sportowcowi, autorowi poczytnych dreszczowców, a także byłemu więźniowi.

Masterman i Robertson stworzyli podstawy systemu podwójnych agentów i odnieśli na tym polu takie sukcesy, że po wojnie Masterman miał prawo się pochwalić, że „dzięki wprowadzeniu podwójnych agentów mogliśmy czynnie prowadzić i kontrolować niemiecki system szpiegowski w tym kraju[5]. Było to partnerstwo równych sobie, ale inaczej patrzących na sprawę. Robertson to zawodowiec, zajmujący się wszystkimi szczegółami prowadzenia podwójnych agentów, podczas gdy do Mastermana należała współpraca na najwyższym szczeblu. Robertson był praktykiem, a Masterman miał zostać wielkim teoretykiem podwójnej gry.

Thomas Argyll Robertson z racji swych inicjałów zwany był przez wszystkich „Tar”. Urodził się na Sumatrze, ale większość dzieciństwa spędził z ciotką w Tunbridge Wells, co było doświadczeniem trudnym, choć kształcącym, gdyż rozwinęło w nim zdolność rozmowy z rozbrajającą szczerością z obcymi ludźmi. Skończył Charterhouse i Sandhurst, gdzie, jak sam mówił, wiele się nie nauczył, służył krótko jako oficer w szkockim pułku piechoty Seaforth Highlanders, jeszcze krócej pracował jako urzędnik bankowy. W roku 1933 miał dwadzieścia cztery lata i wtedy to na zaproszenie

Vernona Kella, pierwszego szefa Wydziału Piątego, porzucił spokojny świat bankowości, by stać się oficerem wywiadu. Początkowo zajmował się podejrzanymi o działalność wywrotową, handlem bronią i kontrwywiadem. Zabójczo przystojny[6], posiadał rzadki dar rozmawiania z każdym, wszędzie i na dowolny temat. Biskupi, admirałowie, prostytutki, złodzieje i rewolucjoniści – wszyscy chętnie mu się zwierzali. Masterman zauważył kiedyś kwaśno, że Tar nie jest bynajmniej intelektualistą[7]. Rzeczywiście, trudno go nazwać molem książkowym, czytał za to w ludziach. Celował w pracy wymagającej rozmawiania z podejrzanymi w pubach. Zapoznawał się, pozdrawiał, gawędził, czarował, chichotał, stawiał kolejnego drinka, obserwował, czasem pytał, częściej słuchał, wyciągając na koniec z interlokutora więcej, niż ten mógł przypuszczać[8]. Nadal nosił charakterystyczne spodnie w szkocką kratę typowe dla Seaforth Highlanders – specyficzny wybór garderoby dla kogoś prowadzącego jedną z najbardziej tajnych organizacji w świecie. Te tartanowe spodnie przyniosły mu zresztą stosowny barwny przydomek – „Namiętne Gacie"[9].

John Masterman ulepiony był z zupełnie innej gliny. Najłatwiej można go sobie wyobrazić jako całkowite przeciwieństwo Eddiego Chapmana, i to pod każdym względem. Wybitny intelektualista, bez reszty przestrzegający konwenansów, nieco zarozumiały, o granitowym poczuciu moralnego obowiązku, był ucieleśnieniem angielskiego establishmentu: należał do wszystkich liczących się klubów, grywał w tenisa na kortach Wimbledonu, w hokeja w reprezentacji Anglii i przy każdej okazji w krykieta. Szczupły i atletycznie zbudowany, o pięknej, jakby rzeźbionej w marmurze twarzy, nigdy nie pił ani nie palił i żył w świecie akademickiej elity, dostępnym wyłącznie bogatym, uprzywilejowanym, inteligentnym Anglikom.

Ten zatwardziały stary kawaler mógł być homoseksualistą, ale jeśli tak było w istocie, to w typowo angielski sposób się z tym nie afiszował. Kobiety zdawały się dla niego nie istnieć – jedyną, jaką wspominał z uczuciem na trzystu osiemdziesięciu czterech stronach swej autobiografii, była matka, z którą mieszkał w Eastbourne podczas uniwersyteckich wakacji. W wolnych chwilach pisał powieści detektywistyczne, których akcja działa się w wymyślonym oksfordzkim college'u, a bohaterem był detektyw amator w stylu Sherlocka Holmesa. Dość suche, pozbawione emocji książki, raczej intelektualne układanki niż typowe powieści kryminalne, pokazywały, jak ten zdolny, beznamiętny człowiek postrzegał naturę ludzką – jako zagadkę, którą da się rozwiązać za pomocą rozumu. Z dzisiejszej perspektywy Masterman może wydawać się dziwakiem, ale reprezentował angielskie cechy, które kiedyś uważano za cnoty: pracowitość i niezłomne posłuszeństwo normom społecznym, a za dewizę przyjął *noblesse oblige*. Sam twierdził, że niemal obsesyjnie przestrzegał przyjętych zasad[10] – tak jak Chapman je odrzucał.

Jednak Mastermana łączyło z Chapmanem jedno: również spędził pewien czas w więzieniu. Nieszczęśliwym zrządzeniem losu jako świeżo upieczony student oksfordzkiego college'u Christ Church został w 1914 roku wysłany na kurs do Niemiec i tam zastał go wybuch wojny. Internowano go w Ruhleben, razem z najróżnorodniejszą zbieraniną równie nieszczęsnych Brytyjczyków: marynarzami, biznesmenami, naukowcami, dżokejami z berlińskich torów wyścigowych, sportowcami, robotnikami, turystami, a nawet jednym laureatem Nagrody Nobla, sir Jamesem Chadwickiem, który opowiadał współwięźniom o tajemnicach radioaktywności. Młody Masterman wyszedł stamtąd po czterech latach bez widocznego uszczerbku na zdrowiu, ale z kompleksem niższości. Prawie wszyscy jego przyjaciele i rówieśnicy polegli na polach bitew i, jak pisał po latach, „tym, co odczuwałem najmocniej, był wstyd – nie odegrałem żadnej roli w największych zmaganiach w historii naszego narodu"[11].

Masterman zbliżał się do pięćdziesiątki, gdy propozycja pracy w Wydziale Piątym stworzyła mu wytęsknioną sposobność odegrania takiej roli. Przyjął ją z wdzięcznością, na szczęście dla Anglii, bowiem nie znalazłoby się na to stanowisko nikogo lepszego niż on. Jeżeli Tar Robertson był „prawdziwym geniuszem" systemu podwójnej gry, jak ujął to historyk Hugh Trevor-Roper[12], to John Masterman okazał się jego sumieniem, drobiazgowo analizującym motywy postępowania ludzi, cierpliwie rozwiązującym zagadki podwójnego szpiegostwa niczym wielką i skomplikowaną krzyżówkę.

Werbunek do Wydziału Piątego przeprowadzano nieformalnie, wśród dawnych kolegów. Robertson z pomocą swego zastępcy, londyńskiego adwokata Johna Marriotta, szybko zebrał zespół nader uzdolnionych amatorów. Sekcja B1A skupiła prawników, akademików, przemysłowców, właściciela cyrku, malarza, handlarza dzieł sztuki i poetę. Tar był jedynym zawodowcem w całej organizacji, która zaczęła działać w udostępnionym jej kącie więzienia Wormwood Scrubs, zanim przeniosła się do wielkiego, wytwornego domu przy St James 58, pośród najlepszych klubów londyńskich. Cyril Harvey, poeta zespołu, upamiętnił budynek pełnym uczucia wierszem:

Przy St James Street 58
Otwarte są szeroko drzwi.
Ci jednak, co szukają tu wejścia,
Muszą mieć ten kryształowy cel,
Nim wstąpią do środka,
By nikt z podłym zamiarem
Nie zgłębił tajemnic rządu[13].

Ujętych szpiegów niemieckich przesłuchiwano najpierw w tajnym więzieniu wojskowym zwanym obozem 020. Dopiero potem, jeśli uznano, że nadają się na podwójnych agentów, wędrowali do Tara Robertsona i jego współpracowników. Tych, którzy odmawiali współpracy, czekało więzienie albo egzekucja. Czasem śmiercią grożono zupełnie jawnie – Masterman nie pozwalał tu sobie na żadne sentymenty. „Niektórzy musieli zginąć, by upewnić ogół obywateli, że ktoś czuwa nad ich bezpieczeństwem, i jednocześnie przekonać Niemców, że pozostali pracują właściwie i nie są kontrolowani"[14]. Wszyscy, z wyjątkiem najzagorzalszych nazistów, poszli na współpracę, kiedy stanęli wobec takiego wyboru, ale motywy ich nie były bynajmniej takie same. Niektórzy, zastraszeni, chcieli za wszelką cenę uratować skórę, ale, jak zauważył Masterman, byli i tacy, którzy „odznaczali się naturalnymi skłonnościami do życia w tym osobliwym świecie szpiegostwa i zdrady i z jednakową łatwością stawali po jednej albo drugiej stronie, do czasu, aż ich raczej makabryczna żądza przygody została zaspokojona"[15].

Jeśli przechwycony agent został uznany za przydatnego, zaczynała się ciężka praca, wymagająca przede wszystkim wytężonej gry wyobraźni. Mówiąc słowami Mastermana, prowadzący sprawę oficer musiał zagłębić się w świat wybranego przez siebie szpiega, „patrzeć jego oczami, słyszeć jego uszami" i stworzyć mu życie jak najbliższe temu, które rzekomo prowadził[16]. Jeśli, powiedzmy, podwójny agent zawiadamiał swoich niemieckich szefów, że nadaje z Aylesbury, powinien wiedzieć, jak Aylesbury wygląda, i jeśli to możliwe, znajdować się właśnie tam albo w najbliższej okolicy, bowiem podejrzewano, że Niemcy są w stanie ustalić miejsce nadawania z dokładnością do jednej mili.

Wyzwania organizacyjne były ogromne. Każdy podwójny agent musiał mieć bezpieczną kryjówkę i zespół, w którego skład wchodziło przynajmniej pięć osób: oficer prowadzący, radiotelegrafista sprawdzający lub wysyłający jego meldunki, dwóch strażników dwadzieścia cztery godziny na dobę oraz zaufana gospodyni, sprzątająca i gotująca dla całej grupy. Oficer prowadzący musiał ustalić, jakie informacje miał zbierać jego agent, i stworzyć odpowiednie fałszywki, ale tak, by nie zaszkodziło to prowadzeniu wojny. Szpieg przekazujący bezużyteczne meldunki zostałby uznany przez Abwehrę za niewypał i porzucony. Chcąc zachować zaufanie Niemców, podwójny agent musiał posyłać mieszaninę prawdziwych, ale niemogących zaszkodzić, informacji, tak zwaną „karmę dla drobiu", nieistotne fakty, fałszywe, niedające się sprawdzić ciekawostki oraz wszelkiego rodzaju materiały dezinformujące, ustalone z oficerem prowadzącym.

Decyzja, co należy wysłać wrogom, stanowiła nie lada problem dla Komitetu Dwudziestu. Podwójny agent cały czas powinien być zajęty i zadowolony, ponieważ gdyby zmienił zdanie i jakoś powiadomił prowadzących go Niemców, że znajduje się pod brytyjską kontrolą, cały system zostałby narażony na szwank. Zdaniem Mastermana każdy podwójny agent jest „podatny na nudę, zmienność nastrojów i rozmyślania, zatem nuda, która prowadzi do ponurych refleksji, winna być zwalczana za wszelką cenę"[17]. Tar Robertson szybko uznał, że aby utrzymać agentów w dobrym nastroju, trzeba ich nagradzać, i to nie tylko darowaniem życia. Ustanowiono zatem „zasadę hojności"[18] i agenci, którzy przywozili ze sobą gotówkę – a wielu to robiło – mieli prawo zatrzymać jej część.

Idealny oficer prowadzący powinien być strażnikiem, przyjacielem, psychologiem, radiooperatorem, płatnikiem, organizatorem rozrywek i niańką w jednej osobie. Pożądana okazywała się również bezgraniczna cierpliwość, bowiem kuszony i rozpieszczany w ten sposób osobnik bywał wyjątkowo niesympatyczny, chciwy, paranoiczny, podstępny i – przynajmniej z początku – wrogi Anglii. Wreszcie wszystko należało robić jak najszybciej, gdyż im później szpieg nawiązywał kontakt z wrogiem, tym bardziej jego niemiecki przełożony mógł podejrzewać, że został ujęty i przeszedł na drugą stronę.

Wyniki udowodniły, jak świetnie Tar Robertson dobierał sobie współpracowników o wysokiej inteligencji i w pełni świadomych swego zadania[19]. Podczas wojny zatrzymano blisko czterysta osiemdziesiąt osób podejrzanych o szpiegostwo. Tylko siedemdziesiąt siedem z nich było Niemcami. Wśród pozostałych największą część stanowili Belgowie, Francuzi, Norwedzy i Holendrzy, a potem przedstawiciele bodaj każdej rasy i narodowości, w tym kilku bezpaństwowców. Po roku 1940 bardzo niewielu było wśród nich Brytyjczyków. Jedna czwarta zatrzymanych przystała na rolę podwójnych agentów, a blisko czterdziestu spośród nich oddało nadzwyczajne usługi. Niektórzy odeszli zaraz po wykonaniu powierzonego im zadania, inni zwodzili swych niemieckich zwierzchników do końca wojny. Garstka najlepszych uczestniczyła w największej strategicznej mistyfikacji, czyli operacji Fortitude (Hart Ducha), dzięki której

Niemcy dali się przekonać, że aliancka inwazja na Francję odbędzie się nie w Normandii, tylko w rejonie Cieśniny Kaletańskiej.

Na początku 1942 roku zespół Tara Robertsona mógł się pochwalić naprawdę wielkimi sukcesami. Dzięki informacjom uzyskanym w wyniku łamania niemieckich szyfrów zatrzymano dziesiątki szpiegów i wielu zatrudniono jako podwójnych agentów. Zespół B1A niepokoiła jednak myśl, że jakiś szpieg mógł prześliznąć się przez oko zarzuconej sieci, dotrzeć do działającego już w Anglii agenta, stwierdzić, że jest on kontrolowany, i zniszczyć w ten sposób całą siatkę podwójnego szpiegostwa.

Obawy te wzrosły, kiedy w Cambridge znaleziono ciało niejakiego Engelbertusa Fukkena, alias Williama Ter Braaka. Ten holenderski agent został zrzucony nad Anglią w listopadzie 1940 roku, ale kiedy po pięciu miesiącach skończyły mu się pieniądze, udał się do schronu przeciwlotniczego i strzelił sobie w głowę z niemieckiego pistoletu. Jeśli Ter Braak mógł działać tak długo nieodkryty przez Brytyjczyków, musiało to oznaczać, że i inni niemieccy agenci pozostają na wolności. Słowa Mastermana wyrażają lęk, jaki podczas wojny dręczył wszystkich łowców szpiegów: „Byliśmy pochłonięci myślą, że gdzieś tam działa liczny zespół agentów, których nie mamy pod kontrolą"[20].

Poza tym Wydział Piąty nie mógł nie zauważyć, jak miernej klasy szpiedzy dostają się w jego ręce. Poziom zatrzymanych był tak niski, że niektórzy członkowie wywiadu zastanawiali się, czy nie są oni podsuwani jako przynęta. „Czy jakikolwiek wywiad, a tym bardziej ten prowadzony przez efektywnych Niemców, może działać równie nieudolnie?"[21] – pytał Ewen Montagu, oficer wywiadu sił morskich w Komitecie Dwudziestu. Może Niemcy szkolili oddział specjalistów mających ruszyć śladem dotąd wysyłanych nieudaczników? Może jakiś wysokiej klasy szpieg myszkował już w Anglii albo się do niej wybierał?

Łowcy szpiegów Tara Robertsona pilnie nadstawili więc uszu, kiedy w początkach lutego 1942 roku otrzymali informację o nieznanym dotąd agencie o pseudonimie Fryc, namierzoną przez angielskich radiotelegrafistów, rozszyfrowaną w Bletchley Park i przekazaną wywiadowi. Z przechwyconej korespondencji wynikało, że Niemcy bardzo się troszczą o Fryca, zwanego też „C", a czasem „E". W maju paryski oddział Abwehry dostał polecenie nabycia dla niego garnituru. W następnym tygodniu Nantes zażądało nowego radioodbiornika ze zdobytego na Anglikach sprzętu. W czerwcu podsłuchujący dowiedzieli się, że na wstawienie zębów, które stracił podczas nieudanego skoku ze spadochronem, przeznaczono dziewięć i pół tysiąca franków, czyli więcej pieniędzy niż większość niemieckich szpiegów dostawała na całą misję.

Abwehra w Nantes zaczęła nazywać swojego agenta Fryckiem, co świadczyło o pewnej zażyłości z nowym rekrutem. Z przechwyconych informacji wynikało, że Stephan von Gröning – o którym angielski wywiad już wcześniej wiedział, że kieruje oddziałem Abwehry w Nantes – jest wprost oczarowany Frycem. W czerwcu chwalił się Paryżowi, że bez niczyjej pomocy potrafi on sporządzić materiały potrzebne do sabotażu[22]. W lipcu zapewniał o całkowitej lojalności Fryca, twierdząc, iż jakiekolwiek związki z wrogiem są wykluczone[23]. Bardziej sceptyczny Paryż odpowiedział pytaniem, czy z meldunku von Gröninga nie wyleciało przypadkiem słowo „nie".

Tymczasem Radiowa Służba Wywiadowcza doniosła, że Fryc, początkujący radiotelegrafista, ćwiczy Morse'a w oddziale Abwehry w Nantes, posługując się odmianą kodu Vigenère'a zwaną szyfrem Gronsfelda. Początkowo jego meldunki były nieudolne i kiedy próbował nadawać szybciej, „przekręcał litery i poruszał się na chybił trafił", ale cały czas czynił postępy[24]. „Kiedy przybędzie do tego kraju – twierdził wywiad radiowy – będzie nadawał po angielsku"[25]. Po codziennym, trwającym kilka tygodni przysłuchiwaniu się Frycowi[26] przechwytujący nauczyli się rozpoznawać jego swoisty styl. Meldunki kończył czasem radosnym „73", co znaczyło: „wyrazy uszanowania", albo „FF", czyli: „czy moją wiadomość da się odszyfrować?", często podpisywał się oznaczającą śmiech sekwencją „HE

HU HO HA", innym razem obcesowym „99", oznaczającym: „idź do diabła!"[27]. Fryc szybko stawał się znakomitym radiotelegrafistą, nawet jeśli jego wiadomości były specyficzne, a czasem wyraźnie obraźliwe.

Z końcem lata Wydział Piąty miał już grubą teczkę akt na temat Fryca. Nadal jednak nie znał jego prawdziwego nazwiska, zadania ani dnia i godziny przybycia do Wielkiej Brytanii. Tożsamość jego nieodłącznego towarzysza o królewskim apetycie i słoniowatym obejściu w toalecie, zwanego Bobby Prosiak, również pozostawała tajemnicą.

8

Mosquito

Pewnego ranka von Gröning wręczył Chapmanowi pistolet, lśniącego amerykańskiego kolta z pełnym magazynkiem. Eddie nigdy wcześniej nie miał w ręku broni palnej. Gdy zapytał, po co mu on, von Gröning odparł zagadkowo, że może go potrzebować w razie jakichś trudności[1]. Leo pokazał mu, jak mierzyć i strzelać do celu ustawianego na podwórku La Bretonnière, i wkrótce Eddie potrafił z odległości pięćdziesięciu stóp trafić w jednofrankową monetę.

Rewolwer był kolejnym dowodem rosnącego zaufania ze strony von Gröninga. Trupioblady Praetorius już nie pilnował każdego kroku Eddiego, któremu wolno było wędrować samotnie z Bobbym, choć miał trzymać się jak najbliżej willi. Mógł też opuszczać swój pokój na ostatnim piętrze, w którym starannie zamaskował dziury w boazerii, i zachodzić do sypialni w domku ogrodnika, by w laboratorium ćwiczyć się do woli w dobieraniu materiałów wybuchowych i mieszanek zapalających. Sporządzał wodoodporne bezpieczniki i wypróbowywał je w stawie. Miał za zadanie wysadzać znajdujące się na podwórzu pnie ściętych drzew. Pewnego razu umieścił w jednym z nich za dużo dynamitu i pień eksplodował z taką siłą, że płonące kawały drewna poleciały do ogrodu sąsiedniego domu, o włos mijając jednego z mieszkańców. Wywołało to wściekłość von Gröninga. Chapman z pewnością nie był takim ekspertem od ładunków wybuchowych, za jakiego się uważał. Kiedy próbował sporządzić bezpiecznik z kwasem siarkowym, lotna mieszanka wybuchła, parząc mu dłoń, osmalając włosy i czerniąc twarz. Francuski lekarz zabandażował mu rękę i Chapman poszedł do łóżka. „Bardziej ucierpiałem ze strachu niż z jakiegokolwiek innego powodu" – napisał potem[2].

Do La Bretonnière ciągle przybywali goście, by sprawdzać postępy Chapmana, porozmawiać z von Gröningiem albo odbyć szkolenie. Jednym z tych ostatnich był Francuz, do którego zwracano się tylko imieniem Pierre, kolaborant w okrągłych okularach, który, jak zauważył Chapman, najgłośniej krzyczał „heil Hitler!"[3]. Należał on do organizacji bretońskich separatystów Bretagne pour les Bretons i przechodził szkolenie w charakterze członka piątej kolumny, na wypadek gdyby alianci zmusili Niemców do odwrotu. Innym razem Chapmanowi pozwolono wziąć udział w spotkaniu z dwoma mężczyznami, z których jednego przedstawiono jako „monsieur Ferdinanda"[4], a drugim był prawie osiemnastoletni, skamieniały z przerażenia chłopak. Ci członkowie siatki gaullistowskiej najwyraźniej zamierzali ujść z Francji jednym z przetartych szlaków i przyłączyć się do Wolnych Francuzów w Londynie. Monsieur Ferdinand gotów był za odpowiednią opłatą zabrać również Chapmana. Jak widać, von Gröning szukał różnych sposobów, aby przerzucić go do Anglii.

Von Gröninga i jego protegowanego łączyła coraz mocniejsza więź. Ojciec był Eddiemu niemal obcy, a poza tym nie widzieli się od dziesięciu lat. Dobrotliwy, serdeczny Niemiec wcielił się w tę rolę. Obaj obdarzyli się niekłamanym uczuciem. Wieczorami, kiedy starszy pan zalewał się swą brandy, Chapman słuchał w oszołomieniu, jak rozprawia o malarstwie, muzyce i literaturze. Okazało się, że obaj kochają powieści H.G. Wellsa i poezję Tennysona. Von Gröning rzadko przechodził do spraw polityki albo wojny. Żywił przekonanie o zwycięstwie Niemiec i o tym, że wszelkie podjęte przez aliantów próby opanowania Francji przyniosą straszny rozlew krwi[5]. Było to jednak zdanie doświadczonego żołnierza, a nie ideologiczne wywody. Ku zaskoczeniu Chapmana wysoko ocenił taktykę sprzymierzonych podczas inwazji w Afryce Północnej, zaś angielski rajd na port St Nazaire nazwał „zręcznie zaplanowanym i znakomicie wykonanym"[6]. W sierpniu alianci przeprowadzili fatalny dla siebie atak na Dieppe na północnym wybrzeżu Francji, który kosztował ich cztery tysiące zabitych, rannych i wziętych w niewolę. Na cześć tego zwycięstwa w La Bretonnière odbyło się przyjęcie, ale von Gröning wzniósł również toast za męstwo i brawurę alianckich komandosów[7].

O ile poglądy von Gröninga na wojnę były rzeczowe i wyważone, o tyle te wyrażane przez jego zastępcę różniły się od nich całkowicie. Praetorius i von Gröning nigdy za sobą nie przepadali. Praetorius uważał swego szefa za snobistyczny przeżytek dawnych czasów, natomiast jak na liberalny gust von Gröninga młodszy kolega był zbytnio urzeczony Hitlerem. Młody nazista twierdził, że straty poniesione przez Rosjan oznaczają zwycięstwo na froncie wschodnim. Stalingrad padnie w 1943 roku, a potem nastąpi atak na Wielką Brytanię wszystkimi siłami ściągniętymi z Rosji i reszty Europy[8]. Rommel potrafi pokonać każdego, a perspektywa „straszliwego blitzu"[9] w Wielkiej Brytanii, kraju, który tak podziwiał, przyprawiała go o dreszcz rozkoszy. „Wyobrażacie sobie, jak to będzie ze wszystkimi naszymi stukasami i wszystkimi tak ćwiczonymi i zaprawionymi ludźmi?! – perorował. – Co poczną Amerykanie?!"[10]. Chapmana zaczynało to coraz bardziej irytować.

Pewnego ranka, w połowie lata, von Gröning polecił Eddiemu spakować rzeczy: miał jechać z „Thomasem" do Berlina, gdzie czekała go kolejna faza szkolenia. Wczesnym, mglistym rankiem pociąg z Paryża zatrzymał się na małej stacji na obrzeżach stolicy Niemiec. Czekał tam na nich samochód i Chapman spytał, dokąd jadą. Praetorius, spięty i zakłopotany, odparł:

– Sytuacja nie jest zbyt ciekawa, bo jak ktoś zauważy, że jesteś Anglikiem, natychmiast zastrzelą nas obu. – Po czym dodał uprzejmie: – Byłbyś tak dobry i nie pytał o nic więcej[11]?

Wydawało się, że mijają gęsto zadrzewione przedmieścia, ale na dworze było wciąż ciemno, kierowca celowo przygasił światła i Chapman nie widział prawie nic. Dzięki powoli wyłaniającemu się słońcu zorientował się jednak, że jadą na północ.

Po dwudziestu pięciu minutach minęli żelazną bramę pilnowaną przez trzech strażników w mundurach wojskowych, aleją ozdobioną kwietnikami dotarli wreszcie do wysokiego, kamiennego łuku i stanęli przed małym zamkiem z jedną basztą. Otaczały go drzewa, wysoki mur z kamienia i ogrodzenie z drutu kolczastego. W drzwiach stał mężczyzna w średnim wieku, niski, lecz atletycznie zbudowany. Wyższa od niego żona trzymała się skromnie z tyłu. Na ścianach korytarza wisiały portrety ich dzieci. Niski mężczyzna przedstawił się jako „Herr Doktor". Oświadczył Chapmanowi, że w przerwach między lekcjami może się poruszać po terenach zamkowych, ale pod żadnym pozorem nie wolno mu ich opuszczać.

Wojch był zdolnym nauczycielem praktycznego sabotażu, ale nowy mentor Chapmana bił go na tym polu na głowę. W ciągu następnego tygodnia Eddie przeszedł intensywne szkolenie w zakresie najnowszej technologii wytwarzania materiałów wybuchowych u mistrza w tej dziedzinie. Wydział Piąty rozpoznał w nim później niejakiego doktora Ackermana, zawodowego chemika i jednego z najlepszych w Niemczech pirotechników. „Herr Doktor" pokazał Chapmanowi laboratorium z rzędami zakorkowanych butelek, probówek, termosów, wag, tłuczków i moździerzy. Cierpliwie, krok po kroku zapoznawał go ze światem śmiercionośnej sztuki, sekretami materiałów wybuchowych, mieszanek zapalających, min i bomb z opóźnionym zapłonem.

Nauczył go na przykład, jak z taniego zegarka na rękę wykonać zapalnik czasowy. W tym celu kładł niewielką śrubkę z dwoma nakrętkami na celuloidową tarczę i przykładał koniec drutu elektrycznego prowadzącego przez uzwojenie do baterii od latarki. Gdy mała wskazówka dotykała śrubki, ładunek przechodził z baterii do zapalnika i powodował eksplozję. Następnie Ackerman brał budzik i pokazywał, jak opóźnić wybuch o czternaście godzin, łącząc detonator z krętą sprężynką. Jeśli nie było pod ręką budzika lub zegarka, sporządzał zapalnik, napełniając butelkę po atramencie kwasem siarkowym i kładąc kawałek tektury między szkłem a wieczkiem. Kwas z wolna zżerał tekturę, docierając w końcu do zapalnika połączonego z wieczkiem, i ciepło reakcji wyzwalało ładunek wybuchowy.

Potem Ackerman brał kawał węgla i pokazywał Chapmanowi, jak wywiercić w nim dziurę głębokości sześciu cali, włożyć tam materiał wybuchowy wraz z detonatorem i zakryć plasteliną, pastą do butów i pyłem węglowym. Umieszczone w kotłowni statku lub pociągu urządzenie pozostawało niewidoczne, w całkowitym bezruchu, aż wrzucone do paleniska wybuchało pod wpływem ciepła.

Chapman nauczył się, jak wysadzać pociągi z amunicją i składy z benzyną, jak załadować dyplomatkę materiałem wybuchowym i przykryć go pidżamą lub ręcznikiem, by zagłuszyć mechanizm zapalnika. Nauczył się sporządzać miny w formie paczki, która wybuchała, kiedy przecięto krępujący ją sznurek. Wewnątrz sznurka znajdowały się dwa izolowane od siebie druciki, których przecięcie przerywało obwód elektryczny i powodowało wybuch. Ackerman rysował diagramy pokazujące, jak łączyć w jeden ciąg poszczególne ładunki z przewodem dynamitu i z detonatorem, i wyjaśniał wzór na obliczenie, jak wiele materiału potrzeba do wysadzenia mostu (długość x szerokość x wysokość x 2 = wymagana liczba gramów ładunku wybuchowego). Niektóre techniki Ackermana były diabelsko pomysłowe, na przykład umieszczenie martwego motyla na drucie detonatora znajdującego się na torach kolejowych, tak że przechodzień nigdy by nie zauważył urządzenia, a kiedy przejeżdżał pociąg, ładunek eksplodował, wysadzając lokomotywę z torów.

Mały nauczyciel nie pił ani nie palił i odpoczywał tylko podczas posiłków. Chapman określił go jako perfekcjonistę: „Zachowywał zawsze dokładne proporcje, nigdy się nie śpiesząc, mieląc wszystko na najdrobniejsze cząsteczki i bardzo starannie mieszając"[12]. Stwierdził, że składniki potrzebne do zrobienia bomby można nabyć w każdej angielskiej aptece: chloranu potasu używano do trucia ślimaków, azotanu potasu jako nawozu, nadmanganianu potasu do płukania gardła, tlenku żelaza do wywabiania plam z podłogi, sproszkowanego aluminium do wyrobu srebrnej farby. Wykłady ciągnęły się do późnego wieczora. Po kolacji Ackerman rozsiadał się w krześle przy kominku i kontynuował lekcje, czasem wołając Praetoriusa, aby tłumaczył techniczne terminy.

Po pięciu dniach doktor wyglądał wreszcie na zadowolonego, zaś Chapman był zupełnie wykończony. Ten sam kierowca zabrał go wraz z Praetoriusem w środku nocy i w ciemnościach zawiózł z powrotem na dworzec.

W La Bretonnière serdecznie przywitał go von Gröning, oznajmiając, że przygotował mały sprawdzian. Jeden z jego przyjaciół, niejaki major Meier, odpowiadał za bezpieczeństwo miejscowych fabryk, w tym znajdującej się w pobliżu wytwórni lokomotyw w Battignolle. Von Gröning chwalił mu się, że szkoli sabotażystę, byłego włamywacza, mogącego dostać się, gdzie tylko zechce. Założył się nawet, że podłoży atrapę bomby w fabryce, i Meier przyjął zakład. Którejś nocy Chapman i Leo wspięli się więc przez drut kolczasty otaczający fabrykę, prześliznęli się obok drzemiących strażników i koło głównego biura zostawili paczkę zaadresowaną do majora Meiera. Von Gröning był zachwycony i za wygrane pieniądze wyprawił następne przyjęcie, tym razem na cześć Fryca.

Chapman powrócił do swych trujących wyziewów w domku ogrodnika. Wypad do fabryki lokomotyw dostarczył mu wiele zadowolenia, ale po blisko pięciu miesiącach pobytu w La Bretonnière zaczął się nudzić i dokuczał mu przymusowy celibat. Wyjąwszy prostytutki z Nantes, rzadko widywał kobiety. Inni żartowali sobie z braku kobiecego towarzystwa, mówiąc, że „żyją jak jacyś cholerni zakonnicy"[13].

Pewnego wieczora Chapman, Albert i Wojch wybrali się na hulankę do Nantes, gdzie do służbowego samochodu zabrali kilka dziewczyn. Pech chciał, że zauważył to oficer gestapo i złożył oficjalną skargę. Kiedy trafiła na biurko von Gröninga, ten wpadł w straszliwy gniew. „Narobiliśmy sobie masę kłopotów"[14] – wspominał Chapman. Ofiarą furii szefa padł Wojch – pulchny sabotażysta z perłową szpilką u krawata został wygnany do jednostki Wachkommando w dalekim Rocquencourt koło Paryża i Chapman nie zobaczył go nigdy więcej. W meldunku do przełożonych von Gröning zwracał uwagę na to, że Fryc, choć idealny pod każdym innym względem, jest niezwykle podatny na to, co nazwał „niepożądaną aktywnością uczuciową"[15].

Jak zawsze, kiedy był znudzony lub niewyżyty seksualnie, Chapman popadł w nastrój, który określał jako „nihilistyczny"[16]. Jego samopoczucie pogorszyło się jeszcze bardziej, gdy poruszył sprawę nękającą go od wyjścia z Romainville – poprosił o napisanie listu do Tony'ego Faramusa. Von Gröning odmówił, ale powiedział, że wyśle młodzieńcowi paczkę żywnościową. „Czy można coś dla niego zrobić?"[17] – spytał nieco później Chapman, na co szef odparł, że to niemożliwe, i zmienił temat rozmowy[18]. Eddiego ogarnęło bezgraniczne przygnębienie, godzinami leżał na łóżku, paląc papierosy i gapiąc się w sufit. Raz nawet zapytał, czy nie mógłby wrócić do obozu w Romainville[19]. Von Gröning zrozumiał, że jeśli nie zacznie działać szybko i nie skieruje swego podopiecznego do pracy, utraci ten wyjątkowy szpiegowski talent.

29 sierpnia 1942 roku Chapman został wezwany do gabinetu szefa, gdzie dostał do ręki arkusz maszynopisu. Miał go przeczytać i podpisać, jeżeli akceptuje warunki. Dokument był umową, na mocy której zgadzał się oficjalnie na szpiegowanie we własnym kraju, co jest z pewnością unikatem w annałach historii prawa. Pierwsza część stanowiła listę zakazów: nie wolno mu było przed nikim ujawnić niemieckich kontaktów na Jersey, we Francji czy w Niemczech, miejsc, w których przebywał, ani rzeczy, których się nauczył. Karą za naruszenie któregokolwiek z tych warunków była śmierć. Chapman podejmował się szpiegostwa na rzecz naczelnego dowództwa Niemiec i wiernego wykonania każdej powierzonej mu przez Abwehrę misji. W nagrodę miał dostawać następujące kwoty: przebywając we Francji – dwanaście tysięcy franków miesięcznie, od chwili wyjazdu – trzysta marek niemieckich miesięcznie, wypłacanych nawet po ewentualnym schwytaniu; po powrocie z wykonanej ku zadowoleniu Abwehry misji miał otrzymać sto pięćdziesiąt tysięcy marek. Chapman szacował, że równałoby to się piętnastu tysiącom

funtów, ale naprawdę kwota ta wynosiła około dwustu pięćdziesięciu, czyli według dzisiejszego kursu siedem tysięcy trzysta funtów. Nie była to umowa z rządem niemieckim, ale osobiste, usankcjonowane prawem porozumienie między Chapmanem a jego prowadzącym. Von Gröning zdążył już je opatrzyć podpisem S. Graumann (doktor).

Ostatni punkt umowy stanowił triumf niemieckiej biurokracji: Chapman został formalnie zobowiązany do płacenia we Francji wszystkich stosownych podatków od tych sum. Tajne służby Niemiec zamierzały wysłać go ze szpiegowskim zadaniem, podczas którego mógł zginąć lub trafić na szubienicę, a mimo to troszczyły się o jego podatki.

Gdy Chapman zastanawiał się nad warunkami tej niespotykanej umowy, jego niemiecki przełożony zwrócił się doń z następującym pytaniem: gdyby agenta pochwycił Scotland Yard, to jak długiego wyroku mógłby się spodziewać? Chapman wielokrotnie zadawał sobie to samo pytanie. Teraz odparł, że najpewniej otrzymałby od piętnastu do dwudziestu lat. Starszy pan zwrócił się na to do Praetoriusa, mówiąc:

– Nie sądzę więc, by istniało niebezpieczeństwo, że odda się w ręce policji[20].

Chapman podpisał umowę, ale później nieraz wracał myślami do tej bezceremonialnej uwagi. Graumann, człowiek, którego nauczył się podziwiać, wybrał go nie dlatego, że był kimś szczególnym, tylko ze względu na to, że przestępcza przeszłość miała powstrzymać go od oddania się w ręce władz. Zawsze wiedział, że jest pionkiem w grze Niemców, ale ten komentarz utkwił w nim jak cierń.

Po zawarciu umowy von Gröning po raz pierwszy zaczął przedstawiać Chapmanowi zarysy jego misji. Za kilka tygodni zostanie zrzucony na spadochronie nad Anglią, z radiostacją i sumą pieniędzy pozwalającą przetrwać mu przez dłuższy czas. Następnie znajdzie sobie kryjówkę i zgromadzi w niej materiały wybuchowe, jeśli trzeba to z pomocą swych kolegów przestępców. Czekało go wiele ważnych zadań, ale najważniejszym z nich miał być sabotaż w fabryce samolotów w Hatfield w hrabstwie Hertford, produkującej bombowce Mosquito.

De Havilland Mosquito albo *Anopheles de Havillandus* – jak nazywali go wojskowi żartownisie – stał się cierniem w oku nazistów, gdy tylko wszedł do produkcji w 1940 roku. Naczelne dowództwo niemieckich sił zbrojnych naprawdę przyprawiał o dreszcze. Zaprojektowany i wykonany w fabryce Zakładów Lotniczych De Havilland na obrzeżach Londynu stanowił wprost rewolucję w lotnictwie wojskowym. Zbudowany prawie całkowicie z drewna, z dwuosobową załogą, bez uzbrojenia strzeleckiego, ten mały samolot mógł przenieść do Berlina ładunek czterystu pięćdziesięciu kilogramów bomb. Dwa silniki rolls-royce merlin i maksymalna szybkość czterystu mil na godzinę pozwalały mu ujść przed niemieckimi myśliwcami. Nazwany „drewnianym cudem" samolot mogli łatwo zmontować stolarze. Używany był do zwiadów fotograficznych, walki nocnej, atakowania U-Bootów, stawiania min i do transportu, ale przede wszystkim do bombardowania określonych celów. Lekkie i zwrotne samoloty potrafiły zniszczyć konkretny budynek, nie powodując wielkich strat wśród cywili. Podczas wojny Mosquity zbombardowały między innymi kwatery główne gestapo w Oslo i w Kopenhadze oraz więzienie w Amiens.

Dokuczliwy mały Mosquito wyprowadzał z równowagi marszałka Rzeszy Hermanna Göringa, naczelnego wodza Luftwaffe; wystarczyło tylko wspomnieć o nim w jego obecności. „Wściekam się, gdy tylko widzę Mosquita – wybuchnął pewnego razu. – Żółknę i zielenieję z zazdrości. Anglicy, choć stać ich na lepsze aluminium niż nas, klecą z drewna piękny samolot, który może zbudować każda fabryka fortepianów, i z czasem nadają mu coraz większą prędkość. I co wy na to? Nie ma nic, czego by Anglicy nie mieli. Mają geniuszy, a my idiotów. Po wojnie kupię sobie angielskie radio – przynajmniej zawsze będzie działać"[21].

Ze względów militarnych i politycznych Abwehra od miesięcy ślęczała nad planem pokonania Mosquita. Gdyby wysadzenie kotłowni i generatora fabryki wstrzymało produkcję De Havillanda, nastąpiłby zwrot w wojnie powietrznej na korzyść Niemiec, nowy agent von Gröninga dowiódłby swej wartości i poprawiłaby się reputacja Abwehry. Usposobiłoby to również korzystnie gwałtownego marszałka Rzeszy.

Tego popołudnia von Gröning wysłał przez radio entuzjastyczny meldunek do Paryża, donosząc, że omówił z Frycem szczegóły[22] i skłonił go do podpisania umowy. Wiadomość przejęto w Anglii, gdzie czuwający nad ruchami agenta oficer Wydziału Piątego zauważył posępnie:

– Coś chyba zaczyna się dziać[23].

9

Pod niewidzialnym okiem

Umowa, którą miał w ręku Chapman, nie mogłaby być wyegzekwowana prawnie, podpisana fałszywym nazwiskiem stanowiła czysty absurd, ale dawała pożądany efekt psychologiczny. Perspektywa przygody znowu podniosła Eddiego na duchu. Pijatyki w La Bretonnière były oczywiście czymś przyjemnym, ale w podświadomości tkwiły pozostawione w Anglii Freda i dziecko, Betty, a także była żona Vera. A gdyby z nimi nic nie wyszło, wszystkie kusicielki z Soho.

Dni upływały teraz na sprawdzianach, próbach, dopracowywaniu szczegółów. „Okropnym chryslerem z radiostacją"[1] powrócił szpetny łowca szpiegów z Angers, aby przypatrzeć się pokazom sabotażu i strzelania w wykonaniu Chapmana. Ten dziesięć razy z rzędu zestrzelił z odległości piętnastu kroków kieliszki od wina i zdetonował zapalnik kwasowy. Następny pokaz odbył się dla pewnego pułkownika z dywizji samochodów pancernych, który przyjechał mercedesem. Chapman wysadził wówczas pień drzewa za pomocą baterii i zegarka na rękę. Tego samego wieczora von Gröning ogłosił, że ma bilety do Folies-Bergère, teatru rewiowego, mimo okupacji zawsze wypełnionego do ostatniego miejsca. Chapman rozkoszował się myślą o nocnym wypadzie do Paryża, choć przyjemność tę popsuła mu nieco podsłuchana w pociągu wypowiedź von Gröninga, że „szef chce na niego popatrzeć"[2]. Zabrano go zatem nie po to, by oglądał przedstawienie, tylko po to, by dał własne.

Wieczorem, kiedy zaszli do gmachu słynnego teatru w dziewiątej dzielnicy, Chapman usłyszał, jak jego przełożony szepcze do
Thomasa:

– Niech Fryc idzie pierwszy, a on usiądzie tuż za nim.

Przedstawienie trwało już dłuższy czas, tancerki w powiewnych
halkach tańczyły właśnie kankana, kiedy dwaj mężczyźni w cywilu
usiedli cicho za plecami Eddiego i jego towarzyszy. Jeden nosił wąsy
i wyraźnie utykał. „Przyglądał mi się przez cały czas zza trzyma-
nego w ręce programu" – wspominał Chapman. Osobnikiem tym
był najpewniej Rudolf Bamler, szef kontrwywiadu Abwehry i jeden
z niewielu zagorzałych nazistów w organizacji. Po przedstawieniu
von Gröning odjechał taksówką, zaś Praetorius i Chapman wrócili
do hotelu pieszo, zatrzymując się co chwila przy wystawach sklepo-
wych. „Za każdym razem w szybie widziałem tych dwóch ludzi, jak
bacznie mi się przyglądali" – pisał Chapman[3].

Eddie odetchnął, kiedy dostał się z powrotem do Grand Hotelu.
Gdy wraz z Praetoriusem udawali się do swych pokojów, usłyszał
głosy z amerykańskim akcentem, dobiegające z apartamentu von
Gröninga.

– Amerykanie?[4] – zwrócił się do swego opiekuna.

– Nie, to tylko dwaj nasi kogoś nabierają – odparł szybko Praetorius[5].

Kiedy jednak tego wieczora Chapman otworzył szafę i przyło-
żył ucho do dzielącego jego pokój od pokoju szefa przepierzenia,
był pewien, że rozmawia on z dwoma Amerykanami. Jeden z nich
powiedział:

– Dobrze, chcielibyśmy zobaczyć człowieka[6].

Eddie był pewien, że tym „człowiekiem" jest właśnie on. Przypomniał sobie, jak Graumann wspomniał kiedyś, że jeśli powiedzie
się sabotaż w zakładach De Havillanda, wyśle go z wielką misją do
Ameryki[7].

La Bretonnière na krótki czas pozwoliła mu swobodniej odetchnąć, ale teraz miał wrażenie, że wciąż go pilnowano i podgląda-
no, tak jakby znów był w więzieniu i strażnik obserwował go przez

wizjer w żelaznych drzwiach. Zdawało mu się, że wszyscy go śledzą: koledzy z Nantes, wyżsi nazistowscy urzędnicy, amerykańscy szpiedzy, a może nawet jego rodacy.

Którejś nocy w Café de France w Nantes Chapman zauważył, że zza stolika w rogu sali pilnie przypatruje mu się jakiś młody człowiek. Von Gröning ostrzegał go, że najpewniej obserwują go Anglicy[8], i pokazał mu zdjęcia rzekomych agentów, z których Eddie nie znał żadnego. Teraz był przekonany, że jest śledzony. Facet miał dwadzieścia kilka lat, przedziałek z boku, szary garnitur i dziwnie znajomy styl kojarzący się z West Endem[9]. Zmieszany Chapman odwrócił wzrok, a kiedy spojrzał ponownie, tamten już zniknął. Eddie nie wspomniał o zdarzeniu von Gröningowi, lecz coraz mocniej odczuwał chęć ucieczki – musi się dostać do Anglii, zanim dopadną go Anglicy.

We wrześniu znów zjawił się pod eskortą w berlińskim zamku Ackermana, również tym razem pod osłoną nocy.

– Nauczyłeś się wszystkiego[10] – oświadczył mały chemik po drobiazgowym przepytaniu ucznia. – Jestem z ciebie niezmiernie zadowolony[11].

Następnie wygłosił szczegółowy wykład, w jaki sposób Eddie ma wysadzić fabrykę De Havillanda. Jeśli kotły są połączone, doprowadzi do eksplozji środkowego za pomocą piętnastu kilogramów przyniesionego w walizce dynamitu i opóźnionego zapalnika, działającego po upływie przynajmniej pół godziny. Wybuch powinien zniszczyć też dwa pozostałe, a trzy osiemdziesięciotonowe kotły to – jak wyjaśnił naukowiec – dwieście czterdzieści ton materii eksplodującej na wszystkie strony, co powinno zniszczyć też agregat prądotwórczy[12].

Chemik odszedł, a po nim zjawił się starszy mężczyzna w cywilnym ubraniu, który oświadczył po angielsku, że przybył nauczyć Fryca posługiwać się atramentem sympatycznym. Wyjął z aktówki arkusz białego papieru i zapałkę z białą główką. Kazał Chapmanowi umieścić papier na gazecie i przez dziesięć minut ruchem obrotowym wycierać go po obu stronach bawełnianą ściereczką[13]. Następnie papier umieszczono na szkle i Chapman zobaczył, jak drukowanymi literami napisać zapałką meldunek, oddzielając poszczególne słowa kreskami. Zapałka nie zostawiała widocznego dla oka śladu. Instruktor wyjaśnił, że można pisać ołówkiem po obu stronach kartki lub piórem po odwrotnej stronie tajnego pisma – tak jakby był to zwykły list. Potem mężczyzna zabrał pogryzmolone arkusze i zniknął. Kiedy wrócił po kilku godzinach, zanurzył papier w jakimś roztworze chemicznym i spoza ołówkowych gryzmołów wyłonił się tajny meldunek w bladozielonym kolorze[14]. Profesor, jak nazwał go Chapman, wręczył mu jeszcze dwa zapałczane pióra i polecił ćwiczyć się w tajnym pisaniu dwa razy w tygodniu. Listy miały trafiać do niego, by mógł sprawdzać postępy.

Chapman wrócił do Nantes, skacząc ze spadochronem z pokładu junkersa. Po starcie z Le Bourget bombowiec zrzucił go w polu koło miejskiego lotniska. Jednostka z Nantes czekała w terenie jako komitet powitalny, ale Chapman sam dotarł na lotnisko i zameldował się u wartownika jako Fryc.

W La Bretonnière von Gröning rozłożył na stole w jadalni setki zdjęć lotniczych z miejscami możliwego lądowania – Anglia jawiła się na nich niczym jakaś mozaika[15]. Postanowili, że najbardziej nadaje się Mundford, wioska leżąca na północ od Thetford w hrabstwie Norfolk, w słabo zaludnionej, ale w miarę bliskiej Londynowi okolicy. Następnie szef pokazał Chapmanowi zdjęcia lotnicze fabryki De Havillanda w Hatfield, z dokładnym zaznaczeniem położenia kotłowni.

Przygotowując się do dotarcia w głąb kraju, którego nie widział od trzech lat, Chapman słuchał nocą BBC i przeglądał angielskie gazety oraz przewodnik po Londynie, aby odświeżyć sobie pamięć o ulicach miasta. Leo wyjechał do Dieppe po ekwipunek zdobyty tam na angielskich żołnierzach, zaś von Gröning udał się do Berlina, by osobiście odebrać angielską walutę w banknotach. W jednym z zakładów fotograficznych w Nantes Chapman zrobił sobie zdjęcia potrzebne do fałszywych dowodów osobistych. Pochyla się na nich w kierunku obiektywu, w pozie idola kobiet z lat trzydziestych i czterdziestych, z dziwnym napięciem w twarzy. Można niemal dostrzec oczekiwanie w jego oczach.

Zdawało się, że porozumienie obowiązuje w pełni, że wszystko już ustalono, kiedy pewnego wieczora, ku zaskoczeniu Chapmana, jego niemiecki przełożony wziął go na bok i zapytał, czy nie chciałby się wycofać z tego przedsięwzięcia.

– Widzisz, nie myśl czasem, że zmuszamy cię, byś jechał do Anglii. Jeśli nie chcesz, mamy tu dla ciebie coś innego[16].

– Nie – odparł oszołomiony na chwilę Chapman. – Chcę jechać do Anglii.

– Jeśli nie jesteś do końca pewien, że podołasz zadaniu, to nie jedź – podjął von Gröning. – Tutaj jest mnóstwo pracy dla ciebie, możemy wyznaczyć ci coś innego.

Chapman zaprotestował, twierdząc, że jest w pełni gotów do akcji:

– Myślę, że zrobię to, co mi wyznaczono.

Następne pytanie von Gröninga było nawet bardziej niepokojące: czy Chapman chciałby mieć Leo za towarzysza w tej misji? Chapman musiał myśleć szybko. Mając Leo za opiekuna, byłby poważnie ograniczony w swych poczynaniach, a jeśli szczerbaty opryszek powziąłby wobec niego jakieś podejrzenie, zabiłby go na miejscu, i to gołymi rękoma.

– Nie sądzę, by to było pożądane – odpowiedział szybko. – Jeden prędzej dostanie się tam, gdzie trudno byłoby dwóm, zwłaszcza że Leo nie zna angielskiego[17].

Von Gröning nie podjął więcej tej sprawy, lecz Chapmana zdjął niepokój. Czy Niemiec go ostrzegał, czy próbował go ochronić? Nie potrzebował się jednak martwić, gdyż była to po prostu jeszcze jedna próba upewnienia się o jego gotowości. 24 września von Gröning wysłał do kwatery głównej w Paryżu następujący meldunek: „Fryc jest absolutnie przygotowany duchowo i fizycznie"[18].

Tak jak każda rozrośnięta biurokracja, Abwehra nie była wolna od nadmiernej pedanterii i nieudolności. Najpierw dostarczono niewłaściwy spadochron, potem Luftwaffe nie potrafiła zapewnić odpowiedniego samolotu. Bombowiec był zbyt hałaśliwy na nocny zrzut, więc zaczęto pytać o transportowiec z Rosji albo Bliskiego Wschodu. Ciągłe odwlekanie sprawy działało wszystkim na nerwy. Kiedy wreszcie znaleziono zwiadowczego focke-wulfa, ktoś zwrócił uwagę, że kilku agentów poniosło szwank podczas skoków spadochronowych, zatem może lepiej byłoby podwieźć Chapmana łodzią podwodną do wybrzeża, skąd dostałby się na brzeg pontonem. Ale jaką łódź wybrać?

Po wielu sporach postanowiono jednak wysłać Fryca samolotem, ale decyzja ta ugrzęzła szybko w debacie nad miejscem zrzutu. Jeśli miał wyskoczyć nad Thetford, samolot mógł zostać zestrzelony przez nocne myśliwce czuwające nad Londynem. Jako alternatywę ktoś, kto prawdopodobnie nigdy tam nie był, zaproponował Góry Kambryjskie, na co Paryż z miejsca polecił Nantes: „Pokażcie Frycowi zdjęcia Gór Kambryjskich"[19]. Ten je obejrzał i zadrżał. Już lądowanie na równinie Norfolk budziło spory niepokój, ale znalezienie się na zmarzniętych zboczach walijskich wzgórz w środku zimy było zupełnie innym wyzwaniem. W końcu niechętnie oświadczył, że jeśli Abwehra rzeczywiście jest zdania, że te góry są bezpieczniejsze, to niech tak już zostanie[20]. Walijskie wzgórza ustanowiono nowym celem operacyjnym[21] i Paryż polecił Frycowi, aby zapoznał się szczegółowo z panującymi tam warunkami i sposobami dostania się stamtąd do Londynu"[22]. Po kilku dniach szef paryskiej Abwehry z typową dla wielu zwierzchników niekonsekwencją powrócił jednak do pierwotnego planu i za cel misji znowu obrano Mundford.

W listopadzie natomiast, kiedy zdawało się, że pokonano wszelkie trudności, cała misja została wstrzymana. Wojna weszła bowiem w nową fazę – Hitler postanowił zająć całą Francję – i Chapman niespodziewanie został wcielony do armii niemieckiej.

Od kilku miesięcy nazistowscy przywódcy ze wzrastającą uwagą śledzili poczynania rządu Vichy. Po upadku Francji w 1940 roku kolaborującemu gabinetowi, kierowanemu przez Henriego Phillippe'a Pétaina, pozwolono rządzić w nieokupowanej części południowej Francji, w marionetkowym państwie pod kontrolą nazistów. Kiedy jednak admirał Vichy François Darlan podpisał w Algierii rozejm z aliantami, Hitler zdecydował się zerwać porozumienie z 1940 roku, najeżdżając strefę Vichy w ramach operacji pod nazwą Anton. Wszyscy będący pod ręką mężczyźni dostali powołanie do wojska, wśród nich również Eddie Chapman.

Członkowie sekcji Abwehry z Nantes, obecnie Truppe 3292 Abwehrkommando 306, zostali przydzieleni do jednej z dywizji SS i skierowani na południe. Szpiedzy nosili teraz wojskowe mundury: von Gröning pełny mundur oficera kawalerii, z dwurzędowym, skórzanym płaszczem i furażerką, Praetorius strój SS, pozostali uniformy różnych formacji wojskowych. Wyglądali jak bohaterowie opery Gilberta i Sullivana. Chapmanowi przypadł szary mundur podoficera marynarki niemieckiej z kołnierzem przybranym złotem i opaską na ramieniu z wyszytą żółtą swastyką. Agent był lekko zawiedziony brakiem epoletów, ale za to pozwolono mu zatrzymać własny rewolwer.

12 listopada 1942 roku Thomas i inni wsiedli do mercedesa, Chapman i von Gröning do drugiego samochodu, biorąc ze sobą zapasową benzynę, żywność i cały arsenał broni maszynowej. Kiedy jechali na południe, mijali szeregi żołnierzy SS udających się w tym samym kierunku i kolumnę załadowanych wojskiem ciężarówek, ciągnącą się na przestrzeni pięciu mil. Francuzi i Francuzki przyglądali się temu z pobocza drogi. Chapman stwierdził, że niektórzy widzowie wyglądali na wstrząśniętych, przerażonych i zagniewanych, ale większość była pogrążona w apatii[23]. „Nie dochodziło do żadnych scen – wspominał. – Nie chcieli tylko nic mówić i patrzyli spode łba, gdy przejeżdżaliśmy obok"[24]. Na skrzyżowaniach i na posterunkach francuscy żandarmi machali im ręką i salutowali elegancko, witając okupację, której nie mogli zapobiec. Po drodze oddziały Abwehry zatrzymywały się kilkakrotnie na posiłek i zanim dojechano do Limoges, mała ekipa von Gröninga zdążyła się zdrowo zalać.

W Limoges umieszczono ich w hoteliku, w którym połączyli się z innym oddziałem, dowodzonym przez niejakiego majora Reilego, oficera gestapo, który przekazał im, że będą przeszukiwać domy podejrzewanych o wrogą działalność. Uzbrojeni w rewolwery oraz pistolety maszynowe Chapman i inni poszli za von Gröningiem do kamienicy, gdzie wyważyli drzwi mieszkania niejakiego kapitana le

Saffre. Podejrzany uciekł, zostawiając wszędzie porozrzucane papiery. Kiedy żołnierze plądrowali pomieszczenia, Chapman pozbierał dokumenty i wepchnął je sobie do kieszeni.

Wtargnęli do następnego domu, gdzie zastali tylko dwie przerażone starsze panie, ukryte pod łóżkiem. Zakłopotanie von Gröninga nie miało granic, kiedy dowiedział się, że poszukiwany nie żyje już od dwóch lat. Niemiecki arystokrata gardził metodami stosowanymi przez gestapo. Wieczór miał się ku końcowi, kiedy jego oddział po najściu kilkunastu domów, w większości pustych lub zamieszkiwanych przez nie te osoby, których szukali, znalazł pięciu podejrzanych, w tym siedemnastoletniego chłopca. Przerażeni, zapewniający o swej niewinności i pozbawieni spodni Francuzi zostali zatrzymani w hotelowej sypialni. Von Gröning wypuścił ich wkrótce na wolność.

– Dlaczego miałbym wysłać ich do obozu koncentracyjnego? – powiedział. – Mogli być winni, ale równie dobrze niewinni[25].

W hotelu Chapman przejrzał zabrane z mieszkania papiery, które okazały się fragmentami dziennika, zapiskami o spotkaniu z tym i z tym, o tej i o tej godzinie[26]. Starannie zniszczył je wszystkie.

Udział Truppe 3292 w okupacji był więcej niż skromny: ujęli kilka „płotek"[27], które puścili wolno, zabrali trochę alkoholu i przestraszyli dwie staruszki. Uczcili to jednak zakrapianym obiadem, a było to w dniu dwudziestych ósmych urodzin Chapmana. W drodze powrotnej do Nantes zastanawiał się, czy zabranie go na tę wyprawę nie stanowiło kolejnego etapu szkolenia. „Zdaje się, że chodziło o to, w jaki sposób zareaguję na takie przedsięwzięcie" – uznał. Jego reakcja była dość szczególna, gdyż cała wyprawa bardzo go ubawiła. Najpewniej ówczesny stan umysłu oraz tak długi pobyt wśród nazistów sprawiły, że całe to wydarzenie – nachodzenie domów o północy, wyważanie drzwi, wywlekanie z łóżek przerażonych ludzi, swoją pierwszą swastykę na ramieniu – wspominał jako całkiem przyjemną wycieczkę[28].

10

Zrzut

Najazd na Vichy był już ostatnią próbą dla Chapmana. Tak długo wahająca się Abwehra przystąpiła teraz do działania z oszałamiającą szybkością. Von Gröning oświadczył, że Chapman wyjeżdża do Anglii w ciągu najbliższych dziesięciu dni. Zauważył, że Fryc wyraźnie się odprężył, usłyszawszy tę wiadomość[1]. Paryż przysłał kwestionariusz, szczegółową listę informacji, jakie spodziewano się zdobyć w Anglii, toteż usiedli razem, by raz jeszcze omówić szczegóły nieodwołalnej już misji.

Chapman zostanie zrzucony nad Mundford około drugiej nad ranem. W tym samym czasie nalot bombowców przeprowadzony gdzieś w głębi kraju[2] odwróci uwagę nocnych myśliwców. Po wylądowaniu Eddie wykopie dziurę w nierzucającym się w oczy miejscu i zagrzebie spadochron, kombinezon, hełm, buty do skoków, nogawice i saperkę. Wszystkie te rzeczy będą pochodzić z Anglii. Po włożeniu cywilnego ubrania (pomysł z mundurem brytyjskiego żołnierza został zarzucony) ukryje się gdzieś do świtu, a następnie, kierując się mapą i kompasem, przemierzy trzydzieści mil do Norwich i stamtąd zabierze się pociągiem do Londynu. Gdy dotrze na miejsce, porozumie się ze swym starym kumplem Jimmym Huntem i pierwszy swój meldunek nada na trzeci dzień od chwili wylądowania między 9.45 a 10.15. Jego sygnał będzie oczekiwany jednocześnie w Paryżu, w Nantes i w Bordeaux. Von Gröning wspomniał o „brytyjskiej biurokracji"[3], która miała spowodować, że gdyby został ujęty, angielskiemu wywiadowi zajęłoby nieco czasu, aby użyć go dla wprowadzenia przeciwnika w błąd. Szef stwierdził, że jeśli zwłoka potrwa długo, będzie się spodziewał najgorszego.

Najważniejsze było to, by pierwszy meldunek, a potem kolejne poprzedzało pięciokrotne „F". Był to „znak kontrolny", ustalony sygnał, że Chapman pracuje z własnej, nieprzymuszonej woli. Jeśli wiadomość nie będzie zaczynała się od „FFFFF", von Gröning będzie wiedział, że Eddie został schwytany i nadaje pod kontrolą. Oczywiście, gdyby ktoś się za niego podawał, nie wiedziałby o ustalonym znaku i Abwehra również zdałaby sobie sprawę z tego, że jej agent został uwięziony. Gdyby zaś meldunek zaczynał się od pięciu „P", oznaczałoby to, że Chapman jest obserwowany przez tajne służby lub ścigany przez policję.

Fryc miał zatem nadawać każdego rana między 9.45 a 10.15 z radioodbiornika, który odebrano angielskiemu agentowi. Został on wyprodukowany w Anglii, więc można go było wszędzie podłączyć, a w dodatku działał w zamkniętym pomieszczeniu bez wystawiania anteny na zewnątrz. Miał kontaktować się z ustaloną częstotliwością, a w razie jakichś kłopotów użyć pięciu kryształów radiowych. Ustalili, że wszystkie meldunki będą pisane po angielsku, z użyciem tego samego systemu cyfrowego, ale z nowym hasłem: CONSTANTINOPLE. (Patrz: Dodatek). Gdyby z jakichś przyczyn Eddie nie mógł skorzystać z radia, miał wówczas zamieścić w dziale ogłoszeń prywatnych „The Times" następującą informację: „Młode małżeństwo poszukuje domku wiejskiego z wygodami w pobliżu Elstree albo Watford"[4]. Następnie wysyłałby pisane atramentem sympatycznym meldunki do kryjówki w neutralnej Portugalii na adres Francisca Lopeza Da Fonseki, zamieszkałego przy Rua Sao Mamede 50–51 w Lizbonie, a te odbierałby rezydujący w tym mieście niemiecki agent i przekazywał von Gröningowi.

Sabotaż, jakiego Chapman miał dokonać w zakładach lotniczych De Havillanda pod kryptonimem Walter (na cześć Praetoriusa – Thomasa), był jego głównym, ale nie jedynym zadaniem. Miał również przesyłać dane o ruchach wojsk amerykańskich, w szczególności konwojów, z tabliczek na wagonach pociągów towarowych spisywać, dokąd zdążają, zbierać emblematy różnych dywizji, dowody na budowanie statków i wszelkie inne wiadomości mogące zainteresować wywiad. Miał też dostarczać informacji o pogodzie, tak istotnych przy planowaniu bombardowań, przede wszystkim o wysokości chmur, temperaturze, kierunku i sile wiatru oraz widoczności. W pewnym stopniu mógł też działać na własną rękę. Gdyby wejście na teren zakładów De Havillanda okazało się niepodobieństwem, mógłby spróbować w fabryce samolotów odrzutowych w Weybridge w hrabstwie Surrey bądź w jakiejś rafinerii cukru i kauczuku. Mógł też po prostu zająć się „nękaniem"[5], zostawiając walizki z bombami w przechowalniach bagażu metra. Von Gröning cały czas powtarzał:

– Daj sobie czas, bierz rzeczy na spokojnie. Nic się nie stanie, jeśli coś się nie uda. Nie ryzykuj niepotrzebnie. Jak zdołasz wrócić, będziemy mieli coś innego, w czym mógłbyś się wykazać, kolejne ważne zadanie"[6].

Gdyby chciał, mógł zwerbować dalszych członków Nitrogangu.

Na opłacanie swych współpracowników, kupowanie materiałów wybuchowych i na życie Chapman miał dostać tysiąc funtów w używanych banknotach, co dzisiaj odpowiadałoby mniej więcej trzydziestu trzem tysiącom funtów.

– Tyle powinno wystarczyć na początek – zadecydował von Gröning, dodając, że gdyby zaszła potrzeba, więcej gotówki dostarczy przez swych agentów działających w Anglii. Nie podał ich danych, a kontakt z nimi miał się odbywać drogą radiową. – Znajdują się tam już oczywiście nasi ludzie. Są na miejscu, mamy stosunki, ale musimy być bardzo, bardzo ostrożni. Nie możemy pozwolić sobie na żadne ryzyko – mówił[7].

Chapman zastanawiał się, czy posłano tam już Wojcha, aby na niego czekał, pomagał mu i być może także go szpiegował.

Von Gröning przeszedł do dalszej części instruktażu. W przeddzień dokonania sabotażu Chapman wyśle meldunek o treści: „Walter jest gotów do akcji"[8] wraz z czasem planowanego wybuchu.

Potem samoloty zwiadowcze sprawdzą, na ile przedsięwzięcie się powiodło.

Gdyby Chapmanowi do tego stopnia nie dopisało szczęście, że wpadłby w ręce brytyjskich tajnych służb, miał udzielić możliwie jak najmniej informacji, zaoferować swe usługi i poprosić o wysłanie z powrotem do Francji[9]. Tam od razu skontaktowałby się z Abwehrą, która użyłaby go jako potrójnego agenta, pozwalając mu na dokonanie sabotażu na niewielką skalę, aby mógł przekonać Anglików o swej wiarygodności[10].

Jego misja miała trwać trzy miesiące, po czym wróciłby do Francji jedną z trzech dróg: U-Bootem z angielskiego lub szkockiego wybrzeża, z miejsca ustalonego drogą radiową, przez Irlandię, gdzie przebywali różni ludzie gotowi mu pomóc[11], lub przez neutralną Portugalię, co zdaniem von Gröninga stanowiło najlepsze rozwiązanie. Będąc w Lizbonie, miał udać się do kryjówki przy Rua Sao Mamede, aby przedstawić się *senhorowi* Fonsece jako Fryc i podać hasło „Joli Albert"[12]. Potem o jego bezpieczny powrót zadba niemiecki konsulat. Jak tylko pojawi się we Francji, czekają go pieniądze i triumfalne powitanie.

Von Gröning odmalował kuszący obraz finansowych i innych korzyści, jakich Chapman może oczekiwać od wdzięcznej Trzeciej Rzeszy. Po zdaniu raportu w Berlinie wyjedzie na dłuższe „wakacje"[13], podczas których zwiedzi wszystkie ważniejsze miasta w Niemczech. Może dostać propozycję udania się z bardzo ważną misją do Stanów Zjednoczonych, ale może pojechać, dokąd sobie życzy, i nawet otrzymać dowództwo własnego oddziału w Abwehrze. Chapman wspomniał raz, że chciałby wziąć udział w jednym z wielkich berlińskich wieców, na których Hitler przemawiał do rozgorączkowanych tłumów. Von Gröning odparł, że da się to załatwić, a nawet że postara się o dobre miejsce w pierwszym albo drugim rzędzie, choć musiałby go na tę okoliczność ubrać w mundur funkcjonariusza wysokiej rangi[14]. Sam von Gröning nigdy nie darzył Hitlera szczególnym szacunkiem, z największą natomiast radością wkręciłby Chapmana w szeregi nazistów i jako swego szpiega umieścił jak najbliżej führera.

Chapman uznał teraz, że nadszedł dobry moment, by przypomnieć o Faramusie siedzącym w Romainville.

– Nic się nie martw – uspokoił go von Gröning. – Właśnie wysyłamy mu paczkę. Sam nie mam od niego żadnych wiadomości, ale zajmę się sprawą i zobaczę, co się z nim dzieje. Na pewno dobrze o niego zadbamy[15].

Jeśli to uspokoiło Chapmana, to absolutnie bezpodstawnie, gdyż po nieszczęsnego Faramusa wyciągnęła już macki machina Holokaustu. Nie ręczył już swym życiem za lojalność Eddiego, był tylko drobinką w sidłach zbrodniczej biurokracji. Chapman wciąż wierzył, że trzyma w swych rękach życie przyjaciela, lecz w rzeczywistości nawet gdyby zawiódł lub zdradził, nikt nie pomyślałby o zabiciu Tony'ego Faramusa, bo już przeznaczono go śmierci. Gdy Chapman pakował swoje rzeczy w Nantes, Faramus jechał w bydlęcym wagonie do obozu koncentracyjnego w Buchenwaldzie.

Został zabrany ze swej celi w Romainville bez słowa wyjaśnienia, przewieziony do przejściowego obozu w Compiegne, a potem wraz ze stu dwudziestoma innymi więźniami załadowany do wagonu przeznaczonego dla ośmiu krów. Śmierć nadchodziła tutaj wolno – z uduszenia, dyzenterii, pragnienia. Po kilku dniach z trudem dawało się odróżnić żywych od martwych, tak niewielka była granica między nimi[16]. Żywi stali ramię w ramię z trupami, gdyż nie było miejsca, by upaść. Po pięciu dniach od wyjazdu z Compiegne pociąg śmierci stanął w Buchenwaldzie niedaleko Weimaru. Wśród pozostałych przy życiu znajdował się mały Tony Faramus, który nie mógł zrozumieć, dlaczego musiał przeżyć takie piekło: „Wprost trudno uwierzyć, że takiej rzezi dopuścił się człowiek"[17].

12 grudnia 1942 roku von Gröning wydał pożegnalne przyjęcie w La Bretonnière. Podano pieczoną gęś, wznoszono toast za toastem za powodzenie Chapmana, Fryca, Frycka i śpiewano *Lili Marleen*. Von Gröning, który popił tęgo nawet jak na swoje ogromne możliwości, był w znakomitym nastroju.

– Jeśli zrobisz to dla nas – mówił – nie będziesz się już musiał o nic martwić. Przyszłość zapewni ci pomyślny powrót. Niczym się

nie przejmuj, wszystko będzie dobrze. Wypijmy jeszcze jedną butelkę szampana[18].

Praetorius odciągnął Chapmana na bok. Wyglądał na zdenerwowanego i mięśnie twarzy drgały mu o wiele szybciej niż zwykle,
kiedy szepnął:

– Muszę zrobić coś raczej nieprzyjemnego, ale tak jest z każdym
agentem. To tylko formalność, mam nadzieję, że się nie obrazisz[19].

– Ale o co chodzi?

Praetorius wyjaśnił, że przed wyjazdem do Anglii Chapman
musi się poddać dokładnej rewizji, gdyż wszelkie etykietki, recep-
ty, bilety i inne rzeczy z Francji czy Niemiec mogłyby zdradzić, że
jest szpiegiem z okupowanego terytorium. Chapman nie może wyjechać z „czymkolwiek, co mogłoby wskazywać na to, że pochodzi
od nas"[20].

– Nie masz nic przeciw temu?[21] – spytał Praetorius.

– Ależ oczywiście, że nie.

Daleki od sprzeciwu Chapman był wdzięczny „Thomasowi" za to
niezamierzone ostrzeżenie. Kiedy pijani towarzysze powlekli się do
łóżek, zebrał swoje notatki, częstotliwości radiowe, przepisy, kody
oraz nazwiska i wszystko starannie zniszczył.

Rano zjawił się lekarz, aby go gruntownie zbadać. Potem, w obecności Praetoriusa i von Gröninga, Chapman zapakował do płócien-
nego angielskiego plecaka wszystko, co niezbędne niemieckiemu
szpiegowi we wrogim kraju, a także rzeczy, które raczej potrzebne
nie były. Do plecaka trafiły:

1 saperka,

1 radioodbiornik,

1 załadowany rewolwer typu Kolt wraz z zapasową komorą,

2 chusteczki,

12 detonatorów starannie obłożonych trocinami (na wypadek lądowania na twardym gruncie),

czekolada,

sok grejpfrutowy,

1 kapelusz,

1 brzytwa,

1 kompas,

1 pudełko z „zapałkami" do pisania szyfrem,

1 para okularów przeciwsłonecznych,

2 czyste koszule,

1 angielska mapa wojskowa,

1 dowód tożsamości na nazwisko George'a Clarka z Hammer-smith,

1 dowód tożsamości na nazwisko Morgana O'Bryana, inżyniera elektryka z Dublina.

Wszystkie te rzeczy zostały wyprodukowane w Anglii albo miały sprawiać takie wrażenie. Nawet różne drobiazgi w portfelu pochodziły od zabitego pod Dieppe. Były tam dwa bilety turystyczne, karta klubu golfowego z Torquay, pokwitowanie z hotelu YMCA i rodzinne fotografie ludzi, których nigdy nie widział. Miał też liścik miłosny od Betty, napisany na papeterii hotelu Royal Yacht, teraz już bardzo postrzępiony i pomięty – jedyną autentyczną rzecz.

Ze szczególnym wyrazem twarzy von Gröning wręczył teraz Chapmanowi brązową pigułkę, zawiniętą w małą, celofanową paczuszkę, mówiąc, że ma ją połknąć w razie jakichś kłopotów[22]. Słowa „kłopoty" nie trzeba było objaśniać. Obaj mężczyźni wiedzieli, co groziło niemieckim szpiegom, a nad tym, co mogłoby się stać ze szpiegiem będącym Anglikiem, nie należało się zbytnio rozwodzić.

Chapman pożegnał się z kolegami z jednostki, z Bobbym Prosiakiem i z La Bretonnière, jedynym domem, jaki miał przez ostatnie dziesięć lat[23]. Zaznał tutaj prawdziwego koleżeństwa[24], choć dzielonego z kilkoma wyjątkowo odrażającymi ludźmi. Przed odjazdem wręczył Praetoriusowi pięćset franków, prosząc, by przeznaczył je na alkohol dla chłopców.

Tę noc Chapman, von Gröning i Praetorius spędzili w paryskim Hôtel des Ambassadeurs. Rano ten ostatni przeszukał Eddiego, tak jak zapowiadał wcześniej, i wręczył mu płócienną torbę zapieczętowaną parafiną, a w niej dziewięćset dziewięćdziesiąt funtów w używanych banknotach o różnych nominałach. Gdyby Chapman zajrzał do środka, zobaczyłby, że pliki pieniędzy przewiązane są banderolkami ze stemplem „Reichsbank, Berlin"[25], na których ołówkiem napisano „Anglia"[26]. Z niewiarygodną bezmyślnością Abwehra dała mu pieniądze, które z miejsca zdradzały, że jest niemieckim szpiegiem. Po drobiazgowym sprawdzeniu każdego cala jego odzieży Praetorius wręczył agentowi wyrok śmierci w postaci używanych banknotów.

Na lotnisku w Le Bourget czekał pułkownik Luftwaffe, którego Chapman znał z kursów skoku ze spadochronem. Najwyraźniej wiedział on o celu misji Eddiego, gdyż rozmawiał z nim o zaletach bombowca Mosquito i o znaczeniu, jakie ma wstrzymanie jego produkcji.

– Macie piękne samoloty – powiedział[27].

Pułkownik przestawił pilota, młodego, wysokiego blondyna noszącego Krzyż Żelazny, zdaniem Chapmana wyglądającego na bardzo nieśmiałego. Pilot poprowadził go przez pas startowy do czarnego, lśniącego samolotu, długiego na dwadzieścia pięć stóp, dwusilnikowego, z karabinami maszynowymi zamontowanymi po obu stronach. Powiedział z dumą, że jest to najnowszy model focke-wulfa, przystosowany do skoków spadochronowych. W podłodze kadłuba wycięto prostokątny otwór i zakryto ściśle zaklinowaną drewnianą płytą. Po pociągnięciu za rączkę dźwigni otwierała się klapa, przez którą Eddie miał wyskoczyć. W drogę za kanał La Manche Chapman wybierał się z trzyosobową załogą: pilotem, lejtnantem Fritzem Schlichtingiem, nawigatorem i dowódcą oberlejtnantem Karlem Ischingerem oraz podoficerem – radiotelegrafistą i strzelcem pokładowym. Porozumiewali się oni za pomocą mikrofonu krtaniowego[28]. Chapman zauważył, że pilot tak stanął przed tablicą rozdzielczą, by pasażer nie mógł jej obserwować.

W baraku Chapman założył kombinezon lotniczy na swe cywilne ubranie, czyli stary garnitur z Jersey, który trzymał przez cały ten czas. Kiedy zapiął się po szyję, wciągnął nakolanniki i zasznurował buty do skoków, spostrzegł, że drżą mu dłonie.

Przez jakiś czas czekali na komunikat o pogodzie w Wielkiej Brytanii. Chapman palił papierosa za papierosem. Aby zagaić rozmowę, spytał, jakie jest prawdopodobieństwo, że zestrzeli ich myśliwiec czy artyleria przeciwlotnicza. Młody pilot roześmiał się i powiedział, że mają urządzenie do zmiany dźwięku, dzięki czemu z ziemi wydaje się, że samolot jest o kilometr za miejscem, w którym się naprawdę znajduje[29]. Chapman zauważył, że nikt z załogi nie ma spadochronu, i nabrał nieco otuchy.

Krótko po godzinie jedenastej pilot zaprosił go do samolotu. Razem z nim przez pas kołowania szli von Gröning i pułkownik Luftwaffe. Chapman szedł wolno, gdyż nakolanniki i buty krępowały mu ruchy, a na barkach dźwigał potężny plecak. Uścisnął dłoń przyjaciela, którego prawdziwego nazwiska nie znał, a który oświadczył, że kiedy tylko otrzyma pierwszy meldunek od Fryca, otworzy w La Bretonnière butelkę szampana.

– Będziemy czekać wraz z pułkownikiem – powiedział. – Będziemy czekać niecierpliwie[30].

Chapman przecisnął się przez luk w kabinie i pilot pouczył go, by ukląkł nad otworem w podłodze, twarzą do ogona samolotu. Za nim na czworakach usadowił się nawigator.

O 11.25 maszyna z rykiem poderwała się z Le Bourget. Jedyne światło w kabinie padało z ręcznej latarki radiotelegrafisty. Kiedy samolot przechylał się przy skręcie, Chapman ujrzał w przelocie migotanie niezliczonych światełek w oddali. Lecieli coraz wyżej i wydawało mu się, że wciąga zapach morskiego powietrza. Nagle w kabinie powiało lodowatym chłodem mimo ciepła, jakie ciągnęło od grzejnika. Radiotelegrafista dał Chapmanowi znak, że ma założyć maskę tlenową. Od czasu do czasu nawigator pisał coś na skrawku papieru i podawał to nad jego głową pilotowi. Gdyby Eddie leżał na podłodze, ciężar plecaka wydusiłby zeń ostatni dech. Klęcząc, nie mógł wyprostować pleców ani się odwrócić. Czuł kurcze w całym ciele, po brodzie pociekło mu coś ciepłego i swędzącego – nie zapiął dość szczelnie maski i z nosa zaczęła mu się sączyć krew. Kiedy szybowali nad angielskim wybrzeżem na północ od Skegness, ujrzał na niebie poświatę reflektorów. Samolot z wyciem silników opadał spiralnie ku ziemi, aby za chwilę znów wystrzelić w górę. Przelatując nad bagnami Cambridgeshire, focke-wulf wykonał przedziwną ósemkę na niebie. Chapman zapiął hełm i przymocował spadochron do zasuwy znajdującej się nad jego głową. Ludzie z załogi zdawali się niczym nie przejmować. Nie znać było po nich strachu ani nerwów, śmiali się i żartowali, jakby byli na majówce[31].

Chapman poczuł, jak pilot klepie go po ramieniu. Ściągnął maskę tlenową, poderwał się z kolan i szarpnął za rączkę dźwigni. Klapa zapadła się pod nim, lecz zamiast wylecieć na zewnątrz, zawisł głową w dół pod kadłubem samolotu, a podmuchy wiatru tamowały mu dech w piersi. Tańczył bezradny, jak mu się wydawało, przez całe wieki, a w rzeczywistości trwało to zaledwie dziesięć sekund. Po chwili poczuł na plecach uderzenie buta radiotelegrafisty i pokoziołkował w dół. Nastąpił głośny trzask, wstrząs i czasza spadochronu posłusznie otworzyła mu się nad głową. Nagle zapadła całkowita cisza. Krew ciągle ściekała mu po brodzie. W bezmiernej dali widział migocące w ciemności światła reflektorów. Z dołu dochodziło zawodzenie syren odwołujących alarm lotniczy. Przez jedną dziwną chwilę zastanawiał się, czy czasem pod nim nie znajduje się Francja, a nie Anglia. Byłaby to jeszcze jedna próba von Gröninga? Przez dwanaście minut leciał w dół poprzez spokojną, bezwietrzną noc ku miejscu znajdującemu się przynajmniej o dwadzieścia mil od tego, w którym chciał się znaleźć.

11

Niezwykła noc Marthy

16 grudnia o 1.48 w nocy sierżant Joseph Vail z policji w Little-port usłyszał nad zachodnią częścią miasta dźwięk dwóch samolotów albo jednego o dwóch potężnych silnikach. Natychmiast postawiono w stan pogotowia wszystkie okoliczne posterunki: „Pilnie uważać w rejonie Wisbech – Downham Market – Ely, bo w okolicy zaobserwowano samolot, który nadleciał z południa, z wybrzeża Lincolnshire. Może to być Szlafmyca, choć nie na przewidywanym terenie"[1]. Zatelefonowano też do Whitehall i do domu majora Tara Robertsona, który z miejsca poderwał się z łóżka i wskoczył w swe tartanowe spodnie. W tym czasie stopa Eddiego Chapmana nie zdążyła jeszcze dotknąć ziemi.

Operację zmierzającą do pochwycenia Fryca Wydział Piąty opatrzył kryptonimem Szlafmyca. W początkach października przejęto wiadomość, że Fryc „uda się wkrótce na wakacje"[2] i rozesłano ostrzeżenie o spodziewanym przybyciu wrogiego agenta do oficerów łącznikowych w trzech rejonach kraju:

„Agent X prawdopodobnie dobiega trzydziestki i ma blisko sześć stóp wzrostu. Może używać nazwiska Chapman. Mówi po angielsku, francusku i niemiecku. Jest wyszkolonym radiotelegrafistą. Możliwe, że ma ze sobą środki do popełnienia samobójstwa, na przykład trujące tabletki. Po aresztowaniu należy go więc z miejsca przeszukać, wstępnie przesłuchać i wysłać pod eskortą do Londynu"[3].

Od miesięcy angielscy radiooperatorzy czuwali nad każdą krop-
ką i kreską meldunków Fryca, aż stworzyli sobie jego wizerunek.
Dzięki danym z Najtajniejszych Źródeł kontrwywiad znał w zary-
sach jego misję, choć nie wiedział, że celem jest fabryka De Havillanda. Z podsłuchu wynikało, że w grę wchodzą trzy strefy zrzutu:
Mundford, North Norfolk i Góry Kambryjskie, przy czym najbardziej prawdopodobne wydawało się ostatnie miejsce. Robertson dowiedział się nawet, jak brzmi prawdziwe nazwisko szpiega, ale to
akurat na początku stało się raczej przyczyną zamieszania, bo Wydział Piąty stracił kilka dni na poszukiwaniu zupełnie niewinnego
żołnierza Roberta Williama Chapmana, który zaginął na Pustyni
Zachodniej i, jak podejrzewano, jeśli trafił do niewoli, mógł zostać
zwerbowany przez Abwehrę.

Łowcy szpiegów z B1A znali szczegóły uzębienia Fryca, nazwiska w jego fałszywych dowodach tożsamości, a nawet przybliżoną
długość jego włosów, jako że Najtajniejsze Źródła donosiły: „Może
to zainteresować wywiad, iż Frycek powiedział wyraźnie dzisiaj
o 13.00 czasu Greenwich, że »nie mógł przyjść na czas, gdyż poszedł ściąć włosy«"[4]. Znali jego hasło – „Joli Albert", wiedzieli, jakiego koloru nosi buty i że ma truciznę za mankietem.

Wydział Piąty zdawał sobie jednak sprawę także z tego, że mimo
posiadania wszystkich tych informacji szanse pochwycenia Fryca
są znikome. Członkowie Sekcji B zajmującej się w Wydziale Piątym walką z obcym wywiadem gorąco spierali się o to, w jaki sposób najlepiej go ująć. Zarzucono pomysł pełnej obławy policyjnej
z blokadą dróg i przeszukiwaniem domów, gdyż „stworzyłoby to
zbyt wiele możliwości przecieku, a co za tym idzie, przedostałoby
się do prasy"[5]. Gdyby wrogi agent zorientował się, że trwa obława,
Niemcy mogliby pojąć, że ich wiadomości są odczytywane, a Najtajniejszych Źródeł należało strzec za wszelką cenę. Następną propozycją było przygotowanie „lotnej kolumny" Polowej Służby Bezpieczeństwa (Field Security Police – FSP), czyli policji wojskowej
przydzielonej tajnym służbom, która w krótkim czasie dotarłaby na
miejsce zrzutu. Ten plan także odrzucono, bo mógł „prowadzić do

problemów z lokalną policją i dawał niewielkie szanse powodzenia".

W końcu zdecydowano się na kombinację pułapek, w nadziei że któraś z nich zadziała. Gdy tylko kryptolodzy odczytają wiadomość, że Fryc jest w drodze, ruszy operacja Szlafmyca: Dick White otrzyma informację na swój prywatny numer telefonu w Londynie, lokalni oficerowie łącznikowi oraz lotnictwo myśliwskie zostaną postawieni w stan gotowości. Przydzielony oficer wywiadu będzie śledził nadlatujące samoloty i jeśli zauważy wrogą maszynę kierującą się ku jednemu z trzech przewidywanych obszarów zrzutu, powiadomi dyżurnego oficera Wydziału Piątego. Ten z kolei poleci właściwemu okręgowemu komisarzowi policji dyskretnie przeszukać podległy mu teren. Jeśli samolot zostanie zestrzelony, spadochroniarz wyskoczy i będzie go można schwytać. Gdyby jednak szpiegowi udało się wylądować niepostrzeżenie, policja ma przeczesać pensjonaty i hotele. Uczestników operacji Szlafmyca poinstruowano wyraźnie: „Cokolwiek będziecie robili, pamiętajcie, aby uświadomić waszym współpracownikom konieczność prowadzenia poszukiwań w tajemnicy... Nie wolno mówić, że szukamy agenta ze spadochronem. Gdyby pytano policjantów, czemu zaglądają za każdy krzak i drzewo, mają udawać, że wypatrują jakiegoś dezertera"[6].

Pomimo starannych przygotowań Wydział Piąty dobrze zdawał sobie sprawę z tego, że zastawiona sieć jest pełna dziur. Chapman był przecież znakomicie wyszkolonym agentem, „dobrze wyposażonym sabotażystą... perfekcyjnie posługującym się radioodbiornikiem"[7]. Jako Anglik dysponował on nieporównywalnym do innych kamuflażem, a jego wylądowania spodziewano się na jednym z trzech odległych, słabo zaludnionych obszarów, z których każdy liczył ponad dwanaście mil średnicy. Agent miał pieniądze, pistolet i, jak wynikało z Najtajniejszych Źródeł, również głowę na karku. Wydział Piąty realnie oceniał sytuację: „Zdajemy sobie sprawę, że nasz plan daje nie więcej niż czterdzieści procent szans znalezienia naszego człowieka, jeśli nie straci on głowy i dobrze odegra swoją rolę"[8].

Kiedy 16 grudnia służby lotnicze namierzyły focke-wulfa, sześć myśliwców Dywizjonu 12 ruszyło za nim w pościg. Jeden z nich miał go już w zasięgu, lecz „z jakichś nieznanych przyczyn zawiódł sprzęt". Niemiecki samolot zdołał się wymknąć i tylko czujność sierżanta Vaila sprawiła, że w ogóle doszło do operacji Szlafmyca. Jako że skoczek przez kilka krytycznych chwil walczył, by uwolnić się z lecącej z szybkością trzystu pięćdziesięciu mil na godzinę maszyny, wylądował daleko poza przewidywanym miejscem zrzutu. W końcu jednak osobą, która doprowadziła do pojmania agenta X, został nie kto inny, jak sam Eddie Chapman.

Martha Convine nie mogła zasnąć. Obudził ją głośny huk samolotu i leżała teraz, zastanawiając się, czy to niemiecka maszyna. Powoli zaczęła z powrotem zapadać w sen, ale wyrwały ją z niego syreny odwołujące alarm. Jej mąż George, brygadzista na farmie Apes Hall koło Ely, chrapał oczywiście błogo, gdyż mógłby przespać nawet bitwę o Anglię, co rzeczywiście uczynił. Martha znowu zaczęła zasypiać, kiedy usłyszała głośne walenie do drzwi. Obudziła George'a, włożyła szlafrok i wyjrzała przez okno, pytając:
– Kto tam?
Męski głos odpowiedział:
– Angielski lotnik. Miałem wypadek[9].
Była 3.30 nad ranem. Od godziny Chapman brnął w ciemnościach przez mokre pola selerów, oszołomiony i wciąż przerażony tańcem w powietrzu przy tak potwornej szybkości. Lecąc w dół, omal nie uderzył w pustą stodołę. Teraz wreszcie znalazł osiemnastowieczny kamienny dom wiejski i zaświecił latarką w szybę w drzwiach. Na stole w przedpokoju leżała angielska książka telefoniczna, na której widok odczuł ulgę, gdyż dowodziło to, że zasychające mu od godziny na butach błoto jest na pewno brytyjskie, a nie francuskie.

Podczas gdy George sennie zapalał lampę, pani Convine zeszła na dół i otworzyła drzwi. Postać na progu wyglądała na kogoś, kto wynurzył się z bagna. Martha spostrzegła, że mężczyzna na twarzy ma krew i jest ubrany w wizytowy garnitur. Jako że w czasie wojny ostrożności nigdy dość, spytała, gdzie jest jego maszyna. Niezdecydowanym gestem wskazał w kierunku, skąd przybył.

– Za polami – powiedział, mamrocząc, że zeskoczył na spadochronie.

– Zdaje się, że słyszałam szwabski samolot – zauważyła Martha.

– Tak – odrzekł mężczyzna bez sensu. – To miała być nasza przykrywka[10].

Z sensem zaczął mówić dopiero wtedy, kiedy zasiadł przy piecu w kuchni z filiżanką herbaty w ręku. Spytał, czy może skorzystać z telefonu, a George, który należał do ochotniczej policji i znał numer na pamięć, zadzwonił na posterunek w Ely. Mężczyzna mówił do słuchawki bardzo cicho, ale Martha wyraźnie usłyszała, że powiedział, iż właśnie przybył z Francji, co napełniło ją podnieceniem[11].

Zanim o 4.30 zjawili się policyjnym samochodem sierżanci Vail i Hutchins w towarzystwie dwóch konstablów, spadochroniarz zdążył wypić trzy filiżanki herbaty, zjeść cztery porcje grzanek i czuł się o wiele lepiej, a nawet poweselał.

Convine wprowadził policjantów do salonu, w którym mężczyzna gawędził z Marthą. Vail w swym sprawozdaniu podał, że „uścisnął nam ręce i wyglądał na nieco zdenerwowanego, ale zadowolonego, że nas widzi". Sięgnął do kieszeni i wyjął pistolet, mówiąc:

– Zdaje się, że to pierwsza rzecz, jakiej panowie chcecie.

Rozładował broń i wręczył ją Vailowi wraz z drugim, pełnym magazynkiem.

Na pytanie, skąd przybywa, odpowiedział:

– Z Francji. Chcę się skontaktować z brytyjskim wywiadem. To sprawa dla nich. Obawiam się, że nie mogę nic więcej powiedzieć.

Na jednym z krzeseł w salonie leżał podłużny pakunek owinięty w gruby materiał. Przybysz wyjaśnił, że są w nim radioodbiornik, czekolada i ubrania. Zapytany, czy ma jakieś pieniądze, zsunął koszulę i pokazał małą paczkę przywiązaną na plecach między łopatkami. Zdjął ją i wręczył policjantowi, który osłupiał, widząc tam pliki banknotów. Chapman podał mu też dowód tożsamości na nazwisko George Clarke.

– Czy to pańskie prawdziwe nazwisko? – zapytał Vail, na co mężczyzna tylko się uśmiechnął i potrząsnął głową.

Kiedy konstable udali się po spadochron, przybysz nagle stał się „szalenie rozmowny", chwaląc się znajomością z niemieckimi oficerami wysokiej rangi, i ni z tego, ni z owego oświadczył, że jedyna droga inwazji na Europę prowadzi z Afryki przez Włochy. Vail podejrzewał, że jest wciąż oszołomiony upadkiem. Mężczyzna lekko pachniał selerem.

Wreszcie osobliwy gość i jego eskorta odjechali policyjnym samochodem. George stwierdził, że wraca do łóżka, gdyż w dzień czeka go robota, ale Martha siedziała w kuchni do świtu, rozmyślając o dziwnych zdarzeniach ostatnich kilku godzin. Przed południem, gdy zabrała się za odkurzanie, znalazła za sofą angielską zwiadowczą mapę wojskową, która musiała wypaść z kieszeni obcego. Kiedy rozłożyła ją na kuchennym stole, ujrzała, że Mundford zostało zakreślone czerwoną kredką. Martha Convine pomyślała, że mężczyzna był „bardzo uprzejmy" i pod całym tym błotem i krwią całkiem przystojny[12]. Chciałaby się tym wszystkim podzielić z sąsiadką, ale wiedziała, że nie może. Sierżant Vail przestrzegł, że nie wolno jej puścić pary z ust przed nikim, ale to również było podniecające.

Na posterunku policji Eddiego rozebrano, zbadano, odziano w nowy garnitur, po czym zaprowadzono do zastępcy okręgowego komisarza policji, który powitał go uprzejmie. Chapman postanowił mieć się na baczności. Nie lubił posterunków i nie zwykł mówić policjantom prawdy. Jego odpowiedzi były wymijające.

– Nazwisko?

– Obecnie George Clarke[13].

– Zawód lub zajęcie?

– Proszę napisać, że pracuję dla siebie.

Komisarz podniósł płócienną torbę z radioodbiornikiem.

– To może otworzyć tylko ktoś z wywiadu – warknął Chapman.

Za jego mankietem znaleziono brązową pigułkę, czy ma ich więcej?

– Proszę jeszcze raz poszukać.

Chapman opowiedział ogólnikowo swój życiorys, poczynając od przybycia na Jersey i kończąc na „przerażającej przygodzie", kiedy to zwisał głową w dół z niemieckiego samolotu.

Dlaczego przybył na Wyspy Normandzkie?

– Na urlop.

Jak trafił do więzienia w Romainville?

– Z powodów politycznych.

Potem nagle zamilkł.

– Miałem paskudną podróż – oznajmił wreszcie. – Chciałbym rozmawiać z angielskim wywiadem, bo mam do powiedzenia wiele ciekawych rzeczy.

Tajnym służbom równie pilno było wysłuchać opowieści Fryca. Wkrótce czarną karetką więzienną przyjechali dwaj mężczyźni w cywilnych ubraniach. Podpisali dokumenty i zabrali Chapmana do Londynu i Royal Patriotic School w Wandsworth, gdzie został oficjalnie zatrzymany zgodnie z artykułem 1A jako „przybywający z wrogiego terytorium". Potem znów wsiadł do samochodu. Nie wiedział, dokąd jedzie, i za bardzo go to nie obchodziło. Podniecenie, strach i wyczerpanie poprzednich dwudziestu czterech godzin dawały o sobie znać. Ledwo zauważył worki z piaskiem ustawione w drzwiach domów ogarniętego wojną miasta. Po upływie pół godziny wjechali przez bramę w wysokim, drewnianym płocie, uwieńczonym podwójnym zwojem drutu kolczastego, i zatrzymali się na wprost wielkiej i brzydkiej wiktoriańskiej rezydencji.

Dwaj mężczyźni w gumowych butach zaprowadzili Chapmana do pokoju w suterenie, w którym stała ława z dwoma kocami, i zamknęli go w środku. Po pewnej chwili drzwi otworzył człowiek z monoklem w oku, obrzucił zatrzymanego jastrzębim spojrzeniem, nie odezwał się słowem i odszedł. Eddiego znowu rozebrano i nakazano mu włożyć flanelowe więzienne spodnie oraz kurtkę z wyszytym na plecach białym rombem. Następnie zjawił się lekarz i polecił mu otworzyć usta. Przez kilka minut dokładnie oglądał zęby, zwłaszcza nowe, sztuczne uzębienie. Potem zbadał serce, osłuchał płuca i oświadczył, że Chapman jest w znakomitej formie, choć wyczerpany umysłowo i fizycznie[14]. Na koniec pojawił się mężczyzna z aparatem fotograficznym i zrobił agentowi zdjęcia z przodu i z profilu. Chapman starał się panować nad sobą i z największym wysiłkiem wpatrywał się w obiektyw. Twarz na zdjęciu zdradza napięcie i zmęczenie, potargane włosy zlepia zaschnięte błoto, a na wąsach widać zakrzepłą krew. Ale można dostrzec coś jeszcze. Pod sennymi powiekami i zarostem igra ledwo dostrzegalny ślad uśmiechu.

12

Obóz 020

Podpułkownik Robin „Cynowe Oko" Stephens, komendant obozu 020, tajnego brytyjskiego ośrodka dla schwytanych szpiegów, miał bardzo specjalistyczne umiejętności: potrafił łamać ludzi. Łamał ich psychikę na drobne kawałki, a potem – jeśli uznał, że sprawa jest warta zachodu – składał z powrotem w całość. Nazywał to sztuką, której nie można się nauczyć. „Z taką zdolnością trzeba się urodzić, nie można jej nabyć – mówił. – Człowiek musi posiadać niezbędne po temu cechy: nieubłaganą nienawiść do wroga, agresywne podejście, niewiarę w słowa przesłuchiwanego, a przede wszystkim bezwzględną wolę złamania szpiega, choćby nie wiadomo jak małe były na to szanse, jak wielkie trudności i jak długo miałoby to trwać"[1]. Na fotografiach Stephens wygląda niczym karykatura śledczego z gestapo, z błyszczącym monoklem i wypisaną na twarzy „umiejętnością tego, by zmusić do mówienia". Z pewnością miał takie sposoby, ale nie były to brutalne, prostackie, niemieckie metody. Za cynowym okiem krył się pełen pasji urodzony psycholog amator.

Stephens przyszedł na świat w 1900 roku w Egipcie. Nim w roku 1939 wstąpił do kontrwywiadu, służył wśród Gurkhów, słynnych z nieustępliwości żołnierzy nepalskich. Znał francuski, niemiecki, włoski, arabski, somalijski, urdu i amharski. Ten poliglotyzm nie świadczył o sympatii do innych ras i narodów. Stephens był wściekłym ksenofobem, potrafiącym stwierdzić, że Włochy to „kraj zamieszkany przez pokurczów i pozerów"[2]. Nie lubił „płaczliwych, romantycznych, tłustych Belgów"[3], „cwanych polskich Żydów"[4] i „tępych Islandczyków"[5]. Gardził też homoseksualistami, ale nade wszystko nienawidził Niemców.

W roku 1940 w Latchmere House, ponurym, wielkim wiktoriańskim gmachu koło Ham Common w zachodnim Londynie, rząd założył stały ośrodek, w którym przetrzymywano i przesłuchiwano podejrzanych o szpiegostwo lub działalność wywrotową oraz sojuszników wroga. Podczas pierwszej wojny światowej w Latchmere House mieścił się szpital wojskowy specjalizujący się w leczeniu żołnierzy cierpiących na nerwicę frontową. Zdaniem Stephensa jego „przeznaczone dla szaleńców cele wprost idealnie nadawały się na więzienie"[6]. Odosobniony, posępny i otoczony licznymi murami, najeżonymi drutem kolczastym, ośrodek przesłuchań został nazwany obozem 020. Pułkownik Stephens, ekstrawertyk i choleryk, swoich podwładnych przerażał prawie tak samo jak więźniów. Nigdy nie wyjmował monokla z oka (byli i tacy, co twierdzili, że z nim sypia) i choć w związku z tym wszyscy mówili o przełożonym „Cynowe Oko", niewielu ośmieliło się zwrócić się tak do niego wprost. Ale ten wybuchowy służbista miał i inne oblicze: był niezrównanym sędzią charakterów oraz sytuacji. W czasie rozmów z więźniami nigdy nie tracił panowania nad sobą, a przemoc i tortury potępiał jako barbarzyńskie i prowadzące do przeciwnego skutku. Każdego, kto sięgał po tego rodzaju metody, od razu pozbywał się z obozu 020.

Z dala od cel ośrodka Cynowe Oko bywał czarujący i dowcipny. Był niespełnionym pisarzem, co widać po kwiecistych ozdobnikach w jego raportach; niektóre z jego skrajnych, pełnych stereotypów wypowiedzi miały na celu jedynie szokować lub rozśmieszać. Uważał się za mistrza sztuki przesłuchiwania. Według niektórych kolegów był zupełnym wariatem, ale mało kto kwestionował jego kwalifikacje: Stephens jak nikt inny potrafi udowodnić winę wrogiego szpiega, złamać jego opór, wyciągnąć istotne informacje, przerazić do ostatnich granic, pozyskać zaufanie i wreszcie przekazać Tarowi

Robertsonowi jako podwójnego agenta. Nikt nie umiał przeciągnąć szpiega na drugą stronę tak jak Cynowe Oko.

17 grudnia o 9.30 rano Eddie Chapman znalazł się w izbie przesłuchań numer 3 obozu 020 na wprost dziwnego, gniewnie spoglądającego mężczyzny w mundurze Gurkhów, o wzroku bazyliszka. Stephensowi towarzyszyło dwóch kapitanów: Short i Goodacre. Trzej oficerowie stanowili nieprzystępny i złowrogi trybunał. To także należało do metod Cynowego Oka: „Żadnej galanterii, żadnych pogawędek czy papierosów...[7]. Szpieg w czasie wojny ma stać pod lufą karabinu. To kwestia atmosfery. Izba jest jak sąd i przesłuchiwany ma odpowiadać na pytania jak przed sądem"[8].

Pokój był na podsłuchu. W innej części obozu 020 stenotypistka notowała każde słowo.

– Pańskie nazwisko brzmi Chapman, czy tak? – warknął Cynowe Oko[9].

– Tak, sir.

– Absolutnie nie mówię tego, aby grozić, ale w tej chwili jest pan w więzieniu tajnych służb brytyjskich i naszym zadaniem w czasie wojny jest dowiedzieć się o panu wszystkiego. Czy to jasne?

Groźby były zupełnie niepotrzebne. W przypływie wylewności Chapman opowiedział ze szczegółami: o tym, jak go usunięto z Gwardii Coldstream, o swej kryminalnej przeszłości, więzieniu na Jersey, miesiącach w Romainville, werbunku, szkoleniu w Nantes i w Berlinie, o skoku ze spadochronem. Podał szyfry, które znał, opisał techniki sabotażu, które sobie przyswoił, tajniki niewidzialnego pisma, wyliczył hasła, kryptonimy i częstotliwości radiowe. Opowiedział o Graumannie i Thomasie, Wojchu i Schmidcie, a także o szpetnym mężczyźnie z Angers. Mówił, jak zbierał informacje i jak w ostatniej chwili je zniszczył.

Kiedy Chapman opisywał, jak zdecydował się wstąpić na drogę przestępstwa, przesłuchanie zmieniło się niemal w farsę.

– Cóż, to wygląda raczej dziwnie, sir. Zacząłem obracać się wśród gangsterów.

– Co pan ma na myśli?

– Nie potrafię dokładnie wyjaśnić, jak się stoczyłem.

– Co pana przyciągnęło do tych dziwnych ludzi?

– Raczej trudno mi powiedzieć.

Gdy przedstawiał zadanie wysadzenia hali maszyn w zakładach lotniczych De Havillanda, Stephens przerwał:

– Dość niebezpieczne przedsięwzięcie, prawda?

– Tak.

– Raczej tam pana lubili. Ufali panu?

– Tak.

– Zdaje się, że wysoko pana cenili, skoro uważali, że może pan się dostać wszędzie i zrobić praktycznie wszystko.

– Bo i mogłem.

Stephens skierował rozmowę na zawartość plecaka. Zwrócił uwagę, że pieniądze przewiązane były banderolami, które z miejsca wskazywały na ich niemieckie pochodzenie, i gdyby je znaleziono, kosztowałyby Chapmana głowę.

– Ten, który miał pana przeszukać, pozwolił, by pańskie pieniądze nosiły niemieckie etykietki? – pytał z niedowierzaniem Stephens.

– To jakieś niedopatrzenie Thomasa – odparł zaskoczony Eddie.

– Najpewniej w pośpiechu zapomniał je zdjąć.

Stephens sporządził notatkę. Rozpoczął się proces odciągania Chapmana od jego niemieckich mocodawców poprzez podważenie jego wiary w skuteczność ich poczynań. Kiedy więc przesłuchiwany zaczął opowiadać o rozmowie z von Gröningiem, w której starszy pan powiedział ze śmiechem, że nie odważy się ich zdradzić, gdyż angielska policja z miejsca go zamknie, Stephens znów mu przerwał:

– To oczywisty, ordynarny szantaż – rzucił z udanym oburzeniem i z satysfakcją odnotował wyraźną gorycz, z jaką Chapman stwierdził, że cały czas był o tym przekonany[10].

Po dwóch godzinach przesłuchania Stephens wyszedł, pozostawiwszy więźnia w towarzystwie kapitana Shorta, pogodnego, zażywnego osobnika o wyglądzie sowy. Teraz taką metodę nazywa się

„dobry glina – zły glina", zaś w swoim tajnym przewodniku metod przesłuchiwania Stephens określał ją mianem „raz tak, raz tak"[11].

– Traktowali tam pana chyba nie najgorzej, zgadza się? – spytał Short[12].

– Tak, bawiłem się całkiem dobrze.

– Zwłaszcza po więzieniu na Jersey i w obozie.

– Jak długo mam zostać w tym tutaj? Chodzi mi o to, że wiele ryzykowałem, by zdobyć informacje, które uznałem za cenne, i myślę, że nadal mają wartość.

Stephens doprowadził Chapmana dokładnie tam, gdzie chciał. Szpieg wyglądał na chętnego do zwierzeń i na mówiącego szczerze. Pragnął powiedzieć więcej. Chciał zadowolić swych śledczych i wydostać się z więzienia.

W swoim biurze Stephens odebrał telefon od policjanta, który towarzyszył Chapmanowi w drodze do Londynu:

– Nie wiem, co ten człowiek panu naopowiadał. Zjawił się z niemieckim spadochronem, ale rozpoznałem go od razu. Kilka lat temu był w moim plutonie[13].

Dziwnym zbiegiem okoliczności obaj służyli w Gwardii Coldstream i policjant opowiedział teraz, jak Chapman oddalił się ze służby bez zezwolenia i został za to zdegradowany. Informacja ta zgadzała się dokładnie z tym, co powiedział więzień – jak dotąd mówił prawdę.

Przesłuchujący zaczęli przykręcać śrubę. Chapmanowi pozwolono na chwilę odpoczynku i dano coś zjeść, ale wkrótce śledczy zjawili się z powrotem, rozmyślnie zmieniając znaczenie tego, co już powiedział, starając się znaleźć najmniejszą szczelinę w jego historii, by sprawdzić, czy kłamie lub coś przed nimi zataił. Zdaniem Stephensa „żaden szpieg, choćby nie wiadomo jak zręczny, nie wytrzyma nieustannej indagacji"[14]. Oficerowie Wydziału Piątego pracowali na zmianę, do późnej nocy. „W końcu złamie to fizycznie i psychicznie każdą, nawet najtwardszą jednostkę" – twierdził Stephens[15].

Informacje wprost wylewały się z Chapmana. W ciągu czterdziestu ośmiu godzin scharakteryzował ponad pięćdziesiąt osób, od szefa szkolenia Graumanna po kucharkę Odette. Mówił o sprawach najwyższej wagi i o zupełnych błahostkach. Opisał rozmieszczenie stanowisk artylerii przeciwlotniczej w Nantes, siedzibę Abwehry w Paryżu, mówił o swym udziale w zajęciu terytorium Vichy i o czarnorynkowej cenie masła. Opisywał bretońskich nacjonalistów, zdradzieckich gaullistów i różne podejrzane indywidua, jakie przewinęły się przez Nantes. Podawał informacje już im znane, na przykład kody radiowe, które udało się złamać wcześniej, co znów potwierdzało jego prawdomówność. Dostarczył im jednak także wielu nowych, bezcennych wiadomości, malując zadziwiająco dokładny obraz szpiegowskich metod Niemców. Nie tylko chętnie udzielał tych informacji, lecz także sugerował, jak najlepiej je wykorzystać. Był pewien, że dzięki nim Anglia złamie kod Abwehry i będzie mogła przechwytywać wiadomości nadawane przez różne jednostki.

Śledczy odpowiedzieli coś wymijająco, ale w środku odetchnęli z ulgą, gdyż sugestia Chapmana świadczyła o tym, że Najtajniejsze Źródła pozostawały bezpieczne. „Z jego uwag jasno wynika, że nie ma najmniejszego pojęcia, iż już od kilku miesięcy odczytujemy krążące między tymi jednostkami wiadomości" – napisali[16]. Okazało się też szybko, że Chapmana nie trzeba wcale namawiać, aby pracował jako podwójny agent, sam wprost palił się do czynu. Jedna z przyczyn tej gotowości stała się jasna, kiedy opowiedział, co się przydarzyło Tony'emu Faramusowi.

– Jest gwarantem mojego dobrego zachowania – wyjaśnił.

– Pańskiego zachowania we Francji czy tutaj?

– Tutaj. Użyli go jako zakładnika, by mieć pewność, że wykonam swe zadanie[17].

Wyjaśnił, że ocali życie przyjaciela, jeśli przekona swych niemieckich mocodawców, że robi wszystko zgodnie z ich życzeniem. Stephens sporządził jeszcze jedną notatkę.

Podczas gdy pamięć Chapmana badano pod kątem cennych informacji, jego bagaż przetrząsano w poszukiwaniu dodatkowych wskazówek. Zapałki do tajnego pisania i złowrogą brązową pigułkę oddano do analizy, banknotami zajęto się osobno i zapisano ich numery seryjne, by ustalić, skąd pochodzą. Fałszywe dowody tożsamości prześwietlono promieniami ultrafioletowymi w rządowej oficynie wydawniczej, gdzie określono ich skład chemiczny oraz szatę graficzną i porównano z autentykami. Radiostacja powędrowała do odpowiedzialnego za sabotaż i szpiegostwo za linią wroga Kierownictwa Operacji Specjalnych (Special Operations Executive – SOE) w celu sprawdzenia, czy należała do któregoś z brytyjskich agentów działających we Francji, a jeżeli tak, to do którego. Chapman otrzymał szereg pytań na temat wszystkiego, co miał w portfelu. Oznajmił, że tylko jedna rzecz należy naprawdę do niego.

– To osobisty list napisany przez moją dziewczynę sprzed wojny, który przywiozłem ze sobą[18].

Każde oświadczenie Chapmana porównywano z materiałem zgromadzonym przez Najtajniejsze Źródła, próbując przyłapać go na kłamstwie. Kiedy jak zwykle mylił się w kolejności opisywanych zdarzeń, sprawdzano wielokrotnie daty i czas, aż uznano, że wynika to z wrodzonej niedbałości, a nie z zamierzonego działania[19]. Do Scotland Yardu wysłano prośbę o rejestr jego przestępstw, chcąc potwierdzić zeznania. Kiedy wykaz nadszedł, okazało się, że nie zawiera wielu występków, do których więzień się przyznawał.

Stephens twierdził później, że Chapman przyznał się także do jakiegoś „homoseksualnego eksperymentu", do którego miało dojść przed laty w Soho[20]. Nie wiadomo, co o tym sądzić, bo w protokole śledztwa nie pozostał żaden ślad takiego wyznania. Co więcej, Cynowe Oko obsesyjnie nie znosił homoseksualistów i chlubił się tym, że potrafi rozpoznać i ujawnić każdego z nich. Chapman mógł w młodości przeżyć tego rodzaju przygodę, ale pewne było, że od lat preferował relacje heteroseksualne, i to w chorobliwym wręcz stopniu. Formułując rekomendację, Stephens pisał z aprobatą, że więzień „obecnie nie przejawia żadnych homoseksualnych upodobań i wyzbył się wszelkich skłonności do żerowania na kobietach z wyższych sfer"[21].

Dzięki informacjom przekazanym przez Chapmana brytyjski wywiad szybko stworzył sobie obraz całego systemu Abwehry we

Francji. Niemieckie tajne służby były tak pewne nienaruszalności swego kodu, że personel stacji nadawczych często posługiwał się autentycznymi nazwiskami. Ta wiedza połączona z opisami dostarczonymi przez więźnia pozwoliła teraz zidentyfikować licznych członków organizacji. Chapman byłby naprawdę zadziwiony.

Wywiad brytyjski dawno już wiedział, że głową oddziału Abwehry w Nantes jest rittmeister Stephen von Gröning, a jego zastępcą oberlejtnant Walter Praetorius. Natomiast teraz ustalono, że mężczyzna znany Chapmanowi jako Wojch to feldfebel Horst Barton, zaś Schmidt naprawdę nazywa się Franz Stoetzner. Obu podejrzewano o sabotaż, a przed wojną pracowali w Anglii jako kelnerzy, zatrudnieni przez stowarzyszenie brytyjskich restauratorów i hotelarzy. Leo okazał się znanym niemieckim kryminalistą o nazwisku Leo Kreusch, a Albert – byłym komiwojażerem Albertem Schaelem. Oficerem gestapo z Angers, który próbował pozyskać Chapmana, był prawdopodobnie Dernbach, „jeden z najlepszych pracowników kontrwywiadu we Francji"[22]. Kawałek po kawałku śledczy dopasowywali twarze do nazwisk, rozpoznano nawet pilota focke-wulfa i piękną tłumaczkę z Romainville. Tar Robertson był pod wrażeniem tego, do jakiego stopnia niemieccy towarzysze Chapmana potrafili utrzymać go w niewiedzy co do swojej tożsamości. „Nie miał żadnej sposobności, aby zapoznać się z czyimkolwiek prawdziwym nazwiskiem" – pisał[23]. Kiedy jeden z przesłuchujących mimochodem wymienił nazwisko von Gröninga, brak reakcji Chapmana dowiódł, że nigdy wcześniej o nim nie słyszał.

Stworzenie pełnego obrazu życia pędzonego przez Chapmana we Francji wymagało czasu, a tego było coraz mniej. Dzień po przybyciu do obozu 020 Eddie napisał wiadomość do pułkownika Stephensa, zwracając uwagę na to, że „spodziewają się, że dzisiaj zacznę nadawać"[24], i przypomniał uwagi von Gröninga o angielskiej biurokracji. „To bardzo ważne, byśmy jak najszybciej nawiązali kontakt z Boszami – pisał, rozmyślnie chyba naśladując język Stephensa. – Doktor Graumann kładł na to szczególny nacisk. Może podejrzewać, że coś się tu knuje. Myśli najpewniej, że

Eddie Chapman, 16 grudnia 1942 roku. Sfotografowany w obozie 020, tajnym ośrodku przesłuchań Wydziału Piątego, w kilka godzin po wylądowaniu na spadochronie w Cambridgeshire.

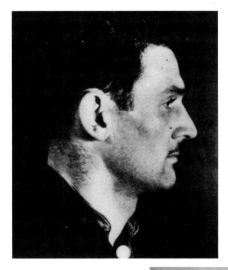

Chapman w obozie 020
z twarzą pokrytą błotem
po wylądowaniu
na mokrym polu selerów.

Chapman podczas
wieczerzy wigilijnej
w 1942 roku w kryjówce
Wydziału Piątego
na Crespigny Road 35.
Fotografię wykonał
Allan Tooth,
jego policyjny opiekun.

Powyższa fotografia ukazuje
roześmianego Chapmana,
z tej zaś szpieg spogląda
posępnie, co wskazuje
prawdopodobnie
na gwałtowną huśtawkę
nastrojów.

Irlandzki dowód tożsamości Chapmana sporządzony przez nazistowskich fałszerzy, jeden z dwóch, jakie zabrał ze sobą w 1942 roku. Na fotografii wykonanej w studio w Nantes Chapman pozuje na bożyszcze kobiet z lat trzydziestych i czterdziestych ubiegłego wieku.

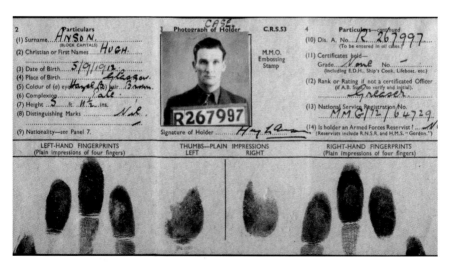

Książeczka żeglarska wystawiona Chapmanowi przez Wydział Piąty na nazwisko Hugh Ansona, byłego członka Nitrogangu.

Jersey pod okupacją.
Sierżant angielskiej policji
przyjmuje rozkazy
od hitlerowskiego oficera.

Norwegia pod okupacją. Przywódca kolaborantów i hitlerowska marionetka
Vidkun Quisling na przeglądzie Pułku Wikingów, utworzonego z norweskich nazistów.

Wjazd do fortu Romainville, dziewiętnastowiecznej paryskiej twierdzy, którą Niemcy przekształcili w obóz koncentracyjny.

Blisko dwudziestotrzyletni Faramus (z prawej) w obozie śmierci Mauthausen-Gusen.

Anthony Charles Faramus grający jeńca wojennego w filmie *Ucieczka z Colditz* z 1955 roku.

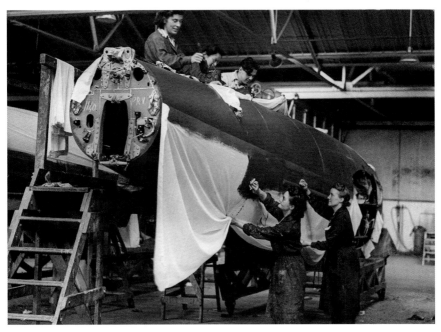

Bombowiec Mosquito podczas budowy w zakładach lotniczych.

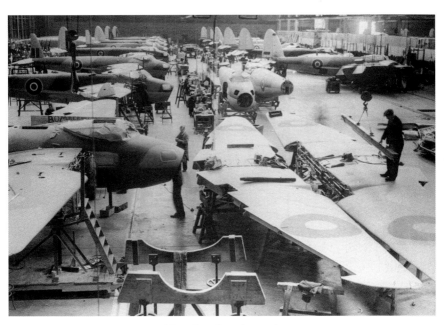

Mosquito – drewniany cud.

Zakłady lotnicze De Havillanda, z tyłu bombowce na lotnisku.
Dwaj mężczyźni opierający się o ścianę to najpewniej Allan Tooth i Paul Backwell,
opiekunowie Chapmana z Wydziału Piątego.

Pozorowany sabotaż w fabryce De Havillanda. Budynki pokryte brezentem pomalowanym tak,
by wyglądały na zniszczone od wybuchu, wszędzie porozrzucany gruz.

Bomba węglowa wykonana przez nazistowskich inżynierów, którą Chapman zabrał na pokład City of Lancaster.

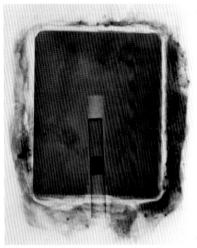

Zdjęcie rentgenowskie bomby węglowej przedstawiające ładunek wybuchowy z cylindrycznym zapalnikiem, umieszczony w odlanym z plastiku pudełku, pomalowanym tak, by wyglądało na bryłę walijskiego węgla.

Fotografia spreparowana na użytek operacji Kałamarnica, wysłana do Lizbony w 1944 roku. Liniał ma 18 cali, ale wydaje się, że liczy tylko 6 cali, przez co ładunek głębinowy sprawia wrażenie mniejszego o jedną trzecią.

przystąpienie do pracy zajmie mi o wiele więcej czasu, jeśli będę z wami coś ustalał"[25].

W tym samym dniu wywiad radiowy zaczął przechwytywać komunikaty niemieckiej stacji odbiorczej w Paryżu. Co trzy minuty, poczynając od 9.45 rano, Maurice nadawał wiadomość, wzywając Fryca do odpowiedzi. Pracownicy Wydziału Piątego popadli w nie lada rozterkę. Jeśli kontakt się opóźni, von Gröning będzie podejrzewać, że zaszło coś złego, ale jeśli odpowiedzą, nie mając pewności, że Chapman działa w dobrej wierze, skutki mogą okazać się katastrofalne. Postanowiono zatem poczekać dzień lub dwa, aż więzień i jego motywy ukażą się w ostrzejszym świetle[26].

Mijał wieczór, a Chapman nie miał jeszcze odpowiedzi od Stephensa. Przepytywano go przez czterdzieści osiem godzin z krótkimi tylko przerwami, zmęczonego i niespokojnego. Jeśli wkrótce nie dojdzie do kontaktu, skutki będą opłakane. Targały nim sprzeczne uczucia: miotał się między przywiązaniem do von Gröninga a potrzebą, by go zdradzić; między pragnieniem ocalenia własnej skóry a chęcią uratowania Tony'ego Faramusa; między własnym interesem a czymś ważniejszym, choć jeszcze niezdefiniowanym; między lojalnością wobec przyjaciół a obowiązkiem wobec kraju. Napisał jeszcze jeden, o wiele dłuższy list do Stephensa. Jest to niezwykły dokument, rachunek sumienia pełen zarazem użalania się nad sobą i przejawów pewności siebie, wyrażający wewnętrzne cierpienia szpiega. Stanowi wyznanie człowieka po omacku zmierzającego w stronę światła przez ciemności moralne:

Mon Commandant,
nie oczekuję wdzięczności od mej ojczyzny, ale pozwolę sobie zwrócić Pańską uwagę na kilka faktów. Przez trzynaście miesięcy znajdowałem się w mocy Niemców. Przez cały ten czas, nawet podczas śledztwa, traktowano mnie nadzwyczaj sprawiedliwie i przyjaźnie. Zyskałem sobie wielu przyjaciół – ludzi, których szanuję i którzy, jak się zdaje, odwzajemniają to uczucie – na nieszczęście dla nich i dla mnie samego.

Od pierwszego dnia zająłem się gromadzeniem faktów, ustalaniem miejsc, dat etc., dotyczących niemieckiej organizacji, co, jak sądzę, stanowiłoby zadanie trudne nawet dla któregoś z Pańskich doświadczonych pracowników. Od początku zmagałem się z niezmiernymi trudnościami, moja znajomość niemieckiego była powierzchowna, francuskiego jeszcze słabsza, a oba języki były mi wręcz niezbędne w tej pracy. Uczyłem się francuskiego dotąd, aż opanowałem go do perfekcji, poznałem nawet slang. W tej chwili czytam w nim równie biegle, jak w angielskim. Potem, Sir, przez dziewięć miesięcy przysłuchiwałem się każdej rozmowie, jaką zdarzyło mi się usłyszeć. Otworzyłem wiele szuflad z dokumentami, z których każdy oznaczony był napisem „gehein" [właściwie „geheim" – tajne]. Wywierciłem w łazience bardzo małe otwory do sypialni doktora Graumanna, człowieka, który jest mi bliskim przyjacielem.

Proszę nie sądzić, że proszę o przyjaźń – na to już za późno. Z drugiej strony istnieje jednak coś tak dziwnego jak patriotyzm. Czasem gdy myślę o tym, uśmiecham się z lekkim cynizmem. Walczyłem ze sobą i mój kraj zwyciężył (nie potrafię wyjaśnić dlaczego). Jakże chciałbym, żeby nie było wojny, zaczynam żałować, że wdałem się w to wszystko. Szpiegować i oszukiwać przyjaciół to nic przyjemnego, to podłe. Zacząłem jednak tę sprawę i chcę ją skończyć. Proszę nie myśleć, że pragnę czegoś w zamian. To naprawdę szczególna rzecz: pracować dla dwóch rządów, z których jeden daje mi szanse na pieniądze, sukces i karierę, a drugi – więzienną celę.

Nie pozostało już zbyt wiele czasu, aby przystąpić do działania. Szczerze oddany

Eddie[27]

W czasie gdy Chapman kreślił te wzruszające słowa, Stephens i jego czterej śledczy zastanawiali się, co uczynić z tym niezwykłym i tak potencjalnie wartościowym złoczyńcą. Jak podkreślał Stephens, Eddie zdawał sobie sprawę, że jest w szczególnym położeniu: z jednej strony poszukuje go brytyjska policja, z drugiej sam zgłasza się z propozycją działalności na rzecz angielskiego wywiadu. „Jeśli można wierzyć Chapmanowi, ofiarował się pracować dla Niemców, aby stamtąd uciec, i po wylądowaniu od razu oddał się do dyspozycji władz angielskich, aby z Niemcami walczyć"[28]. Wstępnie sporządzony profil psychologiczny stwierdzał, że kierującymi nim motywami, mimo przywiązania, jakim darzył Graumanna, były „nienawiść do Hunów i żądza przygody. W grę nie wchodzi żadna kobieta ani chęć rehabilitacji. Cechują go odwaga i opanowanie"[29]. Nasuwały się tu jednak oczywiste problemy. Jeśli Chapman pozostanie na wolności, na pewno zgarnie go policja. „Jak obliczyłem, błyskotliwa przeszłość może kosztować mnie czternaście lat odsiadki" – zwierzył się Stephensowi[30]. Co gorsza, mógłby na nowo związać się ze swoim gangiem. Gdyby jednak pozostawiono go pod strażą w obozie 020 – rozważał Stephens – to rozczarowany i zgorzkniały mógłby spróbować ucieczki. Jedynym sposobem, by go bezpiecznie prowadzić, było zachowanie nad nim kontroli, ale nie w więzieniu, tylko „w jakimś zacisznym, wiejskim miejscu".

„Moim zdaniem – ciągnął Stephens – Chapmana trzeba użyć w charakterze podwójnego agenta… i wysłać go na powrót do Francji, gdzie wstąpiłby do grupy szkolonych tam sabotażystów, mających udać się z naprawdę ważną misją do Ameryki"[31].

Członkowie zespołu śledczego przystali na to jednogłośnie. Wprawdzie wysłanie Eddiego z powrotem do Francji niosło spore ryzyko, bo mógł zostać zdemaskowany przez Niemców, wyznać wszystko, a nawet raz jeszcze przejść na ich stronę. Potencjalne korzyści posiadania szpiega w sercu niemieckich tajnych służb pokonały jednak te obawy. Tego samego wieczora z obozu 020 wysłano następującą wiadomość do zajmującej się podwójnymi agentami sekcji B1A, rezydującej przy St James Street: „Naszym zdaniem Chapman powinien być wykorzystany w maksymalnym stopniu… Pragnie szczerze służyć Wielkiej Brytanii przeciwko Niemcom. Z racji swej odwagi i zdecydowania idealnie się nadaje na agenta"[32].

Tar Robertson śledził wszystkie aspekty tej sprawy i zgodził się przysłać na drugi dzień jednego ze swoich oficerów prowadzących, aby ten przypatrzył się więźniowi. Przed przyjęciem do grona podwójnych agentów Chapman miał otrzymać pseudonim. Zgodnie z obowiązującym zwyczajem w żaden sposób nie powinno się go dać powiązać z rzeczywistą postacią. Zwyczaj ten jednak często ignorowano: „Snow" (Śnieg) stanowił częściowy anagram nazwiska Owens, inny zaś podwójny agent otrzymał przydomek „Tate", gdyż zdaniem Robertsona przypominał komika Harry'ego Tate'a. Podobno Dusko Popow, raczej niebudzący zaufania jugosłowiański agent, został nazwany „Tricycle" (Trójkołowiec), gdyż lubił sypiać z dwiema kobietami. Również Edward Chapman otrzymał ze wszech miar pasujące doń miano: wieczorem 18 grudnia Tar napisał do wszystkich pracowników B1A: „Wybraliśmy dla Frycka pseudonim Zigzag"[33].

13

Crespigny Road 35

Człowiekiem wyznaczonym przez Tara Robertsona do prowadzenia Chapmana i znakomicie nadającym się do tej roli był kapitan Ronnie Reed, młody, dyskretny specjalista od radioodbiorników. Ten mężczyzna o szczupłej twarzy, z cienkim wąsikiem, w okularach i z fajką w zębach wyglądał jak typowy oficer średniej rangi. Do tego stopnia, że gdy Tar Robertson potrzebował zdjęcia do fałszywego dowodu w trakcie operacji Mielonka (Mincemeat) – podczas której na wybrzeżu hiszpańskim podrzucono zwłoki w mundurze wojskowym, z dezinformującym materiałem – wybrał właśnie zdjęcie Ronniego Reeda. Reed wyglądał po prostu jak wszyscy, czyli jak nikt.

Ojciec Ronniego, kelner z restauracji Trocadero, zginął w bitwie nad Sommą w 1916 roku. Matka wychowywała syna w jednej z czynszowych kamienic dzielnicy King's Cross. W szkole przy kościele św. Pankracego dostał stypendium, które umożliwiło mu naukę na Politechnice Regent's Park, gdzie studiował inżynierię i zapałał miłością do radioodbiorników. Potrafił z odpadków zbudować radiostację i wraz ze szkolnym kolegą Charliem Chiltonem, później znanym spikerem i producentem, z sypialni z radia domowej produkcji nadawał na cały świat: Ronnie zawodził swoją wersję *Dancing in the Dark* Binga Crosby'ego, a Charlie brzdąkał na gitarze.

W chwili wybuchu wojny Reed za dnia pracował w BBC jako inżynier radiowy, a nocą błądził po eterze z sygnałem wywoławczym G2RX. Pewnej nocy, kiedy wraz z matką siedział w schronie przeciwlotniczym, podjechał wóz policyjny. Poproszony do wyjścia Reed wsiadł do samochodu. Pod padającymi bombami dojechali do Wormwood Scrubs. W bramie więziennej stał jakiś mężczyzna.

– Ach, pan Reed. Czekamy na pana, proszę za mną – powiedział.

Słabo oświetlonymi korytarzami poprowadzono Reeda do celi na pierwszym piętrze. W środku, między dwoma strażnikami, siedział mężczyzna w lotniczym kombinezonie, z zakrwawioną twarzą.

– To spadochroniarz – powiedział oficer z czerwonymi naszywkami na mundurze, który wszedł za Reedem do środka. – Zdaje się, że chciał dziś w nocy nadawać do Niemiec. Chcemy, aby udał się pan z nim na wieś koło Cambridge i sprawdził, czy wysłał podaną mu przez nas wiadomość.

Jeszcze tej nocy Reed i spadochroniarz Gösta Caroli, przyszły podwójny agent „Lato" (Summer), usiedli w chlewie na farmie w Cambridgeshire, aby wysłać morsem następującą zakodowaną informację do Hamburga: „Będę się ukrywał przez jakiś czas, zanim znajdę mieszkanie. Wylądowałem bezpiecznie"[1].

Tak rozpoczęła się kariera Reeda w wywiadzie.

Nieśmiały, uprzejmy i taktowny Reed nie rzucał się w oczy, ale był „cichym geniuszem" radiowej roboty czasu wojny, znającym na wskroś jej zawiłe tajniki[2]. Miał również dar rozpoznawania „mowy" innego operatora, którą potem doskonale naśladował – prawdopodobnie najlepiej ze wszystkich w Wielkiej Brytanii. Z powodu swych umiejętności okazał się wręcz nie do zastąpienia w zespole Robertsona i wkrótce nadzorował cały ruch w eterze. Do jego obowiązków należało między innymi pilnowanie agentów odpowiadających Abwehrze, aby nie dołączali do przesyłanych wiadomości żadnych informacji od siebie. Jeśli któryś nie chciał lub nie mógł nadawać, Reed robił to za niego, z charakterystycznym dla danego szpiega „odciskiem palca". Ronnie Reed był jednak nie tylko znakomitym specjalistą radiowym. Pod okiem Robertsona stał się także pierwszorzędnym oficerem wywiadu, przenikliwym, empatycznym i praktycznie niewidocznym.

W celi Chapmana Reed po raz pierwszy uścisnął dłoń nowego podopiecznego. Młody oficer spodziewał się, że od razu poczuje niechęć do tego niepoprawnego kryminalisty o bogatej przeszłości[3], ale jak większość ludzi wbrew swojej woli poddał się jego urokowi. Otwarcie przyznał, że jeśli Chapman ma pracować dla Wydziału Piątego, musi prowadzić pustelnicze życie. Żadnych kontaktów z policją, z cyganerią Soho czy znajomymi przestępcami. Musi znajdować się pod ścisłym nadzorem, w niemal zupełnej izolacji od reszty społeczeństwa[4]. Chapman zaśmiał się i oświadczył, że po wszystkich ostatnich przeżyciach z chęcią odda się spokojnej egzystencji. Reed powiedział, że wróci następnego dnia, i zostawił Chapmana, aby ułożył pierwszą wiadomość do Niemiec, używając hasła „CONSTANTINOPLE" i znaku kontrolnego FFFFF. Reed miał sprawdzić meldunek i siedzieć przy Eddiem podczas nadawania.

Zdaje się, że humorzastego jak zwykle Chapmana rozmowa z Reedem bardzo podniosła na duchu, gdyż wysłał nowy list do Stephensa. Tym razem gorzki ton zamkniętego w sobie człowieka ustąpił miejsca pogodnej gawędzie:

Mon Commandant,
merci pour votre bonté. Jako że mamy mało czasu, aby się wzajemnie poznać, proszę pozwolić mi na słowo objaśnienia. W tej chwili trudno mi opowiedzieć swoją historię. W głowie kłębi mi się tyle nazwisk, instrukcji, opisów, miejsc, dat, wybuchów, wiadomości telegraficznych, skoków spadochronowych, krótkich, ale istotnych rozmów, niezliczonych intryg. Przede wszystkim musi Pan jednak mieć na względzie umysł osłabiony trzyletnim więzieniem i wieloma miesiącami pobytu w celi... Próbując zebrać fakty, myślę czasem, że oszalałem... Rzeczy te nie są nieprawdziwe, wydarzyły się naprawdę, ale daty, nazwiska, czas – wszystko to plącze się bezładnie w mej

głowie jak jakaś ogromna układanka... Kończę już, Mon Comman-
dant. Proszę o trochę cierpliwości, jeśli podane przeze mnie miejsca
i daty się nie zgadzają... Boję się, że wszystko to minęło niczym sen,
ale od Pana zależy, czy stanie się rzeczywistością.

Eddie[5]

Cynowe Oko przywykł do onieśmielania przybywających do obozu 020. Nie przywykł natomiast do tak swobodnego tonu lub jakichkolwiek pouczeń, szczególnie jeśli pochodziły od pospolitego włamywacza w więziennym stroju. Zamiast jednak wybuchnąć, jak się tego spodziewano, tylko zachichotał i wsunął kartkę do akt Zigzaga.

Rankiem następnego dnia po Chapmana przybył Reed w towarzystwie dwóch barczystych żandarmów z Polowej Służby Bezpieczeństwa i błękitną karetką więzienną zabrali go do Equestrian Club, małej sali koncertowej, znajdującej się sto pięćdziesiąt jardów od bramy Latchmere House, na placu z wysokim na dwadzieścia pięć stóp masztem, o którym Reed odruchowo pomyślał, że nadałby się na antenę. Miejsce było puste. Podczas gdy żandarmi trzymali straż, Reed montował radiostację Chapmana.

O 10.02 pod czujnym okiem Reeda Eddie podjął próbę nawiązania kontaktu ze swymi kontrolerami z Abwehry. Po czterech minutach stacja odbiorcza dała znać, że sygnał dociera „raczej słabo" i z jakimiś przeszkodami, ale kazała nadawać[6]. Zigzag wystukał więc swą pierwszą wiadomość w roli podwójnego agenta: „FFFFF PRZYBYŁEM. CZUJĘ SIĘ DOBRZE. OK". Zakończył jak zwykle swym roześmianym kodem: „HI HU HA"[7].

Po południu Najtajniejsze Źródła doniosły, że stacje Abwehry we Francji są przekonane, iż wiadomość „z pewnością pochodzi od Fryca"[8], gdyż rozpoznano „jego styl nadawania, a szczególnie sposób, w jaki kończy swe meldunki"[9]. Podstęp się udał.

Drugiego dnia rano Reed i Chapman nie mogli nawiązać łączności z Paryżem. Wiadomości docierały do Nantes, ale nie do głównej stacji odbiorczej w stolicy Francji. Następną wiadomość wysłano

w ciemno, a brzmiała ona: „FFFFF NIECH MORRIS [sic!] PRZE-
NIESIE ODBIORNIK BLIŻEJ WYBRZEŻA. BĘDZIE LEPSZY
ODBIÓR. F. OK"[10].

Pod koniec grudnia otrzymali pierwszą odpowiedź od von Gröninga: „DZIĘKI ZA WIADOMOŚĆ. ŻYCZĘ DOBRYCH WYNI-
KÓW. OK"[11].

Na razie system działał bez zarzutu, choć miały upłynąć dwa
tygodnie, zanim uporano się z problemami przyjmowania i przekazywania wiadomości. Rozmowy radiowe opatrzono kryptonimem
Cynk (Zinc) i alfabetycznie umieszczano obok akt Zigzaga.

Reed meldował, że Chapman wydaje się bardziej niż skłonny do
współpracy i wciąż dostarcza wielu cennych informacji. „Zigzag
potrafi nadzwyczaj dobrze obserwować i śmiało można ufać temu,
o czym nam mówi" – twierdził[12]. Czytając to, John Masterman zauważył, że wątpi, czy taki człowiek w ogóle rozumie, co się kryje
pod pojęciem uczciwości.

Specjalna sekcja zajęła się teraz ustaleniem losów reszty członków Nitrogangu. Okazało się, że Jimmy Hunt został w 1938 roku
skazany za włamanie do sklepu towarowego i drobną kradzież, Darry wciąż odsiaduje swój siedmioletni wyrok w Dartmoor, pozostali kryją się przed wojskiem, siedzą w więzieniach albo poumierali.
Była to idealna sytuacja: nie zachodziła możliwość przypadkowego
kontaktu. Skoro członkowie gangu przebywali w zamknięciu, można ich było włączyć do akcji bez obawy, że nieoczekiwanie naprawdę się pojawią. Niemcy polecili Chapmanowi skontaktować się ze
starymi kumplami i jeśli się da, zwerbować któregoś z nich. Hunt
wyglądał na idealnego kandydata. Masterman zauważył, że skoro
„Niemcy nie mają jego zdjęcia, dysponują tylko ogólną charaktery-
styką, warto by podstawić za niego kogoś z akcentem cockney"[13].
Kasiarz Hunt odegrałby główną rolę w nadchodzącym dramacie bez
opuszczania swej więziennej celi.

Do oficerów prowadzących Chapmana zaczynało stopniowo do-
cierać, że pozyskali podwójnego agenta o potencjalnie ogromnej
wartości. Kiedy obóz 020 przez pomyłkę zdradził tożsamość Zig-

zaga innemu oddziałowi wywiadu, wywołało to burzliwy protest ze strony Mastermana, mistrza podwójnej gry, przeciwnego „bezpłatnemu" udostępnianiu tej informacji[14]. B1A zazdrośnie strzegła swego nowego skarbu i o ile Tar zwykle chętnie przekazywał zdobyte wiadomości, o tyle Zigzagiem nie chciał się dzielić z nikim.

Wyniki ekspertyz potwierdziły, jak wysoko Niemcy cenili sobie Fryca. Jego wyposażenie uznano za pierwszorzędne. Przywiezione pieniądze były oryginalną brytyjską walutą, nie zaś fałszywkami, jakie Abwehra wciskała pomniejszym agentom. Eksperci z działu przyrodniczego orzekli, że główki zapałek impregnowane chininą znakomicie służą do pisania zaszyfrowanych wiadomości[15]. Brązowa pigułka zawierała cyjanek potasu, z miejsca zadający śmierć. Radiostacja należała do brytyjskiego agenta wysłanego przez Kierownictwo Operacji Specjalnych. Abwehra zawiodła jedynie w kwestii fałszywych dowodów tożsamości. Biuro Materiałów Piśmiennych (Stationery Office – SOE) orzekło, że są to amatorskie podróbki, na których powinien się poznać każdy uważny policjant. „Wydaje się dziwne, że Niemcy nie zadali sobie więcej trudu podczas sporządzania dokumentów" – mówił Tar, jak gdyby urażony, że Niemcy nie starali się w dostatecznym stopniu[16]. Zagadką pozostało jedynie to, w jaki sposób focke-wulf zdołał umknąć ścigającym go myśliwcom RAF. Ministerstwo Lotnictwa stwierdziło jedynie, że „coś dziwnego zaszło w związku z samolotem i związanymi z nim falami radiowymi"[17].

Obóz 020 z pewnością nie stanowił odpowiedniego miejsca do prowadzenia podwójnego agenta. Jeśli z Zigzaga miał być pożytek, należało zadbać o jego samopoczucie, a to wymagało stworzenia warunków zbliżonych do tych z La Bretonnière. „Niemcy hołubili Chapmana, schlebiali jego próżności, obdarzali go swobodą i traktowali z szacunkiem"[18]. Wydział Piąty musiał zatem znaleźć gdzieś czerwony dywan i rozwinąć go przed Zigzagiem.

Kapral Paul Backwell i starszy szeregowy Allan Tooth cieszyli się opinią najlepszych członków Polowej Służby Bezpieczeństwa brytyjskiego wywiadu. Obaj przed wojną służyli w policji, a po jej zakończeniu mieli kontynuować karierę w wywiadzie. Byli ludźmi błyskotliwymi, wykształconymi, pogodnymi, obaj odznaczali się potężnym wzrostem i w razie konieczności potrafili skutecznie zastraszyć każdego. Tar Robertson wezwał ich teraz do swego biura i polecił pojechać do obozu 020 i zabrać stamtąd niejakiego „Edwarda Simpsona, groźnego, poszukiwanego przez policję przestępcę, który został zwolniony, gdyż ma dokonać operacji o skrajnie niebezpiecznym charakterze"[19]. Mają go odstawić do zacisznego domu w północnej części Londynu i zamieszkać wraz z nim do dalszego rozporządzenia. Robertson obwieścił z całą powagą, że „powodzenie operacji zależy od zachowania ścisłej tajemnicy".

Simpson otrzyma przepustkę ze zdjęciem wydaną na jego nazwisko, świadczącą, że wykonuje „specjalne zadanie dla Ministerstwa Wojny", którą będzie można okazać na każde żądanie władz. „Nie ma żadnej podstawy, by wątpić w lojalność Simpsona wobec tego kraju, zatem nie uważajcie się za jego strażników – ciągnął Robertson. – Powinniście się raczej mieć za opiekunów, strzegących go przed kłopotami z policją i kontaktami z dawnymi kolegami z więzienia, działać jako parawan między nim a światem zewnętrznym". „Simpson" nie może zostać sam ani w dzień, ani w nocy. Nie wolno mu się z nikim porozumiewać, do nikogo dzwonić, wysyłać listów. Jeśli spróbuje ucieczki, należy go „całkowicie ograniczyć" i skontaktować się z Reedem albo Mastermanem. Obaj policjanci otrzymali broń palną.

Jednocześnie mieli zapewnić mu towarzystwo. „Reżim, jakiemu zostanie poddany, jest wystarczająco przykry – mówił Tar – musicie więc uprzyjemnić mu życie tak dalece, jak to możliwe w tych okolicznościach". Zalecił, by co wieczór zabierali go do miejscowego pubu, i na tę okoliczność otrzymają po pięć funtów na piwo; również Simpson dostanie jakąś kwotę, aby mógł „postawić kolejkę"[20]. Kiedy pozyskają jego zaufanie, mają zapisywać każdą istotną rzecz, jaką powie, i zachęcać do rozmów o przeszłości. Krótko mówiąc, kazał im pilnować „Simpsona", zaprzyjaźnić się z nim, a potem go szpiegować. Jeśli Backwellowi i Toothowi wydało się dziwne, że mają strzec znanego złoczyńcy, by nie dostał się w ręce policji, to byli zbyt dyskretni, aby się z tym zdradzić.

Na kilka dni przed Bożym Narodzeniem Backwell i Tooth, ubrani po cywilnemu, przybyli do obozu 020, pobrali rzeczy Chapmana i wyprowadzili go z celi. Eddie bez żadnych wstępów poprosił Backwella o pożyczenie funta, by dać go sierżantowi, który o niego dbał[21]. Chyba jeden tylko Chapman potrafił wyjść z obozu 020, jakby wymeldowywał się z eleganckiego hotelu. Pojechali na północ. W samochodzie opiekunowie przedstawili się jako „Allan" i „Paul", po czym dodali, że będą jego „stałymi towarzyszami, przyjaciółmi, którzy mają chronić go przed policją i dawnymi wspólnikami"[22]. Podczas jazdy Chapman prawie się nie odzywał i rozmowa – jak relacjonował później Backwell – „zupełnie się nie kleiła"[23].

Nikt nie zwrócił uwagi na trzech mężczyzn wysiadających z samochodu i kroczących ogrodową alejką do nierzucającego się w oczy, stojącego samotnie domu na spokojnej ulicy Crespigny Road w równie spokojnej dzielnicy Hendon w północnym Londynie. Kilku sąsiadów „kopało dla zwycięstwa" w swych ogródkach*, ale nikt nie podniósł głowy. Tylko ktoś wyjątkowo wścibski mógłby zwrócić uwagę na to, że mieszkańcy domu numer 35 nigdy nie zdejmowali zaciemniających kurtyn, jak zresztą wielu ludzi, że wymieniono tam zamki i że mężczyzna z cienkim wąsikiem, który zjawił się tego ranka, stawia antenę na tylnej części dachu.

W środku Backwell zamknął drzwi na klucz i trzej lokatorzy „rozgościli się", jak to ujął sam Backwell. Na pierwszym piętrze Reed umieścił radiostację, pokój Chapmana znajdował się obok, a trzeci zajęli jego opiekunowie. Gospodyni, pani West, miała przybyć dopiero za kilka dni, więc na razie obaj policjanci podzielili się obowiązkami: Tooth robił zakupy, a Backwell gotował posiłki. Kiedy

---

* Chodzi o kampanię Dig for Victory, w której brytyjski rząd wezwał obywateli do zamieniania przydomowych ogródków i trawników w ogródki warzywne, co miało przeciwdziałać brakom żywnościowym spowodowanym wojennym ograniczeniem importu (przyp. red.).

Chapman nie mógł ich usłyszeć, wyznaczyli sobie kolejne zadania. „Allan i ja postanowiliśmy w różny sposób zajmować się Eddiem. Allan studiował jego charakter, jego upodobania i uprzedzenia, ja natomiast skupiłem się na samych faktach i notowałem wszystko, co mówił interesującego". Chapman był przygnębiony. Narzekał, że źle sypia, i nie chciało mu się wychodzić z domu. Tooth i Backwell bardzo dbali, by ich podopiecznemu było dobrze na miejscu. Ten drugi zapytał, co Eddie chciałby dostać do czytania, i zdziwił się jego zamiłowaniem do poważnej literatury. „Jego upodobania są niezwykłe jak na kogoś, kto prowadził taki tryb życia" – osądził i kupił mu kilka powieści niemieckich, dzieła Alfreda Tennysona i dramaty Pierre'a Corneille'a w języku francuskim.

Stopniowo nastrój Chapmana zaczął się poprawiać. Dni upływały mu na dalszym składaniu zeznań, wysyłaniu informacji radiowych pod nadzorem Reeda i omawianiu planów. Wieczorami czytał, palił, słuchał radia i gawędził ze swymi sympatycznymi strażnikami. Backwell i Tooth prowadzili notatki na temat podopiecznego. Uderzało ich, jak ogromny wpływ wywarła na niego niemiecka propaganda. Początkowo nie wierzył w doniesienia BBC o postępach aliantów, twierdząc, że Niemcy wygrywają wojnę, a Rosja jest nią wyczerpana. Upierał się, że alianci nigdy nie wylądują we Francji. Backwell postanowił przeciwdziałać temu poprzez własną kampanię propagandową, sięgając do tak patriotycznej literatury jak *I, James Blunt* H.V. Mortona – powieść przedstawiającą Wielką Brytanię pod panowaniem nazistów. „Stopniowo przekonywaliśmy go, że niemiecka propaganda, choć nader skuteczna, daleka jest od prawdy".

Po kilku dniach wspólnego życia Backwell i Tooth mogli już donieść, że Chapman sprawia wrażenie „zupełnie zadowolonego" i stanowi „kopalnię wiadomości"[24]. Zdawał się wiedzieć wszystko o sabotażu i „często mówił o niszczeniu słupów wysokiego napięcia, mostów, składów z paliwem itd."[25]. Często nalegał, aby rozmawiali po francusku. Obaj policjanci zgadzali się, że mają do czynienia z nader ciekawym osobnikiem. Potrafił w jednej chwili czytać klasyków po francusku i cytować Tennysona, a w drugiej rozważać, w jaki sposób najlepiej wysadzić pociąg.

Pewnego wieczora, kiedy odpoczywali po kolacji, Chapman zaczął się zastanawiać na głos, co go skłoniło, aby porzucić Niemcy i przybyć tutaj.

– W Niemczech mogłem sobie dobrze żyć i teraz, i po wojnie – ciągnął w zadumie. – Wcale nie musiałem tutaj przyjeżdżać[26]. Obaj policjanci zadawali sobie to samo pytanie. Jego poglądy zdawały się ściśle bazować na lekturze H.G. Wellsa. „Nie darzy sympatią nacjonalizmu i w powojennej rzeczywistości chciałby żyć w jakiejś światowej federacji". Tooth uznał, że w głębi serca Chapman pozostał patriotą: „Jest dumny z tego, że urodził się w Anglii, i chce, byśmy wygrali wojnę, ale do działania popycha go jakiś wewnętrzny niepokój. Wydaje się, że potrzebuje ryzyka jak powietrza – pisał. – Sądzę, że z tego powodu zamierza powrócić do Francji, jako że jest w zasadzie człowiekiem bez ojczyzny".

Kilka dni później Chapman zdradził się z tym, że ma jakiś własny plan. Szybko jednak zmienił temat rozmowy, oświadczając, iż to tak szalone zamierzenie, że nie wiadomo, czy da się je wykonać. Tooth od razu przekazał Reedowi i Robertsonowi słowa Chapmana i dodał: „Mogę tylko domyślać się, że powodzenie tego planu zależy całkowicie od tego, czy doktor Graumann zabierze go do Berlina, tak jak obiecał, a z tego, co wiem, ma tam zajść coś bardzo ważnego"[27].

Chapman nie okazywał żadnej skruchy za popełnione w przeszłości uczynki i karmił nowych towarzyszy barwnymi opowieściami o swych przestępstwach, takich jak włamanie do lombardu w Grimsby czy skok na Express Dairies. Informacje te z miejsca powiększyły listę nieodkrytych sprawek Chapmana, prowadzoną przez Wydział Piąty. „Uważam, iż powinniśmy zachować te nieznane dotąd wyczyny tylko dla siebie, ale zapisać je w aktach" – pisał Reed[28].

Z wyjątkiem Reeda śledczy, łowcy szpiegów i prowadzący podwójnych agentów z Wydziału Piątego byli zwykle ludźmi z wyższych sfer i absolwentami prywatnych szkół. Większość z nich nigdy przedtem nie spotkała kogoś takiego jak Chapman i w pierwszej chwili darzyli instynktowną niechęcią prostaka o ekstrawaganckich manierach. Z czasem jednak niemal wszyscy zaczynali go najpierw lubić, a potem szanować, choć nigdy nie wyzbywali się uprzedzeń.

W miarę jak zbliżało się Boże Narodzenie, pracownicy wywiadu z całego Londynu zaczęli się zastanawiać, co począć z Eddiem Chapmanem i jak przekonać się, co nim kieruje.

John Masterman, jeśli nie głowił się nad nowymi sposobami oszukania Niemców i podrzuceniem im kolejnych podwójnych agentów, lubił myśleć o krykiecie. Czasem porównywał go do szpiegostwa. „Prowadzenie zespołu podwójnych agentów – dowodził – przypomina prowadzenie graczy krykieta. Jedni zawodnicy wychodzą z formy i stopniowo zastępują ich nowi. Nie zawsze łatwo dobrać najlepszych. Niektórzy wymagają długotrwałych ćwiczeń, nim rzeczywiście przydadzą się w meczu"[29]. W Chapmanie zdawał się widzieć wybijającego piłkę o wrodzonych umiejętnościach, niepotrzebującego dodatkowego treningu zawodnika, który mógłby w fantastyczny sposób zakończyć rundę. O ile oczywiście nie zechce opuścić boiska i pojawić się na nim jako gracz strony przeciwnej.

Myśli te nawiedzały Mastermana, kiedy odpoczywał na podłodze zakładu fryzjerskiego w Reform Club na Pall Mall. Na początku wojny mieszkał w United University Club, a kiedy bomby zerwały dach, przeniósł się do klubu Oksford and Cambridge. Wkrótce po tym fryzjer z Reform Club umarł i jego salon zamknięto. Masterman z chęcią przyjął propozycję, by tam zamieszkać, gdyż klub znajdował się tylko kilka minut spacerem od siedziby B1A. I tak spędzał teraz noce na podłodze, na którą od 1841 roku spadały ścinki włosów „wybitnych i zasłużonych" członków klubu.

Sypianie na cienkim materacu na twardej posadzce nie należało do najprzyjemniejszych rzeczy. Kucharz z Reform starał się, jak mógł, lecz wyżywienie było podłe. Wciąż wyłączano światło, wodę wydzielano na zmianę, zawsze zimną. Masterman lubił jednak przebywać w Reform Club. „Mając w pamięci swą bezużyteczność czasu pierwszej ;wojny, odczuwałem jakieś bezwiedne pragnienie prób i niewygód"[30]. Obserwował zachowanie rodaków w tym okresie (na kobiety oczywiście nie zwracał uwagi) i rozwodził się nad ich stoicyzmem. Gdy pewnej nocy na Carlton Club spadła bomba, członkowie sąsiednich klubów w kapciach i piżamach stanęli w długim szeregu, by ratować z płomieni bibliotekę, i podawali sobie książki z rąk do rąk, omawiając treść każdej z nich. „Tacy ludzie za nic nie dopuszczą do klęski" – osądził Masterman[31]. Resztę wojny ten wojowniczy mnich miał spędzić w swym męskim świecie klubowych posiłków, twardej podłogi i zimnych kąpieli. I teraz, zdobywszy nowego, nadzwyczaj zdolnego zawodnika, John Masterman czuł się szczęśliwy jak nigdy w życiu.

Na drugim końcu Londynu, w Latchmere House, komendant obozu 020 również rozmyślał o agencie Zigzagu. Cynowe Oko miał większość nieprzyjacielskich szpiegów za „hałastrę, której zdolności nie umywały się do odwagi"[32]. Chapman był jednak kimś innym, „najbardziej jak dotąd fascynującym przypadkiem"[33]. W przeciwieństwie do innych ujętych agentów nie okazywał cienia strachu. Wydawał się tylko bardzo zdenerwowany i nic poza tym. „Kim jest ten szpieg? – zastanawiał się Stephens. – Czy to człowiek mężny, kochający ojczyznę? Ktoś z półświatka, podatny na szantaż? Po prostu najemnik? Szpiegów, którzy służą tylko dla pieniędzy, jest niewielu, ale zawsze są groźni"[34]. Jak na złoczyńcę, Chapman wykazywał zadziwiający brak zainteresowania pieniędzmi. Sprawiał wrażenie szczerego patrioty, ale nie w typie szowinistycznym, jaki uosabiał Stephens. Chapman zdawał się pragnąć kolejnego zapierającego dech epizodu w dramacie swego życia. Cynowe Oko uznał, że gdyby Wydział Piąty zdołał odpowiednio wyreżyserować następny akt, Zigzag stałby się jego największą jak dotąd gwiazdą.

W dzień wigilijny Maurice, niemiecki radiotelegrafista z Paryża, nadał następującą wiadomość do agenta Fryca: „PROSZĘ PRZYJDŹ O DZIEWIĄTEJ CZTERDZIEŚCI PIĘĆ I O PIĄTEJ PO POŁUDNIU QRQ"[35] (znak „qrq" był skrótem radiowców, znaczącym „nadawaj szybciej"). Niemcy najwidoczniej ciągle mieli trudności z odbieraniem wiadomości Chapmana. Ronnie Reed obejrzał dokładnie jego radio i nie znalazł żadnej usterki, ale nie był zbyt przejęty. Te utrudnienia zapewniały im więcej czasu.

O wiele bardziej niepokojące było to, co powiedział Chapman. Niedługo po przybyciu na Crespigny Road poprosił Reeda, aby odszukał Fredę Stevenson, dawną kochankę i matkę jego dziecka. Wcześniej tylko napomykał o niej, a teraz oświadczył, że nigdy nie spotkał córki, już trzyletniej, że nadal kocha Fredę i chce je obie pilnie zobaczyć. Reed stwierdził, że spróbuje je znaleźć.

Freda wydawała się wielką niewiadomą. Reed wiedział, że kontakt z nią podniósłby Eddiego na duchu, ale też skomplikowałby sprawę. Jeśli Chapman był pewien swych uczuć do kobiety, której nie widział od lat, i do niepoznanego nigdy dziecka, to czy nie osłabiłoby to jego chęci powrotu do Francji? A może Freda związała się z kim innym, może oddała dziecko do adopcji? „Musimy zapoznać się ze stanem rzeczy, nim Zigzag spotka się z nimi, nim wpakujemy go w sytuację, która może się okazać niezwykle kłopotliwa" – orzekł Reed[36]. Jednak w miarę jak mijały dni, Eddie coraz natarczywiej żądał spotkania z Fredą i Diane. Reed uchylał się od wyraźnej odpowiedzi. Po każdym spotkaniu z nim Chapman opuszczał głowę i powłócząc nogami, wracał do pokoju. Backwell i Tooth traktowali go jak marudnego i niepoważnego nastolatka. „Eddie ma swoje humory – pisał ten pierwszy. – Gdy coś jest nie po jego myśli, wraca na górę do łóżka, leży tam godzinami i nie chce jeść. Nigdy się wtedy nie gniewa ani na mnie, ani na Allana, zostawiamy go jednak samego, kiedy tak się czuje"[37].

Podły nastrój Chapmana popsuł mu wieczór wigilijny, obchodzony uroczyście przy Crespigny Road 35. Backwell usmażył kurczaka i kiełbaski, zaś Tooth porobił kilka zdjęć siedzącym przy nakrytym laminatem stole kuchennym. Doskonale oddają one zmienność Chapmana – na jednym pije piwo i uśmiecha się do obiektywu, na drugim jest całkowicie przybity.

Inną przyczyną przygnębienia Chapmana były ciągłe trudności w porozumieniu się z niemieckimi mocodawcami. Odbierał ze swego aparatu wiadomości z Francji, ale nie mógł nawiązać bezpośredniego kontaktu i musiał wysyłać odpowiedzi „na ślepo". Jednak wkrótce po Bożym Narodzeniu Reed oświadczył, że rozwiązał problem. Kiedyś Chapman wspomniał mimochodem, że w La Bretonnière zauważył luźny przełącznik na radiu i zamocował go, lutując gorącym pogrzebaczem. „Nie jest to z pewnością sposób na to, by złącza elektryczne działały naprawdę dobrze" – stwierdził sucho Reed[38]. Zabrał aparat do domu, sam naprawił przełącznik i gdy wrócił rano, powiedział, że teraz wszystko już będzie działać.

W nocy Chapman napisał i zakodował prostą wiadomość. Reed sprawdził ją, pochwalił i włączył odbiornik. O 9.45 nawiązali połączenie ze stacją odbiorczą w Paryżu. Wszystko poszło znakomicie, ale z powodu pośpiechu i radości z udanej naprawy popełnili błąd. Był to pierwszy błąd w całej operacji, ale chyba najgorszy, jaki mogli zrobić. 27 grudnia o 9.47 Chapman wystukał następującą wiadomość: „DZWOŃ O 1000 JEŚLI PARYŻ MNIE NIE ODBIERZE. OK. FRYC. HU HA HU HO"[39]. Wkrótce przyszło potwierdzenie, że wiadomość została odebrana bez zakłóceń. Reed i Chapman byli wniebowzięci.

Dziesięć minut później zasiedli w kuchni przy herbacie, kiedy Chapman nagle zbladł i wyszeptał:

– O mój Boże, chyba zapomniałem o „F"[40].

14

Odejść w wielkim stylu

Wściekłości Tara Robertsona nie sposób sobie wyobrazić. Stephens dawno już zdążył przyzwyczaić podwładnych do wybuchów gniewu, ale Tar bardzo rzadko tracił panowanie nad sobą. „Nie potępiał ludzi – mówił o nim jeden z przyjaciół – w każdym widział coś dobrego"[1]. Rankiem 29 grudnia, kiedy Reed, jąkając się, przyznał się szefowi do wysłania w eter wiadomości bez znaku mówiącego, że wszystko w porządku, Robertson nie dopatrzył się w nim niczego dobrego. Wpadł w szał.

Pomijając pięć „F" na początku meldunku, Chapman i Reed niechcący podsunęli von Gröningowi myśl, że Fryc działa pod nadzorem brytyjskiego wywiadu. Mogło to nie tylko pogrążyć najbardziej obiecującego podwójnego agenta tej wojny, lecz także ostrzec Abwehrę, że inni rzekomo lojalni agenci również zostali przechwyceni. Cały system podwójnego szpiegostwa znalazł się w niebezpieczeństwie.

Wstydowi i skrusze Reeda nie było końca. Tak doświadczony radiotelegrafista popełnił podstawowy, wprost niewybaczalny błąd. Do jego zadań należało między innymi sprawdzanie „znaków kontrolnych", jakie agent mógł ukradkiem wstawić podczas nadawania, aby przestrzec niemieckiego zwierzchnika, że pracuje pod przymusem. Czasem ostrzeżenia były trudne do zauważenia: brak słowa powitania, dodanie bądź opuszczenie jakiegoś X albo kropki. Ale uzgodniony znak Chapmana, świadczący, że jest wciąż na swobodzie, był wyraźny i łatwy do rozpoznania. Wydział Piąty znał go doskonale, gdyż Zigzag posługiwał się nim dotąd nieprzerwanie.

Młody Reed nie ustawał w gorących przeprosinach. „Po tym, że obaj z Zigzagiem całkiem zapomnieliśmy o pięciu »F«, widać, jak łatwo było to zrobić" – jęczał[2]. Dowodził, że Chapman z pewnością zrobiłby to samo, gdyby działał jako wolny agent, choć nie to stanowiło istotę sprawy. Zapewniał też, że: „skoro Zigzag wysłał już wcześniej dwie wiadomości z pięcioma »F«, to moim zdaniem pomyłka ta nie jest aż tak fatalna, jak mogłaby być, gdyby zdarzyła się w pierwszych nadawanych meldunkach". Było to naciągane usprawiedliwienie człowieka za wszelką cenę próbującego przejednać rozwścieczonego szefa.

Tego samego dnia podczas drugiego umówionego wejścia o piątej po południu Chapman i Reed wysłali drugą wiadomość, tym razem nie popełniając pomyłki: „FFFFF PRZEPRASZAM POPIŁEM NA ŚWIĘTA ZAPOMNIAŁEM FFFFF. WESOŁYCH ŚWIĄT. F".

„Sami mogli zapomnieć o wstawieniu pięciu »F«"[3] – pisał Reed z pewnością, której bez wątpienia nie odczuwał. Przez następne dwadzieścia cztery godziny Wydział Piąty z najwyższym niepokojem wertował Najtajniejsze Źródła w oczekiwaniu powodzi przekazów świadczących, że von Gröning przeniknął brytyjski spisek. Wreszcie podsłuchujący odebrali lakoniczną wiadomość: „Odczytane czternaście znaków od Frycka. Okazuje się, że nie rozpoczął od umówionych pięciu »F«"[4]. Von Gröning uwierzył drugiej wiadomości. Głupi błąd jednej strony naprawiło równie głupie zaniedbanie drugiej i nieszczęsny, strapiony Reed mógł wreszcie odetchnąć. Później napisał, że pomyłka ta jedynie „wyprowadziła go z równowagi"[5], ale w rzeczywistości był dotkliwie upokorzony.

Chapman również odetchnął, ale zaczął się coraz bardziej niecierpliwić. Życie w domowym zaciszu na obrzeżach wielkiego miasta wraz z dwoma byłymi policjantami z pewnością nie pasowało w jego mniemaniu do roli szpiega. Zaczął nalegać na podjęcie decyzji co do jego osoby. Sporządził notatkę zatytułowaną „Robota, jaką mógłbym wykonać we Francji" i przekazał ją Reedowi:

Należy poczynić przygotowania w sprawie mego powrotu. Dano mi do zrozumienia, że ponownie udam się do Francji. Doktor Graumann mówił o mojej podróży do Niemiec, ale oczywiście mogę również zostać w Paryżu. Znajduje się tam wiele celów, w które warto uderzyć, i jestem w stanie przedstawić całkiem dobre plany ich zaatakowania, przygotować detonatory, trochę dynamitu i szczegóły dotyczące tych miejsc. Jeśli dostanę dwóch albo trzech odpowiednich ludzi, których samodzielnie przeszkolę i którym zorganizuję pobyt we Francji, i jeśli dostanę wolną rękę, jestem pewien, że sprawię się dobrze. Jeśli natomiast chodzi tylko o zdobycie informacji, muszę gruntowniej opanować niemiecki, którym nie władam wystarczająco, a także poznać różne specjalności wojska i marynarki. Zanosi się na długą robotę i jeśli ludzie przygotowujący wyjazd przyjdą spotkać się ze mną i zapoznają się z moimi pomysłami, wyniki na pewno będą zadowalające[6].

Laurie Marshall, zastępca Reeda, natychmiast udał się na Crespigny Road wysłuchać pomysłów Chapmana, z których jedne były rozsądne i wykonalne, inne dramatyczne i niesamowite. Gdyby wysłano go do Nantes, mógłby ukrywać kodowane informacje w „głupio brzmiących żartach" nadawanych drogą radiową[7]. Gdyby natomiast Anglicy wysłali oddział sabotażystów, dostarczyłby im materiały wybuchowe i detonatory z biura Graumanna w La Bretonnière. Ludzie ci powinni być gotowi na wszystko, również na śmierć – podkreślił. Wśród potencjalnych celów wymienił urzędy gestapo, kwatery Abwehry i oficerów SS. Zwrócił uwagę na to, że wyżsi oficerowie Abwehry często obdarowywali się skrzynkami koniaku, stąd bez większego trudu można by podłożyć w nich bombę z taką ilością ładunku, by zniszczyć cały budynek. Marshall określił entuzjazm Chapmana jako „nieco złowrogi", ale stwierdził, że rozmowa dostarczyła znakomitych wskazówek dotyczących tego, „jakim torem biegną teraz myśli Zigzaga"[8].

Jak dotąd Abwehra nie zdradzała się z żadnymi podejrzeniami, że coś jest nie w porządku, ale by podtrzymać wiarę von Gröninga we Fryca, trzeba było zademonstrować próbkę jego umiejętności. „Musimy zrobić wszystko, by jak najszybciej dokonać spektakularnej eksplozji w zakładach De Havillanda" – pisał Masterman[9]. Zainscenizowany sabotaż miał być szeroko opisany w prasie, zwłaszcza w „The Times" – ulubionej brytyjskiej gazecie von Gröninga.

Członkowie zespołu zajmującego się podwójnymi agentami hołdowali zasadzie, że życie ich podopiecznych powinno jak najbardziej przypominać to, jakiego spodziewają się Niemcy, i że naprawdę powinni oni robić rzeczy, które opisują w meldunkach. Masterman nazywał to „zasadą pozornej rzeczywistości, nadrzędną koniecznością przeprowadzenia agenta przez wszystko, czego rzekomo dokonał"[10]. Znacznie łatwiej podczas śledztwa powiedzieć część prawdy, niż plątać się w sieci samych kłamstw. Jeśli więc Chapman ma udawać, że wysadził fabrykę De Havillanda, musi zbadać wszystko na miejscu tak, jakby rzeczywiście chciał dokonać sabotażu.

Chapman i Backwell udali się w dziesięciomilową podróż autobusem do Hatfield i wysiedli na przystanku obok fabryki. Kiedy wolno spacerowali wokół ogrodzenia, Chapman uważnie przyglądał się obiektowi. W pobliżu głównego wejścia Backwell odwrócił się tyłem, zaś Chapman, udając, że gawędzi z przyjacielem, spoglądał mu przez ramię i opisywał wszystko, co miał przed oczami. Zaobserwował, że bramy strzeże jeden policjant, na terenie fabryki zobaczył trzy budynki, będące prawdopodobnie elektrowniami. Na odkrytym terenie naliczył dwadzieścia pięć maszyn, pierwsze lśniące, drewniane mosquity, jakie w życiu widział. Nawet w oczach amatora były to piękne, małe samolociki, wywołujące też jednak „wrażenie ogromnej zaciekłości"[11]. Trochę dalej płot dochodził do ogródka pubu Kometa, z którym sąsiadowała niewielka kawiarnia. Zbliżała się właśnie nocna zmiana i strażnik najwyraźniej znał z widzenia wszystkich pracowników, gdyż zapisując na liście nazwiska, kiwał każdemu głową.

Chapman i Backwell poszli do kawiarni na filiżankę herbaty. W rogu siedział mężczyzna w mundurze starszego szeregowca, który bacznie się im przyglądał, ale nic nie powiedział. Czy mógł to być szpieg Abwehry, wysłany, by sprawdzić, czy Fryc wykonuje misję? A może czujny policjant na przepustce, zastanawiający się, o czym tak cicho rozmawiają dwaj obcy, znajdujący się w czasie wojny koło ważnej fabryki wojskowej? Czy podniesie alarm albo ich aresztuje? Backwell odrzucił taką myśl: „Wydawał się raczej zdenerwowany niż podejrzliwy. Być może po prostu spóźniał się z powrotem z przepustki"[12].

W nocy w porozumieniu z właścicielem fabryki, dopuszczonym przez Wydział Piąty do tajemnicy, Backwell i Chapman wrócili, by jeszcze dokładniej zbadać teren. Na otoczonym murem dziedzińcu stały cztery wielkie transformatory. Obok znajdował się budynek sąsiadujący z pustym basenem. Na swych zdjęciach lotniczych Niemcy mylnie zidentyfikowali go jako pomocniczą elektrownię, tymczasem mieścił się w nim tylko stary kocioł i pompy do ściągania wody z basenu. Nocą główne wejście wciąż było strzeżone, ale furtkę koło pubu po prostu zamykano na klucz. Chapman powiedział, że gdyby naprawdę chciał unieruchomić fabrykę, wspiąłby się nocą przez tę furtkę, przeciął drut kolczasty i wykorzystał pub jako osłonę. Potem podrzuciłby dwie walizki, każdą z trzydziestoma funtami materiałów wybuchowych: jedną pod główną płytę transformatorów, drugą w rzekomej elektrowni pomocniczej. W obydwu znajdowałyby się zegarki z zapalnikami mającymi spowodować eksplozje po godzinie. Gdyby taki atak nastąpił rzeczywiście, „zniszczyłby zupełnie produkcję całej fabryki"[13]. Oczywiście nawet superszpieg nie mógłby sam przenieść przez bramę z drutem kolczastym sześćdziesięciu funtów materiałów wybuchowych w dwóch walizkach, zatem Chapman potrzebował do tego fikcyjnego sabotażu fikcyjnego wspólnika. Jimmy nadawałby się jak nikt inny, a ponieważ przebywał w ścisłym zamknięciu, więc nie wyraził żadnego sprzeciwu.

W sylwestra Chapman wysłał von Gröningowi następującą wiadomość: „FFFFF ZSZEDŁEM W DÓŁ I WIDZIAŁEM WALTERA. TO BARDZO TRUDNE. DA SIĘ ZROBIĆ. MAM UBRANIA PRZEPUSTKI ITD"[14].

Wnętrze fabryki De Havillanda było na razie jedynym obrazem, jaki Chapman mógł śmiało odmalować po swym powrocie do Francji. Jeśli miał przekonać von Gröninga, że odnowił znajomość z kumplami z Soho, musiał udać się do tej dzielnicy; jeśli miał twierdzić, że wylądował koło Ely, a potem porannym pociągiem pojechał do Londynu, musiał opisać, jak wygląda ta miejscowość za dnia. Jego niemiecki szef chciał dodatkowych informacji o rozmieszczeniu wojsk i posunięciach obronnych, więc jeśli Fryc miał go przekonać o swej wiarygodności, musiał zacząć przekazywać te wiadomości lub sprawiać wrażenie, że stara się to robić. Z pewnością nie mógł tego dokonać zamknięty w Hendon. Powinien wychodzić i węszyć, zaś John Masterman i cenzorzy z Komitetu Dwudziestu zadecydowaliby wtedy, co można bezpiecznie podrzucić von Gröningowi.

Wydział Piąty zdawał sobie sprawę z tego, że Abwehra zaczyna się niecierpliwić. Fryc przebywał w Anglii już od trzech tygodni, kiedy nadeszło żądanie o następującej treści: „PROSZĘ PRZYSŁAĆ KONKRETNE INFORMACJE O GŁÓWNYCH URZĘDACH CYWILNYCH I WOJSKOWYCH"[15]. W kilka dni później pojawiło się kolejne: „PROSZĘ PRZYSŁAĆ NAZWĘ MIEJSCOWOŚCI I KRÓTKI OPIS PAŃSKIEGO PRZYBYCIA"[16].

„FFFFF WYLĄDOWAŁEM DWIE MILE NA PÓŁNOC OD ELY I ZAKOPAŁEM SPRZĘT. NA DRUGI DZIEŃ ZABRAŁEM SIĘ Z RADIOSTACJĄ POCIĄGIEM DO LONDYNU A PÓŹNIEJ SKONTAKTOWAŁEM SIĘ Z PRZYJACIÓŁMI. WSZYSTKO OK. FRYC"[17]. Von Gröning miał jednak najwidoczniej dosyć pogodnych, lecz niejasnych zapewnień. Żądał konkretów, więc Backwell i Tooth zaczęli codziennie wyciągać współmieszkańca na wycieczki. Zabrali go z powrotem do Ely, na miejsce, w którym wylądował, potem poszli drogą, jaką rzekomo pokonał do stacji kolejowej w Wisbech, i zjedli tam rybę z frytkami. Obeszli miejsca, które niemiecki szpieg mógł odwiedzić, lotnisko w Hendon, końcowe stacje kolei londyńskiej, zbombardowane ostatnio dzielnice stolicy. Częściej zaczęli wpadać do pubu przy Hendon Way, gdzie „przyzwyczajono się do nich i ich zaakceptowano"[18]. Nikt ich o nic nie pytał, bo było coś w tych mężczyznach, siedzących przy swoim piwie w rogu baru, co nie pozwalało na zbytnią poufałość.

Kupowali ubrania na West Endzie, przyglądając się wojskowym ciężarówkom, amerykańskim znakom wojskowym, zniszczeniom po bombach, biurom rządowym i kryminalistom mogącym rozpoznać Chapmana. „Eddie wkrótce zaczął odzyskiwać pewność siebie – donosił Backwell – ale mimo to nigdy nie próbował odchodzić ode mnie ani od Allana i wyraźnie się niepokoił, gdy przez jakiś czas nie byliśmy obok niego". Wycieczki te stanowiły podstawę fałszywej historii Chapmana, a nade wszystko pozwalały mu zająć czymś myśli. Backwell i Tooth mieli się wkrótce przekonać, że pozostawiony samemu sobie Eddie pogrążał się w mrocznych rozmyślaniach, najczęściej o Fredzie i córce oraz braku kobiecego towarzystwa.

Stał się „niesłychanie nerwowy"[19]. Oświadczył, że nie wie, jak tłumaczyć niemieckie terminy dotyczące sporządzania bomb, zatem na Crespigny Road pojawiła się nauczycielka niemieckiego, pani Barton, by udzielać mu indywidualnych lekcji. John Masterman, niczym nauczyciel trudnego ucznia, polecił, by dano mu czterotomowy słownik Mureta Saundersa, żeby czytał go do poduszki. Dostarczono mu nowe książki i czasopisma, ale Chapman nie potrafił usiedzieć spokojnie więcej niż kilka minut. Pewnej nocy zwierzył się Toothowi, że „popada w nihilizm – kiedy myśli, że jego życie jest puste i że nic nie ma znaczenia"[20]. Reed z coraz większym niepokojem obserwował napady depresji, wzrastającą niecierpliwość i ciągłe napomykanie o seksie. „Jego wrodzona popędliwość i żywotność wkrótce sprawią, że poszuka okazji, aby odpocząć od wszystkiego z kobietą... Wiele już poczyniono starań, aby jakoś wysublimować te emocje i skierować jego energię w bardziej pożądanym kierunku"[21].

Reed, Tar Robertson i John Masterman odbyli więc spotkanie i zgodzili się co do tego, że nerwowość Chapmana „absolutnie nie pozwala przez dłuższy czas prowadzić go jako podwójnego agenta w tym kraju"[22], gdyż temperament uniemożliwia mu „odizolowane bytowanie"[23]. Ustalony z grubsza plan zakładał, że dojdzie do pozorowanego sabotażu fabryki De Havillanda, tak gruntownego, głośnego i przekonującego, jak to tylko możliwe, by Chapman zachował zaufanie Niemców. Potem wróci do okupowanej Francji, najprawdopodobniej przez Lizbonę, nie biorąc ze sobą żadnych towarzyszy ani nie kontaktując się z agentami aliantów we Francji. Tam ma zbierać informacje, a może prowadzić sabotaż na polecenie Brytyjczyków, co zostanie ustalone w późniejszym terminie.

Wieczorem Reed odwiedził Crespigny Road, aby przekazać Chapmanowi podjęte decyzje. Ten siedział na krześle i wyglądał „bardzo blado"[24]. Tooth powiedział półgłosem, że słuchał radia, kiedy do pokoju wszedł Chapman i usłyszał „coś o atramencie sympatycznym i ruchach wojsk"[25]. Wiadomości te odnosiły się do zupełnie innego wydarzenia, ale przez jedną okropną chwilę Chapman, który zawsze przypisywał sobie główną rolę w każdym dramacie, uznał, że mowa jest o nim, i nadal był w szoku.

Reed zaczął od ogólnej rozmowy o przyszłości. Powiedział, że jeśli symulowany atak na fabrykę De Havillanda powiedzie się zgodnie z oczekiwaniami, Niemcy będą zadowoleni i mogą chcieć, aby Eddie pozostał w Anglii. Czy jest na to przygotowany i czy chciałby przeprowadzić jakieś inne pozorowane ataki?

Chapman potrząsnął głową.

– Mam inną, bardziej osobistą sprawę do załatwienia po powrocie. W Berlinie[26].

– Żadna osobista sprawa, z jaką się nosisz, choćby nie wiem jak chwalebna, nie będzie ważniejsza od tej, którą ci proponujemy – odparł Reed.

– Skąd możecie wiedzieć, skoro nie znacie mych planów? – rzucił cierpko Chapman.

– Zatem powiedz jasno, co zamierzasz zrobić.

– Nie chcę. Uznacie to za absurdalne i niemożliwe do wykonania. A że sam potrafię ocenić, czy jestem zdolny zrealizować swój zamiar, więc najlepiej, jak zatrzymam go dla siebie.

Upierał się przy tym, ale Reed z wielką cierpliwością i empatią namawiał, by wyjawił, co ma na myśli. W końcu Chapman ustąpił i głęboko zaczerpnął tchu.

– Doktor Graumann zawsze dotrzymywał swych obietnic wobec mnie i wierzę, że tak samo będzie, kiedy wrócę. Sądzi, że jestem po stronie nazistów. Zawsze przy ludziach wołałem „*heil Hitler!*" i wyrażałem podziw dla Hitlera jako człowieka i dla nazistowskiej filozofii. Z wielką uwagą słuchałem wystąpień führera transmitowanych przez radio i mówiłem doktorowi Graumannowi, że chciałbym się znaleźć na wiecu nazistów, kiedy Hitler będzie przemawiał. – Niemiecki przełożony obiecał kiedyś Eddiemu, że załatwi mu miejsce koło podium, w pierwszym lub drugim rzędzie, nawet gdyby miał go na tę okazję ubrać w mundur funkcjonariusza wysokiej rangi. – Myślę, że doktor Graumann dotrzyma słowa. – Chapman zamilkł na chwilę. – Wtedy zamorduję Hitlera.

Reed zastygł osłupiały, lecz Chapman ciągnął:

– Jeszcze dokładnie nie wiem, jak tego dokonać, ale przy mojej znajomości materiałów wybuchowych i zapalających jest to całkiem możliwe.

Reed zdołał odzyskać panowanie nad sobą na tyle, że zaprotestował, mówiąc, jak trudno będzie mu się dostać do führera dostatecznie blisko, by rzucić bombę.

– Zresztą czy ci się uda, czy nie, zlikwidują cię z miejsca.

– Ale trudno chyba odejść w większym stylu?! – zaśmiał się Chapman.

Reed nie próbował go zniechęcać. Do późna dyskutowali o różnych możliwościach. Eddie wyjaśnił, że ze względu na swoją przeszłość nie będzie już mógł normalnie żyć w Anglii, nie pozostanie też na zawsze w okupowanej Francji. Teraz ma sposobność, aby nadać sens swemu życiu, choćby miał je utracić.

Pisząc późną nocą raport, Reed próbował zrozumieć, co spowodowało ten ostatni, nadzwyczajny zwrot w postępowaniu Chapmana. Po części jego propozycja zamordowania Hitlera mogła wziąć się z autodestrukcyjnego uczucia pustki, jakie go czasami dręczyło, ale w grę wchodził też głód sławy, poszukiwanie „sposobu odejścia w wielkim stylu". Reed przypomniał sobie, że Chapman prowadził kiedyś album z doniesieniami prasowymi o swych występkach. „Uważa on, że nie ma lepszego sposobu rozstania się z życiem niż ten, dzięki któremu jego nazwisko znalazłoby się w prasie całego świata i na wieczne czasy trafiło do podręczników historii. To ukoronowałoby jego ostatni gest". Było coś rozpaczliwego w tej narzuconej sobie samemu misji, w tym zamiarze drobnego złoczyńcy zamordowania prawdziwego zła. Ale i coś jeszcze: osobliwa iskra heroizmu, poczucie moralnego obowiązku u człowieka, który dotąd obowiązek ten spełniał tylko wobec siebie. Reed był głęboko poruszony: „Sądzę, że niemało w nim wierności wobec Wielkiej Brytanii" – stwierdził[27].

15

Freda i Diane

Gdzie jest Freda? Chapman nie przestawał się dopytywać. Żądał teraz tego, o co dotąd prosił. Chodził podrażniony i skłonny do zwady. Pewnej nocy zwierzył się Backwellowi, że opieka nad Fredą i Diane to jedyna rzecz, jaka obecnie go interesuje. Musi naprawić swoje błędy. Jak raportował policjant, „chce zapewnić przyszłość dziecku, gdyż – jak mówi – tylko na nim mu zależy"[1]. Oświadczył nawet, że wziąłby Diane do siebie, gdyby Freda przeżywała jakieś trudności, choć zdawał sobie sprawę z tego, że w obecnych okolicznościach to niemożliwe[2]. Poprosił Tootha, by w razie jego śmierci podarował Diane na szesnaste urodziny komplet dzieł H.G. Wellsa. Jednocześnie zastanawiał się, czy nie lepiej by było, gdyby córka nigdy nie dowiedziała się o jego istnieniu, gdyż mógłby jej tylko przeszkadzać i przysporzyć cierpienia oraz zmartwień[3].

Wiele uwagi poświęca sprawom osobistym – donosił Backwell[4]. Jeśli jedną narzuconą sobie samemu misją było zamordowanie Hitlera, to drugą stanowiła troska o Fredę i Diane.

Pewnej nocy stracił cierpliwość i napisał wściekłą notkę do Tara Robertsona: „Moje źródła informacji są praktycznie na wyczerpaniu. Nie przydam się tutaj już więcej na nic i dla wielu, wielu osobistych powodów nie chcę tu siedzieć ani dnia dłużej"[5]. Backwell przekazał ten list z następującą uwagą: „[Eddie] uważa, że jego obecne położenie jest nie do zniesienia, skoro znajduje się znów w kraju, a nie może spotkać starych znajomych ani robić, co mu się podoba... E. jest typowym człowiekiem czynu, o wrodzonej niechęci do utartych sposobów życia"[6]. Backwell był przekonany, że tylko spotkanie z dawną kochanką i ich córką może przywrócić Chapmanowi dobry nastrój. „Sprawa Fredy zdawała się zawsze spoczywać na dnie jego myśli – pisał. – Załatwienie mu spotkania z nią niemal zupełnie rozwiąże problemy"[7]. Reed miał wątpliwości. Nie wiadomo, jak Freda zareaguje na widok Eddiego. Ryzyko było zbyt wielkie, bo „jeśli wciąż żywi do niego urazę i dowie się, że znów jest w kraju, może pójść na policję, stwarzając nader niezręczną sytuację"[8]. Nawet gdyby spotkanie przebiegło pomyślnie, Freda musiałaby zająć jakieś miejsce w fałszywej historii Chapmana, co mogłoby zagrozić bezpieczeństwu jej i dziecka. Reed powiedział więc, że policja ciągle stara się ją znaleźć, podczas gdy władze zastanawiają się nad jego prośbą. Chapman zareagował nerwowo, zrobił się jeszcze bardziej „ponury i agresywny", po czym poszedł do łóżka. Teraz i Reed się zaniepokoił. Eddie najwyraźniej uważał, że Wydział Piąty znalazł już Fredę, ale umyślnie trzyma go z dala od niej. I miał rację.

Policja wyśledziła Fredę Elsie Louise Stevenson prawie od razu, gdyż ta przez kilka lat próbowała znaleźć Eddiego Chapmana w związku z wnioskiem o alimenty. Mieszkała teraz wraz z córką w pensjonacie przy Cossington Road 17 w Westcliffe-on-Sea, w hrabstwie Essex.

Po tym jak Chapman opuścił ją, gdy miała dziewiętnaście lat, wiodło jej się coraz gorzej. W 1939 roku, kiedy zniknął, kilka tygodni przed tym, jak odkryła, że jest w ciąży z Diane, wynajmowała mieszkanie w kamienicy w Shepherd's Bush. Próbowała znaleźć Eddiego, pytając o niego najpierw barmanów z Soho, potem jego więziennych kumpli, a wreszcie poszła na policję. Tutaj dowiedziała się, że ojciec jej dziecka przebywa w więzieniu na Jersey. Wysyłała listy i fotografie, nigdy nie dostając odpowiedzi. Potem nastąpiła inwazja, która położyła kres wszelkiej korespondencji. W londyńskim półświatku rozeszła się plotka, że Chapman został zastrzelony przez Niemców, kiedy próbował uciec z Jersey.

Freda musiała żyć dalej. Z zawodu tancerka, po wybuchu wojny miała coraz większe kłopoty ze znalezieniem pracy. Przeniosła się do Southend, aby być bliżej matki. Blada, krucha, o wielkich, brązowych oczach i małych ustach, była łagodna i ufna z natury, ale macierzyństwo wyzwoliło w niej zadziwiającą odporność i wręcz zwierzęcą opiekuńczość. Jej ojciec, kierowca autobusowy, zmarł, zanim przyszła na świat, więc i ona wychowywała się w niepełnej rodzinie. Nie oczekiwała wiele od życia, zadowalając się tym, co jej podarowało. W sierpniu 1941 roku poznała i poślubiła dużo starszego od siebie Keitha Butcharta, kierownika wytwórni baloników. Małżeństwo rozpadło się niemal od razu. Pewnej nocy, kiedy Butchart poszedł sobie wypić, Freda spakowała malutką Diane, wrzuciła garnitur męża do ognia i opuściła dom.

Mieszkała w pensjonacie i pracowała na pół etatu w straży pożarnej, kiedy nagle zjawili się dwaj oficerowie Sekcji Specjalnej. Siedząc w saloniku, zadawali jej mnóstwo pytań o Eddiego Chapmana. Kiedy odeszli, Freda pochwyciła Diane w objęcia, zdjęta nieokreśloną nadzieją.

Po powrocie na Crespigny Road Tooth i Backwell uznali, że ich rola wymaga również tego, by zajęli się libido Chapmana. Dotąd gotowali, sprzątali i szukali rozrywek dla swego podopiecznego, teraz mieli mu pomóc szukać kobiet lekkich obyczajów. Obaj policjanci przyjęli ten nowy obowiązek z pogodną rezygnacją. Do tej pory Wydział Piąty starał się utrzymać Chapmana z dala od tego, co Reed subtelnie nazywał „odpoczynkiem z kobietą", a teraz powiedziano im, że jeśli Chapman chce się odprężyć, należy mu to umożliwić[9].

15 stycznia po obiedzie spożytym w pubie Landsdowne Chapman i Backwell udali się na ulicę New Bond, w tę jej część, która słynęła z domów rozpusty. Szybko dobito targu w drzwiach i Chapman wybrał sobie prostytutkę, która zabrała go do mieszkania nad sklepem. „Na szczęście naprzeciwko znajdował się pub – donosił Backwell – i Eddie obiecał przyjść tam za jakieś pół godziny. Dotrzymał słowa"[10]. Po kilku dniach łotrzyk i policjant znowu wyruszyli razem, aby się „odprężyć". W Lyons Corner House poznali

dwie dziewczyny, Doris i Helen, i zaprosili je na obiad. Wcześniej uzgodnili, że jeśli ktoś zapyta Chapmana, co teraz robi, powiedzą, że służy w wojsku i właśnie wrócił z zagranicy[11]. Miało to również wyjaśnić, dlaczego tak bardzo nie orientuje się w warunkach życia w dotkniętym wojną Londynie. Ostatnio mieszkał tutaj w roku 1939 i musiało upłynąć kilka tygodni, by przywykł do talonów i kartek na żywność, zaciemniania i schronów bombowych.

Wizyta na New Bond przyniosła tylko krótkotrwałe odprężenie. Wkrótce Chapman popadł w jeszcze większą depresję, więc opiekunowie zaczęli wymyślać bardziej wyrafinowane rozrywki. Pewnego wieczora zabrali Eddiego, ubranego w płaszcz, kapelusz i szal, na epopeję wojenną *Nasz okręt*, w której główną rolę grał Noel Coward, jego dawny znajomy. Chapman miał zachowywać czujność i w razie spotkania kogoś, kto mógłby go rozpoznać, zejść mu z oczu i spotkać się z opiekunami w uzgodnionym wcześniej miejscu. Przez jakiś czas plan ten działał bez zarzutu i kilka razy udało mu się wypatrzyć dawnych wspólników, nim ci zdążyli go zauważyć. „Eddie był niesamowity pod jednym względem – pisał Backwell. – Miał niezwykły dar zapamiętywania twarzy i sytuacji. W Londynie często rozpoznawał ludzi, których widział poprzednio w zupełnie innych miejscach"[12].

Ale i twarz Chapmana łatwo było zapamiętać. Kiedyś wieczorem w wejściu do restauracji Prince na West Endzie zetknął się z pewnym włamywaczem w dwurzędowym garniturze, którego znał sprzed wojny[13]. Zaczerwieniony i lekko podpity mężczyzna wyciągnął dłoń i powiedział: „Cześć, stary, jak miło cię widzieć"[14]. Tooth szykował się, by wkroczyć do akcji, ale Eddie spojrzał zimno na natręta, rzucił formalne „cześć" i zaczął wchodzić na schody. Mężczyzna poszedł za nim, przepraszając za pomyłkę, ale upierał się, że Chapman przypomina mu kogoś znajomego. Ten wesoło zauważył po francusku, że ma chyba jakiegoś bliźniaka, i zostawił w drzwiach zmieszanego włamywacza[15]. Backwell był pewien, że blef poskutkował: „Człowiek ten przeprosił i odszedł oszołomiony, przekonany o swej pomyłce"[16]. Chapman powiedział, że nie pamięta jego nazwiska, w co nie uwierzył żaden z opiekunów. „Przypuszczam, że dla

Zigzaga jest czymś naturalnym zataić nazwisko tego włamywacza z racji lojalności, jaką darzy dawnych kompanów z półświatka – zastanawiał się Reed. – A poza tym to tak naprawdę nie nasze zmartwienie"[17].

Zdarzenie to tylko pogłębiło frustrację Chapmana półniewolą, w jakiej się znajdował, mogąc obserwować znany mu Londyn, ale nie mogąc się nim cieszyć. Zażądał spotkania ze swym młodszym bratem Winstonem, który jego zdaniem służył w wojsku, ale powiedziano mu kłamliwie, że z tego, co wiadomo, znajduje się w Indiach[18]. Pewnej nocy zastanawiał się, czy wyjść przez okno i udać się na West End. Nie zrobił tego jednak, ponieważ uświadomił sobie, że to byłoby sprzeczne z dobrem służby i jego towarzyszy[19]. Niemniej tęsknił wciąż za starymi znajomymi i poprosił Reeda, aby odszukał Betty Farmer. Reed nie był pewien, czy chciał odnowić romans, czy przeprosić za to, że w tak osobliwy sposób zostawił ją przed trzema laty w restauracji hotelu na Jersey. Jak zwykle motywy, którymi kierował się Chapman, nie były zbyt czytelne. Zawsze zachowywał sobie wszelki możliwy wybór – od kołyski nie wchodził w zakład bez odpowiedniej asekuracji. Ostatnim śladem po Betty były jej łzawe zeznania na policji w 1939 roku. Zniknęła, co najzupełniej odpowiadało Reedowi. Życie uczuciowe Chapmana było już wystarczająco skomplikowane.

Postanowiono zatem doprowadzić do spotkania z jednym z bardzo nielicznych godnych zaufania znajomych Chapmana. Był nim producent filmowy Terence Young, obecnie oficer wywiadu, przydzielony do polowej służby bezpieczeństwa i dywizji gwardii pancernej w Obronie Terytorialnej. W minionych latach Young stał się znany jako dobrze zapowiadający się reżyser, toteż planowano powierzenie mu filmów propagandowych. Mówiono, że sprawą interesował się sam Churchill. Teraz do Younga udał się Marshall z B1A i przy herbacie w hotelu Claridge's zapytał go, czy nie spotkałby się w ścisłej tajemnicy z Chapmanem, aby porozmawiać z nim o starych kompanach i podbudować jego morale[20]. Young zgodził się z ochotą, mówiąc, że często się zastanawiał, co też przydarzyło się przyjacielowi, który zszedł na złą drogę. Powiedział Marshallowi, że jest on złoczyńcą i zawsze nim pozostanie, ale jednocześnie to nadzwyczajny facet.

Young mówił dalej o barwnym, rozwiązłym życiu, jakie wiódł Chapman przed wojną, o ludziach ze środowiska filmowego, teatralnego, literackiego, z kręgów podejrzanej polityki i dyplomacji, których znał, oraz o jego powodzeniu u kobiet. Marshall zapytał, czy można by mu powierzyć misję wywiadowczą.

– Można mu dać najtrudniejsze zadanie, a wykona je z całą pewnością – odparł z przekonaniem Young. – Całkiem jednak prawdopodobne, że przy okazji okradnie urzędnika, który mu zlecił tę misję... Wykona ją i wróci zameldować o tym człowiekowi, którego okradł. – Słowem, można polegać na nim, że zrobi wszystko, co się mu zleci, ale nie zasługuje na wiarę pod niemal żadnym innym względem.

Chapman i Young spotkali się na późnym obiedzie w zacisznym kącie w Savoyu, z Marshallem jako stróżem. Jak potem relacjonował, „wydawali się bardzo uradowani spotkaniem i wdali się w ożywioną rozmowę". Kiedy popłynęło więcej alkoholu, rozmowa zeszła na temat wojny i Young oświadczył, że zwycięstwo aliantów jest nieuniknione. Chapman odparł na to, że wydaje się zbyt pewny siebie, a potem wygłosił pean na cześć idealizmu Hitlera oraz siły i skuteczności niemieckich żołnierzy. Mimo wszystkich reedukacyjnych wysiłków Tootha i Backwella długie przebywanie wśród nazistów dawało o sobie znać. W drodze powrotnej na Crespigny Road Marshall zwrócił mu uwagę, że „głupotą jest wygłaszanie takich poglądów bez względu na to, jak dalece mogłyby być prawdziwe"[21].

Wiara Chapmana w przewagę militarną Niemców została zachwiana w inny sposób: Abwehra wciąż miała kłopoty z odbiorem wiadomości radiowych. Najtajniejsze Źródła odkryły, że nowa radiostacja o kryptonimie Horst, obsługiwana przez pracującego na pełny etat operatora, zidentyfikowanego jako porucznik Vogy, została zainstalowana w St Jean de Luz głównie po to, aby odbierać meldunki od Fryca. 14 stycznia Maurice przysłał jednak polecenie, aby Chapman nadawał „na ślepo", bo zawaliła się nowa antena. Ten dowód nieudolności stworzył sposobność zepchnięcia Niemców do defensywy. Następna wiadomość, jaką Fryc wysłał do von Gröninga, była, jak to określił, „ostra": „FFFFF ZAWIEDZIONY I ZMARTWIONY BRAKIEM ODBIORU. TO BEZNADZIEJNA FUSZERKA. MIAŁEM OBIECANE PEŁNE WSPARCIE I MUSZĘ JE MIEĆ. ROBOTA IDZIE DOSKONALE. MAM PEŁNĄ LISTĘ WSZYSTKIEGO CO CHCECIE. MUSICIE COŚ ZROBIĆ BY SKOŃCZYĆ Z TYMI KŁOPOTAMI. F"[22].

Przez kilka następnych dni pilnie nasłuchiwano w eterze, co Abwehra sądzi o tym frontalnym ataku. Nie padło na ten temat ani jedno słowo. Najwidoczniej radiooperator po prostu zataił pełen wściekłości meldunek, aby nie oberwać od von Gröninga, jak się wyraził Reed[23]. Nie po raz pierwszy ani nie ostatni pionki w wielkiej organizacji podejmowały samodzielną decyzję, byle tylko szef nie przekonał się o ich niekompetencji. Po kilku dniach Maurice potulnie zawiadomił, że zamocowano kolejną antenę i że wydano nowe zarządzenia[24]. Od tego czasu przekazy i odbiór przebiegały bez zakłóceń.

Backwell zabrał teraz Chapmana na zakupy po rzeczy do wyrobu bomb. Jeśli Eddie miał przekonać Niemców, że przeprowadził eksplozję w zakładach De Havillanda, musiał sprawdzić, czy można zdobyć potrzebne składniki. Okazało się to zadziwiająco proste. W Timothy Whites kupili chloran potasu pod postacią środków chwastobójczych, a w Boots in Harrow – nadmanganian i azotan potasu. J.W. Quibell z Finchley Road uprzejmie podał Chapmanowi proszek siarczany, kulki na mole i proszek aluminiowy pod postacią srebrnej farby, a mąkę i cukier można było nabyć w każdym sklepie spożywczym. Wielka Brytania tkwiła w szponach racjonowania, ale kupno materiałów do zrobienia bomby okazało się banalnie proste. Prawdę mówiąc, trudniej było się zaopatrzyć w składniki do dobrego ciasta. Podczas zakupów nikt nie stawiał żadnych pytań. Raz gdy Chapman przez pomyłkę poprosił o „kalium" („potas" po niemiecku), asystentka pomyślała, że chodzi mu o wapń[25]. Po powrocie na Crespigny Road Chapman przystąpił do drobnych eksperymentów z mieszankami wybuchowymi. Tym razem niczego już nie wysadzał. W przeciwieństwie do sąsiadów La Bretonnière, poczciwi mieszkańcy Hendon nie znieśliby płonących kawałów drewna, wpadających do ich ogródków. „Zajmowało to Eddiemu czas – pisał Backwell – ale drążył go nieustanny niepokój i nie mógł długo skupić się na jednej rzeczy"[26].

Wydawało się, że Chapman powinien być zadowolony, że robi bomby, szlifuje niemiecki, spotyka dawnych przyjaciół, posyła ostre uwagi niemieckim zwierzchnikom i zbiera wątki do swej fałszywej historii, lecz on chodził przygnębiony. Tęsknota za Fredą i dzieckiem przerodziła się w obsesję, prawie się nie odzywał. Reed zdawał sobie sprawę z tego, że ten problem doprowadzi do kryzysu. „W nastroju, w jakim się znajduje, może po swym powrocie łatwo zwrócić się przeciwko nam i zdradzić wrogowi, co go z nami łączy. Nawet jeśli do tego nie dojdzie, to może nie wykonać instrukcji i działać pod wpływem impulsu i własnych zachcianek" – meldował[27].

Posłał więc na Crespigny Road swego zastępcę Marshalla, aby przy butelce whisky porozmawiał z Chapmanem od serca. Marshall był sympatycznym człowiekiem i wdzięcznym słuchaczem. W miarę jak pili i gadali, Eddie zaczął się rozklejać jak nigdy dotąd. Przeszedł całkowicie na francuski, co pozwalało mu przełamać wrodzoną nieufność i ujawnić najskrytsze myśli[28]. Mówił o swym ciężkim dzieciństwie, ubolewał nad brakami w wykształceniu, opowiadał o drążącej go niecierpliwości, chęci naprawienia dawnych występków i pragnieniu znalezienia czegoś, dla czego warto żyć lub umrzeć.

Rozmawiali do trzeciej nad ranem. Dziewięciostronicowa relacja Marshalla z tej „poufnej i poważnej" rozmowy jest jednym z najciekawszych dokumentów w aktach Zigzaga, pełnym studium człowieka, który zmaga się z różnymi elementami swojej natury.

„Zdaje się, że po raz pierwszy próbuje zrozumieć samego siebie i zastanawia się nad sensem życia – pisał Marshall. – W ciągu ostatnich trzech lat odkrył ideę, H.G. Wellsa, literaturę, altruistyczne pobudki i piękno. Chociaż nie ubolewa nad przeszłością, nie widzi dla siebie miejsca w społeczeństwie i uważa, że lepiej, by zginął, ale nie na próżno. Chce naprawić popełnione występki. Nie uwierzy, że dokonał czegoś wartościowego, dopóki nie zdecyduje się na jakiś konkretny czyn".

Chapman przyznawał, że miota się między patriotyzmem a egoizmem, że „walczy z samym sobą". Dotąd „zawsze miał na uwadze tylko siebie i robił, co mu się podobało", ale już się zmienił. Zdał sobie sprawę z tego, że „musi też brać pod uwagę innych, a jest to naprawdę bardzo trudne". W pewnej chwili zwrócił się do towarzysza z wyrazem bólu na twarzy i zapytał:

– Czy sądzisz, że własne życie jest ważniejsze od dobra kraju i ideałów[29]?

Marshall odparł, że nie.

Następne pytanie było jeszcze poważniejszej natury:

– Co twoim zdaniem stanowi cel w życiu?

Tym razem Marshall miał gotową odpowiedź: „Oświadczyłem, że człowiek zmierza ku wyższemu przeznaczeniu, że wzniósł się z małpiej egzystencji do obecnego stanu cywilizacji, że wspina się stopniowo i że obowiązkiem każdego z nas jest pomóc mu wznieść się jak najwyżej".

Zdając sobie sprawę z tego, jak górnolotnie to zabrzmiało, Marshall szybko dorzucił:

– Nie znaczy to oczywiście, że musimy być świętoszkami. Wojna jest czystym bestialstwem.

Chapman zastanowił się nad tymi słowami i zauważył, że owo credo przypomina credo H.G. Wellsa i w pewnym stopniu jego własną filozofię. Rozmawiali o socjalizmie i kapitalizmie, patriotyzmie i obowiązku. „Zdaje się – zauważył Marshall – że te sprawy zajęły go po raz pierwszy i uznał je za wielkie odkrycie, jakim w istocie są".

Teraz Marshallowi przyszło zadać pytanie:

– A co ty osobiście zamierzasz zrobić, aby pomóc człowiekowi w jego walce?

– Moje życie nie przedstawia większej wartości – padła raczej mętna odpowiedź – i lepiej byłoby, gdybym zginął. Nie chciałbym go oddać darmo, wolałbym zrobić coś, czym mógłbym odkupić wyrządzone zło.

Marshall żachnął się, mówiąc, że to tchórzliwe wyjście.

– Jeśli doprowadzisz teraz do swojej śmierci, przyznasz się do porażki. Jesteś myślącym człowiekiem. Człowiek musi się rozwijać i powinieneś odegrać rolę w tym rozwoju. Musisz zdecydować, czy angielskie zwycięstwo pomoże ludzkości w jej postępie, czy lepiej będzie, jeśli zwyciężą zasady nazizmu.

Chapman odparł, że już zmienił swe zdanie w tej kwestii:

– Anglia nie może sobie pozwolić na przegraną w tej wojnie.

Marshall uznał, że Chapman widział zbyt wiele bestialstwa i grozy, uciśnionych Francuzów i okrutnych gestapowców, aby pozostać na uboczu. W ten zimny londyński poranek wracał z Crespigny Road do domu przekonany, że teraz „odegra on swoją rolę".

Reed był zafascynowany relacją Marshalla z nocnej rozmowy z Chapmanem i uznał ją za niezwykle cenne studium ludzkiego charakteru[30]. Ukazywała człowieka pragnącego wypełnić swój obowiązek, a jednocześnie usiłującego w jakiś sposób skończyć z dręczącą go rozterką. Uznał, że „wyższemu przeznaczeniu" Chapmana w jego wojnie z Hitlerem nie stanie się zadość, jeśli nie znajdzie spokoju we własnym domu. Nadszedł czas na operację Freda.

26 stycznia 1943 roku po Fredę i Diane przybył samochód i zawiózł je do Londynu, gdzie zatrzymały się w hotelu Brent Bridge. Do spotkania doszło tego wieczora. Subtelni dozorcy Backwell i Tooth postarali się o kwiaty, butelkę szampana i opiekę nad dzieckiem. Podczas gdy Freda i Eddie witali się w pokoju na górze, policjanci zabawiali trzyletnią Diane w hotelowym holu. Chapman miał powiedzieć Fredzie, że uciekł z Jersey i że policja wycofała zarzuty przeciw niemu. Teraz wstępuje do wojska i wyjeżdża gdzieś za morza[31]. Przyjęła te wyjaśnienia, nie zadając żadnych pytań. Na drugi dzień przeprowadziła się wraz córeczką na Crespigny Road,

wchodząc – jak to ujął Backwell – do rodziny, która składała się teraz z jednego przestępcy i podwójnego agenta, tancerki pracującej w straży pożarnej, tryskającego energią brzdąca i dwóch udręczonych policjantów[32].

Freda pojawiła się u boku Chapmana równie nagle, jak znikła przed blisko czterema laty. Ta osobliwa parodia rodzinnego życia sprawiła, że Eddie nie domagał się już wycieczek na West End czy spotkań z dawnymi kumplami i zdawał się całkiem zadowolony z przesiadywania w tym właśnie kręgu. Wieczorem młoda para spacerowała pod rękę po Hendon Way, podczas gdy jeden z policjantów pilnował ich z oddali, a drugi zajmował się Diane i robił zakupy.

Oczywiście obowiązki prowadzenia powiększonego gospodarstwa i nadzorowania niesprawdzonego podwójnego agenta stanowiły wyzwanie organizacyjne. Freda zamieszkała w pokoju Chapmana. Należało zatem pilnować, „by zdążyła wstać, ubrać się i zejść na dół przed 9.45, o czym uprzedzał szczęk klucza w łazience albo na górze"[33]. Dodatkowa trudność polegała na tym, że sprzątaczka, pani West, przychodziła z rana, a nie mogła włączać odkurzacza, w czasie kiedy Chapman nadawał.

Pewnego wieczora, o siódmej, Chapman oświadczył, że idą z Fredą do łóżka.

– Eddie, o dziewiątej nadajemy – szepnął Reed, kiedy para opuszczała pokój. – Nie zapomnij.

O ósmej poszedł na palcach na górę i lekko zastukał w drzwi.

– Bądź gotów w godzinę, Eddie. – Nie było odpowiedzi.

O 8.45 Reed załomotał w drzwi.

– Masz tylko piętnaście minut, Eddie.

Chapman wystawił głowę na zewnątrz.

– Och, nie trzeba mi aż piętnastu minut – powiedział i zniknął z powrotem[34].

Reed zastanawiał się, czy ma wejść do środka i stać się świadkiem *coitus interruptus*, kiedy wreszcie ukazała się rozczochrana Freda.

Wobec wszystkich tych zabiegów Freda wykazywała imponujący brak ciekawości. Jej kochanek rzadko pozostawał poza zasięgiem wzroku któregoś z dwóch barczystych mężczyzn, obserwujących każdy jego krok. O różnej porze pojawiało się wielu ludzi ubranych po cywilnemu, przychodził też mężczyzna w osobliwych tartanowych spodniach. W czasie ich wizyt Freda musiała wychodzić wraz z dzieckiem na długie spacery. Słyszała czasem, jak Eddie powtarza niemieckie rzeczowniki. W szafce kuchennej leżały jakieś chemikalia. „Fredę musiały bardzo męczyć te dziwne sprawy – przypuszczał Backwell – ale nie zadawała żadnych pytań"[35]. Kiedy mieszkała wraz z Chapmanem przy Sterndale Road, bywali tam ludzie nigdy niemówiący, kim są i co robią, więc wszystko to przypominało dawne czasy. „Chociaż wiedziała bardzo mało o tym, co się wokół niej dzieje, przyjmowała to bez żadnych pytań i przyzwyczaiła się, że zawsze przebywamy we troje" – pisał Tooth[36].

Nastrój Chapmana zmienił się od razu. „Od kiedy E. zobaczył Fredę i dziecko, czuje się znakomicie i mówi, że jego poglądy na przyszłość uległy całkowitej odmianie. Znalazł swoją *raison d'être*. Przestał myśleć o innych kobietach i wycieczkach na West End i mówi, że ma zamiar pozostać w tej okolicy, pracując nad swoją fałszywą historią i przygotowując się do powrotu do Francji" – notował Tooth[37]. Przedtem ponuro zrzędzący, teraz tryskał energią. Nie widział świata poza córką, napełniającą hałasem i życiem cały dom. Czarny nihilizm Chapmana ustąpił równie krańcowemu optymizmowi i przesadnej pewności siebie. Eddie zaczął się nawet zastanawiać, czy po wojnie nie mógłby się zająć czymś, czego nie robił do tej pory. Mówił o wyjeździe z Fredą do Polski, gdzie założyłby kabaret, albo o powrocie na drogę przestępstwa, gdyż wątpił, czy jest w stanie żyć, przestrzegając prawa[38]. Jednocześnie zastanawiał się, czy nie znalazłoby się dlań miejsce w wywiadzie, co „zaspokoiłoby jego żądzę przygody"[39].

Tooth osobiście wątpił, czy MI5 chciałby mieć Chapmana u siebie na stałe, ale zauważył, że młody człowiek zaczyna myśleć pozytywnie. „Poprzednio nie wierzył, że istnieje dla niego jakaś przyszłość i mało się tym przejmował" – twierdził[40]. Po wykonaniu jednej misji, czyli połączeniu się z Fredą i dzieckiem, gotów był do następnej – pozorowanego sabotażu w zakładach De Havillanda.

„Co to za człowiek![41] – pisał Ronnie Reed, dowiedziawszy się, że operacja Freda powiodła się ponad wszelkie oczekiwanie. „To nadzwyczajne, jaki obrót przybierają wypadki po tym, co zaszło. Włączenie w sprawę konkretnej kobiety pozwoliło pokonać niemal wszystkie trudności, rozwiązało jego problemy emocjonalne i zmieniło nastawienie do życia"[42]. Zupełnie przypadkowo wyszło na jaw, że kiedy Chapman siedział w więzieniu, rozwód z Verą Freidberg został sfinalizowany. Eddie natychmiast oświadczył się Fredzie, która jednak zauważyła rozsądnie, że mogą poczekać, aż wróci z wojska.

W radości Wydziału Piątego z takiego obrotu sprawy było jednak coś więcej niż zwykła życzliwość. Mając narzeczoną i dziecko w Wielkiej Brytanii, Eddie Chapman nie byłby tak skłonny do zdrady na rzecz Niemiec. Z tego, co wiedziano o nim do tej pory, mógł jutro zapomnieć o dzisiejszej propozycji małżeństwa, ale Reed zauważył trzeźwo, że „taka decyzja silnie go motywuje do powrotu na terytorium aliantów"[43]. Brytyjscy zwierzchnicy Chapmana byli na ogół prawymi i honorowymi ludźmi, ale potrafili wykorzystać sytuację, jeśli taka im się nadarzyła. Podobnie jak Niemcy trzymali Faramusa jako zakładnika lojalności Chapmana, tak Wydział Piąty miał dbać o Fredę tak długo, jak Eddie będzie się wywiązywał ze swych zadań. Oczywiście cała rzecz nigdy nie została przedstawiona w tak ostrych słowach. Nie było potrzeby, aby się do nich uciekać.

Co do Fredy, to może nigdy nie zdawała sobie sprawy ze swej ważnej roli w tym dramacie ani nie wyobrażała sobie, że ci wszyscy odwiedzający ich goście, traktujący ją z taką kurtuazją, mają ukryte cele. Może nie zadawała pytań dlatego, że naprawdę nic nie podejrzewała. Z drugiej strony, Freda wydawała się twardą kobietą i nawet jeśli rozumiała odgrywaną przez siebie rolę, była zbyt sprytna, aby się z tym zdradzić.

16

Abrakadabra

Aby przekonać Niemców, że fabryka samolotów De Havillanda wyleciała w powietrze, a jednocześnie nie wyrządzić tam znaczących szkód, należało odwołać się do potężnej magii. Przywołano zatem czarodzieja w osobie Jaspera Maskelyne'a, zawodowego iluzjonistę, gwiazdę West Endu i najbardziej ekstrawagancką tajną broń Wielkiej Brytanii. Maskelyne wywodził się ze starej rodziny magików, alchemików i astronomów. Jego dziadek był słynnym sztukmistrzem doby wiktoriańskiej, a on sam w latach trzydziestych uznanym mistrzem iluzji, specjalizującym się w żonglerstwie i demaskowaniu fałszywych twierdzeń spirytystów. Okazał się również zdolnym wynalazcą – to jemu zawdzięczamy na przykład istnienie toalet otwierających się po wrzuceniu monety. Wyglądał on tak, jak winien wyglądać magik: z przedziałkiem we włosach spryskanych lakierem, filmowym wąsem, cylindrem i czarodziejską laseczką. Był bardzo zdolny i irytująco próżny.

Kiedy po raz pierwszy zaoferował wykorzystanie swych zdolności magicznych na potrzeby wojny, odprawiono go jako showmana, którym był w istocie, i skierowano do zabawiania żołnierzy. W końcu jednak generał Archibald Wavell, obdarzony wyobraźnią dowódca wojsk brytyjskich w Afryce Północnej, uznał, że talenty Maskelyne'a przydadzą się na polu bitwy, i polecił wysłać go na Pustynię Zachodnią. Tam iluzjonista stworzył Czarodziejski Gang

– jak się zdaje, najbardziej ekscentryczną jednostkę wojskową w dziejach, w skład której weszli: chemik analityczny, karykaturzysta, przestępca, scenograf teatralny, konserwator obrazów, stolarz i – by stało się zadość wymogom wojskowej biurokracji – jeden zawodowy żołnierz. Gang zajął się zwodzeniem nieprzyjaciela. Budowali fałszywe łodzie podwodne i spitfire'y, zamieniali czołgi w samochody terenowe i zdołali osłonić część Kanału Sueskiego za pomocą obrotowych luster oraz reflektorów, które stworzyły oślepiający wir światła na niebie, szeroki na dziewięć mil.

Największy podstęp Maskelyne'a umożliwił zwycięstwo w bitwie pod El Alamein, kiedy dzięki całemu szeregowi „sztuczek, wybiegów i chwytów" udało się przekonać Erwina Rommela, że brytyjskie przeciwnatarcie przyjdzie z południa, a nie z północy. W 1942 roku Czarodziejski Gang zbudował ponad dwa tysiące atrap czołgów i sztuczny rurociąg, mający zaopatrywać tę fikcyjną armię. Niedokończony rurociąg łatwo można było wypatrzyć z powietrza, a wolno ciągnąca się budowa przekonała Niemców, że żaden atak nie nastąpi wcześniej niż w listopadzie. Rommel pojechał do domu na urlop, a 23 października rozpoczęło się uderzenie. Po zwycięstwie Churchill wysoko ocenił „cudowny system kamuflażu", który tak się do niego przyczynił.

Maskelyne był więc właściwą osobą, by sprawić, że fabryka De Havillanda zniknie w kłębach dymu. Jak twierdzi Charles Fraser-Smith, dostawca wojskowych urządzeń dla wywiadu, unieśmiertelniony jako „Q" w powieściach o Jamesie Bondzie, Maskelyne miał za zadanie spowodować, „by z powietrza wyglądało to tak, że cały zakład posłano do Królestwa Niebieskiego"[1]. Po naradzie z Tarem Robertsonem i pułkownikiem Johnem Turnerem, szefem sekcji kamuflażu w Ministerstwie Lotnictwa, plan pozornego sabotażu fabryki zaczął nabierać kształtu.

Na początku planujący chcieli rzucić na dach płyty azbestowe i rozniecić wielki ogień, który z całą pewnością zauważyłby zwiad niemiecki. Masterman zaoponował jednak, twierdząc, że płomie-

nie mogą stać się kuszącym celem dla Luftwaffe². Postanowiono
zatem stworzyć na tyle przekonujący kamuflaż, by i z ziemi, i z powietrza wyglądało na to, że w siłowni fabryki wybuchła wielka
bomba.

Technicy od kamuflażu sporządzili cztery repliki transformatorów z drewna i *papier mâché*, pomalowane na stalowoszary kolor.
Dwie z nich przewrócono tak, jakby siła wybuchu odrzuciła je na
bok. Prawdziwe transformatory przykryto natomiast siatką maskującą i pofałdowanymi stalowymi płytami, tak że z powietrza wyglądały jak rozległa dziura w ziemi³. W noc akcji wielka drewniana,
pomalowana na zielono brama do siłowni miała zostać zastąpiona
zniszczoną w takim samym kolorze. Ściany mniejszego budynku
zdecydowano się pokryć brezentem pomalowanym tak, aby pozo-
rował resztki rozwalonego, ceglanego muru, zaś pozostałe pociąg-
nąć sadzą, co nadałoby im wygląd poczerniałych od wybuchu. Gruz
i kamienie miały walać się w promieniu stu stóp. Pułkownik Turner
zapewnił Tara, że zarówno samoloty zwiadowcze, jak i każdy niemiecki agent wysłany w celu sprawdzenia zniszczeń zostaną całkowicie wprowadzeni w błąd.

Chapman wystukał następującą depeszę do von Gröninga:
„FFFFF WALTER GOTOWY BY IŚĆ. ZACZNIJCIE PRZYGO-
TOWANIA DO MEGO POWROTU. F"⁴.

Wojskowi meteorolodzy zbadali warunki pogodowe oraz fazy
księżyca i orzekli, że atak najlepiej przeprowadzić w nocy z 29 na
30 stycznia, kiedy nie będzie dużo chmur, co pozwoli zobaczyć
Niemcom skutki wybuchu, za to przez długi czas będą panować
ciemności, bo księżyc tej nocy wzejdzie dopiero o 2.30 nad ranem.
Zapewni to sztukmistrzom co najmniej trzy godziny na wykonanie
spektaklu.

Jego skuteczne przeprowadzenie stanowiło jednak tylko część
przedsięwzięcia. Aby przekonać Niemców, trzeba było zamieścić
odpowiednie doniesienia w prasie i wystarczyło zrobić to w jednej tylko gazecie, a mianowicie w „The Times" – „Gromowładcy"
– organie brytyjskiego establishmentu. Chapman uzgodnił z von

Gröningiem, że będzie posyłał wiadomości do „Timesa", i Wydział Piąty miał teraz użyć tej samej gazety, aby wprowadzić go w błąd.

Wydawcą „Timesa" był Robert Barrington-Ward, ostoja prasowej uczciwości, wychowanek tej samej uczelni co John Masterman, który mimo to przewidywał, że włączenie go do gry będzie „niezmiernie trudne"[5]. Masterman zapoznał go zwięźle z sytuacją, podkreślił znaczenie mistyfikacji i zapytał, czy dziennik zechce „zamieścić krótką notkę o wydarzeniu w sobotnim wydaniu". Barrington-Ward odmówił grzecznie, z żalem, ale zdecydowanie, twierdząc, że choć chciałby pomóc, to zamieszczenie w gazecie fałszywej informacji byłoby sprzeczne z jego zasadami, jako że nie tylko reputacja, lecz także samo istnienie „Timesa" opiera się na tym, by nie zamieszczać wiadomości, o których prawdziwości redakcja nie jest przekonana. Masterman zaprotestował, dowodząc, że pojedyncza wzmianka to drobiazg, ale jego rozmówca nie ustąpił, odpowiadając: „Z całym szacunkiem, ale nie".

Formalnie rzecz biorąc, wydawca „The Times" miał słuszność. Kiedy gazeta, nawet podczas wojny, świadomie podaje fałszywe wiadomości, traci niezależność. Barrington-Ward odradził również Mastermanowi puszczenie fałszywej historyjki w obieg za pośrednictwem Ministerstwa Informacji, bo wymagałoby to albo oszukania dziennikarzy, albo, co jeszcze gorsze, dopuszczenia ich do sekretu, a to z pewnością doprowadziłoby do klęski przedsięwzięcia, jako że większość przedstawicieli tego zawodu z natury rzeczy nie potrafi zachować milczenia. Zamiast tego zasugerował Mastermanowi nawiązanie kontaktu z którymś z kolegów po fachu, który może okaże się mniej rygorystyczny w przestrzeganiu zasad etyki, na przykład z kimś z „Daily Telegraph" czy „Daily Express". Masterman nie przywykł do tego, by pouczano go w kwestiach etycznych, więc cokolwiek zażenowani mężczyźni uścisnęli sobie dłonie i postanowili uznać rozmowę za niebyłą[6].

Wydawca „Expressu" Arthur Christiansen był człowiekiem mniej zasadniczym albo większym patriotą, albo jedno i drugie.

Również on stwierdził, że ta mistyfikacja oznacza, iż „rozmyślnie zamieści w gazecie nieprawdziwą informację"[7], ale z chęcią się tego podjął. Rozkoszował się myślą, że sypnie Niemcom piaskiem w oczy. Zwrócił jednak uwagę na to, że w warunkach wojennej cenzury nie powinien publikować nic, co może podnieść wrogów na duchu. Relacja ze zniszczenia tak ważnej fabryki samolotów z całą pewnością należy do kategorii niepodawanych do druku, zatem „cenzorzy, jak tylko ją zobaczą, podniosą od razu straszliwy wrzask"[8]. Zdecydowano się zatem na kompromis: Christiansen opublikuje fałszywą wiadomość, ale tylko w pierwszym wydaniu, które zostanie wysłane do Lizbony, skąd przez konsulat niemiecki trafi do Niemiec i na okupowane terytoria. Jeśli nawet Niemcy odkryją, że informacja ukazała się tylko w pierwszym wydaniu, dojdą do wniosku, że cenzura zabroniła wydawcy powtarzać ją w następnych. Masterman sporządził więc krótką notatkę o wybuchu, który się nie zdarzył i nie miał zdarzyć, a Christiansen, chichocząc, zajął się jej dziennikarską obróbką.

Chapman wysłał von Gröningowi wiadomość, by oczekiwał planowanej daty sabotażu: „FFFFF PRZYGOTOWANIA DO WALTERA ZAKOŃCZONE. CELEM PODSTACJE"[9].

Dopracowywano ostatnie elementy skomplikowanej mistyfikacji. Lotnictwo myśliwskie miało wypatrywać samolotów zwiadowczych w okolicy Hatfield, ale nie atakować ich pod żadnym pozorem. Gdyby któryś z pracowników fabryki pytał o malowanie brezentu, właściciel powinien odpowiedzieć, że to między innymi dlatego, by sprawdzić, czy poczynione z powietrza zdjęcia są w stanie wykryć drobne zniszczenia[10]. Gdyby natomiast pojawił się ktoś z prasy, ma usłyszeć, że „coś tam zaszło, ale nic wartego wzmianki w gazecie"[11]. Plotki mogły tylko uprawdopodobnić historię Fryca.

Gdy zapadły ciemności, fachowcy od kamuflażu z Królewskiego Korpusu Inżynieryjnego (Royal Engineers), w tym kilku scenografów teatralnych, byłych pracowników teatru Old Vic, zakradli się na teren zakładów De Havillanda i rozpoczęli swe przedstawienie. Zdaje się, że dowodził nimi Maskelyne, ale równie dobrze mógł jedynie czuwać nad wszystkim z oddali. Człowiek ten niezmiernie to lubił – pojawiać się i znikać. Było to kuglarstwo na skalę przemysłową, a jednak w ciągu kilku godzin zespół uporał się z całym zadaniem; Ronnie Reed obserwował, jak jego członkowie znikają w „atramentowych ciemnościach"[12]. Kilka minut przed północą mieszkańców Hatfield wyrwała ze snu głośna eksplozja.

Świt ukazał panoramę zniszczenia. Jak relacjonował Reed, miejsce fikcyjnego zamachu pogrążyło się w kompletnym chaosie. Po dziedzińcu siłowni walały się cegły, gruz, pogięte żelastwo, całe pnie i kawały drewna. Mniejszy budynek wyglądał z boku jak uderzony olbrzymim młotem, zaś atrapy transformatorów leżały potrzaskane wśród zgliszcz niczym wnętrzności wybebeszonego zwierzęcia. Dał się zwieść nawet pracownik kotłowni, który „w stanie wielkiego wzburzenia" przybiegł do biura, krzycząc, że bomba trafiła w budynek. Szybko wzniesiono zasłonę przed niepożądanymi oczyma.

Tar Robertson obejrzał dzieło sztukmistrza, zapewniając o swej radości. „Obraz sprawiał nader przekonujące wrażenie – pisał. – Zdjęcia lotnicze z wysokości ponad dwóch tysięcy stóp wykażą poważne zniszczenia bez wzbudzenia najmniejszych podejrzeń". Warunki atmosferyczne nie były idealne, gdyż nadciągnęły ciężkie chmury, ale jeśli strona przeciwna miałaby złożyć wizytę, zastanie obraz zniszczenia namalowany na płótnie[13]. Zdaniem Frasera--Smitha był to majstersztyk Maskelyne'a[14].

Chapman wysłał triumfalną wiadomość radiową: „FFFFF WALTER WYSADZONY W DWÓCH MIEJSCACH"[15]. Tej nocy nieposiadający się z radości Stephan von Gröning zamówił szampana dla wszystkich w La Bretonnière[16]. Nadeszła stosowna odpowiedź: „GRATULUJĘ DOBREGO WYNIKU WALTERA. PROSZĘ PRZYSŁAĆ INFORMACJE O DONIESIENIACH PRASOWYCH. ZROBIMY WSZYSTKO CO KONIECZNE DO TWEGO POWROTU. PRZEDSTAW PROPOZYCJE"[17].

DAILY EXPRESS 🖋

Poniedziałek, 1 lutego 1943
Pierwsze wydanie

WYBUCH W FABRYCE

Trwa śledztwo w sprawie wybuchu w fabryce na obrzeżach Londynu. Z tego, co wiadomo, zniszczenia są nieznaczne i nie ma strat w ludziach.

Lapidarność przekazu miała sugerować, że nie ma tutaj już nic do dodania. Pierwsze wydanie ukazało się o piątej rano i jego egzemplarze, jak zwykle, wysłano do Lizbony.

Miłym zbiegiem okoliczności, kiedy w dzień po zamachu Hermann Göring, który chełpił się, że żaden nieprzyjacielski samolot nie przeleci bezkarnie nad Berlinem, miał zacząć przemawiać podczas defilady wojska w stolicy Niemiec, nad głowami zaryczały Mosquity Dywizjonu 105 i bomby spadły na miasto, zakłócając uroczystość i doprowadzając szefa Luftwaffe do szału. Tego samego popołudnia Mosquity Dywizjonu 139 wyrządziły podobną zniewagę przemawiającemu na wiecu doktorowi Goebbelsowi. Raz jeszcze Mosquito przekonał o swej wartości. Z jaką zatem satysfakcją naczelne dowództwo niemieckich sił zbrojnych musiało odebrać wiadomość, że dzięki niemieckiemu sabotażyście fabryka tych bombowców leży teraz w gruzach.

Z tonu depeszy gratulacyjnej von Gröninga do agenta Fryca wynikało, że Abwehra nie spieszy się ze sprowadzeniem go z powrotem, skoro tak znakomicie się spisuje. Wydział Piąty chciał jednak, aby Chapman wracał do Francji jak najszybciej, zanim policja odkryje, że osłania znanego przestępcę. „Na razie tajne służby zarzucają mu przynajmniej dwa przestępstwa – twierdził Tar. – A podejrzewa się, że popełnił ich o wiele więcej"[18]. Z nowo nabytą wiarą w siebie Chapman gotów był do dzieła jako szpieg, sabotażysta czy zabójca.

Złożoną przez niego propozycję zabicia Hitlera odrzucono bez rozgłosu i żadnych wyjaśnień. W aktach Wydziału Piątego panuje podejrzane milczenie w tej sprawie. Chociaż ofertę z pewnością omawiano na najwyższym szczeblu, to w ujawnionych dokumentach nie ma na ten temat żadnej wzmianki. Oficjalny raport w aktach Zigzaga opisuje szczegółowo, jak Chapman chce wysadzić w powietrze führera, ale następny ustęp, w którym przypuszczalnie znajdowała się odpowiedź na ofertę, został usunięty przez wewnętrznego cenzora Wydziału Piątego (patrz Archiwum Narodowe, Akta KV2/459, Dokument 254 B, paragraf 50). Może sprzeciwił się temu sam Churchill. W maju 1942 roku szkoleni przez Brytyjczyków czescy partyzanci zabili Reinharda Heydricha, potencjalnego następcę Hitlera i szefa tajnych służb Rzeszy, ale fala okrutnych represji skłoniła rząd brytyjski do zrezygnowania z dalszych zamachów. Może Chapman był zbyt nieprzewidywalny, aby posłużyć się nim do trafienia w tak ruchomy cel. Równie prawdopodobne, że odkrywszy miłość i ojcostwo, nie pragnął już tak bardzo „odejść w blasku chwały"[19].

Reed uważał, iż obietnica, jaką von Gröning złożył Chapmanowi, że zabierze go na wiec nazistów, była raczej „mglista"[20], tymczasem wręcz przeciwnie – okazała się bardzo konkretna. Mimo całej swej rezerwy wobec Hitlera von Gröning z entuzjazmem podszedł do pomysłu umieszczenia Chapmana tuż koło führera, nawet jeśli trzeba by było przebrać go za funkcjonariusza partyjnego. To stwarza kolejną, nader intrygującą możliwość: von Gröning, tak jak wielu członków Abwehry, był zdecydowanym przeciwnikiem reżimu nazistowskiego. Kilku oficerów Abwehry od roku 1938 pracowało nad usunięciem Hitlera, a próba zamordowania go w lipcu następnego roku przyniosła rozwiązanie organizacji i egzekucję samego Canarisa. Czy von Gröning upatrywał w Chapmanie potencjalne narzędzie zabicia Hitlera? Czy niemiecki arystokrata sam płonął żądzą przejścia na wieczne czasy do podręczników historii[21]? Czy przewidywał, że jego ulubiony szpieg poza tymi, jakie deklarował, miał jeszcze jakieś ukryte powody, aby się zbliżyć do nazistowskiego przywódcy? Czy Chapman i von Gröning pracowali potajemnie w jednym celu?

Odpowiedzi na te wszystkie pytania już się chyba nie doczekamy, gdyż wywiad brytyjski szybko zrezygnował z tego pomysłu. John Masterman rzadko się mylił i prawie nigdy się do tego nie przyznawał. Jeszcze po wojnie zastanawiał się jednak, czy nie popełniono poważnego błędu, gdy Wydział Piąty nie przyjął propozycji Chapmana[22]. „Może straciliśmy sposobność, jako że Zigzag był przedsiębiorczym i znającym się na rzeczy przestępcą"[23].

W Wydziale Piątym debata nad tym, co zrobić z Chapmanem, toczyła się przez cały czas. Reed, Masterman i Robertson byli pewni, że choć przekupny, Eddie jest „szczery i otwarty"[24]. „Nie sposób wątpić w jego uczciwość" – twierdził Reed. Władający cockneyem chłopak z kamienicy przy King's Cross wiedział, przez jakie dzieciństwo przeszedł Chapman, i potrafił mówić jego językiem. Inni nie byli go tak pewni. Kapitan Shanks, prowadzący wraz z Reedem niejedną sprawę, orzekł, że Chapman jest „naciągaczem, człowiekiem o atrakcyjnym zasobie frazesów, uprzejmych i miłych manierach, powierzchownej elegancji... Sprawia wrażenie toczącego się kamienia, który nigdy mchem nie obrośnie, ale nabrał trochę ogłady"[25]. Shanks skłonny był przyznać, że w Chapmanie drzemie „iskra przyzwoitości", choć nie był tego całkowicie pewien. W jego oczach Eddie to złoczyńca i paskarz, który dla prywaty zgodził się pracować dla Niemców i z tego samego powodu pracuje teraz dla Wielkiej Brytanii. „Chapman nie jest głupcem, mógł się zdecydować na ucieczkę z zającami albo gonitwę z chartami". Trudno uwierzyć, by człowiek całe życie wrogi społeczeństwu nagle zaczął działać z patriotycznych pobudek. Shanks przyznawał, że bez względu na to, czy Chapman jest patriotą, czy oportunistą, niewątpliwie oddał krajowi przysługę, ale nie potrafił ukryć swej pogardy dla szpiega[26].

Uwagi te były po części słuszne, ale też świadczyły o przepaści istniejącej między wywodzącymi się z wyższych sfer, wykształconymi notablami tajnych służb, a należącym do klasy robotniczej, niewyedukowanym złoczyńcą, z którym się sprzymierzyli. Uwadze bardziej snobistycznych spośród nich nie uszło to, że Chapman próbował ukryć swój północno-wschodni akcent, starając się rozmawiać w jakiś wyszukany sposób[27]. „Naturalny, wrodzony mu sposób mówienia zdradza czasami błędy w gramatyce – notował jeden ze śledczych – ale sądzę, że należy podziwiać, iż człowiek takiego pochodzenia i charakteru potrafił przyswoić sobie tę elementarną ogładę, jaka go teraz cechuje"[28].

Z pewnością trudno o większą przepaść społeczną niż ta, jaka istniała między Eddiem Chapmanem a lordem Victorem Rothschildem, parem, milionerem, naukowcem oraz szefem sekcji sabotażu i materiałów wybuchowych Wydziału Piątego.

Lord Rothschild był wytworem Eton, Cambridge, londyńskich klubów i należał do śmietanki wytwornego brytyjskiego towarzystwa. Po przodkach odziedziczył tytuł, pieniądze, za które mógł kupić wszystko, oraz iloraz inteligencji 184. Malcolm Muggeridge, dziennikarz i pisarz pracujący podczas wojny w wywiadzie, utrzymywał, że Rothschild był nie do wytrzymania, sztucznie nabity pewnikami wiedzy, obdarzany udawanym szacunkiem i oczekujący go z racji bogactwa i sławnego nazwiska[29]. Jednocześnie cechowały go dziwna nieśmiałość i brawura oraz chłopięce zamiłowanie do eksplozji. Jako szef B1C, mając za cały sztab tylko dwóch sekretarzy, zajmował się walką z sabotażem, czyli wskazywaniem miejsc zagrożonych atakiem i zwalczaniem niemieckich sabotażystów. Do jego zadań należało między innymi sprawdzanie, czy w cygarach Winstona Churchilla nie kryje się nic groźnego. Do daleko mniej zabawnych zaliczało się rozbrajanie niemieckich bomb ukrytych w wieszakach na ubrania, pod postacią końskiego łajna czy termosów wypełnionych trotylem. Robił to z zadziwiającym opanowaniem w swym prywatnym laboratorium, utrzymywanym z własnego, zasobnego portfela. „Kiedy się rozbiera zapalnik na kawałki – pisał – nie ma czasu na strach"[30]. Większość ludzi wolałaby uwierzyć mu na słowo.

Jako wyszkolony przez Niemców sabotażysta Chapman miał być rozbrojony i zbadany przez lorda Rothschilda tak samo jak każda bomba. Ci dwaj, złoczyńca i par, których nie łączyło nic prócz zamiłowania do głośnych wybuchów, spotkali się ze sobą dwukrotnie i przegadali kilka godzin, znakomicie się we wszystkim zgadzając. Omawiali pułapki i urządzenia zapalające, bomby węglowe, kolejowe i różne sposoby zatopienia statku. Chapman objaśniał niemieckie techniki wykonania zapalników z zegarka na rękę, kałamarzy i drucików żarówek elektrycznych. Pokazał lordowi Rothschildowi, jak zamaskować bombę kolejową za pomocą martwego motyla, jak ukryć dynamit w tabliczce marcepanu i jak wykonać detonator z dostępnego środka bakteriobójczego, jakim jest urotropina. Rothschild wchłaniał to wszystko z zaskoczeniem i podziwem.

– To po prostu wspaniałe, ile pan może zmieścić w swej głowie. Aż pot oblewa na myśl, ile trzeba zapamiętać.

– Miałem dużo okazji, by to sobie utrwalić – odpowiedział Chapman.

– Oczywiście wiedział pan już wcześniej co nieco o tych sprawach?

– Nabyłem trochę doświadczenia, dostając się w różne miejsca.

– Zna się pan doskonale na elektryczności.

– Doskonale to chyba nie, ale moją zakazaną działalność zaczynałem jako elektryk.

– Kłopot z panem polega na tym, że jest pan za dobry na te rzeczy… Chodzi mi o to, że przeciętny gość pozyskany przez Niemców nie potrafiłby tak zręcznie posługiwać się palcami.

I tak sobie gawędzili, czerpiąc ze wzajemnych doświadczeń: gruntownie wykształcony naukowiec i równie wykwalifikowany włamywacz.

– Jak więc otworzyć sejf? – spytał Rothschild.

– Wkłada pan dynamit do dziurki od klucza, w ten sposób nie uszkodzi pan sejfu. Tylko czasem wsadzi go pan trochę za dużo, a wtedy drzwi wylecą w powietrze, ale innym razem wszystko pójdzie dobrze i skrytka się otworzy.

W taki to sposób potomek wielkiej dynastii bankierskiej dowiadywał się, jak obrabować bank.

Kiedy rozmowa zeszła na pozorowany sabotaż fabryki De Havillanda, Rothschild pogrążył się w zadumie.

– Szkoda, że tego nie widziałem – westchnął. – To musiała być niezła zabawa, prawda?

Gdy już skończyli rozmawiać o przeszłości, zwrócili się ku przyszłym wydarzeniom.

– Co będzie pan robił, kiedy pan wróci? – spytał Rothschild.

– Cóż, czekam na propozycje. Chodzi mi o to, że jeśli będę w czymś potrzebny, postaram się zrobić, co w mojej mocy.

Rothschild miał taką propozycję, mianowicie chciał dostać niemieckie bomby, detonatory i inne urządzenia.

– Myślę, że powinni nam dostarczyć trochę swojego sprzętu.

– Czego zatem by pan sobie życzył?

– Czegoś z ich wyposażenia. Jeśli chciałby pan nas znów kiedyś odwiedzić, to pragnęlibyśmy mieć jakieś niemieckie rzeczy w miejsce naszych, angielskich.

Kiedy w trakcie dyskusji, jak sporządzić bombę z kawałka węgla, pojawił się Ronnie Reed, Rothschild zwrócił się doń z dziecięcym ożywieniem:

– Właśnie mówimy, że moglibyśmy we dwóch zrobić jakiś mały pokaz i coś wysadzić.

Wreszcie lord Rothschild zakończył wypytywanie, które wyglądało jak pogawędka między starymi, dzielącymi wspólne zainteresowania przyjaciółmi.

– Przegadaliśmy razem cholernie dużo czasu – powiedział zadowolony.

Chapman podniósł się i uścisnął dłoń pucołowatego, rozpromienionego para, którego poznał jako pana Fishera.

– Cóż, piękne dzięki i do widzenia – rzekł lord. – I powodzenia, jeśli się nie spotkamy, nim wyruszy pan w jedną ze swych podróży[31].

Można by pomyśleć, że wysyła Chapmana na wesoły urlop, a nie z misją do serca nazistowskich Niemiec.

17

Im większa przygoda, tym...

Major Tar Robertson pofatygował się osobiście, aby złożyć Chapmanowi gratulacje z powodu sukcesu fałszywego sabotażu. Zasiedli w salonie mieszkania przy Crespigny Road 35, podczas gdy Backwell i Tooth zajmowali się czymś w kuchni, a Freda z Diane znów wyszły na spacer.

– Uważam, że jest pan bardzo dzielnym człowiekiem – oświadczył Tar. – Zwłaszcza biorąc pod uwagę fakt, że jest pan gotowy powrócić do Francji, aby dalej pracować dla nas[1]. Jak powiedział, ze wszystkich szpiegów, którzy przewinęli się przez obóz 020, bardzo niewielu było naprawdę mężnymi ludźmi. Chapman okazał się najmężniejszym z nich[2].

Następnie Tar przedstawił szerzej plan kolejnej misji. Kiedy Chapman nauczy się na pamięć swej fałszywej historii, na dłuższy czas powróci do okupowanej Francji jako agent kontrwywiadu, a jego głównym zadaniem będzie zbieranie informacji o Abwehrze. Ma podjąć się każdej misji zleconej przez Niemców i jak tylko nadarzy się sposobność, nawiązać kontakt z wywiadem alianckim. Nie zabierze ze sobą radiostacji, gdyż to groziłoby dekonspiracją. Nie będzie się też porozumiewał z brytyjskimi agentami działającymi we Francji, gdyż jest zbyt cenny, aby ryzykować takie posunięcie[3]. Zostaną poczynione przygotowania, by mógł nadawać, ale nie będzie tego próbował, dopóki kontakt nie stanie się w pełni bezpieczny, chyba że informację trzeba by było przekazać jak najszybciej.

– Nie chcę natomiast, by podjął się pan we Francji czegokolwiek, co naraziłoby pana na kłopoty z niemieckimi władzami, nie chcę też jakiegokolwiek niezaplanowanego sabotażu – dodał Robertson[4]. Zabicie Hitlera nie wchodziło w ogóle w rachubę.

Nim Tar przeszedł dalej, Chapman podniósł kwestię dręczącą go od rozmowy z lordem Rothschildem. Co będzie, jeśli powróci z jakimś towarzyszem, powiedzmy, z Leo albo z Wojchem – ludźmi, których darzył sympatią i których musiałby wydać policji, wiedząc, że zostaną wtedy skazani na śmierć? Nie był pewien, czy jest w stanie to zrobić. Nigdy dotąd nie zdradził żadnego wspólnika. Tar odpowiedział, że chociaż to sprawa dla władz, on poczyni wszelkie starania, by uszanować jego życzenie. Chapman nie musiałby oddać przyjaciół w ręce kata.

– Pracujemy nad twoją „legendą", by była tak wiarygodna, jak tylko możliwe – podjął Tar[5]. Szef podwójnych agentów studiował niemieckie metody śledcze i wiedział, na jakie niebezpieczeństwo wystawiał się Chapman. Sporządził nawet listę sposobów, mających pozwolić wytrzymać indagację: „Zawsze mówić wolno, co w razie potrzeby zamaskuje wahanie; udawać niezdecydowanie; nie pokazywać po sobie czujności; sprawiać wrażenie oszołomionego, przestraszonego bądź głupiego; symulować upojenie alkoholowe lub zmęczenie na długo, nim rzeczywiście osiągnie się taki stan"[6]. Chapmana mogły czekać tortury, podanie narkotyków albo narkoza – ostrzegał Tar – ale „niemieccy śledczy wolą raczej osiągnąć swoje poprzez psychiczne łamanie człowieka... wywołując u badanego niepewność, niepokój, wprawiając go w zakłopotanie lub ośmieszając poprzez rozbieranie do naga bądź ubieranie w damską bieliznę, stawianie go twarzą do ściany, sadzanie na krześle bez jednej nogi, by cały czas musiał chwytać równowagę"[7]. Chapmana najpewniej przesłuchiwaliby dwaj oficerowie – jeden brutalny, drugi o łagodnym usposobieniu[8]. Przede wszystkim musi się trzymać swojej historii i nigdy nie kłamać bez potrzeby.

Udzielając wszystkich tych cennych rad, Robertson miał świadomość, że jeśli Chapman wpadnie w ręce gestapo, a tam mu nie uwierzą, wówczas złamią go na pewno. A potem zabiją.

Pierwszym zadaniem było przerzucenie Chapmana za linię wroga, ale Abwehra jakoś się z tym nie śpieszyła. Mimo prośby agenta z przechwyconej korespondencji wynikało, że tej sprawy w ogóle nie omawiano po drugiej stronie kanału La Manche. Chapman wysłał zatem kolejną depeszę: „FFFFF ZABIERZCIE MNIE ŁODZIĄ PODWODNĄ LUB ŚLIZGACZEM. ZNAJDĘ WŁAŚCIWY PUNKT NA WYBRZEŻU. PRÓBUJĘ DOSTAĆ PAPIERY NA STATEK. PATRZCIE NA DRUGĄ STRONĘ EXPRESSU Z 1 LUTEGO"[9].

Po kilku dniach nadeszła krótka odpowiedź: „NIE MOŻNA ZABRAĆ CIĘ ŁODZIĄ PODWODNĄ"[10]. Zamiast tego Chapman miał wracać „normalną drogą"[11], czyli statkiem do Lizbony. Von Gröning zawsze polecał tę drogę, ale w załatwieniu przejazdu do neutralnej Portugalii w środku wojny nie było absolutnie nic normalnego. „Myśl ta wydawała się czymś absurdalnym – orzekł Reed – gdyż Zigzag, dysponujący tylko kiepsko podrobionym dowodem tożsamości i niemający w Portugalii nic do roboty, nie mógł być wzięty jako pasażer"[12]. Niemcy najpewniej zdawali sobie z tego sprawę i to zalecenie miało w rzeczywistości na celu zatrzymanie go w Anglii. Stało się zatem jasne, że wszelką próbę powrotu na okupowane terytorium Zigzag musi podjąć samodzielnie[13]. Dla Chapmana odmowa przysłania po niego U-Boota znaczyła jedynie, że niemieccy przełożeni nie palą się zbytnio do wypłacenia należnych mu piętnastu tysięcy funtów[14].

Masterman widział pewną szansę, że Niemcy w końcu przyślą łódź podwodną, ale „nie założyłby się o to"[15], a utrzymanie Chapmana z dala od kłopotów w czasie oczekiwania na tę odległą możliwość było zadaniem nie do pozazdroszczenia, praktycznie niewykonalnym[16]. Eddie musiał wyjechać do Lizbony sam, z pomocą Wydziału Piątego. Reed zwrócił się do pewnego agenta wydziału w Liverpoolu, by sprawdził, czy da się zaokrętować kogoś z fałszywym dowodem na brytyjski statek handlowy płynący do Portugalii. Agent odpowiedział, że to możliwe, jeśli człowiek ten będzie wyglądał i zachowywał się jak marynarz[17].

Podczas gdy Reed załatwiał wyjazd Zigzaga, ten czynił własne przygotowania. Na biurku Tara pojawiła się ręcznie pisana kartka z nagłówkiem: „Rzeczy, które chciałbym załatwić". Była to ostatnia wola i testament Chapmana.

„Podpisałem z Niemcami kontrakt na sumę piętnastu tysięcy funtów – pisał – i kontrakt ten znajduje się teraz w Berlinie. Pieniądze te mam dostać po powrocie do Francji. Gdyby miało mi się coś przydarzyć, chcę załatwić kilka spraw dla mojej córki Dianne [sic!] Chapman, do czego upoważniam dwóch przyjaciół, Allana i Lauriego [Tootha i Marshalla]. Freda Stevenson ma podzielić pieniądze po połowie między siebie i córkę. Jeśli nie uda mi się wydostać tych pieniędzy, liczę na to, że gdy nadejdą alianci, zmuszą Niemców do wypłacenia mego *quoi meme*. Wszystko to objaśniłem Ronniemu [Reedowi]. W zamian obiecuję zrobić, co w mojej mocy, by wykonać wszystkie przekazane mi instrukcje"[18].

Z pieniędzy, które Chapman przywiózł z Francji, zwrócono mu już blisko trzysta pięćdziesiąt funtów. Poprosił, aby z tej kwoty Freda dostawała pięć funtów zasiłku tygodniowo. Wyraził nadzieję, że jeśli pieniądze się skończą, Wydział Piąty będzie płacił do czasu, aż on będzie w stanie zwrócić dług i zająć się tą sprawą sam[19]. Jeśli zarobi dodatkowe pieniądze we Francji, spróbuje przekazać je Fredzie przez znajomego zegarmistrza z Nantes, który regularnie wyjeżdża do neutralnej Szwajcarii, skąd mógłby przesłać je do Anglii.

„Zigzag jest całkowicie przekonany, że Niemcy mu zapłacą – pisał Laurie Marshall. – Nie prosi władz brytyjskich o nic dla siebie ani dla swych potomków"[20].

Dla twardo stąpających po ziemi członków Wydziału Piątego był to nie lada orzech do zgryzienia. Oto pazerny złodziej, który nie potrzebuje pieniędzy. Również Backwell zauważył, że o ile Chapman pragnął wydobyć od Niemców tyle, ile się da, to generalnie nie za bardzo się interesował finansową stroną całego przedsięwzięcia[21]. Skrupulatnie regulował rachunki i raz stwierdził sucho, że za pieniądze, które przywiózł ze sobą, opłaca mieszkanie na Crespigny Road[22]. W myśl „zasady hojności" Mastermana podwójni agenci winni być wynagradzani[23]. Ale jak wysoko? Laurie Marshall, w cywilu księgowy, podjął się wyceny wartości Chapmana jako szpiega. „Po pierwsze, ryzykuje życiem w naszej sprawie, zrobi wszystko, co w jego mocy, by nas nie zawieść, a jeśli zdradzi się przed Niemcami, zapłaci życiem"[24] – pisał. Dodatkowy czynnik stanowiła wartość zdobytych w przyszłości informacji: „Jeśli Zigzag zdoła znów zaskarbić sobie względy Niemców, zyska nadzwyczajną możliwość przekazania nam wszystkiego o poczynaniach SS we Francji, jak tylko nawiążemy z nim kontakt". Istniała jednak jeszcze i druga strona medalu. „Nie możemy być absolutnie pewni, że kiedy Zigzag ponownie znajdzie się wśród przyjaciół w Nantes, zachowa się w stu procentach lojalnie wobec nas, nie wiadomo też, czy w pełni wykona powierzone mu zadanie, gdyż może zrobić coś zupełnie na własną rękę. Nie powinniśmy zakładać, że nas zawiedzie, ale nie mamy co do tego żadnej pewności".

Równanie wyglądało zatem następująco: życie Chapmana plus wartość jego inteligencji minus możliwość, że zdradzi, zawiedzie albo będzie działać jako wolny strzelec. Nasz księgowy zsumował to wszystko i oświadczył: „Trzeba teraz wynagrodzić go pokaźną sumą i taką samą obiecać za pomyślne wykonanie misji albo za wiadomość, że choć pracował dla nas lojalnie, misji tej nie wykonał, podejrzewany przez Niemców"[25]. Pieniądze zostałyby dodane do już wypłaconych i gdyby Chapman nie wrócił, przekazane Fredzie i dziecku. W tym czasie środki zdeponowane na otwartym dla Eddiego koncie bankowym miały zostać zainwestowane w trzyprocentową pożyczkę wojenną. W ten sposób człowiek poszukiwany przez brytyjską policję i zatrudniony przez zwalczające się tajne służby dwóch krajów nie tylko zarabiałby na wojnie, lecz także w nią inwestował. Pieniądze zostałyby złożone w Towarzystwie Spółdzielczym Londynu. Chapman zawsze cenił sobie tę instytucję, choć bardziej dlatego, że mógł z niej czerpać, a nie do niej wkładać.

Na razie podwójna gra Zigzaga toczyła się bez zakłóceń, i to do tego stopnia, że Reed zaczął się niepokoić: „To wszystko jest zbyt dobre, by było prawdziwe, i byłoby bardziej wiarygodne, gdyby sprawy poszły nieco gorzej"[26]. Chapman także uważał, że wszystko idzie zbyt gładko[27]. Von Gröning z pewnością bardziej by go docenił, gdyby pojawiły się jakieś przeszkody. Jimmy Hunt, czy też, dokładniej rzecz biorąc, jego sobowtór, miał tutaj posłużyć za frajera.

Chapman już wcześniej powiadomił Niemców, że wziął sobie za wspólnika Hunta i że są mu winni piętnaście tysięcy funtów za zasługi w wysadzeniu fabryki De Havillanda. Ponieważ postanowiono, że Chapman powróci sam, należało się pozbyć fikcyjnego Hunta, i to w miarę możliwości w taki sposób, by Niemcy więcej o niego nie pytali.

Rankiem 9 lutego w połowie meldunku do Francji Chapman i Reed celowo przerwali nadawanie uprzedzającym o niebezpieczeństwie „PPPPP". Raz jeszcze Niemcy nie zauważyli ostrzeżenia. Reed był wściekły: „Po tak starannych zabiegach, by udowodnić, że policja depcze mu po piętach, oni zawodzą go w potrzebie"[28]. Należało zatem podbić stawkę.

Następnego dnia wysłano kolejną wiadomość: „FFFFF DALSZE NADAWANIE NIEBEZPIECZNE. RZECZY IDĄ ŹLE. KONIECZNIE MUSZĘ WRACAĆ Z JIMMYM. MAM WAŻNE DOKUMENTY. TRUDNO ZDOBYĆ PAPIERY NA STATEK"[29].

Chapman miał teraz do opowiedzenia Niemcom następującą historię: Jimmy Hunt zobaczył niemiecką depeszę, w której odmówiono przysłania łodzi podwodnej, i podejrzewając, że może nie otrzymać zapłaty, zaczyna stwarzać kłopoty i domaga się, aby Chapman zabrał go ze sobą do Francji. Nadali „PPPPP", gdyż Jimmy wypatrzył policyjny samochód i przestraszyli się, że mógł on przechwycić ich meldunek.

I znowu Niemcy odpowiedzieli w pogodnym tonie, całkowicie ignorując wiadomość Chapmana, iż „rzeczy idą źle", i domagając się dalszych informacji o zbombardowaniu fabryki. Chapman nadał zwięzły meldunek o „całkowitym zniszczeniu" poprzez umieszczenie sześćdziesięciu funtów nitrogliceryny pod transformatorami. W ślad za nim wysłał kolejną depeszę, w której podał, że widzi szansę dotarcia do Lizbony, i pyta, czy poczyniono przygotowania, aby go odebrać[30]. I tym razem nie doczekał się żadnej odpowiedzi. Widać było, że Niemcami należy odpowiednio wstrząsnąć, by wreszcie raczyli się obudzić.

12 lutego „Evening Standard" na pierwszej stronie podał wiadomość zatytułowaną *Śledztwo w sprawie nitrogliceryny*: „Ubiegłej nocy na posterunku policji przy Shepherd's Bush zatrzymano mężczyznę, u którego znaleziono nitroglicerynę"[31]. „News Chronicle" zamieściła podobną historię, donosząc, że „wymieniono 185 nazwisk w związku z najściem na pewien klub w Hammersmith"[32]. Obie wiadomości były oczywiście fałszywe, zamieszczone za zgodą wydawców gazet.

Chapman wysłał swój ostatni meldunek radiowy: „FFFFF JIMMY ARESZTOWANY. PATRZCIE EVENING STANDARD Z 12 LUTEGO STRONA TYTUŁOWA. ZAMYKAM Z MIEJSCA RADIOSTACJĘ. SPRÓBUJĘ DOSTAĆ SIĘ DO LIZBONY. FRYC"[33]. W przeznaczonym do użytku wewnętrznego memorandum Reed nakazał: „Przestajemy już nadawać z radiostacji Zigzaga"[34]. Fikcyjny Jimmy Hunt zrobił swoje i można go już było usunąć. Operacja Cynk dobiegła końca.

Ostatnia, rozpaczliwa depesza Chapmana przyniosła najwidoczniej pożądany efekt. Najtajniejsze Źródła przejęły pełne niepokoju polecenie von Gröninga do radiooperatorów z Paryża i Bordeaux, aby pilnie nadsłuchiwali każdego słowa od jego agenta i całkowicie wstrzymali się od jakiejkolwiek innej roboty[35].

Jednym mistrzowskim posunięciem Wydział Piąty przekonał Niemców, że cenny agent jest w śmiertelnym niebezpieczeństwie. Hunt zszedł z widowni, a Chapman zaczął się szykować do powrotu na łono Abwehry.

Przez miesiąc Eddie i Freda mogli żyć – jak to ujął Reed – „niczym mąż i żona wraz ze swym nieślubnym dzieckiem"[36]. Teraz nadszedł koniec niezwykłych rodzinnych porządków, jakie panowały na Crespigny Road. Backwell i Tooth z równym co Chapman żalem przyglądali się odejściu Fredy i Diane. Był to ich osobliwy, domowy świat, kokon, w którym chowali się przed ponurą wojenną rzeczywistością. Tar Robertson zatroszczył się, by Eddie i Freda spędzili ostatnią noc razem nie na Crespigny Road, lecz w okazałym pokoju przy St James. W zapisie jednej z rozmów lorda Rothschilda z Chapmanem znajduje się dziwnie poruszająca wymiana zdań. Obaj mężczyźni zajęci byli w najlepsze fachową dyskusją o detonatorach, kiedy odezwał się Ronnie Reed:

– Victorze, nie miałbyś nic przeciwko, żeby Eddie przez telefon porozmawiał z Fredą?

– Raczej nie, oczywiście, że nie.

Gdy Chapman opuścił pokój, Reed zwrócił się do Rothschilda:

– Jest to jej ostatnia noc w Londynie, więc pomyśleliśmy, że mogłaby ją spędzić tutaj. Eddie poszedł właśnie powiedzieć jej, by przygotowała jakieś ubrania.

– Pięknie – odrzekł lord Rothschild[37].

To było rzeczywiście piękne.

„Freda wróciła do domu – zapisał w swoim dzienniku Backwell – i zabraliśmy się do pieczenia czegoś naprawdę szczególnego"[38].

Życie Chapmana zależało teraz od tego, czy potrafi „bez wahania"[39] opowiedzieć Niemcom swą zmyśloną historię. Godzina po godzinie, dzień po dniu powtarzał wszelkie szczegóły opowieści, od chwili wylądowania do „aresztowania" Hunta. Po upływie tygodnia przybył niejaki Hale z tajnej policji wojskowej, który odegrał rolę niemieckiego śledczego. Zasypywał Chapmana pytaniami w rodzaju: gdzie mieszkał, kogo widział, jak nabywał materiały wybuchowe, czego się dowiadywał. Nieustannie próbował zbić go z tropu, pytając między innymi o to, jakiego koloru buty nosił Jimmy Hunt[40]. Twierdził, że Eddie jest brytyjskim szpiegiem i że w nocy wybuchu w fabryce znajdował się niemiecki agent, którego mu wkrótce przedstawią. Chapman pozostał całkowicie niewzruszony[41]. Kiedy Hale zażądał wiadomości o członkach Nitrogangu, odrzekł bez wahania:

– Biedny Freddy Sampson został ujęty jako dezerter przez RAF, Tommy Lay wciąż odsiaduje cztery lata w Wandsworth, a Darry swoje siedem w Dartmoor. Nie wiem, co z George'em Sherrardem, poza tym, że mieszka w Kilburn i, jak się zdaje, prowadzi jakieś ciemne interesy[42].

Co do Hunta, to miał powiedzieć, że został zwolniony za kaucją po zatrzymaniu za posiadanie materiałów wybuchowych.

Reed, który śledził próbne przesłuchanie, podziwiał sposób, w jaki Chapman dawał sobie radę z tym zastraszaniem. Był on urodzonym kłamcą. „Możemy polegać na jego pomysłowości w uzupełnianiu opowieści zabawnymi detalami i wydarzeniami, dodatkowo przekonującymi, że opowieść jest prawdziwa… Zigzag nie da się łatwo zastraszyć w śledztwie i jeśli nieprzyjaciel nie wie nic o jego tutejszej robocie dla brytyjskiego wywiadu (co wydaje się wysoce prawdopodobne), to nie sądzę, by miał jakieś trudności w przekonaniu ich, że właściwie wykonał zadanie"[43].

Część tego zadania stanowiło zebranie informacji o charakterze niewojskowym. Jeśli Chapman miał przekonać niemieckich mocodawców o swej wiarygodności, musiał nie tylko przedstawić im jakąś prawdopodobną historię, lecz także przywieźć kilka podarków. Eddie sporządził listę rzeczy, które wzbudziłyby zainteresowanie Abwehry, a Reed usunął z niej to wszystko, z czego wróg mógłby zrobić użytek. Następnie dorzucili kilka dodatkowych informacji, interesujących, ale nieszkodliwych, oraz parę wyglądających na prawdziwe historyjek, mogących zastanowić Abwehrę. Powstała w ten sposób mieszanka, będąca typowym pokarmem dla drobiu z ziarnami prawdy, została przyjęta przez Komitet Dwudziestu, a potem spisana atramentem sympatycznym na czternastu arkuszach papieru listowego. Chapman narysował też szereg oznak dywizji wojskowych, prawdziwych i zmyślonych. Były wśród nich błękitna rozgwiazda ze skręconymi mackami na żółtym tle, błękitne dłonie oraz białe obłoki na szczycie tarczy i tym podobne[44]. Ujawnił, że w Llandudno mieści się biuro Urzędu Podatkowego (budynek, w którym nawet oficerowie Wydziału Piątego z chęcią widzieliby cel bombardowania) i że Ministerstwo Rolnictwa ma swój oddział w Africa House. Narysował mapę wojskowego lotniska w Hendon i opisał umocnienia wokół Green Parku i Hyde Parku w centrum Londynu, w tym zamaskowane stanowiska artylerii przeciwlotniczej, rozmieszczenie kilku oddziałów i ciężarówek, placówek strażniczych, Pomocniczej Służby Wojskowej (Auxiliary Territorial Service – ATS) i kilku baraków. Powiadamiał o znajdujących się wśród drzew czterech antenach, najpewniej radiowych, o ponad dwudziestu stanowiskach rakiet oraz o pustych, stalowych i kamiennych schronach na amunicję[45]. Reed uznał, że informacje te na tyle zainteresują Abwehrę, by przekonać ją o szczerości Chapmana, i jest ich wystarczająco dużo, by pokazać, jak bardzo się starał.

We własnym gronie oficerowie Wydziału Piątego zastanawiali się, co mógłby jeszcze ujawnić Niemcom, gdyby zdemaskowali go jako podwójnego agenta albo, co gorsza, gdyby miał zdradzić. Zawsze przywożono i wywożono go z obozu 020 i z innych kluczowych instytucji nocą. Stephens mówił, że mógłby zebrać nazwiska oficerów i strażników, ale poza tym nic naprawdę istotnego[46]. Również Robertson tryskał optymizmem: „W posiadaniu Zigzaga nie ma żadnej informacji, którą mógłby się podzielić z Niemcami, w razie gdyby zwrócił się przeciwko nam – pisał, dodając od razu: – Nie mamy jednak żadnych podstaw, by przypuszczać, że tak się stanie"[47].

Pozostawała natomiast tajemnica, o której Chapmanowi nie było wolno się nigdy dowiedzieć. „Rzeczą nadrzędną jest, aby nie dotarła do niego żadna wzmianka o Najtajniejszych Źródłach"[48] – pisał Reed. Chapman nie miał pojęcia, że kody Abwehry zostały złamane. W kilku przypadkach jego informacje okazały się aż za dobre – dostarczył mianowicie wskazówki, które jego zdaniem miały pomóc Brytyjczykom złamać te kody, i tak by się stało, gdyby już tego nie dokonano. Jeśliby zmuszono go do ujawnienia tego, co powiedział w Wydziale Piątym, Abwehra odkryłaby, że jej kody stały się podatne na złamanie, i dokonała stosownych zmian, przyprawiając Bletchley o kolejny ból głowy. Chapman musiał wierzyć, że kody

Abwehry wciąż działają, i w tym celu odmalowano mu „żałosny obraz... naszych możliwości zbierania i odczytywania zakodowanych wiadomości radiowych"[49]. Reed powiedział, że Wydział Piąty może je przechwytywać, ale trudno wyśledzić wrogich agentów nadających w Wielkiej Brytanii, a złamanie niemieckich kodów bez dużej liczby podsłuchiwanych jest niemal niemożliwe. „Nawet z informacjami dostarczonymi przez niego – wyznał ze smutkiem – odczytanie każdego szyfru pochłania bardzo dużo czasu". Wszystko to było nieprawdą, ale Chapman odparł, że to, co mówi Reed, zgadza się z tym, co usłyszał od von Gröninga, a mianowicie, że kod używany w ich radiostacjach jest najtrudniejszy i praktycznie niedający się złamać[50]. Gdyby Eddie został zdemaskowany, utwierdziłby tylko Abwehrę w mniemaniu, że można bezpiecznie nadawać drogą radiową. Ultrze nic nie groziło ze strony Chapmana: zwodzący wroga agent sam został całkowicie zwiedziony.

Po ostatecznym przećwiczeniu swej fałszywej historii Chapman przystąpił do zapamiętywania listy informacji, których ma szukać po powrocie na okupowane tereny. To również zostało dokładnie sprawdzone. Śledczy Wydziału Piątego zdobyli dużo użytecznego materiału z list ujętych niemieckich szpiegów, co pozwalało zorientować się w lukach posiadanej przez Abwehrę wiedzy i w tym, co ją szczególnie interesuje. Tar Robertson postawił sprawę jasno: Chapman dostanie tylko takie instrukcje, by w razie ujęcia i wyjawienia ich wrogowi nie zdradziły żadnych cennych informacji[51]. Lista Chapmana była zadziwiająco obszerna i dotyczyła niemal każdego aspektu działalności tej organizacji z jej kodami, personelem, budynkami, stosunkami z gestapo, ulubionymi hotelami i planami na wypadek inwazji aliantów. Kierownictwo Operacji Specjalnych chciało wiedzieć wszystko o metodach kontrwywiadu, a szczególnie o stacji przechwytywania informacji radiowych, kierowanej przez Dernbacha, łysego łowcę szpiegów z Angers. Rothschild spytał Chapmana, czy byłby tak dobry, by zebrać informacje o celach sabotażowych w Zjednoczonym Królestwie, chemikaliach używanych przez zamachowców i technikach kamuflażowych.

Chapman godził się na wszystkie zadania, nawet te niemożliwe, gdyż był w znakomitym nastroju. Backwell zauważył, że niebezpieczeństwo działa na niego jak narkotyk. „Pomimo że potrafi wyciszyć się na różne sposoby, jest człowiekiem, dla którego ryzyko okazuje się wprost niezbędne do życia"[52]. Robertson zgadzał się z nim całkowicie, dochodząc do wniosku, że tkwiące głęboko w Chapmanie pragnienie przygody, ruchu i działania stanowi bardziej przyczynę niż skutek jego przestępczej kariery[53].

Misja miała mieć charakter otwarty, zarówno jeśli chodzi o czas, jak i treść, bo, jak stwierdził Rothschild: „Może pojawić się mnóstwo nowych sposobności, które w tej chwili są zamkniętą księgą"[54]. Eddie mógłby na przykład sprowadzić ze sobą zespół sabotażystów, wyjechać do Ameryki albo zaproponować szkolenie niemieckiej piątej kolumny w obliczu inwazji aliantów i odwrotu Niemców. „To oczywiste, że gdyby Chapman objął kierownictwo takiej organizacji, oddałby sprawie sprzymierzonych ogromne usługi" – pisał Reed[55]. Eddie mógłby też działać z własnej inicjatywy. „Wszystko będzie zależało od możliwości, jakie się tam przed panem otworzą" – powiedział mu Rothschild.

Zigzag pozostał pod kontrolą MI5. Choć służbą operującą poza terytorium Wielkiej Brytanii nominalnie było MI6, to jednak Wydział Piąty od początku prowadził tego agenta i zamierzał to czynić w dalszym ciągu.

W zespole B1A panowało przekonanie, że z powodów praktycznych i osobistych Chapman nie dopuści się zdrady, choćby ze względu na więź, która połączyła go z Fredą i córką. Wkrótce po rozstaniu Freda napisała namiętny list, który – przed przekazaniem go Chapmanowi – skopiowano w Wydziale Piątym. „Widzi pan, że ma on poważne powody, by powrócić do kraju" – zauważył Reed, kiedy pokazywał list przełożonemu[56]. Pozostawała jeszcze sprawa pieniędzy: Niemcy mogli wynagrodzić Zigzaga małą fortuną, ale jego pierwszą powinnością było zabezpieczenie rodziny w Anglii, a to już zależało od dochowania wierności ojczyźnie. Najważniejszy w tym wszystkim był jednak charakter Chapmana. Robertson wierzył, że agenta przepełnia szczery patriotyzm[57].

Poza tym mimo że Eddie był przestępcą, to nieoczekiwane posiadanie szpiega w sercu niemieckich tajnych służb stwarzało zbyt wielkie możliwości, aby zaprzepaścić je, kierując się moralnością. „Biorąc pod uwagę znakomite stosunki, jakie zdają się łączyć Zigzaga z różnymi oficerami, odniesiemy najwyższe korzyści, jeśli wróci w ich krąg z reputacją człowieka, który właśnie wywiązał się ze zleconej mu misji" – kończył Tar. „Powitają go jak bohatera" – entuzjazmował się Reed[58].

Im bliżej był termin wyjazdu, tym większą gotowość wykazywał Chapman. „Zigzag wydaje się przekonany, że potrafi wykonać swe zadanie, a jego morale jest niezwykle wysokie... Choć przesłuchanie w Berlinie może być dokuczliwe, to po kilku dniach powinien bez trudu wrócić do życia, jakie prowadził, zanim przybył do nas" – pisał Reed.

Gdyby przez jakiś nieszczęśliwy przypadek odkryto jego współpracę z Brytyjczykami, mógłby się ocalić, udając potrójnego agenta. Chcąc tego dokonać, musiałby wyjaśnić, dlaczego w depeszach umieszczał pięć „F" na znak, że od samego początku działa swobodnie. Tar stwierdził, że koniecznie należy spreparować drugą wersję jego historii, zadowalająco wyjaśniającą, dlaczego kłamał. Reed przygotował następujące rozwiązanie: jeśli Chapman zostanie zdemaskowany, powie, że Wydział Piąty zatrzymał Fredę jako zakładniczkę i zmusił go do powrotu do Francji pod groźbą jej rozstrzelania. Na dowód, że starał się ostrzec von Gröninga, iż jest pod kontrolą, przypomni o wiadomości wysłanej po Bożym Narodzeniu, w której opuścił znak „FFFFF". Powie, że Anglicy wykryli jego brak i zmusili, by go umieścił w kolejnym meldunku. W ten sposób popełniona kiedyś pomyłka mogłaby teraz działać na korzyść Chapmana. Reed przyznawał, że takie tłumaczenie to wybieg, do którego wolno się uciec w ostateczności, lecz jeśli Chapman zostanie zapędzony do narożnika, to właśnie dzięki niemu może uratować życie[59].

Posprzątano spokojny budynek przy Crespigny Road, który w ciągu ostatnich trzech miesięcy był niezwykłym domem rodzinnym dla Chapmana. Jego radiostacja trafiła do szafy (von Gröningowi miał powiedzieć, że ją zakopał) razem z fałszywymi dowodami osobistymi, gotówką i pigułką trucizny. Eddie mocno uścisnął dłoń Paula Backwella, a potem wsiadł do podstawionej furgonetki, którą wraz z Reedem i Toothem pojechał do Liverpoolu, będącego kolejnym etapem jego misji.

– Jeśli nie zajdą naprawdę szczególne okoliczności, nie spodziewamy się od pana niczego przez długi czas – oświadczył Tar[60]. Nie powiedział natomiast tego, o czym obaj dobrze wiedzieli: że gdy Zigzag opuści angielski brzeg, mogą już więcej o nim nie usłyszeć.

Pułkownikowi Stephensowi przypadło w udziale napisanie ostatniego raportu o tym, co skierowało Chapmana na jego drogę, i wspaniale sprostał zadaniu, wykorzystując wszelkie ozdobniki literackie. Cynowe Oko pisał z dumą zawodowca i szczerym podziwem, najbardziej błyskotliwą prozą:

„Historia wielu szpiegów jest banalna i szara. Nie nadaje się na powieść. Bohaterem jest bankrut życiowy. Kieruje się brudnymi motywami. Strach jest wszechobecny – patriotyzm nieobecny. Milczenie to nie oręż człowieka dzielnego, to raczej strach przed konsekwencjami. Żądza przygody nie wchodzi tutaj w grę.

Historia Chapmana jest wyjątkowa. Gdyby była powieścią, uznano by ją za całkiem nieprawdopodobną. Bohaterem jest złoczyńca, ale złoczyńca niebędący bynajmniej życiowym bankrutem. Jego kariera przestępcza rozwijała się nieustannie od dezercji z wojska do obrazy moralności, od kobiet do szantażu, od drobnych kradzieży do wysadzania sejfów. Ostatnio jego poczucie własnej wartości wzrosło i bez wątpienia gardzi sobą za tak nędzne początki. Ten niewątpliwie próżny człowiek rośnie we własnych oczach i we własnych oczach staje się kimś w rodzaju księcia podziemia. Nie ma żadnych skrupułów i nie zawaha się przed niczym. Nie oczekuje niczego od społeczeństwa, a pieniądze są tylko środkiem do celu. Nie wie, co to lęk, i z pewnością głęboko nienawidzi Niemców. Słowem: przygoda jest dla Chapmana treścią życia. Mając sposobność, zdobędzie się na rzeczy nieprawdopodobne. Przesądza o tym sama jego brawura. Dzisiaj jest niemieckim spadochroniarzem, jutro podwójnym agentem, co może kosztować go życie. Bez przygody zacznie się buntować, co ostatecznie sprowadzi go na drogę przestępstwa.

W wypadku Chapmana jedna rzecz jest pewna: im większa przygoda, tym większa szansa na sukces"[61].

18

Pasażer na gapę

Kapitanowi Reginaldowi Sandersonowi Kearonowi, dowodzącemu statkiem handlowym City of Lancaster, wojna upływała dotąd na ratowaniu się przed niemieckimi torpedami. W 1940 roku objął komendę Assyrian, po to tylko, by pójść na dno po ataku U-Boota. Później przejął stery Belgravian, do czasu aż i tę jednostkę trafiła torpeda. Za każdym razem był ostatnim, który opuszczał zatopione statki.

Kearon należał do tysięcy bezimiennych bohaterów marynarki handlowej, którzy podczas wojny kursowali po oceanach, wioząc niezbędne zaopatrzenie. Statki podróżowały w konwojach, często słabo uzbrojone i niedostatecznie osłaniane. Była to wojna zupełnie różna od tej, jaką prowadzono gdzie indziej: brudna, monotonna i niesłychanie niebezpieczna. Wróg zwykle pozostawał niewidoczny.

Trzytysięcznik City of Lancaster został zbudowany w 1924 roku przez firmę Palmers of Jarrow jako statek węglowy. Teraz przewoził żywność, materiały budowlane, amunicję i wszystko, czego potrzebowało Imperium podczas wojny. Załogę stanowiło trzydziestu Irlandczyków z Liverpoolu, ludzi o sercach zahartowanych na morzu i pijących na umór na brzegu. Lancaster był równie zaprawiony w bojach, jak jego kapitan. W 1940 roku wywiózł dwa i pół tysiąca ludzi z St Nazaire i widział, jak płynący z nim burta w burtę statek poszedł na dno wraz z całą załogą. Ścigany przez U-Booty i heinkle, mógł odpowiedzieć swymi dziesięcio- i dwunastofuntowcami, dwoma działami przeciwlotniczymi i parą karabinów maszynowych, umieszczonych na dziobie i rufie. Nikt nie miał złudzeń, że toczy się tam równa walka.

Kapitan Kearon, potężny Irlandczyk o obcesowych manierach, urodzony w 1905 roku w Arklow na wybrzeżu hrabstwa Wicklow, wyglądał niczym Neptun w mundurze. Posiwiał, lecz krańce jego bujnej brody wciąż były rude, jak gdyby utrwalone rozpylaczem soli. W jego żyłach płynęła osobliwa mieszanka wody morskiej, rumu i gniewu, co sprawiało, że nie wiedział, co to lęk, załoga kochała go i bała się w równym stopniu, a on był wprost niezatapialny. Ten wilk morski, który już od trzech lat służył za pływający cel i stracił dwa statki, pragnął wreszcie zrewanżować się wrogowi.

City of Lancaster, udający się przez Lizbonę do Freetown w Sierra Leone, stał w Liverpoolu podczas załadunku fajek, tytoniu, poczty i paczek dla jeńców wojennych, kiedy kapitan Kearon został wezwany do biura portowego. Oczekiwał go tam szczupły mężczyzna w cywilnym ubraniu, z niepasującym do całości wąsikiem. Przedstawił się jako major Ronald Reed (właśnie awansował). Grzecznie, choć stanowczo wyjaśnił, że pracuje dla brytyjskiego wywiadu. Poinformował kapitana Kearona, że ma wziąć na pokład nowego załoganta, niejakiego Hugh Ansona, jako pomocnika stewarda. Człowiek ten jest podwójnym agentem wykonującym niezwykle ważną misję dla rządu i Kearon ma się postarać, by czuł się on dobrze na statku. W Lizbonie pasażer zejdzie na brzeg i już nie wróci. Dezercja uszczupli załogę City of Lancaster, ale nie ma na to rady. Kapitan złoży raport o tym incydencie, tak jak zrobiłby to w wypadku każdej innej osoby służącej pod jego komendą. Marynarzom powie, że Anson to były przestępca, skazany na pięć lat więzienia w Lewes, za wstawiennictwem Stowarzyszenia Pomocy Więźniom (Prisoner's Aid Society) zwolniony wcześniej pod warunkiem wstąpienia do wojska albo do marynarki handlowej. Ta historia przestępcy, po którym spodziewano się poprawy, wyjaśni jego brak obycia z morzem, a kiedy zniknie w Lizbonie, pozwoli się domyślać, że wrócił do dawnych zwyczajów[1].

– Odtąd życie tego człowieka jest w pańskich rękach – oświadczył z całą powagą Reed. – Ani słowem nie może pan zdradzić przed załogą jego misji[2].

Na koniec pokazał wielką kopertę, przewiązaną taśmą z dużą błękitną pieczęcią oznaczoną literami „OHMS" (On His Majesty's Service) – W Służbie Jego Królewskiej Mości. Miała ona spocząć w sejfie okrętowym, a po przybyciu do Lizbony zostać wręczona „Ansonowi". Wewnątrz znajdowały się kolt Chapmana wraz z zapasowym magazynkiem, pięćdziesiąt jednofuntowych banknotów oraz książeczka z bonami na żywność i odzież wystawiona na nazwisko Hugh Anson. Były tam również wycinki z gazet opisujące wybuch w fabryce koło Londynu.

Po powrocie do hotelu Reed napisał, iż kapitan „prawdopodobnie dochowa tajemnicy"[3]. Mógł być tego całkiem pewny, gdyż Reginalda Kearona wręcz zachwycił fakt przyjęcia na pokład prawdziwego brytyjskiego szpiega.

Chapman i Tooth zameldowali się w hotelu Washington, zaś Reed w nieco wygodniejszym Adelphi. Nawet w świecie tajnych służb oficerowie mieli swe przywileje, poza tym również ze względów bezpieczeństwa trzej konspiratorzy woleli nie przebywać w tym samym miejscu, na wypadek gdyby ich obserwowano.

Hugh Anson był drobnym przestępcą, który kierował skradzionym przez Nitrogang autem. W ramach swojej historii Chapman miał powiedzieć Niemcom, że zapłacił Ansonowi sto funtów za jego dowód osobisty i wkleił tam własne zdjęcie, podczas gdy dawny wspólnik obiecał schować się na dwa miesiące, zanim zgłosi utratę dokumentów[4]. Papiery żeglarskie Eddie zdobył, rzekomo przekupiwszy niejakiego Franiego Danielsa z biura portowego. W rzeczywistości zaokrętowanie Chapmana stanowiło bardziej zawiłą operację. Fałszerze z Wydziału Piątego przygotowali komplet podrabianych cywilnych dokumentów, włącznie z formularzem Obowiązkowej Służby Wojskowej (National Service), kartą ubezpieczenia z Narodowego Funduszu Zdrowia (National Health Insurance) i świadectwem braku zatrudnienia[5]. Załatwienie odpowiednich papierów żeglarskich okazało się jednak „daleko trudniejszą i bardziej złożoną sprawą"[6]. Wreszcie Reed zdecydował się z pomocą miejscowego pracownika Wydziału Piątego, Hobbesa, wykraść potrzebny dokument z departamentu zaopatrzenia Marynarki Handlowej. Hobbes udał się do liverpoolskiego biura portowego, rzekomo by dokonać kontroli przeciwpożarowej, i wyszedł z właściwymi formularzami, które Reed następnie odpowiednio wypełnił, siedząc nad kuflem piwa w Latającym Holendrze, najbliższym czynnym pubie. „Postępowanie to, choć moralnie naganne, ze względów praktycznych było całkiem stosowne" – podsumował Reed[7].

Wieczór spędzili, uzgadniając, w jaki sposób Chapman ma porozumiewać się z Anglią, gdy uzyska dostęp do niemieckiego radia. Reed postanowił, że najlepiej będzie wysyłać meldunki za pomocą prostego kodu zawartego w jego „pogawędkach", ozdobnikach, które zawsze dodawał do wysyłanych wiadomości, a szczególnie jego „roześmianych znakach"[8].

Wiadomość „QLF" to żartobliwy znak mówiący „wyślij to, proszę, lewą nogą" (please send with your left foot), zaś „99" znaczy coś nieco bardziej obraźliwego. Jeśli Chapman nada „QLF", będzie to oznaczać, że jego niemieccy mocodawcy są w pełni zadowoleni, a „99" – że coś podejrzewają[9]. Bardziej złożone wiadomości miał posyłać, stosując różne kombinacje roześmianego znaku:

HU HU HU: nic ważnego do powiedzenia.

HA HA HA: placówka Abwehry w Nantes zlikwidowana.

HI HA HU: jadę do Berlina.

HA HU HI: jadę do Paryża.

HU HI HA: jadę do Angers.

HE HE HE: jadę do Ameryki.

HE HE HE HA: grupa Amerykanów wyjechała do USA i działa tam.

„»Roześmiany« znak zawsze występował w meldunkach Zigzaga, nie sądzę więc, by mógł wzbudzić jakiekolwiek podejrzenia wroga" – pisał Reed[10].

Gdyby Chapman mógł swobodnie korzystać z radiostacji, miał wysyłać wiadomości zwyczajną drogą, ale zakodowane za pomocą słowa: ROZKOSZNY (DELIGHTFUL). Poproszony przez Niemców o wymyślenie hasła na swą pierwszą misję, wybrał słowo KONSTANTYNOPOL (CONSTANTINOPLE). Gdyby na przyszłość zażądali, by wymyślił inne, postanowiono, że będzie nim GRZECZNOŚĆ (POLITENESS). Chapman nie wiedział, że Bletchley już mogło odczytać każdą jego wiadomość, ale znajomość hasła ułatwiała życie szyfrantom. „Nie będziemy musieli tracić czasu na odszyfrowywanie meldunków, które nadsyła, zrozumiemy je od razu" – pisał Reed[11].

Von Gröning zawsze przekazywał Chapmanowi swe egzemplarze „Timesa", więc po otrzymaniu wiadomości od Zigzaga Reed miał w dziale ogłoszeń prywatnych tej gazety, w najbliższy wtorek lub czwartek, zamieszczać notatkę o treści: „Pani West dziękuje anonimowemu dobroczyńcy za ofiarowanie 11 funtów"[12]. Druga w kolejności cyfra miała oznaczać liczbę otrzymanych wiadomości. Gdyby więc Wydział Piąty dostał ich sześć, pani West mogłaby podziękować nieznanemu ofiarodawcy za 46 funtów. Przy odrobinie szczęścia fikcyjna pani West (skromny hołd złożony gospodyni z Crespigny Road) stałaby się z czasem zamożną kobietą.

Na koniec Reed i Chapman zastawili „pułapkę na słonia". Chapman miał powiedzieć swym zwierzchnikom z Abwehry, iż przed wyjazdem z Anglii załatwił, że jeśli ktoś z niemieckiego wywiadu będzie potrzebował pomocy, ma skontaktować się z kasiarzem Jimmym Huntem, dzwoniąc pod numer: Gerrard 4850[13]. Gdy ktoś podniesie słuchawkę, należy powiedzieć: „Mówi Lew Leibich, chciałbym rozmawiać z Jimmym Huntem"[14]. Numer będzie połączony bezpośrednio z telefonem na biurku Ronniego Reeda w B1A, który zorganizuje „komitet powitalny".

Na mapie Lizbony Reed i Chapman znaleźli niemiecką kryjówkę przy Rua Mamede i niemiecki konsulat. Reed kazał też Eddiemu nauczyć się na pamięć numeru telefonu w Lizbonie, pod który mógłby dzwonić w razie potrzeby. Miejscowy przedstawiciel Wydziału Szóstego Ralph Jarvis już wiedział, że w drodze jest ważny agent. Wywiad Radiowy i Bletchley Park miały śledzić Najtajniejsze Źródła pod kątem wiadomości o Frycu.

Był już późny wieczór, gdy Chapman oświadczył, że chciałby napisać list pożegnalny do Fredy. Reed zaproponował, by wysłał go za pośrednictwem Lauriego Marshalla. List został skopiowany i od razu doręczony Fredzie. Dokument ten pozostaje utajniony, ale w towarzyszącym mu liście do Marshalla czytamy: „Do widzenia na razie. Niedługo znów będę z Tobą na 35. Dziękuję Ci za wszystko, proszę, wręcz ten list albo przekaż przez kogoś Fredzie"[15]. Tak nie pisze ktoś, kto drży o swoje życie.

Na drugi dzień Chapman zgłosił się do biura Ministerstwa Handlu. Urzędnik przyjął fałszywe papiery bez zastrzeżeń, zauważając tylko, że biuro przewozowe skierowało już na City of Lancaster innego pomocnika stewarda i „najwyraźniej nie wie, co robi"[16]. Eddie miał zgłosić się na statek i przygotować się do podróży następnego dnia. Wrócili do hotelu, gdzie Tooth spakował jego rzeczy, w tym dwa nowe białe uniformy stewarda i czternaście arkuszy zwykłego na pierwszy rzut oka papieru listowego, i sprawdził odzież w poszukiwaniu czegoś, co mogłoby agenta zdradzić, dokładnie tak jak kilka miesięcy wcześniej Praetorius. Wreszcie Chapman ruszył do doków, w odpowiedni sposób zarzucając marynarski worek na ramię, jak raportował Reed.

Tooth i Reed kroczyli w znacznej odległości za nim. Dystans ten okazał się chyba zbyt duży, gdyż po męczącym, kilkumilowym marszu wokół doków stracili Zigzaga z oczu. W jednej chwili widzieli, jak szedł, sprawiając wrażenie wesołego marynarza, a w następnej zniknął. Reed przez moment zastanawiał się, czy Chapman czasem nie zmienił zdania i nie uciekł. Z rosnącym niepokojem wzięli się do przeszukiwania doków, lecz nie znaleźli ani szukanego, ani nawet City of Lancaster. Na koniec dali za wygraną i przygnębieni zawrócili do hotelu. Wcześniej mówili Chapmanowi, że ma na nich czekać koło Adelphi, ale intuicja podpowiedziała Reedowi, że jego szpieg mógł wrócić na własną, podrzędniejszą kwaterę. „I rzeczywiście – Zigzag był w barze z prostytutką".

Postanowili nie przeszkadzać i odeszli dyskretnie, pozwalając mu dobić targu.

Z Adelphi zadzwonili do baru hotelu Washington. Gdy Chapman podszedł do telefonu, oświadczył pogodnie, że odnalazł statek, zostawił torbę na pokładzie i że kazano mu zgłosić się nazajutrz o ósmej rano. „Nie chciał zjeść z nami obiadu, był bowiem »zajęty«" – donosił taktownie Reed. Uzgodnili, że o dziewiątej wieczorem spotkają się w jego pokoju w Adelphi.

Reed i Tooth zjedli obiad w hotelu i o umówionej porze weszli na schody wiodące do pokoju tego pierwszego. Gdy otworzyli drzwi, zastali w środku Chapmana. „Zigzag jakimś sposobem zdobył wytrych i odpoczywał na łóżku, czekając na obiad, który wraz z dużą ilością piwa zamówił z mego telefonu" – donosił Reed. W ciągu kilku godzin Chapman zademonstrował wszystkie cechy, które czyniły go wielkim przestępcą i znakomitym szpiegiem, a także potwierdził swą opinię człowieka o niezwykle zmiennym usposobieniu. Napisał list miłosny do matki swego dziecka, zniknął, przespał się z prostytutką, włamał się do zamkniętego pokoju i zamówił posiłek na cudzy rachunek. Jak się okazało, ukradł też pozłacane nożyczki Reeda i pilnik do paznokci, których mu zazdrościł od dłuższego czasu[17]. Wszystko to przewidział kiedyś Young: Chapman spełni swój obowiązek, a jednocześnie beztrosko opróżni kieszenie zleceniodawcy.

Reed nie potrafił się gniewać na swego agenta. Przeciwnie, zajście to pogłębiło jego sympatię do tego dziwnego młodego człowieka, którego znał od ośmiu tygodni. „Zigzag jest zagadką. Niesforny i wybuchowy, zmienny i sentymentalny, po bliższym poznaniu okazuje się niezwykle sympatyczny. Każdemu, kto przebywa z nim dłuższy czas, trudno ocenić go w trzeźwy, beznamiętny sposób. Nie można wprost uwierzyć, że ma za sobą tak nikczemną przeszłość. Włamania i wyłudzenia, związki z degeneratami moralnymi i wizerunek groźnego przestępcy stworzony przez

Scotland Yard – wszystko to trudno pogodzić z jego obecnym postępowaniem" – pisał[18].

Przeszłość Chapmana zasługiwała na pogardę, ostatnie działania zaś były wprost heroiczne, choć nie uniknął pewnych potknięć, natomiast jego przyszłość pozostawała nieznana. W dokach Eddie pomachał im ręką i wspiął się po trapie City of Lancaster. „Sprawa Zigzaga jeszcze się nie zakończyła. Tak naprawdę to czas pokaże, czy się właśnie nie zaczyna" – podsumował Reed[19].

19

„Joli Albert"

15 marca 1943 roku City of Lancaster wyruszył z Jersey, by dołączyć do zbierającego się na Morzu Irlandzkim konwoju czterdziestu trzech statków handlowych strzeżonych przez trzy niszczyciele i cztery słabo uzbrojone korwety. Statki ruszyły szeregami z eskortą po bokach, z przodu i z tyłu, przypominającą psy zaganiające stado owiec i wypatrujące drapieżników. Nowy pomocnik stewarda Hugh Anson został skierowany do kajuty, którą dzielił z obsługą karabinów maszynowych, a potem miał się zameldować u kapitana. Podczas gdy konwój płynął na południe, Chapman i Kearon prowadzili długą, cichą rozmowę. Kapitan, bojąc się „czyichś lepkich palców", oświadczył, że przechowa szpiegowski ekwipunek swego pasażera, i nie ukrywał rozczarowania, gdy ten wręczył mu kilka zwykłych arkuszy papieru listowego[1]. Zamknął je w sejfie, starając się nie zostawić na nich odcisków palców. Powiedział, że będzie traktować Chapmana jak innych członków załogi, ale polecił mu, by zachowywał się niespokojnie, co potwierdzi krążącą o nim opinię „podejrzanego typa" i pomoże wyjaśnić zniknięcie po przybyciu do Lizbony[2].

Jeśli w ogóle tam dotrą. Tego popołudnia na niebie pojawił się nagle samotny niemiecki samolot i zrzucił bomby, które o włos minęły pięciotysięcznik wiozący amunicję i materiały wybuchowe. Wysoko w górze krążyły zwiadowcze focke-wulfy. Na twarzach wszystkich widoczne było nerwowe oczekiwanie i Chapman zauważył, że cała załoga jest kompletnie ubrana[3]. Nie miał jednak zbyt wiele czasu na obserwacje, gdyż starszy steward Snellgrove zapędził go do sprzątania, podawania posiłków i całej harówki, jaka spada na rekruta. Chapman głośno narzekał i, jak wspominał później Snellgrove, prawie cały czas cierpiał na chorobę morską, przez co w ogóle nie nadawał się do roboty[4].

Tej samej nocy, kiedy konwój wkraczał na Atlantyk, z męczącego półsnu wyrwał Chapmana alarm okrętowy. Kiedy Eddie szarpał się na pokładzie z pasem ratunkowym, potężny wybuch, za którym przyszedł kolejny, rzucił go na burtę. Dwa statki handlowe i tankowiec stały w ogniu, w świetle płomieni dojrzał ciemne sylwetki innych okrętów. Torpeda trafiła w ten wiozący amunicję. Kapitan Kearon wyłączył silniki, niebo rozświetliły rakiety. U-Booty umknęły cichaczem. Z okien na mostku kapitańskim wyleciały szyby i po pokładzie walało się szkło. Tej nocy nie nastąpił ponowny atak, lecz Chapman nie mógł już zasnąć.

Rano kapitan powiedział mu, że w konwoju brakowało siedmiu statków, z których trzy poszły na dno w wyniku kolizji albo szkód powstałych wskutek wybuchu statku z amunicją. Chapman uznał, że tę informację może przekazać w Lizbonie Niemcom, gdyż potwierdzi tylko to, o czym już wiedzieli, i zaświadczy o swej gorliwości. Z tego samego powodu zaczął codziennie zapisywać pozycję i kurs statku. Ponieważ niemieckie samoloty zwiadowcze już wyśledziły konwój, „podanie wrogowi jego pozycji nie przyniesie żadnej szkody"[5]. Kapitan zgodził się z tym całkowicie i pozwolił mu korzystać z dziennika okrętowego, by mógł nanosić dokładne dane. Chapman spisał je starannie na jednym z arkuszy resztką atramentu sympatycznego.

Kapitan Kearon z entuzjazmem wcielił się w rolę pomocnika szpiega, ale reszta załogi zupełnie nie wiedziała, co sądzić o nowym stewardzie. Wieść o więziennej przeszłości Ansona rozeszła się błyskawicznie i wszyscy orzekli, że jest „włamywaczem najwyższej klasy"[6]. Miał podobno mnóstwo pieniędzy, złotą papierośnicę i nosił kosztowny zegarek. Marynarze plotkowali, jakoby w Soho nazywano go „Pasiakiem" z racji noszonego w więzieniu ubrania. Jak na przestępcę, był jednak zaskakująco uprzejmy i kulturalny, a francuskie książki czytał „dla przyjemności"[7]. „Niektórym członkom załogi imponowało jego wykształcenie" – mówił później Kearon. Bosman z obsługi dział wyraził ogólną opinię, orzekając, że jest to czarna owca z dobrej rodziny[8]. Pewnego wieczora Chapman zadziwił kolegów, mówiąc, że napisze wiersz na poczekaniu. Z ołówkiem i kartką papieru w rękach wziął się do dzieła i po chwili był gotów. Licząca osiem wersów, najwyraźniej autobiograficzna rymowanka (zachowała się w archiwum Wydziału Piątego) opowiada o Pasiaku, który wiedzie twarde życie, daje sobie radę dzięki sprytowi i ma mnóstwo dziewczyn. Kończy się słowami:

Zawsze pogodny, choćby się zdarzyła draka,
Trzy razy hurra! dla Pasiaka![9].

Trudno uznać to za poezję, lecz kolegom z mesy utwór wydał się godny Szekspira, stanowił kolejny dowód na to, że mają do czynienia z prawdziwym dżentelmenem włamywaczem. Jak na poetę, Anson był z pewnością zbyt kłótliwy. Kapitan niezmiennie pisał w dzienniku okrętowym o jego złym zachowaniu: „Mówi, że nie znosi życia na morzu, gdyż nikt tu nie wykonuje swojej roboty, a on tyra za wszystkich. Jako kapitan stwierdzam, że nie ma w tym cienia prawdy"[10].

18 marca City of Lancaster wpłynął na Tag i zacumował przy nabrzeżu Santos. Portugalia wciąż zachowywała neutralność, choć jej dyktator spoglądał w stronę nazistów, zaś Lizbona była wrzącym kotłem, w którym roiło się od uchodźców, dezerterów, przemytników, agentów, oszustów, handlarzy bronią, różnych kombinatorów, pośredników, paskarzy i prostytutek. To było idealne miasto dla Chapmana. John Masterman w swej powojennej powieści *The Case of the Four Friends* (*Sprawa czwórki przyjaciół*) nazywał Lizbonę czymś w rodzaju międzynarodowej ziemi niczyjej, ruchliwego mrowiska szpiegów, w którym sprzedawano oraz kupowano prawdziwe i fałszywe (głównie jednak fałszywe) wojskowe bądź polityczne informacje i sekrety i w którym umysły jednych nieustannie pracowa-

ły przeciw drugim[11]. Alianci i państwa Osi utrzymywali tu kryjówki, skrzynki kontaktowe, szeregi informatorów i małe armie zwalczających się wywiadowców, a także oficjalne konsulaty i ambasady działające pod cienką zasłoną pozornej neutralności. Abwehra prowadziła nawet własne bary i burdele, aby wyciągać informacje od spragnionych seksu, pijanych brytyjskich marynarzy.

Załoga City of Lancaster zebrała się na pokładzie, aby wysłuchać, dlaczego na brzegu trzeba się wystrzegać alkoholu i kobiet lekkich obyczajów. Bosman Valsamas wyraźnie usłyszał szept Ansona: „Nie zważajcie na to, wszystko to gówno prawda"[12].

Na lądzie pomocnik stewarda poszedł wraz z czterema kolegami z załogi do Instytutu Marynarki Brytyjskiej przy Rua da Moeda, gdzie zgodnie ze zwyczajem spili się na umór. Anson oświadczył, że płaci za wszystkich, ale po godzinnej libacji na koszt Wydziału Piątego nowy pomocnik stewarda szepnął jednemu z kanonierów, że ma coś do załatwienia na mieście z pewnym starym znajomym.

– Jeśli go znajdę, to zwieję – zwierzył się.

Kiedy kanonier Gunner Humphries zaczął wypytywać o tego znajomego, Chapman tylko mrugnął okiem i rzekł tajemniczo:

– Żadnych nazwisk, a wszystko będzie dobrze[13].

Uzgodnili, że spotkają się później na nabrzeżu w U George'a, barze z burdelem.

Kilka dni wcześniej Bletchley Park odczytał depeszę Abwehry do innego podwójnego agenta, o pseudonimie Ojciec, zawiadamiającą, że kryjówka przy Rua Sao Mamede 50 jest „brûlé", czyli spalona[14]. Wydział Piąty nie miał jak poinformować o tym Zigzaga.

Chapman wysiadł z taksówki przy wielkim, brudnym domu w głębi robotniczej dzielnicy miasta. Drzwi otworzyła młoda dziewczyna, która zawołała matkę.

– *Joli Albert* – odezwał się pogodnie i dodał w łamanym portugalskim: – Nazywam się Fryc, czy mogę widzieć senhora Fonsecę[15]?

Twarze kobiet wyrażały zupełny brak zrozumienia[16]. Spróbował jeszcze raz po niemiecku, angielsku i francusku. W końcu na kawałku papieru napisał nazwisko „Fonseca". To już wywołało jakiś błysk rozpoznania i z gestów kobiet Chapman wywnioskował, że senhor Fonseca jest nieobecny. Napisał więc słowo „telefon"[17]. Po dłuższej gestykulacji dziewczyna zaprowadziła go do pobliskiej kawiarni, wykręciła numer i przekazała mu słuchawkę, w której odezwał się męski głos.

– *Joli Albert* – powiedział Chapman. Również tym razem hasło nie wywołało żadnej reakcji, ale mężczyzna przynajmniej mówił zrozumiałą francuszczyzną i zgodził się spotkać w sąsiedniej kawiarni. Chapman czekał na niego pełen złych przeczuć, paląc jednego papierosa za drugim i popijając cuchnącą portugalską brandy. Wreszcie nadszedł szczupły, dobiegający trzydziestki mężczyzna, prowadząc ze sobą dużo starszego, który mówił po niemiecku. Raz jeszcze Chapman podał hasło, mówiąc, że chce rozmawiać z jakimś wyższym oficerem Abwehry. Ich zaniepokojone twarze jasno wykazywały, jak dalece plan zawiódł. Widać było, że nic nie wiedzą o całej sprawie i z każdym wypowiedzianym słowem Chapman narażał się na większe niebezpieczeństwo[18]. Przeprosił więc za pomyłkę i powiedział obu mężczyznom, aby zapomnieli o całej sprawie, a potem uciekł[19].

Gdy znalazł się w barze U George'a, zabawa trwała w najlepsze. Chapman, którego powrotu prawie nie zauważono, wtopił się w tłum marynarzy i ulicznic i wkrótce wdał się w rozmowę z mówiącą po angielsku portugalską barmanką imieniem Anita. Dwudziestosześcioletnia, szczupła, śniada dziewczyna o falistych, czarnych włosach i głęboko osadzonych, brązowych oczach była też prostytutką i płatną agentką Wydziału Szóstego. Później doniosła brytyjskiemu wywiadowi, że mężczyzna znany jako Anson wyznał jej, iż naprawdę nazywa się Reed, co z pewnością oburzyłoby Ronniego.

Chapman spędził noc z Anitą w hoteliku koło przystani, zastanawiając się, czy Niemcy nie zrezygnowali z niego, czy pcha się w pułapkę i czy to już koniec jego kariery podwójnego agenta.

Z samego rana wszedł do eleganckiego holu niemieckiego poselstwa na Rua do Pau de Bandeira i zaspanemu portierowi powiedział, że nazywa się Fryc, jest niemieckim agentem i chciałby się widzieć z wyższym oficerem Abwehry. Portier ziewnął i polecił mu przyjść za dwie godziny. Kiedy Eddie powrócił, recepcjonista był już bardziej ożywiony, a nawet czujny. Zjawił się jakiś urzędnik i powiedział Chapmanowi, że ma pójść do domu przy niedalekiej Rua Bueno Aires. We wskazanym miejscu czekał fiat z włączonym motorem i dwoma cywilami na przednich siedzeniach. Polecili mu usiąść z tyłu i w milczeniu pojechali do mieszkania przy Rua Borges Carneiro 25. Tutaj zaprowadzili go na górę, gdzie poprosili uprzejmie, aby przedstawił im swą sprawę. Chapman opowiedział znaną na pamięć historię, którą miał powtarzać jeszcze wiele razy. Wyższy z mężczyzn, najwidoczniej starszy rangą, kiwał głową, rzucając od czasu do czasu jakieś pytanie, podczas gdy drugi, niski i tłusty, pilnie notował. Gdy Eddie skończył, wysoki podziękował mu grzecznie i polecił wracać na pokład, ale przyjść pod ten adres ponownie nazajutrz.

Wieczorem wszyscy słyszeli, jak kapitan Kearon ostro skarcił stewarda Ansona za pozostanie bez zezwolenia nocą na brzegu. Ostrzegał go również przed złapaniem choroby wenerycznej. Kiedy ten odparł, by dowódca pilnował swego nosa[20], Kearon wpadł w straszliwy gniew i oświadczył, że za każde następne przewinienie podwładny doczeka się kary po powrocie[21]. Wszyscy marynarze orzekli, że Anson stąpa po naprawdę cienkim lodzie.

Chociaż kapitan Kearon wspaniale odegrał atak wściekłości, to z głęboką ulgą przyjął powrót Chapmana na statek. Kiedy zostali sami, Eddie opisał, jak spędził dwa dni odsyłany i wożony z miejsca na miejsce, po czym dodał, że jeśli będzie mu dane złożyć o tym raport Wydziałowi Piątemu, opowie, że biurokracja w Abwehrze to istny koszmar. „Kazał mi przekazać, że ta organizacja pracuje dokładnie tak samo jak w Londynie. Mówił, że Ronnie ucieszy się, kiedy to usłyszy" – raportował później Kearon[22]. Zaproponował, by Chapman wdał się w jakąś bójkę, kiedy będzie gotów opuścić pokład. To pozwoli kapitanowi go ukarać i każdy uwierzy, że uciekł ze statku, by uniknąć kolejnego wyroku w Anglii.

Gdy nazajutrz Chapman powrócił na Rua Borges Carneiro, przywitał go elegancki młody człowiek w rogowych okularach, który znakomitą angielszczyzną przedstawił się jako Baumann i przeprosił za niedogodności poprzedniego dnia i za to, że Niemcy nie powitali go z należnymi honorami[23]. Poczęstował Eddiego cygarem i szklanką wyśmienitej brandy i poprosił, by jeszcze raz opowiedział o sobie. Nie wiadomo dokładnie, kim był uprzejmy rozmówca Chapmana. Wydział Piąty podawał później, że Baumann, alias Blaum, alias Bodo, był od 1942 roku oficerem w lizbońskiej sekcji sabotażowej Abwehry. Równie dobrze jednak mógł to być major Kremer von Auenrode, alias Ludovico von Kartsthoff, szef oddziału Abwehry w Lizbonie. Sam Chapman myślał, że Baumann „miał jakieś powiązania z Johnnym", jak Niemcy nazywali agenta Snowa[24]. Niemieckim przełożonym Owensa był major Nikolaus Ritter, alias doktor Rantzau. Kimkolwiek jednak był Baumann, wiedział dużo o pobycie Chapmana we Francji, o jego misji i jej rezultatach.

Eddie wręczył swojemu rozmówcy arkusze zapisane atramentem sympatycznym, a potem przedstawił mu propozycję, którą rozważał od czasu, gdy wyruszył w podróż do Lizbony. Podczas berlińskich kursów sabotażu nauczył się, jak skonstruować bombę węglową, wywiercając szczelinę w dużym kawałku węgla i wypełniając ją potężnym ładunkiem wybuchowym. Umieszczonego w kotłowni statku urządzenia nie zauważy nikt, dopóki wrzucone łopatą do paleniska nie wybuchnie, zatapiając jednostkę.

Gdyby Baumann dostarczył mu taką bombę – powiedział Chapman – podłoży ją na City of Lancaster, zbiegnie ze statku, tak jak to sobie zaplanował, a kapitana i załogę pośle na dno Atlantyku.

Tar Robertson nigdy nie tracił panowania nad sobą, ale kiedy otrzymał najnowsze wiadomości z Najtajniejszych Źródeł, omal nie dostał zawału. Agent Zigzag od dwóch dni przebywał w Lizbonie i już nosił się z zamiarem popełnienia najwyższej zdrady, ofiarowując się zatopić statek handlowy, którym tam przypłynął.

W ściśle tajnym meldunku oddział Abwehry w Lizbonie powiadamiał admirała Canarisa, że agent Fryc za pomocą bomby węglowej może wysadzić brytyjską jednostkę, i prosił o zezwolenie. Operacja wymagała zgody samego szefa, jako sprzeczna z polityką Abwehry, zabraniającą sabotażu w Portugalii i kierowania nim stamtąd[25]. Co gorsza, ta sama depesza podawała dokładną trasę podróży City of Lancaster do Lizbony i liczbę statków, które poszły na dno podczas ataku na konwój, a te informacje mogły pochodzić tylko od Chapmana. Przekazał Niemcom więcej informacji o konwoju, niż powinien, co było dalszym dowodem nielojalności[26].

Robertson zwołał naradę kryzysową i wydał szereg zarządzeń, zaczynając od najważniejszych. Po pierwsze, należało ochronić statek i załogę; po drugie, zabezpieczyć tajemnicę Ultry i Najtajniejsze Źródła; i po trzecie: „nie przerywać misji Zigzaga, dopóki nie będzie pewne lub prawdopodobne, że rzeczywiście zdradził"[27].

Reed nie mógł uwierzyć, by Chapman tak szybko przeszedł na drugą stronę. Został zmuszony lub namówiony do sabotażu czy był to jego własny pomysł? „Cokolwiek byśmy sądzili o charakterze i patriotyzmie Zigzaga, nie możemy być pewni, że nie dopuści się sabotażu" – mówił[28]. Narada trwała, gdy nadeszła wiadomość, że Berlin zgodził się na wysadzenie w powietrze City of Lancaster.

Wydział Szósty również przeczytał depeszę i zaproponował, że jego ludzie w Lizbonie zneutralizują Zigzaga. Robertson kazał im zaczekać. City of Lancaster miał wyjść w morze za kilka dni, a że Chapman zamierzał opuścić pokład w ostatniej chwili, pozostawało wciąż trochę czasu na działanie.

„Major Reed – pisał Tar – zna wszystkie fakty i okoliczności. Poza tym i kapitan, i Zigzag znają pana Reeda, więc łatwiej będzie mu skontaktować się z nimi bez wzbudzenia podejrzeń Niemców"[29]. Reed musi więc natychmiast polecieć do Lizbony, gdzie ma odnaleźć Chapmana i bezzwłocznie go przepytać. Jeżeli Zigzag nie udzieli informacji o sabotażu dobrowolnie, bez przymusu, należy go zaaresztować i sprowadzić w kajdankach[30]. Przybycie Reeda może go zaskoczyć, ale z pewnością nie domyśli się, że Brytyjczycy złamali szyfry Abwehry. „Całkiem naturalne jest wysłanie pana Reeda, aby się upewnił, czy Zigzag skontaktował się z Niemcami i co oni powiedzieli"[31].

Mały Ronnie Reed, specjalista radiowy, który trafił do wojska dzięki zamiłowaniu do zabaw z radiostacją, otrzymał teraz główną rolę w szybko rozwijającym się dramacie, która mogła wymagać od niego doprowadzenia znanego przestępcy przed oblicze sprawiedliwości pod lufą pistoletu.

Podczas gdy Reed rozglądał się za najbliższym samolotem pasażerskim do Lizbony, Chapman wracał na Rua Borges Carneiro, by odebrać bomby. Kilka dni wcześniej wręczył Baumannowi próbkę węgla z kotłowni statku. Walijski węgiel ma swoistą strukturę i barwę, ale niemieccy fałszerze spisali się znakomicie. Baumann dał agentowi dwa nierówne kawały węgla o powierzchni sześciu cali kwadratowych, kształtem, wagą i konsystencją nieróżniące się od walijskiego. Zamiast wywiercić otwór w bryle, tak jak to robił Doktor, fachowcy Baumanna wzięli puszkę z materiałem wybuchowym oraz zapalnikiem i pokryli ją plastikiem, pomalowanym i posypanym pyłem węglowym. Jedynym śladem zdradzającym jej śmiercionośną zawartość był otwór o średnicy ołówka, wywiercony z jednej strony[32].

Chapman był pod wrażeniem, twierdząc, że bomby są „wprost nie do wykrycia"[33]. Powiedział Baumannowi, że umieści je tej nocy w kotłowni i ucieknie na drugi dzień rano. Niemiec natomiast potwierdził, że ma już dla niego wszystkie papiery potrzebne do wyjazdu z kraju, w tym nowy paszport ze zdjęciem zrobionym dwa dni wcześniej w Lizbonie.

Wieczorem Chapman ochoczo wspinał się po trapie City of Lancaster z dwiema wielkimi bombami węglowymi w plecaku. Nie wiedział nic o tym, że Ronnie Reed zmierza do Portugalii tak szybko, jak to możliwe w czasie wojny, ani o tym, że kapitan Jarvis z Wydziału Szóstego skierował do pilnowania statku swego agenta, który tylko czekał rozkazu, by zatrzymać Eddiego lub w razie konieczności go zabić.

Chapman jednak nie miał zamiaru ani zbliżać się do kotłowni, ani wysadzać statku. Po prostu zgodnie z instrukcją działał na własną rękę. Jego przyjaciel i entuzjasta bomb, wytworny, dobrze wychowany „pan Fisher", prosił przecież o załatwienie kilku niemieckich „zabawek" do sabotażu i to właśnie życzenie chciał spełnić Zigzag. Cieszył się, wyobrażając sobie zachwyt pana Fishera na widok skarbów, które niósł w plecaku.

Znalazłszy się na pokładzie, Chapman starannie schował plecak w swej szafce. Następnie podszedł do zwalistego kanoniera, Dermota O'Connora, drzemiącego na swej koi, i z całej siły zdzielił go w nos. Uznał, że muskularny Irlandczyk najszybciej z całej załogi wda się w bójkę, nie zadając zbędnych pytań, i założenie to okazało się najzupełniej trafne.

O'Connor wychynął ze swego legowiska niczym wypływająca na powierzchnię orka i obaj mężczyźni zaczęli się tłuc z entuzjazmem, wrzeszcząc i chwytając wszystko, co im wpadło w ręce. Istnieją dwie wersje dotyczące wyniku walki: Chapman chwalił się, że wykończył przeciwnika, waląc go w głowę na wpół opróżnioną butelką whisky, kapitan Kearon zaś i wszyscy inni świadkowie relacjonowali, że O'Connor uderzeniem z byka w twarz szybko powalił Eddiego na ziemię. Broczącego obficie krwią i krzyczącego, że Irlandczyk naruszył „przepisy Queensberry'ego", Chapmana odniesiono do izby chorych[34]. Kiedy wreszcie obu przeciwników pogodzono, kapitan Kearon ukarał ich potrąceniem połowy dniówki i ogłosił wszem i wobec, że Chapman się doigrał.

Nastąpiła iście operetkowa scena:

Kapitan Kearon: – Znalazłeś wreszcie lepszego od siebie?

Anson: – Walczyłem uczciwie i pobiłem go zgodnie z przepisami markiza Queensberry'ego, a on uderzył mnie z byka. Wszyscy na tym statku są chuliganami.

Kearon: – Zatem ty jesteś jedynym przyzwoitym na pokładzie?

Anson: – Pewnie[35].

Na drugi dzień o świcie pomocnik stewarda Anson z ciężko poranionym i posiniaczonym lewym policzkiem zaszedł do kapitana

Kearona z poranną herbatą. Zastukał do kajuty kapitańskiej i wszedł do środka z tacą w jednej ręce i z plecakiem zawierającym dwa wielkie ładunki wybuchowe w drugiej. Wcześniej już powiedział Kearonowi, że postara się „przynieść na pokład szczególną bombę, aby ten zabrał ją do domu"[36]. Teraz przekazał obie bryły w ręce kapitana i wytłumaczył, że dostał je, gdyż zaproponował wysadzenie w powietrze City of Lancaster, na co wróg wyraził zgodę. Kearona mało co mogło przestraszyć, ale nawet on zadrżał, kiedy leżąc w łóżku, odbierał dziesięć funtów materiałów wybuchowych z rąk człowieka o twarzy wyglądającej, jakby przeszła przez maszynkę do mięsa. Oświadczył, że natychmiast podnosi kotwicę i wraca do Anglii. Chapman zapewnił go jednak, że bomby nie stanowią zagrożenia, dopóki nie wrzuci się ich do ognia, i ostrzegł, że jakakolwiek zmiana planów wzbudzi podejrzenie Niemców. Kapitan dał się w końcu przekonać, by działać tak, jakby nic się nie wydarzyło. Przyszedłszy do siebie, otworzył sejf, schował do środka śmiercionośne bomby i szybko zamknął drzwiczki. Chapman wepchnął dokumenty i pieniądze do plecaka i wręczył kapitanowi „w prezencie" swój rewolwer. W zamian Kearon podał mu adres swej szwagierki, mieszkającej w Porto, na wypadek gdyby agent znalazł się w opałach. Uścisnęli sobie dłonie i „Anson" zniknął w porannej mgle.

Rola kapitana Kearona w brytyjskim wywiadzie wojskowym dobiegła końca. Jego zdaniem angielski szpieg spisał się nadzwyczajnie i „w pełni okazał się godny swej sławy szubienicznika"[37], ale to akurat nie mogło nikogo zbytnio zaskoczyć.

Po południu tego samego dnia Najtajniejsze Źródła przejęły wiadomość z lizbońskiego oddziału Abwehry o tym, że Fryc wypełnił misję. Informację tę kapitan Ralph Jarvis z Wydziału Szóstego przekazał Ronniemu Reedowi, który jako Johnson, urzędnik transportu w Ministerstwie Wojny, zjawił się we wtorek o piątej trzydzieści na lizbońskim lotnisku. Reedowi zamarło serce. Jeśli Chapman podłożył bombę, okazał się zdrajcą winnym usiłowania zabójstwa. Oznaczało to, że trzeba będzie przerzucić tony węgla w kotłowni statku, bryła po bryle. Jarvis powiedział też, że jego agent przepytał w biurze przewozowym kapitana Kearona, który stanowczo zaprzeczył, jakoby Anson miał coś wspólnego z brytyjskim wywiadem. Reed odparł, że kapitan najpewniej uważał, iż osłania agenta, i wykonywał rozkazy zabraniające mówić mu o tym z kimkolwiek innym.

Kapitan Kearon i Ronnie Reed spotkali się tylko we dwóch w Królewskim Klubie Brytyjskim w Lizbonie. Z pogodnego wyrazu twarzy zachowującego się konspiracyjnie kapitana oficer śledczy Piątego Wydziału od razu się domyślił, że jego obawy są płonne. Kearon opowiedział, że Chapman zachował się wspaniale, że plan wysadzenia statku miał posłużyć jedynie do zdobycia bomb oraz że dwie bryły wybuchowego węgla spoczywają u niego w sejfie i odda je w dobre ręce z największą przyjemnością. Według jego relacji „Anson" podkreślał, że „węgiel jest niezwykle niebezpieczny i należy go przekazać Ronniemu"[38]. Proponował też, aby ludzie z Wydziału Piątego spowodowali jakąś pozorowaną eksplozję na pokładzie, co „podbuduje jego reputację u Niemców"[39].

Kearon opisał również, jak razem postanowili donieść Niemcom o trasie statku i napadzie na konwój, nie narażając brytyjskiej żeglugi, i jak ofiarnie Chapman pozwolił się rozłożyć na łopatki potężnemu irlandzkiemu kanonierowi, byleby tylko uwiarygodnić swoje postępowanie. Kiedy kelner przestał na nich zwracać uwagę, kapitan przekazał Ronniemu zostawione mu przez Chapmana nazwiska i adresy lizbońskie oraz jego rewolwer.

Reed wysłał triumfalny telegram do Tara Robertsona: „Jestem przekonany, iż Z. jest w stosunku do nas uczciwy"[40].

Londyn również przyjął to z ulgą. Zigzag nie tylko przekonał o swej lojalności, lecz także dostarczył brytyjskiemu wywiadowi dwie nietknięte niemieckie bomby, jakich nigdy tam nie widziano. „To typowy przykład niebezpieczeństw, na jakie Chapman jest gotów się narazić w naszej sprawie – pisał Cynowe Oko Stephens. – Wystąpił z ofertą sabotażu, wiedząc, że jeśli City of Lancaster nie pójdzie na dno, będzie z pewnością podejrzewany o podwójną grę, co może się fatalnie dla niego skończyć. Mimo wszystko zdecydował się na ten krok. Sądził, że zdobycie niemieckich ładunków wybuchowych jest warte poniesionego przezeń ryzyka"[41].

Nieco mniej obrotem sprawy ekscytował się Wydział Szósty. Stosunki między bratnimi służbami często bywały pełne napięcia i wywiad zagraniczny nie życzył sobie, by pracownicy sekcji krajowej wchodzili mu w drogę. Teraz prosto z mostu odmówił współpracy w pozorowanym sabotażu na City of Lancaster, zwracając uwagę na możliwe „powikłania polityczne"[42].

Jarvis z Wydziału Szóstego, w cywilu bankier, przekonywał nieszczęsnego Ronniego Reeda, że bomby może aktywować nie tylko ciepło, lecz także zapalnik czasowy, co oznaczałoby, że wybuch jest prawdopodobny w każdej chwili. Reed nie podzielał beztroskiego podejścia lorda Rothschilda do materiałów wybuchowych i odrzucił pomysł złożenia ich w swym bagażu: „Byłoby nader niefortunne, gdyby eksplozja nastąpiła podczas mej podróży powrotnej, ze względu na samolot, następstwa polityczne, a także na mnie samego" – pisał[43].

Rothschild polecił zatem, by bomby sfotografować, prześwietlić, umieścić w ciężkiej, żelaznej skrzyni wyłożonej korkiem, a potem brytyjskim statkiem wysłać do Gibraltaru na adres: Mr Fisher c/o ANI, Whitehall. W Gibraltarze odebrałby je od kapitana Kearona agent Wydziału Piątego, który miał powiedzieć: „Przybywam od Ronniego"[44]. Rothschild usilnie prosił, by bomby zachowano w jak najlepszym stanie i nie przepiłowywano ich na pół[45]. Tylko ktoś taki jak on mógł sobie wyobrazić, że ktokolwiek miałby ochotę przepiłować bryłę węgla wypełnioną materiałem wybuchowym.

20

Niewypał

Nikt nie zwrócił uwagi na norweskiego marynarza z podbitym okiem, który zgłosił się na popołudniowy lot z Lizbony do Madrytu i usiadł spokojnie w ogonie samolotu. Miał paszport na nazwisko Olaf Christiansson, z którego wynikało, że jest żeglarzem urodzonym w Oslo. Na pokładzie znajdowała się też grupa Norwegów, ale cichy rodak nie wdał się z nimi w rozmowę. Nie mógłby zresztą, bo nie znał ani słowa w ich języku.

Na madryckim lotnisku z czekającego tłumu wynurzył się krzepki, niski mężczyzna o różowych policzkach.

– Ty jesteś Fryc? – szepnął[1].

– Tak – odparł Chapman. – „*Joli Albert*".

W hotelu Florida Eddie zjadł pieczeń wieprzową, wypił butelkę bardzo słodkiego hiszpańskiego wina i zapadł w dwunastogodzinny sen. Następne pięć dni upłynęło mu jak we mgle, przestał już liczyć bezimiennych niemieckich gości, zadających te same albo niewiele różniące się od siebie pytania. Przesłuchania odbywały się czasem w jego pokoju, kiedy indziej na przechadzce albo w pobliskiej kawiarni. Rumiany Niemiec wręczył mu trzy tysiące peset i powiedział, że może za to nabyć odzież, herbatę i kawę oraz inne artykuły, o które trudno w okupowanej Europie[2]. Eddie miał zatem wrócić do Francji. Na razie, gdy chodził madryckimi ulicami, posuwał się za nim dyskretnie niski, uśmiechnięty cień.

W hotelu Florida pojawił się człowiek, który pierwszy przesłuchiwał go w Lizbonie, później rozpoznany przez Wydział Piąty jako oficer Abwehry Konrad Weisner, i oznajmił, że będzie mu towarzyszył do Paryża. W zarezerwowanym wagonie sypialnym Chapman budził się, kiedy pociąg wtaczał się na kolejne stacje: San Sebastian, Irun, Hendaye, Bordeaux. Świtało, gdy dotarli na Gare d'Orsay, gdzie czekał na nich Albert Schael, pyzaty kompan Eddiego od kielicha z Nantes, autentyczny „Joli Albert" i pierwsza znajoma twarz, jaką napotkał. Uściskali się jak starzy przyjaciele, a kiedy jechali do apartamentu Abwehry przy Rue Luynes, Chapman zapytał o doktora Graumanna. Albert, półgłosem, by nie usłyszał go szofer, wysyczał, że ten popadł w niełaskę i został wysłany na front wschodni[3].

Nie wiadomo dokładnie, co było powodem banicji von Gröninga. Później Chapman dowiedział się, że jego niemiecki przełożony posprzeczał się w „kwestiach politycznych" z szefem paryskiego oddziału Abwehry, a picie przezeń alkoholu w kolosalnych ilościach posłużyło za pretekst do zwolnienia. Von Gröning twierdził potem, że chciał wysłać U-Boota po Chapmana, lecz został przegłosowany, co doprowadziło do gorącego sporu. Równie dobrze jednak jego lojalność wobec Hitlera, tak jak lojalność innych członków Abwehry, mogła wzbudzić wątpliwości. Jakakolwiek jednak była tego przyczyna, von Gröning został usunięty z placówki w Nantes i skierowany do Heeresgruppe Mitte, swojej dawnej jednostki w Rosji.

Chapman uważał doktora Graumanna za „starego przyjaciela"[4], ale był on dla niego również kimś więcej – opiekunem i patronem. Jeśli ktoś mógłby osłaniać go przed gestapo, to właśnie Graumann. Jego zniknięcie oznaczało więc poważny cios dla Zigzaga. Przesłuchania ciągnęły się bez końca. Pułkownik Luftwaffe, który spotkał się z Chapmanem na lotnisku Le Bourget, i porucznik Schlichting, pilot, indagowali go o skok i lądowanie. Potem przyszedł oficer wojsk lądowych, anonimowy i nieuprzejmy, następnie jakiś cywil, który wystrzelił z blisko pięćdziesięcioma pytaniami natury technicznej, dotyczącymi brytyjskich urządzeń wojskowych i uzbrojenia, na które Eddie nie potrafił odpowiedzieć[5]. Za każdym razem gdy pytał o doktora Graumanna, otrzymywał niejasne odpowiedzi, z których można się było domyślać, że dawny przełożony jest gdzieś na froncie wschodnim. W końcu Chapman zebrał się na odwagę i oświadczył, że chce natychmiast widzieć się z doktorem, gdyż „o swych dokonaniach będzie mówił tylko z nim, z nikim innym". To żądanie i towarzyszący mu wybuch złości zignorowano albo tak to wyglądało.

Pytania na ogół zadawano uprzejmie, choć stanowczo. Wieczorami Chapman mógł się zabawiać, ale zawsze w towarzystwie Alberta i co najmniej jeszcze jednego strażnika. Kiedy poprosił o „podwyżkę", spotkał się z jednoznaczną odmową[6] i dopiero po gniewnych protestach dostał na swe wydatki dziesięć tysięcy franków; później z widoczną niechęcią kwotę tę podwyższono do dwudziestu tysięcy. Nie tak miało wyglądać powitanie bohatera i nie takie sumy obiecywano Frycowi. Rozczarowanie bardzo niekorzystnie wpłynęło na jego samopoczucie.

Chapman zapamiętał twarze przesłuchujących i kilka zasłyszanych nazwisk, ale najwięcej wysiłku włożył w opowiadanie i powtarzanie swej relacji, na wpół prawdziwej, na wpół zmyślonej, którą utrwalał sobie dniami i tygodniami na Crespigny Road. Nigdy nie zmienił jej treści i nigdy się nie zawahał, choć jeśli chodzi o wydarzenia i daty, przywoływał je dość ogólnikowo, w myśl ostrzeżenia Tara Robertsona: „Czas jest kluczowym czynnikiem w kamuflażu, fałszywa historia nie może być zbyt precyzyjna"[7]. Znał tę opowieść tak dobrze, że czasami sam zaczynał w nią wierzyć. My również ją znamy, gdyż zachował się jej autentyczny zapis:

Wylądowałem około 2.30 na zaoranym polu. W wyniku upadku straciłem przytomność, ale kiedy przyszedłem do siebie, zakopałem spadochron pod krzakami przy strumyku, który płynął skrajem pola. Z plecaka wyjąłem radiostację i przełożyłem detonatory do kieszeni. Niedaleko spostrzegłem niewielką szopę i kiedy ostrożnie tam zajrzałem, okazało się, że jest pusta. Wszedłem przez okno do środka, wdrapałem się na strych i spałem aż do świtu. Nie wiem, kiedy się zbudziłem, bo stanął mi zegarek, stłuczony podczas lądowania. Opuściłem tę stodołę i poszedłem na południe boczną drogą ku głównej, aż zobaczyłem drogowskaz z napisem Wisbech. Ujrzałem na mapie, że muszę być gdzieś niedaleko Littleport, i kiedy dotarłem do wioski, zobaczyłem jej nazwę na stacji kolejowej. W rozkładzie jazdy przeczytałem, że pociąg do Londynu odchodzi o 10.15. Wsiadłem i przyjechałem na Liverpool Street gdzieś za piętnaście pierwsza. Wszedłem do bufetu, wypiłem, kupiłem trochę papierosów i po odczekaniu kilku minut poszedłem do budki telefonicznej, skąd zadzwoniłem do Jimmy'ego Hunta do Hammersmith Working Men's Club. Osoba, która odebrała telefon, powiedziała, że Jimmy będzie o szóstej. Pojechałem więc metrem na West End i poszedłem do kina New Galery, gdzie obejrzałem Nasz okręt. Uznałem, że najlepiej nie chodzić za dnia po West Endzie zaraz po przybyciu.

Przesiedziałem w kinie do czasu zaciemnienia, a potem znów zadzwoniłem do klubu, do Jima. Był bardzo zaskoczony, gdy usłyszał mój głos, ale zgodził się spotkać na stacji metra przy Hyde Parku. Poszliśmy do najbliższego pubu, gdzie wyjaśniłem, że zdołałem uciec z Jersey, i stwierdziłem, że mam masę rzeczy do opowiedzenia i byłoby dobrze, gdybyśmy się udali w jakieś spokojniejsze miejsce. Zależało mi szczególnie na tym, by policja się nie dowiedziała, że jestem z powrotem w kraju, więc Jimmy zaproponował, byśmy pojechali do jego kryjówki przy Sackville Street, gdzie mieszka z pewną dziewczyną. Powiedziałem, że nie chcę, by ktokolwiek mnie widział, więc zatelefonował do niej, prosząc, by wyszła na jakiś czas, gdyż musi porozmawiać z kolegą, który dzwonił właśnie w tej sprawie. Przywykła wychodzić, kiedy Jimmy załatwia swe ciemne interesy, więc nie było w tym nic niezwykłego.

Po przybyciu do mieszkania na Sackville Street wyjaśniłem Jimmy'emu całą rzecz. Powiedziałem, że gdy siedziałem na Jersey, postanowiłem wstąpić do niemieckiego wywiadu, że traktowali mnie wyjątkowo dobrze i obiecali dużo pieniędzy, jeśli wykonam pewną misję w Anglii. Przywiozłem ze sobą tysiąc funtów i obiecano mi piętnaście tysięcy, jeśli powiedzie się sabotaż u De Havillanda. Dla Jimmy'ego była to nieoceniona sposobność uzyskania dużych pieniędzy i pomocy niemieckiego rządu w wydostaniu się z kraju. Pokaza-

łem mu radiostację i powiedziałem, że potrzebuję miejsca, w którym mógłbym z niej korzystać. Oświadczył, że ponieważ policja od dłuższego czasu depcze mu po piętach, zastanawia się nad wynajęciem domu w Hendon. Dopóki to nie nastąpi, dopóty miałem pozostać na Sackville Street i nie pokazywać się na mieście.

Pojechałem wraz z nim do domu w Hendon i stamtąd po raz pierwszy nadałem wiadomość w sobotę rano.

Wyjaśniłem Jimmy'emu, jak bardzo ważną sprawą jest, bym od razu przystąpił do działania i pozyskał materiały do wysadzenia fabryki De Havillanda. Zgodziliśmy się, że nie byłoby mądrze, gdybym za często wychodził, bo policja może podążać moim tropem, ale Jimmy powiedział, że na St Luke's Mews zostało trochę nitrogliceryny, której używaliśmy do roboty jeszcze przed wojną.

Pewnego dnia, gdzieś na początku nowego roku, udałem się wraz z Jimmym do De Havillanda i z pobliskiej drogi przyjrzeliśmy się dokładnie całej fabryce. Wytypowaliśmy trzy miejsca, które nadawałyby się na nasze główne cele. Postanowiliśmy obejrzeć teren w nocy i weszliśmy tam przez niestrzeżoną bramę, gdzie było tylko trochę drutu kolczastego. Na podwórzu koło kotłowni natknęliśmy się na sześć potężnych transformatorów, do których prowadziła droga przez mur, i zdaliśmy sobie sprawę, że ładunek wybuchowy podłożony pod jednym albo dwoma zniszczy kompletnie całą fabrykę. Rozejrzawszy się wokół, znaleźliśmy kotłownię pomocniczą przy budynku stojącym koło basenu, najwidoczniej też dostarczającą dużo mocy. Zdecydowaliśmy, że należy umieścić około trzydziestu funtów materiałów wybuchowych pod każdym transformatorem i że trzeba będzie złożyć je w dwóch walizkach.

W wyznaczonym dniu poszliśmy tam o siódmej wieczorem i zaparkowaliśmy samochód za garażem, naprzeciwko fabryki. Po wypiciu kawy w pobliskim pubie zakradliśmy się przez ogród domu stojącego z tyłu Komety i przeszliśmy ponad drutem kolczastym na niestrzeżonej bramie. Jimmy poszedł do transformatora obok basenu, a ja zająłem się tym stojącym przy kotłowni. Zostawiliśmy ładunki mające eksplodować za godzinę i zaparkowaliśmy samochód na skrzyżowa-

niu jakieś dwie mile od De Havillanda. Pięćdziesiąt pięć minut później usłyszeliśmy dwa potężne wybuchy w odstępie blisko trzydziestu sekund. Jak tylko to nastąpiło, ruszyliśmy prosto do Londynu.

Dzień po sabotażu umówiłem się na Hendon Way z dziewczyną nazwiskiem Wendy Hammond, pracującą w jednej z filii De Havillanda. Opowiedziała mi, że panowało tam straszne zamieszanie i że ludzie z fabryki próbowali wszystko zataić, mówiąc, iż nic się nie stało. Było jasne, że doszło do poważnych zniszczeń i że kilku ludzi odniosło obrażenia, ale nikt nie chciał tego potwierdzić.

Jimmy często bywał w moim pokoju, gdy nadawałem, i bardzo interesował się otrzymywanymi przeze mnie informacjami. Przede wszystkim chciał wiedzieć, jaka jest szansa, że otrzyma swoje piętnaście tysięcy funtów, więc kiedy wysłaliście wiadomość, że nie możecie zabrać mnie łodzią podwodną, zaczął się burzyć, mówiąc, że na te pieniądze nie ma co za bardzo liczyć. Powiedział, że pojedzie ze mną do Lizbony i zobaczy, czy je dostanie. Niestety, jak już wiecie, zaaresztowano go pod zarzutem posiadania nitrogliceryny, a później był nalot na klub Hammersmith w poszukiwaniu jego wspólników. Policja zwolniła Jimmy'ego po tygodniu, ale od tamtej pory nie utrzymywaliśmy kontaktów. Ze względu na aresztowanie nie mógł do mnie przychodzić, a że byłoby bardzo trudno zdobyć dwa komplety dokumentów, aby wydostać się z kraju, więc oczywiście musiałem przyjechać sam[8].

Trzymanie się tej wersji zdarzeń raczej nie sprawiało Zigzagowi trudności, prawdziwym wyzwaniem było nieustanne zachowywanie czujności i jednoczesne udawanie swobody, przewidywanie posunięć śledczego i wyprzedzanie kolejnych pytań. Co powiedział Robertson? Mówić wolno, ogólnikowo, nigdy niepotrzebnie nie kłamać. Zasady te wyglądały na proste w salonie przy Crespigny Road, ale pod nieustannym naciskiem znakomitych specjalistów Abwehry, kiedy kłamstwa mieszały się z prawdą, zastosowanie ich okazało się niełatwe. Masterman ostrzegał go: „Życie tajnego agenta jest wystarczająco niebezpieczne, ale życie podwójnego agenta nieskończenie bardziej. Jeśli ktoś tańczy na linie, najmniejszy poślizg sprawi, że roztrzaska się na ziemi"[9]. Nie można wiecznie balansować, kiedy tak wiele dłoni szarpie za linę.

Po dziesięciu wyczerpujących dniach powiedziano Chapmanowi, że pojedzie do Berlina. Podróż zabrałaby go do serca nazizmu, ale coś kazało mu też przypuszczać, że pozwoliłaby mu dostać się bliżej Graumanna[10]. Utwierdził się w tej myśli, kiedy Albert wziął go na stronę i powiedział, że niezależnie od tego, co się zdarzy w Berlinie, powinien „bardziej interesujące szczegóły swego pobytu w Anglii zachować do czasu, kiedy spotka się z Graumannem"[11]. Albert usilnie prosił, by podczas spotkania przemówił za nim u doktora.

Pociąg do Berlina załadowany był wojskiem, ale dla Chapmana i jego nowego opiekuna, oficera znanego mu jako Wolf, zarezerwowano przedział pierwszej klasy. Kiedy jakiś major wojsk liniowych chciał usiąść wraz z nimi, Wolf wezwał policję kolejową i major został usunięty siłą, choć rozwścieczony krzyczał, że poskarży się samemu Himmlerowi.

Z berlińskiego dworca szybko pojechali do małego hotelu La Petite Stephanie, za Kurfürstendamm. Przesłuchania trwały nadal i Chapman zaczął odczuwać zmęczenie. Niepokój zachwiał jego pewnością siebie. Raz się potknął. Jeden ze śledczych, najpewniej z kwatery głównej Abwehry, poprosił od niechcenia, aby opisał, jak skonstruował bombę walizkową, której użył podczas sabotażu w fabryce De Havillanda. Chapman raz jeszcze objaśnił, jak baterie od latarki przyłączone do detonatora przywiązał taśmą klejącą po prawej stronie walizki. Przesłuchujący zauważył wtedy, że podczas wcześniejszych przesłuchań w Paryżu i w Madrycie mówił, że przywiązał baterie z lewej strony. Chapman musiał myśleć szybko, ale odpowiedział wolno, tak jak pouczał go Tar:

– Miałem dwie walizki, stąd jeden komplet baterii przymocowałem z prawej, a drugi z lewej strony[12].

Moment napięcia minął.

Na drugi dzień w La Petite Stephanie zjawił się wysoki, szczupły oficer marynarki, przedstawił się jako Müller i wręczył Chapmanowi nowy niemiecki paszport na nazwisko Fritza Graumanna, urodzonego w Nowym Jorku syna Stephena Graumanna. Był to najlepszy dowód na to, że jego dawny przełożony przez cały czas pozostaje w grze. Müller kazał agentowi spakować się i w ciągu godziny przygotować do podróży. Wyruszali do Norwegii.

Daleko w Bletchley szyfranci podążali krętą drogą Zigzaga po Europie, w miarę jak wędrował z południa na północ, przypatrzyli się jego nowym paszportom, norweskiemu i niemieckiemu, i uznali, że sabotaż na City of Lancaster z pewnością „korzystnie wpłynął na jego reputację" w oczach niemieckich przełożonych[13].

Pozostawał tylko jeden szkopuł: bomby nie wybuchły; i choć Niemcy nie podejrzewali Chapmana, zaczynali się już niecierpliwić. „Przeciwnik wykazuje duże zainteresowanie City of Lancaster i siłą rzeczy chce sprawdzić, czy sabotaż rzeczywiście nastąpił"[14] – ostrzegał Masterman. Anita, prostytutka z baru U George'a, doniosła, że Jack, ubogi włóczęga, żyjący z tego, co morze wyrzuci na brzeg, mieszkający pod pobliskim mostem, opowiadał, że zaczepili go dwaj Niemcy, proponując mu dwa tysiące eskudów za informacje o marynarzach z angielskiego statku. Abwehra złamała wszelkie zasady, aby przemycić bomby na pokład City of Lancaster, a ten wciąż był cały. Canaris domagał się wyników. Ewen Montagu, reprezentant marynarki w Komitecie Dwudziestu, ostrzegał, że „albo nastąpi jakaś eksplozja, albo wysadzony zostanie Zigzag"[15].

Należało za wszelką cenę zainscenizować wypadek na pokładzie statku, narodziła się zatem operacja Niewypał.

Lord Victor Rothschild był lekko rozczarowany, gdy usłyszał, że nie może zorganizować „przyzwoitego"[16] wybuchu na statku handlowym, lecz ma się ograniczyć do „możliwie wielkiego huku i potężnej chmury dymu"[17]. Niemniej perspektywa niewielkiej nawet eksplozji na pokładzie City of Lancaster sprawiła, że jego błękitna krew zaczęła szybciej krążyć. „Porządne »bum« to dobry pomysł, choć nie wiem, jak duże może być, żeby nie zniszczyło statku. Zdaje się, że zależy to od miejsca, w którym nastąpi"[18].

Rothschild i Reed opracowali szczegółowy scenariusz. Kiedy statek dotrze do Anglii, przebrany za celnika Ronnie wejdzie na pokład wraz z innym, podobnie zakamuflowanym agentem, który w aktówce wniesie bombę. Człowiek ten, skierowany wcześniej do Wydziału Piątego na szkolenie w zakresie używania materiałów wybuchowych, będzie udawał, że szuka przemycanych towarów, zejdzie do kotłowni, podłoży tam bombę, zapali lont i szybko się oddali. Gdy rozlegnie się huk eksplozji, upadnie, udając, że jest ranny w ramię, które zabandażuje mu kapitan. Opowie wtedy, że przerzucał węgiel, kiedy posłyszał jakiś syk i za chwilę wybuch rzucił go o ziemię. Następnie przepyta się załogę, a marynarskie gadanie dokona reszty. „Opowieść o sabotażu dojdzie poprzez członków załogi do nieprzyjaciela" – przewidywał Reed[19].

Do operacji potrzeba było specjalnego ładunku, który spowodowałby wiele hałasu i dymu, ale nie zabił podkładającego ją agenta Wydziału Piątego, nie zapalił węgla ani nie zatopił statku. Rothschild zwrócił się o pomoc do swego przyjaciela, również miłośnika bomb, podpułkownika Lesliego Wooda z Działu Eksperymentalnego Ministerstwa Wojny (War Office Experimental Station), który natychmiast skonstruował urządzenie, mające w trzy minuty po podłożeniu wywołać gwałtowną eksplozję wraz z chmurą rudawego dymu. Wood wysłał je do Rothschilda przez umyślnego wraz z następującą notką: „Masz tu trzy zabawki. Jedną, byś wypróbował sam, ale nie w domu! Dwoma innymi niech się bawi twój przyjaciel"[20].

Operacja Niewypał była bardzo głupim pomysłem. Skomplikowana, niebezpieczna, wymagała ponadto odgrywania tandetnej komedii. „Uwikłanie się w fikcyjne zniszczenia jest zupełnie nam niepotrzebnym interesem bardzo niebezpiecznej natury" – ostrzegał Masterman[21]. Ostatecznie Niewypał zarzucono ku wielkiemu niezadowoleniu Rothschilda, który doznany zawód powetował sobie wysadzeniem wszystkich trzech zabawek.

Ustalono natomiast, że bomba zostanie „odkryta", kiedy statek przybędzie do Glasgow, po czym nastąpi szczegółowe przesłuchanie wszystkich na pokładzie. „Gdy City of Lancaster znowu zawinie do Lizbony, niemieccy agenci na pewno nawiążą kontakt z załogą i głównie od pijanych marynarzy dowiedzą się, że coś dziwnego zaszło podczas podróży, gdyż po powrocie do Wielkiej Brytanii zarządzono niezwykle drobiazgowe śledztwo. To w zupełności wystarczy, by podtrzymać reputację Zigzaga" – orzekł Masterman[22].

Zatem kiedy 25 marca statek stanął w dokach Rothesay, na jego pokład wdarła się mała armia Polowej Służby Bezpieczeństwa i zaczęła grzebać w kotłowni, odrzucając na bok jeden kawałek węgla po drugim. Gapiący się na to marynarze mówili, że musieli uchylać się przed rzucanymi bryłami[23]. Wreszcie po jakichś pięciu godzinach z kotłowni wynurzył się urzędnik, bardzo brudny i pokryty pyłem, trzymając triumfalnie przedmiot wyglądający na bryłę węgla[24]. Wtedy przesłuchano wszystkich członków załogi, szczególnie dopytując o podróż do Lizbony i zniknięcie pomocnika stewarda Hugh Ansona.

Autosugestia czyni cuda. Marynarze, którzy nie zauważyli nic nadzwyczajnego u dawnego towarzysza, teraz podejrzewali Ansona o szpiegowanie dla Niemców od chwili, gdy wszedł na pokład. Przypominali sobie jego złotą papierośnicę, zwitki banknotów, „wywyższanie się", nieznajomość morza i niepasujące do jego pozycji wykształcenie[25]. W trakcie śledztwa wyszły na jaw wszystkie mroczne szczegóły: sposób, w jaki chełpił się swymi przestępstwami, jak stawiał każdemu wódkę, jak uciekł z baru U George'a. Przecież pisał nawet wiersze i czytał po francusku! Jeden z żeglarzy w rymowankach Chapmana dopatrzył się ostatecznego dowodu szatańskiej błyskotliwości tego człowieka. „Poziom poezji Ansona nie usprawiedliwia pochlebnych opinii załogi"[26] – sucho stwierdził jeden z przesłuchujących. Marynarzom City of Lancaster zebrane dowody kazały jednak wierzyć, że Anson był władającym językami, wykształconym nazistowskim szpiegiem, który próbował pozabijać ich za pomocą „piekielnej machiny" ukrytej w kotłowni[27].

Wiedząc, że nic lepiej nie doprowadzi do osiągnięcia zamierzonego skutku, całą załogę zobowiązano do zachowania ścisłej tajemnicy. Ku radości Reeda plotka rozeszła się po dokach Glasgow niczym pożar w lesie: „Co najmniej pięćdziesięciu ludzi widzi teraz w Zigzagu wrogiego agenta, zna tę sprawę z bombą i nie ustanie w opowiadaniach, a to jest właśnie dokładnie to, o co nam chodzi" – pisał[28]. Wieść dotarła do innych marynarzy, a od nich poprzez niezliczone bary na różne statki, do innych portów, a stamtąd za morza. Trafiła też do uszu właściciela City of Lancaster, który był nią ogromnie poruszony. „Nie ma on nic przeciw pomaganiu w umieszczaniu agentów na pokładzie, ale sądzi, że to lekka przesada, jeśli zostawiają na statku materiały wybuchowe" – relacjonował Reed[29].

Z najgorszych spelunek Europy wieść o tym, jak niemiecki szpieg próbował wysadzić brytyjski statek, dotarła do naczelnego dowództwa wojsk Rzeszy, do FBI i do najwyższych sfer rządowych Wielkiej Brytanii. Kopię akt Zigzaga przesłano Duffowi Cooperowi, dawnemu ministrowi informacji, kierującemu teraz tajnymi operacjami jako Kanclerz Księstwa Lancaster, który niezwłocznie przekazał ją Churchillowi. Cooper oświadczył, że „jakiś czas rozmawiał o Zigzagu z premierem, wykazującym poważne zainteresowanie tą sprawą"[30]. Wydział Piąty miał zająć się tym w pierwszym rzędzie i natychmiast powiadomić Churchilla, czy i kiedy wznowiono kontakt z Chapmanem[31].

Szef FBI J. Edgar Hoover również śledził szlak Zigzaga. Na ręce oficera łącznikowego jego organizacji, rezydującego przy ambasadzie amerykańskiej w Londynie Johna A. Cimpermana, Reed i Rothschild złożyli rządowi Stanów Zjednoczonych „obszerne memorandum"[32] w sprawie Chapmana. „Obiecałem panu Hooverowi, że dam mu się zapoznać ze sprawami tyczącymi się sabotażu w zamian za chęć współpracy z jego strony" – pisał Rothschild[33]. Eddie szybko stawał się gwiazdą w szpiegowskim świecie. W Waszyngtonie i w Londynie, w Berlinie i w Paryżu zastanawiano się nad jego prawdziwymi i nieprawdziwymi wyczynami, omawiano je i podziwiano.

A jednak właśnie w tej chwili Zigzag – Fryc – najtajniejszy szpieg w Najtajniejszych Źródłach zniknął z fal radiowych, nagle i na dobre.

21

Lodowy front

Stephan von Gröning nigdy nie mówił o okropnościach, jakich był świadkiem podczas drugiego pobytu na froncie wschodnim, ale przeżycia te pozostawiły na nim niezatarty ślad[1]. Opowiedział tylko o jednym wydarzeniu – kazano mu otworzyć w jakimś zdobytym przez Niemców miasteczku zamkniętą przez komunistów cerkiew. Zapamiętał, jak mieszkańcy weszli do budynku i padli na kolana. Nie był człowiekiem religijnym, ale poruszyła go ta głęboka pobożność w samym sercu bezlitosnej wojny. W ciągu tych kilku miesięcy von Gröning postarzał się o parę lat. Włosy miał siwe, twarz bardziej ziemistą i zwiędłą. Dłonie trzęsły mu się dotąd, aż nie uspokoił ich pierwszym porannym łykiem wódki. Lodowate rosyjskie wiatry wywiały wiele z jego wielkopańskiego rozpasania i w wieku czterdziestu pięciu lat zaczął wyglądać na starca.

Ale jego wyniosłą postać w wojskowym szynelu dało się bez trudu zauważyć za bramką na lotnisku w Oslo.

– Dzięki Bogu, już jesteś – powiedział von Gröning. Wyglądał na naprawdę wzruszonego[2]. Także Chapman szczerze się ucieszył na widok starszego pana[3]. Przywiązania, jakie do niego czuł, nie osłabiły miesiące, w których go zdradzał, ani zamiar, by robić to w dalszym ciągu. Von Gröning przedstawił agenta stojącemu obok pulchnemu, łysawemu mężczyźnie w mundurze marynarskim – kapitanowi Johnny'emu Holstowi (wyjątkowo było to prawdziwe nazwisko). Ten uśmiechnął się pogodnie i w straszliwej angielszczyźnie powitał go w Norwegii.

Kiedy jechali przez miasto, von Gröning powiedział, że Chapman uda się wkrótce na zasłużony wypoczynek[4], ale przedtem zostanie ostatni raz poddany przesłuchaniu, po którym pełny i końcowy już raport zostanie wysłany do Berlina.

Von Gröning zjawił się w Oslo kilka dni wcześniej i zamieszkał w eleganckiej kawalerce przy Grønnegate 8, w pobliżu pałacu prezydenckiego, gdzie teraz z miejsca otworzył butelkę norweskiej wódki dla uczczenia szczęśliwego powrotu Chapmana. Rozpoczęło się przyjęcie. Pierwszym gościem była atrakcyjna młoda kobieta o imieniu Molli, po niej zjawił się Peter Hiller, silny i przenikliwie spoglądający Niemiec, a na koniec Max, długowłosy Polak noszący krzykliwą biżuterię. Chapman niewiele zapamiętał z tej pierwszej nocy w Oslo, ale goście zdawali się cieszyć na jego widok i rozwodzili się nad sukcesami, jakie odniósł w Anglii, w czym oczywiście przodował von Gröning. Gdy Chapman zapytał, co stało się z resztą zespołu z Nantes, Niemiec nie powiedział nic konkretnego, tylko tyle, że Walter Thomas jest w Berlinie i wkrótce przybędzie do Norwegii podjąć swe obowiązki „towarzysza" Chapmana[5]. Ten jęknął w głębi ducha: młody nazista, kochający ludowy taniec angielski, był według niego nazbyt poważny i posępny. Pijący na umór Holst, który szybko zwalił się na sofę, śpiewając jakąś pijacką niemiecką piosenkę, wyglądał na o wiele weselszego kumpla. Wkrótce doszło między nim a Hillerem do bójki o względy Molli, a Chapman odpłynął w niebyt.

Następnego ranka rozpoczęło się przesłuchanie – mimo przeraźliwego kaca przesłuchującego i przesłuchiwanego. Von Gröning był niezrównanym inkwizytorem. Przede wszystkim znał doskonale swego rozmówcę i najlepiej wiedział, jak zaspokoić próżność Chapmana, wzniecić gniew i podrażnić dumę. Jego ciężkie powieki wywoływały wrażenie, jakby przysypiał, ale zaraz rzucał nagłe pytanie, które mogło zaskoczyć i zmieszać. Indagacja ciągnęła się przez dwa tygodnie, a każde słowo notowała i przepisywała Molli Stirl, dziewczyna z przyjęcia, która pracowała jako sekretarka w oddziale Abwehry w Oslo. Von Gröning był niezmordowany i drobiazgowy, ale sposób, w który przepytywał Chapmana, różnił się dalece od szorstkiego traktowania, z jakim ten spotkał się w Hiszpanii, Francji i w Berlinie. Chciał, aby Eddie czuł się swobodnie. Kiedy popełniał błąd, mylił się co do daty czy faktu, von Gröning łagodnie powtarzał pytanie, podkreślał nieścisłość i zaczynał na nowo. Stał po stronie Chapmana, chciał, aby mu się powiodło, bo leżało to w interesie zarówno szpiega, jak i jego własnym.

Chapman wyczuł zmianę w ich stosunkach. W Nantes wszystko zależało od dobrej woli przełożonego, Eddie czekał wówczas na jego pochwały, pochlebiała mu uprzejmość, z jaką był traktowany. Teraz role nie tyle się odwróciły, ile w dużym stopniu wyrównały. Chapman pragnął, by von Gröning mu uwierzył, a ten, by mu się powiodło, co wytworzyło swoistą milczącą więź między nimi. Czasami starszy pan okazywał Chapmanowi wręcz „żałosną wdzięczność", bo bez niego mógłby ciągle brnąć przez śniegi i krew na froncie wschodnim[6]. Był dumny ze swego protegowanego[7], a jednocześnie odeń zależny, w czym Chapman widział swe najlepsze zabezpieczenie[8]. Pozycja von Gröninga osłabła wraz ze zniknięciem Eddiego; jego powrót na nowo przywrócił mu znaczenie w Abwehrze. Chapman okazał się kimś więcej niż kolejnym szpiegiem, był inwestycją w jego karierę, człowiekiem, który uczynił go kimś w niemieckim wywiadzie[9], i obaj dobrze o tym wiedzieli.

Wzajemna zależność szpiega i prowadzącego nie odnosiła się tylko do Chapmana i von Gröninga, stanowiła zasadniczą wadę niemieckich tajnych służb. Zdecentralizowana struktura Abwehry pozwalała poszczególnym oficerom kontrolować własną siatkę szpiegowską. Wilhelm Canaris zarządzał wszystkim, ale każdy oddział, a nawet jego oficerowie działali z pewną niezależnością i rywalizowali między sobą. W brytyjskim wywiadzie oficerowie prowadzący ponosili wspólną odpowiedzialność, bo przełożony, którego własny interes wymaga sukcesu podlegającego mu agenta, nigdy nie jest w stanie w pełni obiektywnie ocenić jego pracy. „Absolutna osobista uczciwość i wykluczenie wszelkich osobistych względów jest naczelnym i podstawowym warunkiem sukcesu" – utrzymywał Masterman[10]. W Abwehrze natomiast każdy prowadzący był tak żądny posiadania własnego szpiega, że potrafił stłumić swe podejrzenia co do jego lojalności lub skuteczności, mimo wielu niepokojących informacji. Nawet jeśli szpieg był więcej niż bezużyteczny, prowadzący nie chciał przyznać się do niepowodzenia, wychodząc z logicznego, choć zgubnego założenia, że „we własnym interesie lepiej jest mieć przekupnego lub nielojalnego agenta, niż nie mieć go w ogóle"[11].

Czy von Gröning przejrzał Chapmana swymi wodnistymi, błękitnymi oczyma? Eddie kilkakrotnie zauważył jego „czujny wyraz twarzy"[12] i zastanawiał się, czy ten znający go o wiele lepiej od innych człowiek poznał się na fałszywej opowieści. Jak mówił jeden ze współpracowników von Gröninga, „Stephan miał swoje zdanie, był skryty i niepytany nigdy nie mówił, co myśli"[13]. Jeśli von Gröning podejrzewał, że jest okłamywany, że relacja o sabotażu, heroizmie i ucieczce to jedno wielkie kłamstwo, nie mówił nic, a jego zmęczone, osłonięte ciężkimi powiekami oczy wolały tego nie dostrzegać.

Chapmana umieszczono w Forbunds, wielkim i komfortowym drewnianym hotelu w centrum Oslo, zarządzanym przez Abwehrę i Luftwaffe. Von Gröning dał Eddiemu pięćset koron na wydatki i powiedział, że otrzyma więcej, kiedy tylko będzie potrzebował[14]. Nagrodę dostanie natomiast wtedy, gdy napisany przezeń raport uzyska aprobatę Berlina.

Po raz pierwszy Chapman zetknął się z wojenną codziennością twarzą w twarz. We Francji zadawał się z dziwkami, kolaborantami, czarnorynkowymi handlarzami, ale z resztą Francuzów miał mało do czynienia. W Londynie jego rozmowy z ludźmi spoza wywiadu były nieliczne i pilnie obserwowane. Teraz przyglądał się panowaniu nazistów z nieprzyjemnie bliskiego dystansu.

Najazd na Norwegię w kwietniu 1941 roku był błyskawiczny i straszny. Naród został pozbawiony przywódcy, gdyż król Haakon udał się na wygnanie do Londynu. Norwescy naziści prowadzeni przez Vidkuna Quislinga stworzyli marionetkowy rząd pod władzą Niemiec. Hitler miał wobec Norwegii następujące zamiary: obronić ją przed spodziewaną inwazją Anglików, wyssać jej zasoby i pozyskać ją dla nazizmu. Norwedzy jednak nie dali się uwieść faszystom, toteż nacisk i groźby szybko ustąpiły otwartemu zniewoleniu. Wiosną 1942 roku Goebbels tak wypowiedział się o krnąbrnych Norwegach: „Jeśli nie nauczą się nas kochać, to niech przynajmniej nauczą się bać"[15]. Wielu zaczęło się bać nazistów pod wpływem terroru gestapo, ale jeszcze więcej ludzi ich znienawidziło. Garstka – tak jak to się zawsze zdarza – przystała na współpracę, a bardziej skrajni czy ambitni wstąpili do norweskiej partii nazistowskiej lub zgłosili się do Pułku Wikingów, norweskiego legionu wysłanego przez Hitlera na front wschodni. Quislinga, chwiejnego, nieskutecznego i fanatycznego, spotkało rzadkie wyróżnienie tak silnego utożsamienia z jedną tylko cechą, a mianowicie ze zdradą, że jego nazwisko stało się jej synonimem. Na drugim biegunie moralnym norweski ruch oporu przystąpił do protestów, strajków, sabotażu, a nawet zamachów.

Pomiędzy tymi dwiema skrajnościami mieściła się większość Norwegów, która darzyła niemieckich okupantów ponurą, wyzywającą odrazą. Wielu na znak oporu nosiło w klapach spinacze. Spinacz jest norweskim wynalazkiem; ten mały zwój metalu stał się symbolem jedności, czymś, co łączyło ludzi w walce z uciskiem. Gniew ich przejawiał się w drobnych aktach buntu i nieuprzejmym zachowaniu. Kelnerzy w restauracjach obsługiwali najpierw rodaków, piesi w mieście przechodzili na drugą stronę ulicy, byle nie zetknąć się z Niemcami, i odzywali się tylko po norwesku. W autobusie nikt nie usiadł obok Niemca, choćby pojazd był wypełniony po brzegi, co tak rozwścieczyło okupantów, że wydali zakaz stania, jeśli były wolne miejsca. Dawni przyjaciele, sąsiedzi i rodziny stronili od kolaborantów, rzadko głośno upominanych, ale skazywanych na towarzyski ostracyzm. Grupy oporu nazywały to „lodowym frontem", zimną postawą norweskiego społeczeństwa, zdecydowanego wypędzić okupanta.

Niemcy i norwescy kolaboranci szukali ucieczki od tej wrogości w kilku miejscach, w których mogli się czuć swobodnie, takich jak przeznaczone tylko dla nich hotel Ritz i wielka restauracja, której nazwę zmieniono na „Löwenbräu". Jednak – jak wspominał Chapman – nawet i tutaj, „będąc odciętym od całej Norwegii", nie czuł się dobrze[16]. Kelnerzy mieli go za Niemca i starali się omijać, odpowiadali monosylabami i spoglądali ze źle ukrywaną pogardą zza – jak to określił – „ściany nienawiści"[17]. Z taką wrogością nigdy nie spotkał się we Francji. Z natury towarzyski Chapman odczuł teraz, czym jest znoszenie czyjejś odrazy.

Na jego samopoczucie wpływało także wrażenie, że niemieccy prowadzący nie darzą go zaufaniem. Roześmiany Johnny Holst towarzyszył mu wszędzie, uprzejmy, ale czujny. Niemieccy urzędnicy, którzy zachodzili do hotelu Forbunds, byli raczej podejrzliwi i nie wdawali się w rozmowy[18]. Pozornie niewinne pytania o operacje wywiadu zbywano milczeniem. Von Gröning obiecał Chapmanowi pełną swobodę[19], ale obaj wiedzieli, że to dalekie od prawdy. Fryc nigdy nie przekroczył progu siedziby Abwehry, wielkiego bloku przy Klingenberggate. Von Gröning zalecił mu odpoczywać i nie pracować[20]. Eddie najpierw uznał to za nagrodę, ale stopniowo zaczął uświadamiać sobie, że ten przymusowy relaks to środki ostrożności, sposób trzymania go na odległość.

Powiedziano mu, by nosił pistolet, meldował, jeśli uważa, że ktoś za nim chodzi, i nie dał się nigdy sfotografować. Von Gröning ostrzegał, że na pewno śledzą go brytyjscy agenci i mogą nawet wziąć go na cel. Niemcy jednak pilnowali go również, podobnie jak Norwegowie.

Chapman przebywał w Oslo od kilku dni, kiedy wreszcie pojawił się Praetorius, znany mu jako Walter Thomas, brudny, niechlujny, wymęczony trzydniową podróżą pociągiem przez Szwecję, bardziej zrzędliwy niż zwykle. Świeżo po ślubie z Friederike, ukochaną z dzieciństwa, przeszedł właśnie w Berlinie szkolenie dla oficerów kierowanych na front wschodni. Był wściekły, że zamiast go tam wysłać, kazano mu zajmować się Chapmanem. W przeciwieństwie do von Gröninga, który aż za bardzo cieszył się, że uszedł z tej rzezi, Praetorius miał się za rycerza z dawnych czasów. Zagorzałego faszystę i antykomunistę świerzbiła ręka, by „walczyć z czerwonymi"[21] i zasłużyć na Krzyż Żelazny. Chapman doszedł do wniosku, że Thomas cierpi na „kompleks bohatera"[22]. Praetorius, miotający nazistowskimi sloganami i ćwiczący angielskie kroki taneczne, ekscentryczny, pozbawiony poczucia humoru, szybko zaczął bezgranicznie irytować Chapmana. Po kilku dniach Eddie poprosił von Gröninga, aby odprawił uciążliwego kompana, ale równie niecierpiący Praetoriusa szef odparł, że nie ma wyboru: Berlin wyraźnie nakazał, że młody nazista ma uczestniczyć w przesłuchaniach i „towarzyszyć" Chapmanowi[23]. Żaden z nich nie wiedział, że ma też pisać własne raporty.

Po dwóch tygodniach wyczerpujących przesłuchań von Gröning wsiadł na pokład samolotu lecącego do Berlina z teczką zawierającą ostateczną wersję historii Chapmana, starannie przepisaną przez Molli Stirl. Chapman nareszcie odetchnął z ulgą, nie wiedząc, że w kwaterze głównej w Berlinie doszło do gwałtownego sporu co do jego dalszych losów. Jedna frakcja niemieckiego kontrwywiadu pragnęła go wynagrodzić, druga – usunąć. Ich argumenty częściowo odtworzono na podstawie zeznań składanych po wojnie przez personel Abwehry. Oczywiście von Gröning przewodził tym pierwszym, dowodząc, że Chapman „dokonał jedynego skutecznego zamachu zaplanowanego przez sekcję sabotażową paryskiej Abwehry"[24]. Jego najbardziej zaciętym oponentem był świeżo mianowany szef oddziału w Paryżu, von Eschwege, utrzymujący, że Fryc jest albo agentem kontrolowanym przez Brytyjczyków, albo oszustem, który nie wykonał pomyślnie misji, tylko pojechał do Anglii, nie zrobił nic i teraz opowiada kłamstwa o swoich dokonaniach.

Spór zaogniały osobiste antypatie i wewnętrzna wojna o wpływy. Obecny przy tej dyskusji oficer Abwehry stwierdził, że von Eschwege najwyraźniej uważał, że „wszystko, co zrobiono, zanim objął stanowisko, było niewiele warte". Von Gröning natomiast miał być jednym z tych, co to się oburzają: „nie mówcie mi, co mam robić"[25].

Kłótnie trwały pięć dni, aż w końcu zapadła decyzja, podjęta najpewniej przez samego Canarisa. Abwehra potrzebowała sukcesu, nie było żadnego dowodu na to, że Chapman prowadzi podwójną grę, za to zyskali mnóstwo informacji potwierdzających jego słowa, w tym wiadomości z angielskich gazet. Wykazał się bezprzykładną odwagą w służbie Niemiec i należy go wynagrodzić, uhonorować, hołubić i ściśle pilnować.

Von Gröning wrócił do Oslo, „promieniejąc z zadowolenia"[26]. Abwehra – ogłosił – postanowiła odwdzięczyć się Chapmanowi kwotą stu dziesięciu tysięcy marek niemieckich. Sto tysięcy otrzymał za dobrą robotę w Anglii, a dziesięć za pomysł z wysadzeniem City of Lancaster[27]. Dostał więc blisko dwadzieścia siedem procent mniej, niż gwarantował mu kontrakt opiewający na sto pięćdziesiąt tysięcy marek, ale była to i tak ogromna suma, odzwierciedlająca zaistniałe okoliczności – tylko trzy czwarte członków Abwehry było przekonanych, że Chapman mówi prawdę. Jak każdy doświadczony przestępca, Eddie zażądał wypłaty w banknotach, lecz von Gröning oświadczył, że pieniądze będą mu wydawane w zaufaniu w kwaterze głównej Abwehry w Oslo, gdzie będzie mógł je zawsze podjąć w razie potrzeby[28]. Nie musiał dodawać, że w mniejszym stopniu narazi to Chapmana na pokusę zwiania z całą gotówką. Eddie miał także otrzymywać miesięcznie czterysta koron. Szpieg podpisał pokwitowanie, co uczynił też von Gröning – odtąd nie tylko jego prowadzący, lecz także prywatny bankier.

Scena, która nastąpiła później, jest chyba najbardziej osobliwą w całej tej opowieści. Jak relacjonował Chapman, von Gröning wstał uroczyście i wręczył mu małe, skórzane pudełeczko. W środku, na wstążkach białej, czarnej i czerwonej, leżał Krzyż Żelazny – *das Eiserne Kreuz*. Odznaczenie to ustanowiono w wojsku pruskim w roku 1813, podczas wojen napoleońskich, przywrócono je w 1870 roku, a następnie podczas pierwszej wojny światowej. Podczas drugiej wojny stało się centralnym elementem nazistowskiej ikonografii, najwyższym symbolem aryjskiego męstwa. Sam Hitler z dumą pokazywał Krzyż Żelazny, który zdobył jako kapral w 1914 roku.

Göring z każdej wojny wyniósł po jednym. Czar krzyża był taki, że drukowano pocztówki z jego najsławniejszymi zdobywcami, zbierane chciwie przez dzieci i dorosłych. Von Gröning powiedział, że ten medal przyznano Chapmanowi za nadzwyczajne poświęcenie i sukcesy. Żaden inny obywatel Wielkiej Brytanii nie otrzymał nigdy Krzyża Żelaznego.

Chapman był niezmiernie zdziwiony i w głębi ducha ubawiony tym nadzwyczajnym podarunkiem. „Gdybym przebywał dłużej z tą hołotą, skończyłbym jako marszałek Rzeszy" – zauważył pogodnie[29].

Okupacja nazistów coraz bardziej ciążyła nad Norwegią, Chapman zaś zgodnie z rozkazami odpoczywał. „Możesz poruszać się po okolicy – powiedział mu von Gröning – żeglować i pływać"[30]. Zigzag zrobił, jak mu kazano. W ciągu dnia udawał się na miasto, zawsze z nieodłącznym Johnnym Holstem albo Walterem Praetoriusem. Wieczorami szli popić do Ritza albo do Löwenbräu. Dawano mu do zrozumienia, że w następną misję uda się za morze, więc Holst uczył go żeglarstwa, kiedy tylko Eddie miał na to ochotę. Holst był instruktorem radiowym, ale zawsze chętnie wybierał się na żagle albo szedł popić, przekładając w tym celu lekcje. Nowy towarzysz Chapmana okazał się pod wieloma względami bardzo kulturalnym człowiekiem, prostakiem natomiast pod innymi. Mówił po duńsku i norwesku, kochał muzykę i morze. Gdy się upił – czyli bardzo często – stawał się dokuczliwy i zaczepny; kiedy był tylko lekko wstawiony – a tak mu schodził pozostały czas – zbierało mu się na płacz i sentymenty. Cierpiał na ostre *delirium tremens*, dłonie dygotały mu gwałtownie. Romansował z jedną z sekretarek Abwehry, Niemką Irene Merkl, działającą przed okupacją w niemieckiej piątej kolumnie. „Gdyby Anglicy kiedyś weszli do Norwegii, zostałaby rozstrzelana"[31] – oświadczył raz z dumą.

Von Gröning, wiedząc, jak bardzo Chapman jest podatny na nudę, kazał ćwiczyć mu się w alfabecie Morse'a. Pewnego ranka zabrano go więc do szkoły radiotelegrafistów mieszczącej się w wielkiej rezydencji miejskiej, w pokojach na piętrze, podzielonych na kabiny zamykane na klucz. O różnej porze przychodzili tu poćwiczyć szpiedzy, zamykani osobno, aby jeden nie mógł zobaczyć drugiego. Po sprawdzeniu, jak obchodzi się z radioodbiornikiem, Eddie usłyszał, że nie jest źle, ale nieco pod tym względem „zardzewiał"[32]. Następnie wyproszono go stamtąd, co wyraźnie wskazywało na to, że nie cieszył się takim zaufaniem, aby mógł zostać sam z radiostacją.

Życie w Oslo płynęło przyjemnie, Chapman nie musiał się dużo uczyć ani pracować. Od fotografa o nazwisku Rotkagel, zajmującego wcześniej kierownicze stanowisko w fabryce Leica, uczył się robić zdjęcia i w tym celu dostał własny aparat wraz z filmem. Od czasu do czasu, z racji jego wyczynów, konsultowano się z Eddiem w sprawach sabotażu, a dumny von Gröning przedstawiał Fryca zjeżdżającym zewsząd niemieckim dygnitarzom jako człowieka, który „już bywał tam w naszej służbie"[33]. Chapman przyznawał, że czuł się raczej dziwnie w roli eksperta.

Pewnego dnia na wpół żartem powiedział von Gröningowi, że chce kupić łódź[34]. Niemiec bynajmniej nie wyśmiał pomysłu, lecz z miejsca wydobył plik pieniędzy. Z pomocą i za radą Holsta Chapman zakupił w stoczni Evansona szwedzki jol, elegancką, małą żaglówkę idealną do lawirowania wśród fiordów. Z upływem dni pilnowano go coraz mniej, Holst i Thomas nie chodzili już za nim krok w krok. Mógł nawet sam żeglować, co omal nie skończyło się tragicznie, kiedy wbrew radzie Holsta wypłynął poza fiord Oslo i stracił żagle podczas burzy. Przyholowany z powrotem do przystani spodziewał się bury za swą głupotę, ale ta eskapada sprawiła tylko, że jeszcze bardziej urósł w oczach Niemców[35].

Fetowany wszędzie Chapman, wolny jeniec, próżnujący i bogaty, powinien być zadowolony. Mroził go jednak „lodowy front". Zimne spojrzenia Norwegów, poczucie jakiejś nierealności i prowadzona przez niego podwójna gra robiły swoje. W Nantes starałby się wykorzystać taką sytuację, ale tutaj, wiodąc wraz z niemieckimi kolegami życie w pozornej życzliwości i kradzionym luksusie, głęboko odczuwał otwartą pogardę Norwegów, „ludzi naprawdę dzielnych i kochających ojczyznę"[36].

Hotel Ritz, ze swą klasyczną fasadą, kremowymi ścianami i balkonami z kutego żelaza, stojący w ekskluzywnej dzielnicy Skillebekk, świadczył niegdyś o zamożności Oslo. Teraz stanowił miejsce azylu osobliwej elity okupantów i kolaborantów. Każdego wieczora oficerowie SS, gestapo i Abwehry spotykali się tutaj z rekrutami z Pułku Wikingów i członkami rządu Quislinga.

Pewnego wieczora, pod koniec kwietnia, Chapman popijał przy mahoniowym barze u Ritza, gdy spostrzegł dwie roześmiane dziewczyny, siedzące przy stoliku w rogu sali. Kiedy jedna wyjęła papierosa, Chapman wolnym krokiem zbliżył się ku nim i wyciągnął zapalniczkę. „*Bitte schön*" – powiedział, lecz dziewczyna spojrzała nań z pogardą i sama zapaliła papierosa. Z bliska zobaczył, że jest „niezwykle piękna"[37], o delikatnych rysach i wielkich oczach z bezbarwnymi niemal źrenicami. Niezrażony Chapman przysunął sobie krzesło. Jest Francuzem – skłamał – i dziennikarzem piszącym artykuł dla jednej z paryskich gazet. Postawił kilka drinków i udało mu się rozbawić towarzyszki. Po chwili dołączył do nich Holst i zaczął gawędzić z drugą dziewczyną, która nazywała się Mary Larsen, podczas gdy Chapman jął uwodzić jej jasnowłosą przyjaciółkę, posługując się angielskim i francuskim. Wreszcie dziewczyna powiedziała, że ma na imię Dagmar, i lody zaczęły powoli topnieć. Zaprosił ją na kolację i choć z miejsca odmówiła, nie przestawał nalegać. Wreszcie wyraziła zgodę.

Dopiero znacznie później Chapman zaczął się zastanawiać, dlaczego piękna dziewczyna tak nienawidząca Niemców przyszła się napić do najbardziej znanego w mieście lokalu nazistów.

22

Dziewczyna z Ritza

Dagmar Mohne Hansen Lahlum przyszła na świat w Eidsvoll, małej, rolniczej miejscowości w południowo-wschodniej Norwegii, w której w roku 1814 podpisano konstytucję tego kraju. Tej córce szewca można było zarzucić wszystko, tylko nie purytański stosunek do życia i od dawna miejscowi plotkarze twierdzili, że jest za ładna i zbyt uparta jak na ich szacowne miasteczko. Sąsiedzi gorszyli się jej zalotnymi spojrzeniami i przepowiadali, że nie wyrośnie z niej nic dobrego. Dagmar nie znosiła życia w Eidsvoll, nie bez racji twierdząc, że od 1814 roku nic ciekawego się tam nie wydarzyło. Ślęczała nad żurnalami przysyłanymi jej przez ciotkę z Oslo i próbowała szyć wedle najnowszej mody, marząc o ucieczce. Była młoda, chciała poznać świat, nauczyć się angielskiego i tańca[1].

Na krótko przed wojną, w wieku siedemnastu lat, spakowała swój niewielki dobytek i wyjechała do stolicy, gdzie znalazła pracę jako recepcjonistka w jednym z hoteli. Zapisała się na kurs wieczorowy dla modelek, na którym uczyła się chodzić wolnym krokiem i poruszać biodrami. Patrzyła z przerażeniem i lekkim podnieceniem, jak zwarte szeregi niemieckich żołnierzy kroczyły wzdłuż Karl Johanns Gate, ale początkowo nie odczuła zbytnio okupacji. Nocami w swym malutkim mieszkanku przy Frydenlundsgate czytała książki o sztuce oraz poezje i kreśliła wyszukane projekty ubrań. Chciała się rozwijać[2]. Tak jak Chapman „tęskniła za przygodą"[3].

Rittmeister Stephan
von Gröning,
alias doktor Graumann,
arystokratyczny niemiecki
zwierzchnik Chapmana.

Stephan von Gröning
jako młody oficer
Białych Dragonów,
prawdopodobnie 1914 rok.

Franz Stoetzner,
alias Franz Schmidt,
niemiecki agent mówiący
z akcentem cockney,
który szpiegował w Anglii
przed wojną, pracując
jako kelner w Londynie.

Karl Barton,
alias Hermann Wojch,
główny instruktor od sabotażu
w La Bretonnière.

Victor lord Rothschild, par, milioner, naukowiec i na czas wojny szef sekcji materiałów wybuchowych oraz sabotażu Wydziału Piątego. Rothschilda i Chapmana łączyło zamiłowanie do wysadzania rzeczy w powietrze.

John Cecil Masterman, naukowiec z Oksfordu, pisarz dreszczowców, sportowiec i przełożony szpiegów. Był mózgiem systemu podwójnych agentów.

Jasper Maskelyne, zawodowy sztukmistrz, zwerbowany przez Ministerstwo Wojny, by zwodzić i oszukiwać Niemców.

Major Ronnie Reed,
nierzucający się w oczy,
błyskotliwy radiowiec z BBC,
który został pierwszym oficerem
prowadzącym Chapmana.

Reed przy niemieckim radioodbiorniku Chapmana.

Dagmar Lahlum,
norweska kochanka Chapmana,
którą nieoficjalnie zwerbował
do pracy w Wydziale Piątym.

Freda Stevenson z Diane,
córeczką urodzoną Chapmanowi.
Zdjęcie było najpewniej tym,
które posłała mu do więzienia
na Jersey.

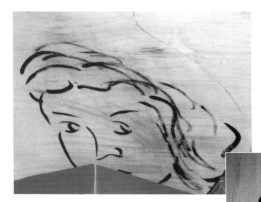

Graffiti z poddasza
La Bretonnière,
niemieckiej szkoły
szpiegowskiej w Nantes,
przedstawia najpewniej
Betty Farmer,
kochankę Chapmana,
narysowaną
przez niego samego.

Hitler przedstawiony
jako marchewka na poddaszu
La Bretonnière, co wskazuje na to,
że von Gröning mógł zachęcać
do wyśmiewania führera.

Villa de la Bretonnière. Fotografia, zrobiona w 1942 przez Stephana von Gröninga,
pozostała w jego portfelu do końca życia.

Chapman (drugi od lewej) z Billym Hillem (pierwszy od lewej),
przestępczym bossem i samozwańczym „królem Soho"
oraz z bokserem George'em Walkerem (pierwszy od prawej).

Chapman pozujący do zdjęcia
w mundurze SS,
którego w rzeczywistości
nigdy nie nosił.

Krzyż Żelazny przyznany Chapmanowi za „wybitne sukcesy" przez wdzięcznego führera. Żaden inny obywatel brytyjski nie otrzymał tego odznaczenia.

Chapman protestujący w 1953 roku po tym jak, na mocy Ustawy o tajnych dokumentach, nie dopuszczono do drukowania jego wspomnień w jednej z gazet.

Swojej pierwszej miała szybko pożałować. Poznała o wiele starszego od siebie mężczyznę nazwiskiem Johanssen, z pozoru człowieka wytwornego i światowca, któremu wniosła w posagu dwadzieścia tysięcy koron. Johanssen spodziewał się, że Dagmar będzie gotować i sprzątać, jak przystało na posłuszną panią domu, czego ona nie miała najmniejszego zamiaru robić. Rzuciła go i zażądała z powrotem posagu, czemu się stanowczo sprzeciwił. Tego wieczora, gdy spotkała Chapmana, obchodziła swe dwudzieste pierwsze urodziny, wraz z najlepszą przyjaciółką Mary wznosząc toasty za powodzenie w rozpoczynającym się właśnie procesie rozwodowym.

Dagmar stała się wielką wojenną miłością Chapmana, ale romans ten zaczął się bardzo niefortunnie. Uważała Eddiego za wroga, choć musiała przyznać, że jest czarujący. Z kolei ona – z papierosami Craven A, długim, mahoniowym ustnikiem, na wysokich obcasach, ubrana w wytworną, kuszącą suknię – wyglądała na dziewczynę na jedną noc. Oboje mylili się całkowicie co do siebie. Dagmar Lahlum, modelka i krawcowa, była również tajną agentką Milorgu, wojskowej organizacji rosnącego cały czas w siłę norweskiego ruchu oporu. Eddie Chapman oraz jego „piękna i godna podziwu"[4] nowa kochanka nie wiedzieli, że walczą po tej samej stronie.

Chapman szybko zakochał się bez reszty. Przyznał się do kłamstwa i przestał udawać, że jest francuskim dziennikarzem, powiedział za to, że jest Niemcem urodzonym i wychowanym w Stanach Zjednoczonych. Zapraszał Dagmar na wystawne kolacje ze wszystkimi smakołykami, jakich mogło dostarczyć okupowane Oslo. Nie musiała już szyć sobie sukien, bo kupował jej, co tylko sobie upatrzyła. Zabierał ją na wyprawy po fiordach, pływali nago w lodowatej wodzie i kochali się w lesie. Jak zawsze miłość i wierność Chapmana zależały od nastroju. Był wierny Anglii, ale pochlebiało mu nadskakiwanie nazistów; zachowywał lojalność wobec przełożonych z Wydziału Piątego, ale najprawdziwszym przyjacielem był dla niego von Gröning, człowiek, którego zdradzał; ciągle tęsknił za Fredą, ale durzył się w Dagmar. Von Gröning z zimną aprobatą przyglądał się kwitnącemu romansowi. Zakochanym szpiegiem łatwiej manipulować, toteż piękna Norweżka, która nie budziła żadnych podejrzeń, mogła stać się najbardziej pożądaną kartą przetargową. Dokładnie w taki sam sposób Wydział Piąty liczył na Fredę. Chociaż Dagmar wyglądała na zakochaną, Chapman wyczuwał w niej napięcie i jakiś strach, coś ukrytego, co kazało jej zachowywać czujność. Powiedziała otwarcie, iż nie wierzy, że jest niemieckim Amerykaninem, i często pytała, skąd wziął się u niego taki dziwny akcent. Nie chciała chodzić z nim do restauracji odwiedzanych przez Norwegów. Na ulicy rodacy gapili się na dziewczynę idącą pod rękę z Niemcem, a wtedy rumieniła się po uszy. Plotkarze zauważali z oburzeniem, że paliła przemycane amerykańskie papierosy i paradowała w drogich, nowych sukniach. „Ponieważ nosiła ładne stroje, każdy uważał, że jest nazistką. Wychodzono z założenia, że skoro masz pieniądze, musisz kolaborować"[5]. Chapman widział, jak ziomkowie Dagmar ukradkiem się jej przyglądają, wyczuwał jej ból i zażenowanie i burzył się wewnętrznie. Pewnego wieczora, w Löwenbräu, legionista z Pułku Wikingów puścił słyszaną przez wszystkich kąśliwą uwagę pod jej adresem. W następnej chwili leżał rozciągnięty na ziemi, a Chapman tłukł go bezlitośnie za tę „urojoną zniewagę"[6]. Johnny Holst musiał odciągać go siłą. Z wypowiedzi dziewczyny widać było, że jest zdecydowanie wroga Quislingowi[7], ale Eddie wiedział, że Norwegowie nazywają ją za plecami nazistowską dziwką[8]. Uwikłany w sieć kłamstw, pragnął wyznać jej prawdę, ale się powstrzymywał, wiedząc, iż mogłoby to zabić ich oboje.

Powaga sytuacji dała o sobie znać, kiedy pewnego wieczora został wezwany do mieszkania von Gröninga i przedstawiony wysokiemu, siwowłosemu mężczyźnie, ubranemu w drogi angielski garnitur. W doskonałej angielszczyźnie z amerykańskim akcentem przedstawił się on jako doktor König i wyglądało na to, że zna życiorys Fryca zatrważająco dobrze. W jego klinicznym chłodzie i „jastrzębim wzroku"[9] było coś, co mocno działało na nerwy. Chapman uznał, że ma przed sobą psychologa[10]. Bez żadnego wstępu König przystąpił do szczegółowego przepytywania, wyraźnie obliczonego na sprawdzenie wiarygodności szpiega[11]. Chapman poczuł się jak ścigane zwierzę.

König: – Gdzie mógłby pan zostawić bezpiecznie cenny sprzęt w Londynie?

Chapman: – W klubie Orzeł, w Soho.

König: – U kogo?

– U Milly Blackwood – odparł Chapman, myśląc gorączkowo. Milly rzeczywiście była właścicielką Orła, ale na szczęście, jak wiedział, już nie żyła.

– Gdzie zostawiłby pan tajną wiadomość dla innego agenta?

– W budce telefonicznej albo w publicznej toalecie.

– Gdzie ukrył pan radiostację?

– Mam adres domu, w którego ogrodzie zakopałem ją pod drzewem.

Przesłuchujący zamilkł i przez dłuższą chwilę przyglądał się Chapmanowi:

– Jestem tu w sprawie agenta, który wkrótce wyjedzie z misją do Anglii. Może potrzebować tej radiostacji[12].

Chapman poczuł nagle, że jest w pułapce. Radiostacja znajdowała się oczywiście w szafie w Whitehall, a nie miał żadnej możliwości przekazania swym brytyjskim prowadzącym, by ją zakopali. Mógł podać zmyślony adres kryjówki, ale jeśli Niemcy wyślą agenta, a ten wróci z niczym, cała historia wyjdzie na jaw. Nikt w Wydziale Piątym nie dopatrzył się w niej tej właśnie luki. Nie zauważył jej nawet von Gröning, a może świadomie pominął. Czy był to blef? Czy zaryzykować kontrę? Najpierw się zawahał, a potem udał rozdrażnionego, mówiąc, że to nie w porządku, by miał oddać swą radiostację innemu agentowi.

– Spodziewam się, że sam jeszcze pojadę do Anglii – oznajmił tonem przechwałki[13], choć trudno to było uznać za przekonujący argument. Abwehra mogła przecież zawsze dostarczyć mu inny odbiornik. Śledczy popatrzył nań zimnym wzrokiem, co Chapman trochę później zbagatelizował, nazywając tę chwilę „bardzo niepokojącą"[14].

Wieczorem siwowłosy mężczyzna zaprowadził go do jakiejś zacisznej restauracji i jął raczyć koniakiem, od czasu do czasu rzucając kolejne niespodziewane pytanie[15]. Chapman pił, lecz nie był tak pijany, na jakiego wyglądał. Pod koniec spotkania człowiek o drapieżnych rysach również zaczął bełkotać i wyraźnie złagodniał[16], ale kiedy Chapman, chwiejąc się, wstał od stolika, popatrzył mu prosto w oczy i rzekł:

– Nie jesteś całkowicie szczery[17].

Chapman wytrzymał przez chwilę jego wzrok, a potem się roześmiał.

– Wiem o tym[18].

Kiedy Eddie wrócił nad ranem do mieszkania przy Grønnegate, siwowłosy nieznajomy zniknął, a von Gröning wpadł w znakomity nastrój.

– Doktor był w pełni zadowolony z twych odpowiedzi i informacji – powiedział wesoło. – Przeszedłeś próbę[19].

Było ich więcej. Kilka dni później Chapman samotnie czekał w Löwenbräu na Dagmar, kiedy usiadła obok niego jakaś Norweżka, wyglądająca na mniej więcej czterdzieści pięć lat, mówiąc, że nazywa się Anne. Zaczęli gawędzić po niemiecku i kobieta zwróciła uwagę na jego akcent. Powiedział, że wychował się w Ameryce, więc przeszli na angielski, którym władała doskonale. Ściszonym głosem zaczęła narzekać na okupację, brak jedzenia i panoszących się niemieckich żołnierzy. Chapman słuchał i nic nie mówił. Zaprosiła go na kolację, ale grzecznie odmówił. Jak tylko przyszła Dagmar, wstał i oświadczył, że wychodzą. Po kilku dniach, wieczorem, znów zastał w Löwenbräu Anne, bardzo pijaną. Odwrócił wzrok, ale dostrzegła go, przemknęła obok i syknęła: „Zdaje się, że jesteś angielskim szpiegiem"[20]. Powiedziała to na tyle głośno, że usłyszano to przy sąsiednim stole. Kiedy Chapman doniósł o tym von Gröningowi, ten odparł: „Zostaw to mnie"[21]. Chapman uważał, że Anne musiała być niemieckim *agent provocateur*, lecz równie dobrze mogła należeć do ruchu oporu i chcieć się przekonać o jego lojalności, a on naraził ją na niebezpieczeństwo. Nie zobaczył jej już nigdy więcej.

Ruch oporu coraz bardziej dawał o sobie znać. Pewnego popołudnia, kiedy Dagmar i Chapman pili kawę w jego pokoju, potężny huk wstrząsnął hotelem. Eddie wrzucił kilka swoich rzeczy do walizki i popędzili po schodach, aby dołączyć do tłumu na ulicy, przypatrującemu się, jak płonie ostatnie piętro budynku. Przybyła na miejsce norweska straż pożarna zabrała się do gaszenia ognia tak wolno i nieskutecznie, jak to tylko możliwe, lejąc wodą na wszystkie strony, podczas gdy tłum klaskał i wznosił triumfalne okrzyki. Chapman był zdania, że cała scena warta jest scenariusza braci Marx. Kiedy strażacy skończyli wreszcie swą opieszałą krzątaninę, hotel Forbunds był ruiną. Dagmar odeszła na chwilę, a gdy wróciła, szepnęła, że to robota Anglików[22].

Chapman i jego opiekunowie przenieśli się do nowego mieszkania przy Kapelveien 15, spokojnego domu w północnej dzielnicy Grafsin, który stał się w Oslo tym, czym Crespigny Road była w Londynie, i w którym Holst i Praetorius grali role Backwella i Tootha. Przywołując wspomnienie swego pożycia z Fredą, Chapman namówił Dagmar, aby też tutaj zamieszkała. Dziewczyna początkowo się opierała. Rodacy wzgardzą nią jeszcze bardziej jako „utrzymanką"[23], no i kto będzie płacił komorne? Chapman roześmiał się, mówiąc, że pieniędzy starczy dla nich obojga, więc zdecydowała się wprowadzić[24].

Pieniędzy rzeczywiście nie brakowało, ale środki nie były niewyczerpane, zaś Chapman trwonił je z zadziwiającą szybkością. Von Gröning nadzwyczaj chętnie wypłacał je na każde żądanie. W zasadzie zachęcał swego podopiecznego, by ten wydawał, ile tylko można, urządzał przyjęcia, kupował Dagmar, co jej się podobało, i regulował rachunki przy każdej okazji. W tej rozrzutności za upoważnieniem kryła się metoda: gdy Chapman wyda pieniądze, będzie musiał wrócić do pracy. Ubogiego szpiega, tak jak zakochanego szpiega, łatwiej prowadzić.

Chapman w typowy dla siebie sposób nie zwracał uwagi na to, jak wiele mu jeszcze zostało, ale nie był na tyle beztroski, by nie zauważyć, jak przedstawia się jeszcze jeden aspekt operacji finansowych von Gröninga: Niemiec zagarniał swoją część. Jeśli Chapman prosił, powiedzmy, o dziesięć tysięcy koron, von Gröning zgadzał się, dawał mu pokwitowanie do podpisu, ale wręczał mniej więcej połowę tej kwoty. O jakąkolwiek sumę prosił Eddie, Niemiec dawał mu zawsze mniej, a resztę chował do kieszeni[25]. Gra na giełdzie przyniosła mu straty, ale Chapman stał się dlań opłacalną inwestycją, i to nie tylko jeśli chodzi o rozwój kariery. Dotąd Eddie uważał von Gröninga za swego mentora, za prawego arystokratę o nieskazitelnych manierach. Teraz jego przełożony okazał się również malwersantem, lecz Chapman cieszył się, że może pomóc swemu mistrzowi[26]. Żaden z nich nigdy nie napomknął o tym słowem i to milczące porozumienie stanowiło jeszcze jedną nić łączącej ich więzi.

Dom przy Kapelveien 15 mógłby posłużyć za ilustrację do każdej nordyckiej książki z baśniami. Był to wielki drewniany budynek, stojący w obszernym ogrodzie pełnym drzew owocowych i krzaków porzeczek. Róże pięły się aż po dach i miejsce to robiło rozkoszne wrażenie, jak wspominał Chapman[27]. Na drzwiach znajdowała się tabliczka z napisem „Feltman". Podobnie jak La Bretonnière, nowy dom Zigzaga miał kiedyś żydowskich właścicieli. Chapman na próżno się zastanawiał, co też się z nimi stało.

Joshua i Rachel Feltmanowie przybyli do Norwegii z Rosji. Otworzyli najpierw zakład fryzjerski, a potem sklep odzieżowy. Powodziło im się dobrze i w 1927 roku Joshua kupił dom w Grafsin. Rachel nie mogła mieć dzieci, więc zaadoptowali jej siostrzeńca Hermana i wychowywali jak własnego syna. Sąsiedzi ich lubili. A potem zaczął się horror.

Tak jak wszyscy, Feltmanowie przyglądali się najazdowi ze wzrastającym niedowierzaniem i pogłębiającym się lękiem. Joshua był wielkim, łagodnym człowiekiem, który w każdym widział coś dobrego. Zwykł mawiać, że naziści też są ludźmi. Ale potem, na początku 1942 roku, Feltmanom kazano natychmiast opuścić dom, więc przenieśli się do mieszkania nad sklepem. Dwudziestoczteroletni już Herman nalegał, by rodzice schronili się w neutralnej Szwe-

cji, gdyż Niemcy rozpoczęli obławy na Żydów – wieści o straszliwych okrucieństwach przenikały z centralnej Europy na północ.
Joshua się wahał, więc Herman postanowił jechać sam i przygotować drogę dla matki i ojca. Wraz z przyjacielem, również Żydem,
wsiedli do pociągu zmierzającego do Sztokholmu, ale gdy zbliżali
się do granicy, do przedziału wtargnęli nazistowscy żołnierze, żą-
dając dokumentów. Z papierów Hermana wynikało, że jest Żydem,
więc wyskoczył z pociągu, łamiąc sobie rękę i naruszając kręgosłup.
Leżał jeszcze w szpitalu, kiedy Niemcy zaaresztowali go i wywieźli
do Polski.

Nieświadomi losu syna Joshua i Rachel wciąż nie mogli się zdecydować, ale gdy naziści zaczęli wywozić nielicznych norweskich
Żydów, postanowili uciekać. Milorg obiecał przerzucić ich do Szwe-
cji – oddział partyzantów miał ich pieszo odstawić do granicy i do-
pilnować, by przekroczyli ją bezpiecznie. Joshua załadował na plecy
ich dobytek i ruszyli w drogę. Nie wiadomo dokładnie, co potem
zaszło. Może partyzanci połaszczyli się na nieliczne kosztowności
z worka Joshuy, może ich przewodnicy byli kolaborantami. Wkrótce po tym, jak Chapman i Dagmar przenieśli się na Kapelveien 15,
zwłoki Feltmanów znaleziono w lesie przy szwedzkiej granicy. Po
kilku tygodniach ich jedyny syn Herman został zagazowany i spa-
lony w Oświęcimiu.

Siedemnastoletni Leife Myhre, który mieszkał pod numerem
trzynastym, widział, jak wprowadzają się nowi sąsiedzi. Z rana
w sobotę zwykł on chodzić po sprawunki dla Joshuy Feltmana,
a Rachel częstowała go biszkoptami. Lubił Feltmanów, gdyż byli to
dobrzy, pracowici i prawi ludzie[28], i nienawidził Niemców. Najpierw
pod numerem piętnastym zamieszkali niemieccy oficerowie, ale
potem pojawili się sąsiedzi innego pokroju. Nosili cywilne ubrania
i słyszał zza płotu, jak rozmawiali po angielsku. Urządzali wielkie
przyjęcia i po każdym z nich ustawiali rząd butelek, które zestrze-
liwali jedną po drugiej. Czasem strzelali do ogrodowych szczurów.
„Byli w znakomitej formie fizycznej. Pewnego dnia zadzwonił telefon i zobaczyłem, jak jeden z nich przebiegł pędem cały ogród

i skoczył prosto przez otwarte okno, aby go odebrać" – opowiadał z mimowolnym podziwem Leife. Nigdy nie rozmawiał z nikim z tego domu, tylko raz, kiedy wprowadziła się tam jedna Norweżka. „Była piękna i niewiele starsza ode mnie. Pewnego dnia, kiedy zobaczyłem ją na ulicy, zatrzymałem się i powiedziałem:»Wiesz, nie powinnaś się zadawać z tymi Niemcami«. Rozejrzała się wokół, poczerwieniała i szepnęła:»Wiedz, że nie pracuję dla nich«"[29]. Było coś w jej twarzy, czego Leife nigdy nie zapomniał – zawstydzenie, wyzwanie, strach.

Zigzag, jego kochanka i dozorcy żyli sobie beztrosko w pięknym domu, należącym dawniej do Feltmanów. Chapman porobił kiedyś zdjęcia przedstawiające wieczorną scenę domową. Byli na nich Dagmar, przyszywająca guzik przy jego kamizelce, z nieśmiało, a może celowo odwróconą twarzą, oraz Holst, półprzytomny od nadmiaru alkoholu, z kurczowo zaciśniętymi na spodniach dłońmi i głupawym uśmiechem na twarzy. Chapman zawsze zwyciężał w zawodach strzeleckich w głębi ogrodu, gdyż Holst nie mógł utrzymać w dłoni rewolweru z winy swego *delirium tremens*. Praetorius zwykle w tym czasie ćwiczył na podwórzu kroki angielskich tańców. Czasami na obiedzie bywał von Gröning, którego Dagmar przedstawiono jako belgijskiego dziennikarza.

Kiedyś z rana pojawił się bez uprzedzenia i powiedział Chapmanowi, że za kilka godzin jadą do Berlina spotkać się z pewnymi ludźmi, zajmującymi się sabotażem i zainteresowanymi jego historią[30]. Wieczorem zameldowali się w hotelu Alexandria przy Mittelstrasse, a potem pojechali do jakiegoś mieszkania, gdzie czekali już na nich trzej mężczyźni. Jednym był hauptmann w mundurze Wehrmachtu, drugim podpułkownik Luftwaffe, a ostatnim oficer SS w cywilnym ubraniu, mocno już pijany i cały czas pociągający koniak z butelki. Zadali Chapmanowi kilka ogólnikowych pytań o fabrykę De Havillanda i inne potencjalne cele sabotażu w Wielkiej Brytanii, a w szczególności o położenie zakładów potrzebujących części wymiennych z Ameryki. Chapman odparł rzeczowo, że wszelkie takie fabryki wojskowe są jak najpilniej strzeżone, a kiedy dyskutanci przetrawili tę otrzeźwiającą informację, na stole pojawiła się następna butelka brandy. Gdy ją wypito, zebranie dobiegło końca.

Von Gröning był aż siny z wściekłości i mówił, że nie wie, co sądzić o całej tej sprawie[31]: „Pułkownik jest głupcem, a esesman się zalał". Chapmana również zdziwiło to nietypowe spotkanie, ale wskazywało ono jednoznacznie na to, że wyższe instancje zamierzały wysłać go z kolejną misją do Anglii. Gdyby tak istotnie było, to po powrocie miałby co pokazać w Wydziale Piątym.

Chapman nie próżnował tak zupełnie podczas tych leniwych dni na fiordach, gdy bowiem opływał Oslo, spokojnie wypełniał listę postawionych mu zadań, którą cały czas zachowywał w pamięci. Spisał możliwe cele RAF, a więc składy amunicji, potężne zbiorniki z benzyną dla Luftwaffe na przesmyku Eckberg, przystanie, w których U-Booty zatrzymywały się w celu pobrania paliwa. Zapamiętał twarze spotykanych urzędników, nazwiska, które udało mu się posłyszeć, adresy kluczowych pomieszczeń niemieckiej administracji oraz rysopisy informatorów i kolaborantów włóczących się po barach. „Wszystko zależy od sposobności, jakie się panu nadarzą – mówił mu Rothschild"[32]. Powoli, skrycie Eddie kreślił w swym umyśle mapę niemieckiej okupacji Oslo.

Pewnego popołudnia po powrocie z Berlina Chapman i Dagmar zwolnili cumy swojego jolu i podnieśli żagiel, przemykając w cieniu zamku Akershus i kierując się na rozległe wody fiordu Oslo. Pożeglowali poza stocznię Aker w stronę półwyspu Bygdøy, skrawka ziemi wkręcającego się w zatokę Oslo na kształt znaku zapytania. W odległości mili od przystani Chapman rzucił kotwicę i zaczęli brnąć w stronę małej, kamienistej plaży, pustej, jeśli nie liczyć kilku opuszczonych chat rybackich.

Półwysep Bygdøy był najbardziej ekskluzywnym terenem w Norwegii, zamkniętą, strzeżoną enklawą podzieloną na szereg posiadłości, z których jedna należała do rodziny królewskiej. Teraz trafił w ręce Vidkuna Quislinga. Nasza para zagłębiła się w gęsty las, by znaleźć ścieżkę wiodącą na szczyt wzgórza, na którym znajdowała się wielka, kamienna rezydencja, niegdyś należąca do pewnego norweskiego milionera, obecnie prywatna forteca Quislinga i siedziba administracji. Nazwał ją Gimli – od wielkiej sali z mitologii skandynawskiej, w której przebywają po śmierci dusze sprawiedliwych. Trzymając Dagmar za rękę, Chapman szedł lasem graniczącym z posiadłością, aż ujrzeli wieżę z karabinem maszynowym przy bramie wejściowej. Za nią ciągnęła się prowadząca do wioski aleja lip. Chapman zmierzył długość płotów z drutem kolczastym i policzył uzbrojonych strażników.

Po powrocie na pokład otworzył butelkę koniaku, podniósł żagiel i kiedy pomknęli przez fale, przekazał ster Dagmar, a sam zaczął rysować plan posiadłości Quislinga i jej umocnień. Wiedział, że Tar Robertson z pewnością się tym zainteresuje. Chapman nigdy nie potrafił powiedzieć, kiedy ani nawet dlaczego postanowił zwierzyć się Dagmar, kim naprawdę jest. Zdaje się, że po prostu nie mógł dłużej znieść kłamstw. Zaprzeczał później, jakoby znajdował się wtedy pod wpływem alkoholu, co świadczy, że był przynajmniej lekko wstawiony[33]. Bez wątpienia swoją rolę odegrał „lodowy front". Rodacy Dagmar odwrócili się od niej, nazywając ją „nazistowską dziwką"[34], i choć ona sama, Chapman i garść członków norweskiego ruchu oporu wiedzieli, że to nieprawda, to Eddie zdawał sobie sprawę z tego, jak dziewczyna musi się czuć. Lękał się, że ją utraci, jeśli nadal będzie udawał Niemca, a zatrzymanie jej przy sobie wydawało mu się ważniejsze niż cokolwiek innego[35].

Popłynęli dalej wzdłuż wybrzeża i Chapman rzucił tam kotwicę. O zmierzchu, trzymając Dagmar w ramionach, wyznał jej, że jest brytyjskim szpiegiem, Niemcy mają go za swego agenta i niedługo wraca z jakimś zadaniem do Anglii. Dagmar była niezmiernie zaciekawiona, zawsze podejrzewała, że nie jest Niemcem. Przede wszystkim zaś odczuła ulgę, gdyż dzięki tej świadomości zdołała dojść do ładu z kierującymi nią motywami i uczuciami. Pozwoliła sobie na związek z mężczyzną, którego uważała za Niemca nie tylko ze względu na to, że mógłby mieć informacje ważne dla ruchu oporu, lecz także dlatego, że był czarujący, przystojny i hojny. Teraz, kiedy już znała prawdę, mogła go kochać, nie wstydząc się tego. Bardzo chciała poznać szczegóły jego pracy dla Anglików, ale Chapman oświadczył, że im mniej będzie wiedziała, tym lepiej. Zobowiązał ją do milczenia, na co przystała. Tajemnicę zabrała do grobu. Tak Dagmar Lahlum została nieoficjalnie członkinią brytyjskiego wywiadu. „Możesz się przydać" – powiedział jej Chapman. Von Gröning wyraźnie ją lubił, miała wiele okazji przebywać z nim sam na sam, rozmawiać swobodnie. Zbierała również informacje o innych członkach Abwehry w Oslo.

Wyznanie, na które Chapman zdecydował się wobec Dagmar, było aktem zaufania, ale jednocześnie szalonym ryzykiem. Nienawiść do Niemców i uczucie do niego wyglądały na szczere. Nie wierzył, by Niemcy podstawili mu dziewczynę w Ritzu jako przynętę, ale nie mógł tego wykluczyć. Postanowił więc poddać ją małej próbie, jaką miało być zlokalizowanie kwatery głównej Abwehry w Oslo, której położenie sam już zdążył ustalić. Jeśli ją znajdzie, dowiedzie swego oddania, jeśli nie, cóż, on będzie już wtedy prawdopodobnie w więzieniu gestapo albo straci życie. Dagmar z chęcią podjęła się zadania.

Kilka dni upłynęło mu w napięciu. Celowo zostawiał ją samą w towarzystwie Praetoriusa, Holsta albo von Gröninga, a potem pilnie przyglądał się ich twarzom, szukając jakiejś zmiany w zachowaniu, świadczącej o tym, że został zdradzony. Nie zauważył jednak ani cienia nieufności. Po dwóch dniach, od kiedy się przed nią otworzył, szepnęła, że zdobyła potrzebną mu informację: siedziba Abwehry znajduje się przy Klingenberggate 8, a szefem placówki jest oficer marynarki z czterema kółkami na rękawie. Chapman odetchnął swobodniej. Dagmar nie tylko była mu oddana, lecz także mogła okazać się pierwszorzędną podwładną, potężną bronią agenta Zigzaga.

Dagmar miewała dostęp do wielu interesujących informacji, a ponadto stanowiła nieocenioną pomoc. Mężczyzna fotografujący wojskowe urządzenia mógł wzbudzić podejrzenie, ale cóż jest bardziej naturalnego niż widok młodego człowieka robiącego zdjęcia swej norweskiej dziewczynie? Kiedy nadszedł dzień dwudziestych dziewiątych urodzin Chapmana, von Gröning wydał w jego mieszkaniu przyjęcie z tej okazji. Jubilat otrzymał od Thomasa radio, od Holsta popielniczkę z kości słoniowej, a od gospodarza reprodukcję van Gogha. Dagmar upiekła ciasto i na pamiątkę zrobiła zebranym mnóstwo zdjęć. Tej nocy Chapman wspiął się na strych przy Kapelveien 15, zdjął metalową płytę osłaniającą drewniany dźwigar przy kominie i schował tam błonę fotograficzną. Zawierała wizerunek całego zespołu Abwehry w Oslo, pozyskany dyskretnie przez nieśmiałą, piękną norweską dziewczynę, której nikt nigdy nie posądziłby o szpiegostwo.

Współpraca Eddiego Chapmana i Dagmar Lahlum oznaczała też sojusz między brytyjskim wywiadem a norweskim podziemiem. Dagmar utrzymywała łączność z ruchem oporu, o czym świadczą późniejsze wydarzenia. Pewnego popołudnia znaleźli się w pobliżu uniwersytetu, gdzie studenci protestowali przeciwko kolejnej próbie szerzenia nazizmu w oświacie. Nagle do ataku przystąpiła policja i zaczęła wyciągać z tłumu przywódców demonstracji. Dagmar wskazała wówczas prowadzonego przez funkcjonariuszy młodzieńca i szepnęła, że należy on do Jossingów, jednej z grup oporu. Wymachując swą przepustką SS, Chapman bezzwłocznie interweniował i wymógł „natychmiastowe zwolnienie przyjaciela Dagmar", choć nie obyło się bez „głośnej kłótni na ulicy z niemieckim żołnierzem i oficerem".

10 lipca 1943 roku, kiedy spacerowali pod rękę ulicami Oslo, Dagmar poprosiła, by zaczekał na chodniku, i pobiegła do sklepu z tytoniem. Wróciła po kilku minutach, bez papierosów, zarumieniona i podniecona w najwyższym stopniu, szepcząc: „Alianci najechali Sycylię". Wiadomości o inwazji nie podało norweskie radio, więc mogła uzyskać ją tylko od kogoś działającego w podziemiu. Pytana, odpowiedziała, nie wymieniając nazwisk, że informacji udzielili jej patrioci z Jossingów[36].

Nie po raz ostatni Chapman zastanawiał się, kto kogo pierwszy zauważył, wtedy, w barze w Ritzu.

23

Konsultant w dziedzinie sabotażu

Pod koniec lata 1943 roku, gdy pierwszy lód zaczął ścinać fiordy, von Gröning wezwał do siebie Chapmana i przedstawił mu nowy kontrakt na dokonanie sabotażu w Anglii[1]. Pokazując leżący na biurku dokument i odkręcając wieczko srebrnego wiecznego pióra, Niemiec uprzejmie poprosił, by Eddie podpisał się w wykropkowanych miejscach. Kontrakt przypominał ten pierwszy i opiewał na taką samą sumę. Chapman przeczytał go uważnie, zwrócił i powiedział grzecznie, że nie uważa, by ta propozycja zasługiwała na większą uwagę i że ma już wystarczająco dużo pieniędzy.

Von Gröning najpierw się zdziwił, a potem wpadł w gniew. Doszło do gwałtownej kłótni. Niemiec cierpko zauważył, że bez jego pomocy Chapman gniłby w więzieniu Romainville albo już nie żył. Chapman się nie poddał, mówiąc, że zadanie określono zbyt ogólnikowo, że na zwykły sabotaż szkoda zachodu, a wynagrodzenie jest za niskie. Jego odmowa wynikała po części stąd, że chciał zyskać na czasie i odwlec rozstanie z Dagmar, a po części z pragnienia wykonania znaczniejszej misji, o której powiadomiłby swych angielskich przełożonych. Instrukcje Robertsona mówiły wyraźnie: kiedy się dowiemy, czego chcą Niemcy, zorientujemy się, czego im brak. Autorytet von Gröninga w decydujący sposób zależał od Chapmana i to decydowało o stosunkach między opiekunem a protegowanym. W tej chwili Niemiec bardziej potrzebował swego szpiega niż Chapman swego prowadzącego. Starszy pan wściekał się i bełkotał, miotając najprzeróżniejsze groźby, aż niebezpiecznie spurpurowiał, a żyły wystąpiły mu na szyi. Na koniec odprawił agenta, mówiąc, że zostanie pozbawiony dodatkowych funduszy, na co ten wzruszył ramionami. Jeśli zmniejszą mu dochody, to i von Gröning zostanie bez pieniędzy.

Sprawa na blisko tydzień utknęła w martwym punkcie. Do Chapmana przychodzili kolejno koledzy z oddziału, Praetorius, Holst, a nawet sekretarki, i opowiadali o furii von Gröninga oraz o smutnych konsekwencjach odmowy podpisania kontraktu. Chapman trzymał się mocno, twierdząc, że przybył tam po to, by otrzymać ważniejsze i godniejsze zadanie i nie zdecyduje się na nic równie mętnego. Kiedy von Gröning zupełnie wstrzymał fundusze, Chapman odpowiedział wściekłym listem, w którym napisał, że jak tak dalej pójdzie, on jest gotów wrócić do Romainville i przyjąć swój los.

Wreszcie przełożony ustąpił, bo musiał, o czym Chapman dobrze wiedział. Niemiec poleciał do Berlina, skąd na drugi dzień powrócił w znakomitym nastroju. Szefowie Abwehry wyznaczyli nową ważną misję dla Chapmana, za którą czekała go wysoka nagroda. Eddie miał wyjechać do Anglii i dowiedzieć się, dlaczego wróg zwycięża w wojnie podwodnej.

Przez pierwsze trzy lata wojny niemieckie U-Booty mocno dawały się we znaki alianckiej żegludze. Niczym watahy wilków uderzały z przerażającym skutkiem, co Chapman znał z własnego doświadczenia, i znikały bez śladu, często zupełnie bezkarne. Jednak od niedawna szala zaczęła się przechylać w drugą stronę i atakowane U-Booty w alarmującym tempie szły na dno. Niemcy nie wiedzieli nic o złamaniu kodu Enigmy i Berlin uznał, że Brytyjczycy wynaleźli jakiś szczególny system wykrywania łodzi podwodnych, pozwalający im wyśledzić U-Boota na powierzchni, a potem przystąpić do ataku bądź uciec. Chapman miał za zadanie znaleźć ten wykrywacz, zapoznać się z jego działaniem, sfotografować go, a także – jeśli to możliwe – wykraść i przywieźć z powrotem. Czekała go za to nagroda w wysokości sześciuset tysięcy marek niemieckich, dodatkowe dwieście tysięcy w walucie, jaką sobie wybierze, i własny wydział Abwehry w okupowanej Europie.

Była to wprost niewyobrażalna fortuna za prawie niewykonalne zadanie – naoczny dowód wiary Niemców w zdolności i lojalność Chapmana. Eddie wahał się z początku, wskazując na to, że nie ma pojęcia o związanych z tym kwestiach technicznych i że musi przejść odpowiednie przygotowania do czekającej go misji.

– Wszystko to da się zrobić – odparł von Gröning z uprzedzającą grzecznością człowieka, którego inwestycja może przynieść równie bajeczny zysk.

Skoro Chapman miał znaleźć tę cudowną broń, musiał zostać dopuszczony do wszelkich sekretów prowadzonej przez Niemcy wojny podwodnej. Z Berlina nadszedł dokument zawierający wszystkie informacje, a właściwie domniemania dotyczące wykrywacza łodzi podwodnych. Po kilku dniach w towarzystwie Holsta i von Gröninga Eddie pojechał do norweskiego portu Trondheim, gdzie trzej oficerowie Abwehry w mundurach marynarki, podejrzliwi w najwyższym stopniu, niechętnie podzielili się tą niewielką wiedzą, jaką mieli na temat posiadanych przez Brytyjczyków możliwości wykrywania łodzi podwodnych. Ich zdaniem do namierzenia okrętu używano jakiegoś zwierciadła parabolicznego o odbijających się promieniach. Detonatory w ładunkach głębinowych miały też mieć wmontowane urządzenie określające odległość od celu, a potem wybuchające z maksymalną skutecznością. Sposób, w jaki działał brytyjski system hydrolokatorów akustycznych, a potem sonarów był dla Niemców zupełną zagadką. Przypuszczali, że wykorzystano tutaj „jakieś urządzenie na podczerwień", telewizję lub inną technikę pozwalającą wykryć i obliczyć temperaturę traconą przez U-Boota.

Chapman opuścił naradę przekonany, że ci ludzie „wiedzą bardzo mało o naszych urządzeniach do śledzenia U-Bootów" i obawiają się tej tajemniczej broni, zdolnej wykryć okręt w dzień i w nocy z odległości dwustu mil. Mówili, że jedna z łodzi została trafiona podczas złej pogody, w gęstej mgle, co do tej pory wydawało się niemożliwe. Straty U-Bootów były bardzo wysokie i cały czas rosły[2]. Oficerowie przyznawali, że nie mają pojęcia, skąd pochodzi to urządzenie, ale podali „adres zakładów mechanicznych w Kensington, gdzie być może je wytwarzano"[3]. Podczas rozmowy, kiedy Chapman robił notatki, najstarszy stopniem oficer wywiadu marynarki przypatrywał mu się nieustannie i w końcu zauważył, że „już go gdzieś widział"[4].

Po powrocie do Oslo Chapman został wezwany przed oblicze kapitana Reimara von Bonina, szefa Abwehry w okupowanej Norwegii. Był to pierwszy i ostatni raz, kiedy się spotkali. Po obiedzie w wielkiej rezydencji von Bonina przy Munthesgate łysiejący oficer w pełnym mundurze marynarki, z czterema złotymi paskami na rękawie, oświadczył, że brytyjskie urządzenie do wykrywania łodzi podwodnych jest tak czułe, że potrafi namierzyć U-Boota z wyłączonymi maszynami nawet na dnie morza. Przypuszczał, że Anglicy używają „czegoś w rodzaju aparatu rentgenowskiego"[5].

Misję wyznaczono na marzec 1944 roku. Tak jak poprzednio, Chapman miał zeskoczyć na spadochronie w jakimś odludnym zakątku Anglii wraz z całym niezbędnym wyposażeniem. Kiedy znajdzie, a jeszcze lepiej – zdobędzie żądane urządzenie, ukradnie łódkę rybacką gdzieś na południowym wybrzeżu i wypłynie dziesięć mil na pełne morze, gdzie „przejmie go pięć hydroplanów i odeskortuje na europejski brzeg"[6]. Abwehra zdawała się wierzyć, że Chapman ot tak sobie podwędzi łódź w czasie wojny i podniesie żagiel. Świadczyło to albo o jej ignorancji, albo o ufności w jego kryminalne talenty, albo też o jednym i drugim. Zabrano go zatem do Bergen, gdzie przez trzy dni przechodził u komendanta portu kurs obsługi kompasu na pokładzie małego kutra rybackiego[7].

Przygotowania Chapmana do udziału w wojnie morskiej zakłóciła wojna nieco innego rodzaju, a mianowicie spory w naczelnym dowództwie Niemiec. W grudniu przybył z Berlina wysoki oficer sił powietrznych i oświadczył, iż Chapman jest tym właśnie człowiekiem, którego Luftwaffe potrzebuje na pewną misję. Lotnictwo miało własne plany co do osoby słynnego angielskiego szpiega i własne urojenia. Druga, rywalizująca z pierwszą, misja miała przedstawiać się następująco: podobnie jak U-Booty giną z winy jakiegoś nowego urządzenia wykrywającego, tak brytyjskie nocne myśliwce zwyciężają w wojnie powietrznej dzięki stosowaniu równie tajemniczej technologii. Niedawno zestrzelono angielską maszynę wyposażoną w nieznany dotąd system radarowy. Sprzęt ten przetrwał upadek w stanie pozwalającym go zrekonstruować i uświadomić Luftwaffe, że ma do czynienia z niezwykle groźną nową bronią. Chodziło tu najpewniej o amerykański system radarowy AI 10 (Airborne Interceptor Mark 10), używany od końca 1943 roku przez brytyjskie myśliwce i bombowce, zwłaszcza Mosquity. Chapman usłyszał, że nie ma zbyt wysokiej nagrody za fotografię bądź plan urządzenia.

Przed kilkoma miesiącami traktowano go z głęboką nieufnością. Teraz, kiedy Niemcy przeszły do defensywy, stał się ulubieńcem Abwehry, „wydzieranym sobie przez flotę i lotnictwo"[8]. Von Gröning w końcu rozstrzygnął spór: misja morska ma pierwszeństwo i to marynarka zapłaci za całą operację; radar myśliwski pozostanie celem drugorzędnym.

Umiejętności Chapmana zaczęto też wykorzystywać w praktyce, gdyż niczym emerytowany wykładowca sztuki szpiegowskiej prowadził seminaria jako ktoś w rodzaju „honorowego konsultanta w dziedzinie metod sabotażowych"[9] dla widowni składającej się z wybranych agentów, a jako przykładu używał fikcyjnego ataku na fabrykę De Havillanda. Kiedyś trzymano go z dala od radiostacji, a teraz uczył telegrafowania dwóch młodych Islandczyków Hjaltiego Bjornssona i Sigurdura Nordmanna Juliussona. Niemcy sądzili, że Islandia może się stać przyczółkiem alianckiej inwazji na kontynent, więc Abwehra przystąpiła do organizowania tam siatki szpiegowskiej. Bjornssona i Juliussona zwerbował w Danii niejaki Gubrandur Hlidar, dość szczególny islandzki weterynarz, bardziej zainteresowany sztucznym zapłodnieniem, w którym był specjalistą, niż szpiegostwem, na którym się nie znał[10]. Pozyskanie Bjornssona i Juliussona pozwala przypuszczać, że był wtedy zaabsorbowany swoimi probówkami, gdyż ci dwaj zupełnie nie nadawali się na szpiegów. Choć gorliwie się starali, byli zadziwiająco tępi.

Upłynęło kilka tygodni intensywnej nauki, nim opanowali podstawy nadawania.

Tymczasem ostatni członkowie zespołu z La Bretonnière zaczęli się wykruszać. Stosunki między von Gröningiem a Praetoriusem, od początku nie najlepsze, pogarszały się z każdym dniem. Nerwowy i drażliwy Praetorius zarzucał szefowi, że celowo trzyma go w Oslo, by uniemożliwić mu bohaterskie wyczyny na froncie, o których śnił po nocach. W końcu, po nieustannych zabiegach u wyższych instancji, osiągnął swoje. Niezmiernie się cieszył z nowego przydziału, choć otrzymane stanowisko nie kojarzyło się za bardzo z nieustraszonym wojskiem niemieckim, a już na pewno nie z teutońskimi bohaterami z zamierzchłych czasów. Od dawna przekonany o terapeutycznych i kulturalnych skutkach ludowych tańców angielskich zdołał w jakiś sposób przekonać do tego władze i mianowano go instruktorem tańca w Wehrmachcie.

Gdy Chapman zapytał, dokąd udał się młody nazista, von Gröning z pogardliwym grymasem odparł, że wędruje po Niemczech, nauczając żołnierzy tańca z mieczami i innych, które przyswoił sobie w Anglii[11]. Von Gröninga śmieszyło to i zdumiewało jednocześnie, gdyż skierowanie jego zastępcy na parkiet taneczny było dlań kolejnym dowodem na to, że naczelne dowództwo sił zbrojnych znajduje się w rękach głupców. W kilka tygodni później Praetorius przysłał niezachowaną niestety fotografię, na której udziela lekcji. Człowiek znany Chapmanowi jako Thomas był denerwującym i pedantycznym towarzyszem, ale też szalenie zabawnym ekscentrykiem. Chapman odczuł jakby cień żalu, kiedy nazistowski tancerz pakował swój biały garnitur i eleganckie buty, by na zawsze zniknąć z jego życia.

Chapman i von Gröning snuli teraz wieczorami wspólne plany na przyszłość. Nie miały one nic wspólnego ze szpiegostwem, były to raczej projekty, o jakich rozmawiają starzy przyjaciele, by poprawić sobie samopoczucie w złych czasach. Postanowili założyć klub albo bar w Paryżu, gdzie Chapman byłby kierownikiem, a Dagmar zostałaby hostessą. Von Gröning powtarzał, że taki interes pozwoliłby mu na spokojne życie po wojnie[12]. Obaj wiedzieli, że to złudzenia. Po pozbyciu się Praetoriusa von Gröning wyraźnie się odprężył i stał się bardziej otwarty. Nie musiał udawać szowinizmu, od którego był zawsze daleki, ani skrywać swych uczuć do nazizmu. „Hitler nie kieruje już żadną operacją wojskową" – twierdził[13]. Dowodzenie znajduje się całkowicie w rękach niemieckich generałów i nikt nie czyta na rozkazach dla armii: „Ja, Hitler, rozkazuję..."[14]. Zwierzył się Chapmanowi, że zawsze podziwiał Churchilla i że po cichu słucha każdej nocy BBC. Kiedy usłyszał, że w stalagu numer 3 rozstrzelano kilku brytyjskich oficerów, nie krył swojej pogardy. Otwarcie nawet potępił Hitlera, mówiąc, jakim wstrętem napełniają go wieści o masowym mordowaniu europejskich Żydów. Zwierzył się też Chapmanowi, że jego siostra Dorothea niedawno adoptowała żydowską dziewczynkę, aby ocalić ją od komory gazowej.

Von Gröning to niemiecki patriota starej daty; pragnął zwycięstwa w wojnie, ale w równym stopniu sprzeciwiał się nazistowskiemu okrucieństwu. Te poglądy nie były niczym odosobnionym w Abwehrze. Wilhelm Canaris starał się werbować ludzi bardziej oddanych jemu niż partii nazistowskiej, a zachowane dowody wskazują na to, że on i inni w tej organizacji od początku aktywnie spiskowali przeciw Hitlerowi. Canaris zatrudniał Żydów, innym pomagał uciec i podobno dostarczał też aliantom wiadomości o zamierzeniach Niemców. Zaciekła rywalizacja między Abwehrą a SS cały czas przybierała na sile. Canarisowi zarzucano, że jest defetystą, jeśli nie wprost zdrajcą. Został w końcu odsunięty od faktycznego kierowania Abwehrą, a wkrótce już miał się zetrzeć z lojalnymi nazistami w bardziej dramatycznych okolicznościach.

Chapman i Dagmar również snuli plany, w miarę jak zbliżał się dzień rozstania. Od kiedy kochanek wyznał jej prawdę, Dagmar wiedziała, że któregoś dnia zostawi ją i wróci do Anglii[15]. Mówili o tym, co będą robić w przyszłości, o klubie, który będą prowadzić w Paryżu, o dzieciach, które się narodzą, i o miejscach, które zwiedzą po wojnie. Chapman powiedział, że gdy wyjedzie, Dagmar nadal będzie pracowała jako jego agentka. Ma utrzymywać stosunki z różnymi ludźmi z Abwehry i mieć „oczy i uszy otwarte na sprawy, które mogą się później na coś przydać"[16]. On załatwi jej kontakt z Anglikami, jak tylko stanie się to możliwe, ale nie wolno jej ufać nikomu, kto jako hasła nie poda jej prawdziwego imienia i nazwiska – Dagmar Mohne Hansen Lahlum[17]. Jako brytyjski szpieg będzie odpowiednio opłacana – zapewnił solennie.

Tak jak w instrukcjach zostawionych dla Wydziału Piątego w sprawie Fredy, Chapman zatroszczył się teraz o utrzymanie Dagmar. Za pośrednictwem von Gröninga miała pobierać sześćset koron miesięcznie aż do dalszego rozporządzenia, Niemcy obiecali również zapewnić jej dach nad głową. Von Gröning zgodził się chętnie: jak długo Dagmar znajdowała się pod opieką Niemców, tak długo mógł być pewien lojalności Chapmana. Holst wyruszył na poszukiwanie właściwego lokum i dziewczyna przeniosła się wkrótce do wygodnego mieszkanka przy Tulensgate 4a. Eddie miał więc dwie różne kobiety pod opieką dwóch różnych, walczących ze sobą wywiadów.

8 marca 1944 roku, jedenaście miesięcy po przybyciu do Norwegii, Chapman wsiadł do samolotu lecącego do Berlina, swego pierwszego przystanku w drodze do Paryża, a potem do Anglii. Rozstanie z Dagmar było rozdzierające. Nie wiedział, co go spotka, ale ona ryzykowała jeszcze więcej. Zatrudniona i opłacana jako nieoficjalna agentka brytyjska, dla wszystkich pozostawała „utrzymanką" Abwehry. Oboje wiedzieli, że jeśli zdrada Chapmana zostanie odkryta, wówczas i Dagmar będzie podejrzana; jeśli zaś Niemcy przegrają wojnę, rodacy mogą ukarać dziewczynę za „spoufalanie się" z wrogiem. Dagmar płakała, ale twierdziła, że się nie boi. Jeśli Norwedzy będą z niej szydzić, powie, by pilnowali własnego nosa[18]; jeśli „pani Plotka"[19] zawędruje do Eidsvoll i będzie krążyć po tamtejszych kuchniach, nic się na to nie poradzi. Przyrzekli sobie, że ona dotrzyma mu wierności, a on któregoś dnia wróci.

Lecąc do Berlina, von Gröning i Chapman omawiali szczegóły misji. Postanowili, że kod Eddiego tak jak przedtem będzie „podwójnym przestawieniem typu operacyjnego"[20], opartym na haśle ANTYKOŚCIELNYROZŁAMARIANIZM (ANTICHURCHDI-SESTABLISHMENTARIANISM). Chapman naprawdę nie ułatwiał życia swym niemieckim odbiorcom. Dni i czas nadawania ustali się z wykorzystaniem wzoru opartego na słowach „Liverpool, Leeds albo Birmingham, wszystko mi jedno"[21], będących fragmentem piosenki z pierwszej wojny światowej *Take Me Back to Dear Old Blighty*. Na koniec pozostało tylko ustalić kontrolny sygnał, słowo lub zdanie wskazujące na to, że Eddie pracuje z własnej woli. Chapman już dokonał wyboru: swobodnie wysyłane wiadomości będą zawsze zawierać „DAGMAR", tak jak podczas pierwszej misji „FFFFF". Von Gröning z miejsca powiadomił o tym Paryż i Berlin: „Jeżeli w wiadomości nie ma słowa »Dagmar«, znaczy to, że agent pracuje pod kontrolą"[22].

Sygnał Chapmana zawierał ostrzeżenie dla jego niemieckich prowadzących: jeżeli Dagmar coś się przytrafi – koniec współpracy.

24

Lunch w hotelu Lutétia

Zigzag zniknął, najpewniej już nie żył. Na chwilę zaświtała nieśmiała nadzieja, kiedy Najtajniejsze Źródła podały, że Berlin prosi lizbońską Abwehrę o kryjówkę dla Frycka[1], ale prośby tej nigdy nie ponowiono i nikt już słowem o nim nie wspomniał. Przechwytujący meldunki i szyfranci z Bletchley nieustannie błądzili po falach eteru w poszukiwaniu śladu agenta, sam Churchill żądał informacji, jeśli się tylko pojawi. Nie nadchodziło jednak nic: nic od samego Chapmana, żadna wskazówka z Najtajniejszych Źródeł, że agent Fryc nadal działa, żaden meldunek od szpiegów Kierownictwa Operacji Specjalnych, pracujących w okupowanej Francji. Oddział w Nantes wydawał się zamknięty, nazwisko von Gröninga nie pojawiało się w radiowych wiadomościach Abwehry. Chapman najpewniej załamał się podczas przesłuchania. Może nieudana próba wysadzenia City of Lancaster wzbudziła podejrzenie, a może został zdradzony przez jakąś angielską wtyczkę. Ludzie tacy jak Masterman i Robertson nie są sentymentalni, ale nieraz nachodziła ich myśl o tym, co mógł przeżywać Zigzag przed egzekucją.

Pewnego mroźnego ranka na skalistym islandzkim brzegu jakiś łowca fok dostrzegł trzech mężczyzn, którzy wydali mu się podejrzani[2]. Nie wyglądali na myśliwych, nie polowali na foki, a nikt inny przy zdrowych zmysłach nie wybierałby się o świcie na dwór przy dziesięciu stopniach poniżej zera. Łowca powiadomił miejscowego szeryfa, a ten dowódcę stacjonujących w pobliżu wojsk amerykańskich, który z miejsca wysłał swoich podwładnych „na pustkowie"[3]. Szybko odszukali trzech mężczyzn i na całe szczęście, bo ci niemal już zamarzli na śmierć. Niefortunnej gromadce przewodził Niemiec, a pozostałymi dwoma byli Islandczycy, którzy zapewniwszy o swej niewinności, wyznali, że nazywają się Bjornsson i Juliusson[4].

Niemiec, Ernst Christoph Fresnius, utrzymywał, że zbiera informacje meteorologiczne dla pewnego niemieckiego instytutu morskiego, ale nie potrzeba było dużo czasu, by skłonić gamoniowatego Bjornssona do ujawnienia, że w pobliskiej jaskini ukryli radiostację i poruszany pedałem generator. Wszystkich trzech odesłano do obozu 020 w Londynie, gdzie Stephens szybko wydobył z nich prawdę, wystawiając Fresniusa przeciw jego tępym podwładnym[5]. Już po kilku godzinach udało się ustalić, że trójka szpiegów miała pilnować ruchów wojsk i informować o nich przez radio, co potwierdzało, że Niemcy wciąż postrzegali Islandię jako potencjalny przyczółek do inwazji na kontynent[6].

Do tego momentu cała sprawa nie była szczególnie zaskakująca, kiedy jednak Bjornsson i Juliusson zaczęli opisywać swe zajęcia w szkole szpiegowskiej w Norwegii, Stephens pilniej nadstawił ucha. Oświadczyli, że ich instruktorem w posługiwaniu się radiostacją był w Oslo jakiś zagadkowy jegomość, który „słabo mówił po niemiecku, nosił letni garnitur marengo, miał dwa złote zęby i posiadał własny jacht"[7]. Jedna tylko osoba na świecie mogła łączyć takie uzębienie z podobnie ekscentrycznym gustem. Przesłuchiwanym pokazano zdjęcia Chapmana, w którym bez wahania rozpoznali swego nauczyciela. Radości zespołu podwójnych agentów nie było końca, nawet twardy, beznamiętny John Masterman w swej mniszej celi w Reform Club uczcił okrzykiem powrót „starego druha"[8]. Zigzag znów zjawił się na ekranie radaru Wydziału Piątego. Ale co on takiego zamierzał, w swoim krzykliwym garniturze, z prywatnym jachtem?

Od ostatniej podróży Chapmana do Berlina stolica Niemiec uległa wprost zmiażdżeniu przez straszne, raz po raz ponawiane bombardowania. Jadąc z von Gröningiem zniszczonymi ulicami, między „górami gruzu", cuchnącymi ulatniającym się gazem, popiołem i zgnilizną, Eddie ledwo rozpoznawał miasto. „Wszędzie unosił się dym, wyglądało to jak ruiny Pompei" – wspominał[9]. Na twarzach Berlińczyków malowały się „rozpacz i rezygnacja"[10].

Chapman i von Gröning zameldowali się w hotelu Metropol przy Friedrichstrasse i po skromnym posiłku z konserw mięsnych udali się – mijając po drodze zburzone przez bomby budynki Banku Berlińskiego i hotelu Keiserhof – do kwatery głównej Luftwaffe, potężnego, betonowego gmachu przy Leipzigerstrasse. Na piątym piętrze spotkali się z kapitanem lotnictwa, który pokazał im części sprzętu wydobyte ze strąconego brytyjskiego samolotu, między innymi ekran montowany na tablicy przyrządów pokładowych, dzięki któremu wróg najwyraźniej „z łatwością lokalizował nocne myśliwce i bombowce"[11]. Oficer miał mgliste pojęcie na temat miejsc, w których można by znaleźć te urządzenia, i zaproponował, by Chapman spróbował w Cossors of Hammersmith, wytwórni maszyn wojskowych, albo poszukał bazy myśliwców i wykradł lub kupił ten mechanizm.

Chapmana znów uderzyła ta wiara w jego kryminalne zdolności. „Niemcy dali mi całkowicie wolną rękę, bym to załatwił z pomocą dawnych kumpli" – relacjonował. Ponadto podczas rozmów z każdym następnym urzędnikiem otrzymywał nowe zadania. Został przedstawiony kolejnemu oficerowi, który oświadczył, że dowództwo Luftwaffe jest zdania, iż konkretne niemieckie miasta bombardowane są przez maszyny startujące z przypisanych im brytyjskich lotnisk. Dodatkową misją Chapmana lub kogoś z jego gangu byłoby w związku z tym wyśledzenie baz w Cambridgeshire i – o ile to możliwe – ustalenie harmonogramu nalotów. Następnie cywil nazwiskiem Weiss udzielił mu trwającego cztery godziny wykładu o „kontrolowanych przez radio rakietach i latających pociskach" V-1. Wtedy to po raz pierwszy Chapman usłyszał o tych straszliwych, zdalnie sterowanych bombach, mających ostatecznie rzucić Anglię na kolana. Jak objaśnił Weiss, wszystkie kraje na wyścigi starają się pozyskać tę broń, by wykorzystać ją w zbliżającym się już ostatecznym starciu. Zadaniem Chapmana będzie się przekonać, czy Wielka Brytania produkuje takie pociski i kiedy ma zamiar ich użyć.

Tej nocy na Friedrichstrasse Chapman i von Gröning spoglądali przez okno hotelu Metropol, budynku stojącego „niczym wyspa w morzu gruzów". Udręczone twarze berlińczyków, straszne zniszczenia w mieście i nierealne wręcz oczekiwania wobec misji Chapmana skłoniły obu mężczyzn do tego samego wniosku: Niemcy stoją w obliczu klęski i rozpaczliwie starają się stawić czoło nieuchronnej inwazji na kontynent. Von Gröning nie taił już przekonania, że Trzecia Rzesza przegra wojnę[12]. Zwierzył się, że większość pieniędzy lokował w cennych przedmiotach, które mógłby zachować na niepewne powojenne czasy, i ukrył je w swej rezydencji w Bremie[13]. Jak mówił, rakiety V-1 stanowiły już ostatni, rozpaczliwy atut w grze, ale nazistowska propaganda ciągle głosiła całkowite zwycięstwo. Dodał, że jeśli użycie tej broni nie przyniesie sukcesu, reakcja ludzi będzie „niewyobrażalna".

Chapman i von Gröning otrzymali rozkaz wyjazdu do Paryża i czekania na dalsze instrukcje. W stolicy Francji Chapman znowu dostał pokój w hotelu Grand, natomiast von Gröning zamieszkał w hotelu Lutétia, kwaterze głównej gestapo przy Boulevard Raspail. Nastało męczące, bezczynne oczekiwanie. Zawiedziony von Gröning tłumaczył zwłokę tym, że „Luftwaffe się ociąga bądź też nie może dostarczyć samolotu". Chapman wędrował po ulicach Paryża, wszędzie obserwując upadek ducha i nastrojów. Francuzi burzyli się przeciw alianckim bombardowaniom, które zabijały na równi Niemców i cywilów, i nie przejawiali specjalnego entuzjazmu w obliczu spodziewanej inwazji. W kawiarniach ludzie sarkali, że lepiej „żyć pod okupacją niż bez dachu nad głową"[14].

W połowie kwietnia nadeszła wiadomość, że Chapman poleci z Brukseli. Wraz z von Gröningiem udał się pociągiem do Belgii, ale tylko po to, by usłyszeć, że lot odwołano z obawy przed nocnymi myśliwcami[15]. Niepocieszeni wrócili do Paryża. W maju znów się ożywili, kiedy Chapman dowiedział się, że zostanie zrzucony koło Plymouth podczas nalotu niemieckich bombowców, ale ponownie wstrzymano akcję. Inwazja aliantów mogła nastąpić w każdej chwili. Von Gröning powiedział Eddiemu, że „jeśli wyląduje w Anglii przed jej rozpoczęciem, jego pierwszym i najważniejszym zadaniem będzie ustalenie daty i miejsca ataku"[16]. Mimo że towarzysz Zigzaga spodziewał się końcowej przegranej Rzeszy, tak jak większość rodaków w okupowanej Francji wierzył bez zastrzeżeń, że niemieckie umocnienia nad kanałem La Manche wytrzymają każde natarcie.

Jakby nie dość było przeżywanego napięcia, Chapman otrzymał nowego „opiekuna" w osobie młodego mężczyzny z hotelu Lutétia, nazwiskiem Kraus lub Krausner. Von Gröning uprzedził go, że Kraus, homoseksualista znany w paryskim półświatku, cieszy się sławą łowcy szpiegów, ujął więcej wrogich agentów niż ktokolwiek inny w niemieckim kontrwywiadzie i słynie z zadawania „przebiegłych, bezceremonialnych pytań"[17]. Jak i inni oficerowie niemieccy, on również miał zadanie dla Chapmana, a mianowicie, by przekazał działającemu już w Anglii agentowi aparat fotograficzny i pieniądze.

Pewnego razu, po kolacji, Kraus spytał od niechcenia, czy Chapman zna Dennisa Wheatleya, angielskiego autora dreszczowców. Ten odparł, że go spotkał.

– Czy pracuje dla brytyjskiego wywiadu? – zapytał Kraus[18].

Zigzag udał oburzenie:

– A skąd mam, u diabła, wiedzieć[19]?

Rzeczywiście nie miał pojęcia, najwyraźniej w przeciwieństwie do Krausa, że Wheatley działa aktywnie w Londyńskiej Sekcji Kontrolnej (London Controlling Section), tajnej organizacji zajmującej się strategicznym kamuflażem pod kierownictwem podpułkownika Johna Bevana.

W pewien niedzielny poranek Chapman rozpoznał na placu Pigalle współwięźnia z Romainville, młodego Algierczyka Amalou. Spotkali się wieczorem w Dzielnicy Łacińskiej, w kawiarni Le Refuge, gdzie Amalou opowiedział, że wyszedł z więzienia po Chapmanie. Nie wiedział, dlaczego go wypuszczono, tak jak nie miał pojęcia, za co tam trafił. Kiedy Eddie zapytał o Anthony'ego Faramusa, Amalou tylko ze smutkiem wzruszył ramionami: Faramusa zabrano z więzienia kilka miesięcy po Chapmanie, nie wiadomo, czy żyje, czy też nie.

Faramus przebywał wtedy w obozie koncentracyjnym w Mauthausen. W Buchenwaldzie był głodzony, bity, marzł w obozowym pasiaku i drewniakach i harował do upadłego, aż całkowicie się załamał. „Kiedy przyjdzie mój kres – rozmyślał – pociągną zwłoki przez błoto i rzucą gdzieś, skąd później zabierze je wóz krematoryjny"[20]. Obliczał, że „zostało mu jeszcze jakieś sześć miesięcy życia"[21], kiedy z nieznanych powodów załadowano go do pociągu i zawieziono do Mauthausen, ogromnego obozu pracy w górnej Austrii.

Panowały tutaj warunki nieskończenie gorsze niż w Buchenwaldzie, gdyż w rzeczywistości był to, jak stwierdził Faramus, „obóz zagłady, cmentarzysko"[22]. Zespół Mauthausen-Gusen był jednym z najstraszliwszych obozów, w którym „wrogowie Rzeszy" – inteligenci i inni – mieli wyginąć od zabójczej pracy ponad siły. Choroby, przemoc, brutalność i komory gazowe zabijały nieubłaganie. W Buchenwaldzie zginęło ponad pięćdziesiąt sześć tysięcy ludzi, w Mauthausen niespełna trzysta tysięcy. Niektórzy z więźniów przyspieszali śmierć. W kamieniołomach Mauthausen, chudzi jak szkielety, czekali tylko, aż strażnik odwróci wzrok, i z największym głazem, jaki mogli udźwignąć, rzucali się z urwiska. Inni apatycznie czekali swego końca, jak Faramus, z owrzodzoną, zakażoną nogą i ciałem toczonym chorobą. Podczas gdy Chapman rozmyślał, co się dzieje z przyjacielem, ten zadawał sobie inne pytanie: „Cały czas zastanawiałem się: dlaczego? Skąd takie bestialstwo? Jaki w tym wszystkim cel?"[23].

W kilka dni po spotkaniu z Amalou Kraus od niechcenia powiedział Chapmanowi, że chciałby zajrzeć do Le Refuge w Dzielnicy Łacińskiej. Ten zamarł, zastanawiając się gorączkowo: Czy był śledzony w kawiarni? Powiedział Amalou coś, co by go mogło zdradzić? Kogo bardziej naraził, wypytując o przyjaciela: siebie czy jego? Czy Amalou był informatorem [24]? Odparł, że wolałby pójść do

Lido, na co po twarzy Krausa przemknął nieprzyjemny, „domyślny"[25] uśmiech.

Wkrótce potem przyszła wiadomość od Dagmar, w której pisała, że „dobrze się bawi i spotkała pewnego sturmbannführera"[26]. Było to ich umówione hasło wskazujące na to, że nadal pobiera pensję i nikt jej nie podejrzewa. Chapman zauważył, że list został wcześniej otwarty.

6 czerwca alianci dokonali największej akcji morsko-desantowej w dziejach, lądując w północnej Francji. Operację Suweren (Overlord) wspomagała druga, o nazwie Hart Ducha (Fortitude), będąca potężną mistyfikacją przeprowadzoną przez zespół podwójnych agentów. Ludzie z B1A miesiącami karmili Niemców doniesieniami, że inwazja jest planowana w rejonie Cieśniny Kaletańskiej, toteż teraz wojska sprzymierzonych całkowicie zaskoczyły wroga dzięki jednemu z najbardziej udanych podstępów wojny.

Inwazja zmieniła wszystko, w tym misję Chapmana. Wydział Piąty zaczynał wierzyć, że może dokonać on czegoś „niewiarygodnego", choćby dlatego, że Abwehra zdawała się mieć go za cudotwórcę. W tych gorączkowych dniach, jakie nastąpiły po inwazji, Niemcy rozważali wysłanie Fryca na przyczółek normandzki, aby działał za linią wroga, przebrany za kogo chce (sugerowano osobę duchowną), z pieniędzmi, jakich zażąda, przy wsparciu innych agentów[27]. Berlin przysłał instrukcje, w myśl których agent miał ustalić hasło używane w łączności między okrętami w celu ostrzału przybrzeżnych miast, wspomagającego siły lądowe[28]. Odstąpiono jednak od tego planu, gdy ktoś stwierdził, że nawet szpiegowi o talentach Chapmana trudno będzie w toku krwawej wojny dostać się na okręt w mundurze kapelana wojskowego i wykraść trzymane w najściślejszej tajemnicy szyfry.

Zamiast tego postanowiono, że zajmie się on szkoleniem oddziału piątej kolumny, który zostanie w Paryżu po odwrocie Niemców. Eddie zaczął więc uczyć alfabetu Morse'a dwie ochotniczki, które najzupełniej się do tego nie nadawały. Jedną z nich była egzaltowana włoska baletnica imieniem Monica, a drugą dawna maszynistka biurowa Giselle. Chapman z należnym zachwytem przyglądał się dołeczkom w policzkach Moniki[29], ale zaczął podejrzewać, że zostawiono go samego na pastwę ogarniętej paniką niemieckiej biurokracji wojskowej.

Von Gröning też chodził przygnębiony. Podzielił się z Chapmanem obawą, że „nigdy nie wyjedzie"[30], ale trapiło go coś więcej: nastąpił koniec Abwehry. Odkrywszy kolejne powiązania oficerów tej służby z ruchem antynazistowskim, Hitler wezwał Canarisa i oskarżył go o to, że pozwolił, by tajne służby „rozpadały się na kawałki"[31]. Kiedy ten odparł, że trudno się temu dziwić, skoro Niemcy przegrywają wojnę, Hitler z miejsca go zwolnił i przeniósł na podrzędne stanowisko. Abwehra została zlikwidowana i jej operacje przejęło RSHA (Reichssicherheitshauptamt), czyli Biuro Główne Bezpieczeństwa Rzeszy, podporządkowane kierowanemu przez Himmlera SS. Von Gröning nie pracował już zatem dla liberalnego Canarisa, lecz pod kontrolą Waltera Schellenburga, szefa zagranicznego wywiadu SS.

W swym przygnębieniu von Gröning zastanawiał się nawet nad własną szpiegowską misją, deklarując, że jeśli dojdzie do odwrotu, na ochotnika zostanie na miejscu, będzie udawał francuskiego handlarza antyków i koordynował działania piątej kolumny. Chapman uznał, iż plan ten narodził się pod wpływem „nadmiernej ilości brandy"[32]. Próbował jakoś pocieszyć przełożonego i w dniu urodzin sprezentował mu statuetkę z kości słoniowej, na pamiątkę ich pobytu w Paryżu.

W czerwcu Niemcy wystąpiły ze swą tak dawno zapowiadaną kontrą, wypuszczając na Londyn pierwsze „latające bomby", czyli V-1 („V" było skrótem od „Vergeltungswaffe", co oznaczało „broń odwetową"). „Dojdzie do straszliwych zniszczeń – przepowiadał von Gröning – gdyż podczas wybuchu nic w promieniu czterech tysięcy metrów nie pozostanie przy życiu"[33]. Zniszczenia będą takie, że jeśli Chapman dojedzie do Anglii, raczej nie zdoła skorzystać z radiostacji, jako że wszystkie elektrownie przestaną działać. 13 czerwca, w dniu, w którym pierwszy raz wystrzelono te rakiety,

Niemiec i Anglik zasiedli przy radioodbiornikach, słuchając BBC. Von Gröningowi zrzedła mina: wiadomość o bombardowaniu podano jako ostatnią, mówiąc o nowej broni Hitlera „pobieżnie", a nawet „nonszalancko"[34]. Jak powiedział spiker, „odnotowano nieliczne ofiary"[35]. Nie była to prawda (w ciągu najbliższych dziewięciu miesięcy V-1 przyniosły śmierć ponad sześciu tysiącom cywilów), tylko dobrze przygotowana propaganda. Von Gröning tak właśnie potraktował komunikat, ale przyznał, że latające bomby okażą się „klapą"[36], jeśli nie da się rzetelnie ocenić skutków ich działania.

Chapman był już ostatecznie przekonany, że Niemcy przegrają wojnę bez jego pomocy, kiedy raz jeszcze jego przełożeni poderwali się do działania i od nowego kierownictwa z Berlina nadeszła wiadomość, że ma „samolot do dyspozycji"[37]. Wylot z Holandii zaplanowano na 27 czerwca. Nagła decyzja wiązała się ściśle z ofensywą bomb latających. Niepewni jej skutków, brodzący we mgle brytyjskiej propagandy Niemcy potrzebowali na miejscu zaufanych oczu i uszu. Podczas swej misji Chapman miał śledzić zniszczenia wyrządzone przez V-1 i przekazywać wszelkie niezbędne szczegóły, włącznie z doniesieniami o pogodzie i wskaźnikami barometrycznymi. Rozkazano mu, by proponował cele i oceniał straty, dzięki czemu ludzie wystrzeliwujący latające bomby z wyrzutni w północnej Francji trafialiby z większą precyzją.

W czterech ścianach luksusowego, wykładanego boazerią pokoju w hotelu Lutétia von Gröning zapoznawał Chapmana ze szczegółami jego misji. W pierwszej kolejności ma rozpracować angielski aparat do namierzania U-Bootów. Następnie zlokalizuje i wykradnie urządzenie używane przez wrogie myśliwce podczas nocnych działań. Zapozna się z efektami ostrzału V-1, zestawiając precyzyjnie czas i skutki bombardowania. Dostarczy wiadomości meteorologicznych, ustali, gdzie znajdują się bazy amerykańskiego lotnictwa i z których z nich wychodzą uderzenia na poszczególne miasta niemieckie, oraz zatrudni kogoś ze swego gangu, by meldował o tym przez drugie radio.

Sama złożoność misji Chapmana wskazuje wyraźnie na coraz większą desperację niemieckiego wywiadu, na świadomość tego, że tylko jakiś spektakularny wyczyn może jeszcze wpłynąć na bieg wojny. Niemcy nie zdawali sobie sprawy, że cała ich siatka szpiegowska została obrócona przeciwko nim, i sądzili, że mają na Wyspach Brytyjskich kilku czynnych agentów. Niektórych z nich cenili bardzo wysoko, jednak żadnemu nie powierzono nigdy misji tak trudnej i niebezpiecznej. Fryc osiągnął niemal mityczny status i gdzieś na najwyższych szczeblach naczelnego dowództwa wojsk niemieckich zapanowała oparta głównie na pobożnych życzeniach wiara, że ten angielski szpieg sam jeden pomoże Rzeszy wygrać wojnę.

Aby ułatwić mu osiągnięcie tego wzniosłego celu, Chapmana wyposażono w najlepszy sprzęt szpiegowski, jakim dysponowali Niemcy, w tym miniaturowy aparat fotograficzny Wetzlar, drugi aparat Leica (miał go przekazać nieznanemu szpiegowi w Anglii), dalmierz i światłomierz oraz sześć rolek filmu. Nikt już nie wypytywał go o stare, zakopane radio. Teraz przygotowano dla niego dwa markowe odbiorniki z antenami, słuchawkami, pięcioma kryształami i bakelitowy klucz kodowy Morse'a. Do obrony albo skończenia ze sobą dostał siedmiostrzałowego kolta oraz aluminiową fiolkę z białym płynem i kilka pigułek, które zawierały natychmiast działającą truciznę, na wypadek gdyby zaszło coś złego. Wreszcie w pojemnej płóciennej torbie, w dwóch kopertach, wręczono mu sześć tysięcy funtów w używanych banknotach o różnych nominałach (co odpowiada dzisiejszym dwustu tysiącom). Tylu pieniędzy Chapman nie widział od czasu swych rabunkowych napadów w latach trzydziestych. Jako dodatkowe zabezpieczenie zabrał też dwa fałszywe listy, jeden do pana Jamesa Hunta z St Luke's Mew w Londynie, drugi zaś podpisany „Betty" i pełen nieszkodliwej paplaniny[38].

Pod wieloma względami Abwehra stanowiła rozsypującą się, nieskuteczną organizację, ale jej oficerom nie można było odmówić gościnności i zamiłowania do przyjęć. Von Gröning oznajmił, że z okazji odjazdu Fryca, szpiega numer V-6523, zaprasza do hotelu

Lutétia na uroczysty lunch. Alianci z każdą godziną zbliżali się do Paryża, ale w świecie niemieckiego arystokraty nigdy nie brakowało czasu na bankiety.

25 czerwca 1944 roku znamienity szpieg niemiecki i podwójny agent brytyjskiego wywiadu był gościem honorowym na lunchu w siedzibie SS w okupowanym Paryżu. Do pozostałych uczestników przyjęcia należeli: gospodarz, złowieszczy Kraus, dwie atrakcyjne maszynistki i oficer wywiadu z Bremy, przyjaciel von Gröninga. W kameralnej jadalni wyłożonej boazerią, siedząc za stołem obficie zastawionym potrawami i winem, goście pili zdrowie Chapmana, życząc mu powodzenia. Nawet on uznał tę sytuację za „surrealistyczną"[39]. W trakcie najlepszej zabawy zadzwonił telefon i słuchawkę przekazano Eddiemu. Wyższy oficer SS życzył mu wszystkiego najlepszego oraz posyłał zebranym dwie butelki koniaku i papierosy[40]. Podchmielony von Gröning podniósł się z krzesła i wygłosił pożegnalne przemówienie, rozwodząc się nad poprzednimi wyczynami Fryca i przepowiadając, że misja, z którą wyrusza, „znacząco wpłynie na losy wojny"[41]. Czy kiedy wznosił szklankę za przyszły „triumf" Chapmana[42], w jego głosie zabrzmiała nuta ironii? Uwadze bohatera wieczoru nie uszedł również denerwujący półuśmieszek na twarzy Krausa[43].

Wreszcie biesiadnicy wysypali się na chodnik Boulevard Raspail, by pożegnać von Gröninga i Chapmana, którzy wraz z wielką, skórzaną walizką zawierającą szpiegowskie wyposażenie wsiadali do podstawionego auta. Eddie wspominał później: „Gdy ostatni raz spojrzałem na hotel Lutétia, zobaczyłem całą grupę stojącą na schodach i machającą w ślad za odjeżdżającym samochodem"[44].

25

Oszust marnotrawny

Kiedy 29 czerwca, trzy tygodnie po lądowaniu aliantów w Normandii, wczesny wietrzny świt wstawał nad Cambridgeshire, można było zobaczyć mężczyznę idącego chwiejnym krokiem w dół Six Mile Bottom Road. Przytrzymywał na głowie dużą, skórzaną walizkę i klął pod nosem. Chapman był w wyjątkowo podłym nastroju. W ciągu ostatnich dwudziestu czterech godzin uczestniczył w wystawnym przyjęciu, potem go ostrzeliwano, a w końcu wyleciał z samolotu z wysokości czterech tysięcy stóp, zwymiotował na swój spadochroniarski kombinezon i wyrżnął głową o twardą nawierzchnię wschodnioangielskiej drogi. Teraz ścigały go wrzaski żony jakiegoś farmera, grożącej, że poszczuje psami.

Kilka godzin wcześniej uścisnął dłoń von Gröninga i zapiął pasy, siadając z tyłu junkersa 88, który zabrał go z lotniska Soesterberg koło Utrechtu w Holandii. Pilotem był dwudziestojednoletni młodzieniec o zuchowatej twarzy. Schlichtinga, siedzącego za sterami podczas poprzedniego lotu Chapmana do Anglii, podobno zestrzelono w jego „niewidzialnym" focke-wulfie, co raczej nie napawało Zigzaga otuchą. Na krótko przed północą bombowiec wystartował, przekroczył Morze Północne na wysokości pięćdziesięciu stóp, a potem pomknął równolegle do wybrzeża, unikając światła wschodzącego księżyca[1].

Zaraz nad wybrzeżem junkers trafił pod ogień nocnych myśliwców i baterii artylerii przeciwlotniczej. Silniki zawyły, gdy pilot zaczął uskakiwać przed pociskami, wznosząc się spiralą na cztery tysiące stóp w górę, a potem nurkując. Chapmanowi wnętrzności podchodziły do gardła, kiedy pociski dział z głuchym łoskotem uderzały w ogon samolotu.

Nad miejscem zrzutu Chapman wytoczył się przez właz w ciemność i przez kilkanaście okropnych sekund leciał ku ziemi miotany silnym wiatrem, kurczowo trzymając swą wielką walizkę z radiostacją i sprzętem fotograficznym. Nie wypuścił jej z rąk, nawet gdy gdzieś nad Cambridge wymiotował resztkami bankietu z hotelu Lutétia.

Drugie lądowanie Chapmana okazało się jeszcze gorsze niż pierwsze. Tańcząc szaleńczo na wietrze, ledwie uniknął jakiegoś żywopłotu, a następnie spadł na wiejską drogę pomiędzy Cambridge a Newmarket i stracił przytomność. Przeleżał tak piętnaście minut, zanim chwiejnie podniósł się na nogi. Półprzytomny odciął się od spadochronu, zawinął weń kombinezon, rękawice, nakolanniki, pas i saperkę i ukrył wszystko pod żywopłotem. Wciąż oszołomiony zastukał do drzwi najbliższego domu i powiedział jego mieszkance, że właśnie miał przymusowe lądowanie. Ta, gdy zobaczyła jego cywilne ubranie, zaczęła krzyczeć ze strachu i zatrzasnęła mu drzwi przed nosem. Uciekał tak szybko, jak mógł na trzęsących się nogach, bojąc się kuli w plecy. Nie było to powitanie, jakiego się spodziewał.

Odważył się spróbować raz jeszcze w jakimś małym gospodarstwie i tym razem spotkał się z cieplejszym przyjęciem. Zatelefonował na najbliższy posterunek policji i połączył się z pełniącym nocną służbę oficerem, który rozpoczął od irytującego spisywania danych: nazwisko, miejsce urodzenia, data urodzenia, stan cywilny...

Rozzłoszczony Chapman przerwał mu bezceremonialnie i polecił natychmiast powiadomić okręgowego komisarza policji, że wylądował brytyjski podwójny agent.

– Nie wygłupiaj się – usłyszał z drugiej strony – i kładź się spać[2].

– To samo słyszałem ostatnim razem! – ryknął Chapman. – Dzwoń na wasz posterunek w Wisbech, tam wiedzą, kim jestem[3].

Na koniec dźwięk telefonu wyrwał ze snu Ronniego Reeda. – Tu Eddie – odezwał się znajomy wysoki głos. – Jestem z powrotem, z nowym zadaniem[4].

Po dwóch godzinach Chapman znalazł się w obozie 020 i raz jeszcze oglądał swe odbicie w lśniącym monoklu podpułkownika Stephensa. Dwa tygodnie wcześniej Najtajniejsze Źródła przejęły nadaną z Paryża do Berlina, podpisaną przez von Gröninga, wiadomość z pytaniem, czy operacja jest możliwa[5]. B1A z miejsca nadstawiła uszu: jeśli von Gröning wrócił do gry, to również Chapman powinien wypłynąć. Paryski agent donosił, że w hotelu Lutétia widział Anglika odpowiadającego rysopisowi Zigzaga, „twardego gościa, prawdziwego łowcę przygód"[6].

I teraz, ku radości Stephensa, łotr stał przed nim we własnej osobie, wylewny w swej próżności[7], opowiadający niewiarygodne rzeczy o tym, jak mu się udało pozostać przy życiu i jak wspaniale się bawił w okupowanej Norwegii[8]. „Mężny i bezwzględny Chapman zadowolił swych nie mniej bezwzględnych niemieckich pracodawców – pisał Stephens. – Przeszedł przez nie wiadomo jakie próby. Potrafił zmierzyć się z najtęższymi pijakami wśród nich, nie zdradziwszy się z niczym, i pracować równie intensywnie, jak każdy z nich"[9].

Po godzinie rozmowy Chapman był tak wyczerpany, że nie nadawał się do udzielenia istotniejszych informacji, ale już z pobieżnego przesłuchania wynikało, że ma do przekazania mnóstwo materiału o wielkim znaczeniu[10]. Odstawiono go na spoczynek do kryjówki przy Hill Street w Mayfair, gdzie z miejsca zapadł w głęboki sen. Stephens natomiast, nie mogąc zasnąć, pisał i rozmyślał. Cynowe Oko był chyba najmniej sentymentalnym oficerem w całym wywiadzie, a Chapman plasował się wysoko wśród trzech kategorii ludzi, którymi głęboko gardził, czyli był szpiegiem, kombinatorem i „moralnym degeneratem"[11]. Niemniej ten dziwny młody człowiek fascynował go, a nawet wzruszał. „Znamienną cechą całej sprawy jest odwaga Chapmana. Może nawet i coś więcej, jako że wytrzymał drobiazgowe śledztwo niemieckich tajnych służb z bezgraniczną wręcz zaradnością. Oddał i może jeszcze oddać swemu krajowi wielkie usługi. Sam z kolei w pełni zasługuje na nagrodę i wybaczenie popełnionych przestępstw"[12]. Wszyscy związani ze sprawą oficerowie Wydziału Piątego otrzymali instrukcję polecającą powitać Zigzaga jak powracającego przyjaciela, któremu „zawdzięczamy bardzo wiele i który pod żadnym pozorem nie zasługuje na podejrzenia czy nadzór"[13].

Rankiem następnego dnia zawieziono Chapmana do Klubu Wojska i Marynarki, gdzie zasiadł do obfitego śniadania wraz z Tarem Robertsonem i Ronniem Reedem. Ich radość ze spotkania z pewnością płynęła z głębi serca. Szczególnie cieszył się Reed, widząc przyjaciela „wracającego cało i ryczącego niczym lew"[14]. Po raz drugi w ciągu dwóch lat Chapman zdawał relację swym brytyjskim prowadzącym. Tym razem jednak jego opowieść nie była już niespójnym potokiem na wpół zapamiętanych informacji, jakie wywiózł z La Bretonnière, lecz szczegółowym, precyzyjnym raportem wyszkolonego agenta. Dostarczył niewywołaną rolkę filmu z fotografiami wyższych oficerów Abwehry i skrawek papieru ryżowego z zanotowanym hasłem PRESSEMOTTAGELSETRONDHEIMSVEIEN, używanym przez radio Oslo, oraz rozmaite częstotliwości radiowe. Opisał szczegółowo poznanych ludzi, obejrzane miejsca i ośrodki wojskowe mogące posłużyć jako cele bombardowań. Obserwacje te były tak drobiazgowe i precyzyjne, jak mętne i niedokładne były wcześniejsze opowieści. Chapman przedstawił pełny obraz niemieckich sił okupacyjnych, opisując siedziby SS, Luftwaffe i Abwehry w Oslo, składy paliwowe, ośrodek łączności U-Bootów, bazy zaopatrzeniowe lotnictwa, stocznie okrętowe, odznaki niemieckich dywizji i stanowiska artylerii przeciwlotniczej. Naszkicował z pamięci mapę rezydencji Vidkuna Quislinga na półwyspie Bygdøy i opisał, jak specjalnie wysiadł z jachtu na brzeg, aby przyjrzeć się domowi[15].

Po śniadaniu Chapman przeszedł badania lekarskie pod okiem doktora Harolda Deardena, psychiatry z obozu 020, który stwierdził, że nie można nic zarzucić psychice Zigzaga, ale jest on wycieńczony fizycznie[16]. Początkowo słuchacze skłonni byli przypuszczać, że agent nieco ubarwia opowieść, ale w miarę jak sypał informacjami, ich sceptycyzm się ulatniał. „Wszystko, co mówi, wskazuje jasno i ostatecznie, że to prawda – pisał Stephens. – Byłoby czymś absolutnie niepojętym, aby Niemcy, gdyby odkrył im nieco szczegółów ze swych przejść podczas poprzedniego pobytu w naszym kraju, pozostawili go na wolności, jeszcze bardziej niepojęte byłoby, gdyby nagrodzili tak ogromnymi pieniędzmi, jakie otrzymał, a najbardziej – żeby wysłali go tutaj raz jeszcze"[17].

Istniał zresztą prosty sposób, by sprawdzić, czy Eddie mówi całą prawdę. MI5 wiedział, że szkolił Bjornssona i Juliussona, ale on nie miał pojęcia, że dwaj nieszczęśni islandzcy szpiedzy zostali ujęci. „Jeśli sam dobrowolnie, bez żadnego ponaglania poinformuje o Islandczykach – pisał Stephens – będzie to najlepszym dowodem jego dobrej woli"[18]. Chapman właśnie to uczynił. Jego dokładny opis szpiegów, ich powierzchowności i przebiegu nauki zgadzał się we wszystkim z tym, co już odkryli przesłuchujący. „Myślę, że świadczy to aż nadto o tym, że Chapman postępuje uczciwie" – stwierdził Stephens[19]. Eddie był szczery; nawet trucizna, którą przywiózł ze sobą w pigułkach i w płynie, okazała się prawdziwym cyjankiem potasu, wyprodukowanym przez firmę Laroche z Paryża. „Jedyny sposób, by się tego bezpiecznie pozbyć, to umieścić w zlewie i doszczętnie wypłukać" – stwierdzono w dziale naukowym Wydziału Piątego[20].

O prawdomówności Chapmana świadczyło również to, że opowiedział o aparacie fotograficznym Leica i tysiącu funtów, które przywiózł dla drugiego niemieckiego szpiega w Anglii, człowieka będącego zdaniem Niemców jednym z najwartościowszych agentów, jacy działają w tym kraju[21]. Zleceniodawcy Chapmana postarali się, aby nie poznał jego pseudonimu. Wydział Piąty go jednak znał – brzmiał on „Brutus".

Roman Garby-Czerniawski, alias Armand Walenty, był polskim pilotem lotnictwa myśliwskiego, który kierował tajną antynazistowską organizacją we Francji, dopóki nie został ujęty w 1941 roku. Po ośmiu miesiącach, które spędził w więzieniu, Niemcy uznali, że przeszedł na ich stronę, i pozwolili mu „uciec", aby stworzył polską piątą kolumnę w Wielkiej Brytanii[22]. Garby-Czerniawski natychmiast się ujawnił i teraz ze znakomitym skutkiem działał jako podwójny agent Brutus.

Od pewnego czasu niemieccy prowadzący obiecywali dostarczyć mu więcej pieniędzy i lepszy sprzęt fotograficzny. Niedługo przed wylądowaniem Chapmana Najtajniejsze Źródła przechwyciły korespondencję Abwehry między Paryżem a Wiesbaden, w której pytano, czy Fryc dostał pieniądze i leicę dla Huberta, jak Niemcy nazywali Brutusa[23]. Kiedy Zigzag wyznał, że działa również w charakterze kuriera, po prostu potwierdził fakty znane już Wydziałowi Piątemu.

Był to kolejny dowód na to, że Chapman jest „czysty". Przekazanie sprzętu Brutusowi nastręczało jednak wielu poważnych trudności. Wymagało to reżyserowania i skorelowania ze sobą dwóch strumieni fałszywych informacji, a obaj agenci nie mogliby odtąd działać niezależnie, tak jak wcześniej. „Zigzag dostanie instrukcje, które będą go łączyć z Brutusem, i uda, że je wykonuje. Zetknięcie tych dwóch agentów wcale nam nie odpowiada, ale bardzo trudno będzie go teraz uniknąć"[24].

Nadzwyczaj szeroki zakres misji Chapmana stwarzał znów ogromne możliwości zwodzenia Niemców, ale Wydział Piąty zachował ostrożność. „Chociaż nikt ani przez chwilę nie dopuszcza myśli, by Chapman nas zwodził, to jeśli ma znowu wziąć udział w jakimś podstępie, taka ewentualność musi zostać oczywiście całkowicie wykluczona"[25].

Pozostawały dwa aspekty historii Chapmana, które trapiły drobiazgowego Stephensa, a mianowicie lojalność, jaką darzył on swego niemieckiego przełożonego von Gröninga, będącego dlań doktorem Graumannem, oraz romans z Dagmar Lahlum.

W ciągu minionych miesięcy przyjaźń Chapmana i von Gröninga uległa dalszemu wzmocnieniu i mogłaby ona nieco osłabić lojalność, jaką był winien Wielkiej Brytanii. „Należy mieć zawsze na uwadze bliskie stosunki łączące go z Graumannem i głęboki szacunek, jakim go darzy – pisał Stephens. – Uważa go za przeciwnika nazistów i liberała"[26]. Eddie zawsze był gotów go bronić, utrzymując, że to „bardzo zdolny człowiek, roztropny i pomysłowy, który nie może jednak skutecznie działać z racji kiepskiego materiału, jaki stanowi personel oddany mu do dyspozycji"[27]. Podkreślał, że siostra jego przełożonego adoptowała żydowskie dziecko, choć bardziej cyniczne głowy w Wydziale Piątym zastanawiały się, czy, jeśli to prawda, nie zrobiła tego po prostu w celu zabezpieczenia się na przyszłość[28].

Stephens musiał brać też pod uwagę to, że von Gröning może pozostawać w porozumieniu z Chapmanem. W wizerunku Eddiego zawsze kryło się coś nierozpoznawalnego i nieprzewidywalnego. Był oportunistą i człowiekiem zasad jednocześnie, gdyż, jak powiedział Stephens: „Chapman jest trudnym do oceny osobnikiem i w iluś tam procentach wciąż lojalnym wobec Niemiec. Nie można się pozbyć myśli, że gdyby Rzesza wygrywała wojnę, spokojnie pozostałby za granicą. W Anglii nie ma żadnej pozycji, natomiast między rzezimieszkami w Niemczech cieszy się szacunkiem. Niełatwo osądzić, jak pracuje jego umysł: musi porównywać luksusowe życie w Niemczech, gdzie robi w zasadzie, co mu się podoba, i traktowanie tutaj, gdzie ciągle żyje w lęku przed prawem"[29]. Te wątpliwości podzielał Len Burt, szef Sekcji Specjalnej i wyższy oficer łącznikowy przy Wydziale Piątym, który z uwagi na przestępczą przeszłość Chapmana był całkowicie przekonany, że „Zigzag to człowiek bez skrupułów, który zaszantażuje każdego, jeśli uzna to za warte zachodu, i nie zawaha się nawet zaprzedać drugiej stronie, gdy osądzi, że może coś z tego mieć"[30].

Zagadki tej nie dało się rozwiązać od razu. Chapmana należało pilnować, ocenić jego stosunki z von Gröningiem, obchodzić się z nim nadzwyczaj delikatnie. Wydział Piąty nie mógł dorównać w hojności niemieckim mocodawcom Zigzaga, ale powinien próbować: „Choć nie proponujemy mu szampana do posiłków ani nie możemy mu go dostarczyć, to jednak jest to sprawa, z którą też musimy sobie poradzić"[31].

Większej troski przysparzał romans Chapmana z Dagmar Lahlum, „niepożądaną sympatią", jak westchnął jeden z oficerów wydziału[32]. Zwierzając się tej niesprawdzonej kobiecie, Zigzag, w ocenie Stephensa, popełnił „straszliwy błąd"[33]. Mogła go zdradzić w każdej chwili, co przyniosłoby nieobliczalne skutki. Jeśli von Gröning zda sobie sprawę z tego, że jest zwodzony, wówczas każda wiadomość, jaką Chapman wyśle do Niemiec, będzie tam wzięta – i całkiem słusznie – za przeciwieństwo prawdy. Zigzag zostanie wtedy prawdziwym, a nie fałszywym informatorem wroga.

Chapman gorąco i nieustannie zapewniał nie tylko o lojalności Dagmar wobec niego, lecz także o tym, że sama jest zdolnym szpiegiem i żarliwie nienawidzi Niemców. Opisał, jak ją uwodził i jak miesiącami zmagał się sam ze sobą, zanim wyznał dziewczynie prawdę. „Nie jest »łatwa« – protestował – i wiem na pewno, że Niemcy nie podstawili jej w kawiarni, w której zobaczyłem ją pierwszy raz"[34]. Gdyby go zdradziła, „od razu zauważyłby zmianę w zachowaniu swych opiekunów". Jeśliby zaś Niemcy podejrzewali ją albo jego, nie dostałaby od nich mieszkania ani miesięcznej pensji. Dagmar cieszyła się jego „pełnym zaufaniem". Dla angielskich prowadzących Chapmana „nieoficjalne powołanie tej dziewczyny w służbę rządu brytyjskiego" w sposób nieoczekiwany i niepożądany skomplikowało jednak całą sprawę.

Przesłuchujący Chapmana odnotowali, że „przy każdej sposobności wspominał o Dagmar Lahlum". Powracał do tematu raz za razem, twierdząc, że obiecał „zabezpieczyć dziewczynę finansowo" i zrehabilitować po wojnie. Za jeden z celów postawił sobie „uświadomienie jej rodakom, że prowadziła podwójną grę z Niemcami"[35]. Uczucie Chapmana wydawało się szczere, ale Wydział Piąty nie zapominał o Fredzie Stevenson, ciągle utrzymywanej przez wywiad brytyjski. „Nasuwa się nieodparcie myśl, że ZZ żałuje teraz wcześniejszej deklaracji poślubienia Fredy po powrocie" – zauważył sceptycznie któryś z przesłuchujących[36].

Chapman z satysfakcją opowiadał, jak Dagmar za pośrednictwem norweskiego ruchu oporu dowiedziała się o lądowaniu aliantów na Sycylii i jakie związki łączyły ją z podziemiem. Czy mógł istnieć lepszy dowód jej wiarygodności? Wydział Piąty nie do końca postrzegał sprawę w ten sposób. Wywiad brytyjski utrzymywał kontakt z Milorgiem, najważniejszą grupą norweskiego ruchu oporu, ale uważał ją za źle zorganizowaną, nieefektywną i podatną na przecieki. Fakt, że Dagmar najpewniej była jej członkinią i mogła powiedzieć kolegom, kim Chapman jest naprawdę, dodatkowo mącił obraz tej sprawy. Norweżka należała do jednej tajnej organizacji, współpracowała z drugą, a opłacała ją trzecia. Z punktu widzenia Brytyjczyków o młodą damę ubiegało się zbyt wielu konkurentów: „Dagmar kontaktuje się z norweskim ruchem oporu, cieszy się zaufaniem agenta brytyjskiego wywiadu, a obecnie utrzymuje ją wywiad niemiecki"[37].

Stephens niezachwianie wierzył w Chapmana, ale zalecał ostrożność: „Nie chcę, by ktoś sądził, że brak mi podziwu dla dzielnego człowieka, ale muszę ostrzec przed tą osobliwą postacią. W Anglii poszukiwany jest za dokonane przestępstwa. W Niemczech tamtejszy wywiad zachwyca się nim i traktuje go po królewsku. Nic więc w tym niezwykłego, że przez minione lata Zigzag pod wieloma względami odwrócił się od Anglików i polubił Niemców. Poza tym darzy swego niemieckiego prowadzącego nie tylko podziwem, lecz także szczerym przywiązaniem. Teraz myśli o tym, by po wojnie osiąść wraz z Dagmar Lahlum w Paryżu. Gdzie zatem leży lojalność Chapmana? Osobiście myślę, że obdarzył nią po równo wiele osób"[38].

Zwolennicy Zigzaga, wśród nich Tar Robertson, twierdzili, że zdążył już w przekonujący sposób dowieść swej lojalności. Na jego niekorzyść przemawiały jednak kryminalna przeszłość, przywiązanie do von Gröninga i kolejne perypetie uczuciowe. Po długiej debacie zapadła decyzja: czas na ostatnie posunięcie „w jednym z najbardziej fascynujących rozdziałów historii kontrwywiadu czasu wojny"[39]. Chapman dostał jeszcze jedną sposobność do wykazania siły charakteru.

30 czerwca, dwa dni po lądowaniu, wysyłał swą pierwszą wiadomość radiową do von Gröninga, podczas gdy Ronnie Reed kiwał z aprobatą głową: „CIĘŻKIE LĄDOWANIE ALE WSZYSTKO W PORZĄDKU. SZUKAM LEPSZEGO MIEJSCA. BĘDĘ ZNÓW W CZWARTEK. DAGMAR"[40].

26

Pluskwy

Tak długo już najeżdżana i bombardowana Anglia gotowała się na przyjęcie latających bomb Hitlera. Nazistowska propaganda od dawna ostrzegała przed nową bronią, która pomści zniszczenia spowodowane przez naloty na *Vaterland* i złamie w końcu angielski opór. Na początku 1944 roku Niemcy zaczęli ostrzegać swych agentów, aby dla własnego bezpieczeństwa opuścili Londyn. Pierwsze pociski samonaprowadzające, napędzane silnikiem odrzutowym i dysponujące stosunkowo prostym układem kierowniczym, zawyły nad miastem w nocy 13 czerwca. Bomby, z których każda niosła tysiąc osiemset funtów materiałów wybuchowych, leciały z prędkością blisko czterystu mil na godzinę z brzęczeniem jadowitego owada, które ustawało raptownie, kiedy kończyło się paliwo. Zapadała wtedy upiorna cisza, pocisk mknął ku ziemi i następował wybuch.

Początkowo latające bomby pojawiały się pojedynczo lub dwójkami, potem zaczęły napływać ich całe chmary. W nocy 15 czerwca na Anglię spadło dwieście siedemnaście pocisków, a czterdzieści pięć z nich trafiło w centrum Londynu. Nieprzewidywalne i trudne do zestrzelenia V-1 wywoływały nowe, nieznane dotąd uczucie niepewności. Ludzie przystawali, słuchając z niepokojem ryku maszyny i czekając na nagłą ciszę. Z typowym jednak dla siebie humorem Brytyjczycy zwalczali strach przed tymi potwornymi pociskami, nazywając je pluskwami.

Bomby leciały na ślepo i w tym leżała zarówno ich siła, jak i słabość. Nie było nikogo, kto mógłby donieść, gdzie upadły, ani nikogo, kto z całą pewnością potrafiłby skierować je w cel. Przebiegało to według określonego wzoru. Niemieckie wyrzutnie brały na cel serce Londynu, lecz większość pocisków padała na dwie albo trzy mile przed Trafalgar Square. Masterman wysnuł oczywisty wniosek: „To jasne, że Niemcy mogą poprawić celność i osiągnąć rezultaty tylko dzięki poprawkom uzyskanym podczas kolejnych bombardowań, a ich dane muszą się brać głównie z raportów nadchodzących z kraju"[1]. Jeśli te raporty da się zafałszować, V-1 można będzie kierować tam, gdzie wyrządzą mniej zniszczeń.

Kiedy Chapman pojawił się w Anglii z zadaniem zbierania informacji o działaniu latających bomb, istniał już ogólny plan, mający wprowadzić nieprzyjaciela w błąd. Jeśli raporty podwójnego agenta wyolbrzymiłyby liczbę pocisków w północnym i zachodnim Londynie, ale pomniejszyły ich liczbę w południowej i wschodniej części miasta, Niemcy mogliby dojść do logicznego wniosku, że posyłają je za daleko, i zmniejszyć ich zasięg. Latające bomby już upadały bliżej i zręcznie skonstruowany strumień fałszywych meldunków kierowałby je jeszcze dalej na południe i wschód, z dala od gęsto zaludnionych dzielnic centralnego Londynu, a nawet na prowincję, gdzie padałyby głównie w lasy i na pola. Oczywiście istniała granica takiego zwodzenia, bo „gdyby trafiono katedrę św. Pawła, podawanie, że bomba upadła na kino w Islington, byłoby równie bezsensowne, jak szkodliwe"[2]. Niemcy szybko odkryliby prawdę i podwójny agent byłby skompromitowany. Masterman nalegał, by Komitet Dwudziestu ustalił, „na jaką skalę można dokonać mistyfikacji bez narażania agentów"[3].

Twardzi ludzie z wywiadu wojskowego uważali plan za jasny i logiczny, ale znacznie trudniej było przekonać członków rządu, aby zgodzili się na podstęp, który ocali życie jednym londyńczykom, a innych skaże na śmierć. Politycy argumentowali, nieco dziwacznie, że morale społeczeństwa upadnie, jeśli latające bomby będą padać na nietknięte jeszcze obszary, gdyż nękani bombardowaniami mieszkańcy centralnego Londynu „nauczyli się żyć" (i umierać) pod gruzami, toteż dadzą sobie radę z kolejnymi nalotami[4]. Ministrowie wzdragali się przed „straszliwą odpowiedzialnością... za ukierunkowanie ataku na jakąkolwiek część Londynu". Pomimo tych skrupułów nie zrezygnowano z akcji dezinformacyjnej.

Naloty przybierały na sile. Pod koniec czerwca na Londyn spadło sześćset sześćdziesiąt rakiet V-1. Wydawało się, że Niemcy starają się uderzać w okolicy Charing Cross, ale wyliczenia wykazały, że średnio najwięcej pocisków spadło koło Dulwich, stacji w południowym Londynie. Juan Pujol, słynny podwójny agent pochodzący z Hiszpanii, zwany przez Anglików „Garbo", zaofiarował się dostarczyć swym niemieckim prowadzącym dokładnych wiadomości o tym, gdzie lądują bomby. „Mogę podjąć się codziennych obserwacji... i zdać wam przez radio dokładny raport o trafionych obiektach, aby dało się skorygować wszelkie możliwe błędy ostrzału" – nadawał. Swe raporty ozdabiał charakterystycznymi dla nazistów wybuchami żarliwości: „Jestem pewien, że zdołacie przerazić tych tchórzy, którzy nigdy się nie przyznają, że są bici"[5].

Niemcy byli głodni informacji, zaś przybycie Chapmana z konkretnymi instrukcjami śledzenia zniszczeń od bomb świadczyło najlepiej o tym, że nie mają ich wiele, i na tym polegała ich główna słabość. Chapman przywiózł też dowody na wiarę Berlina w broń, która „zdaniem jego niemieckich przełożonych obróci w zgliszcza Londyn i południowe wybrzeże Wielkiej Brytanii"[6].

1 lipca Chapman wysłał swój pierwszy raport, mylnie podając lokalizację i czas dokonanych zniszczeń oraz ich skalę. W taki sposób podawał informacje cały miesiąc. Dane musiały być starannie skoordynowane, aby podwójni agenci, a zwłaszcza Zigzag i Garbo, „donosili o bombardowaniach w północno-zachodnim Londynie, ale podawali czas wydarzeń zaszłych wtedy w południowo-wschodniej części miasta. Jeśli zostanie to zrobione odpowiednio zręcznie, można się spodziewać, iż wróg uzna, że bomby, które spadły w południowo-wschodnich dzielnicach, dotknęły Londyn północno-zachodni i tam będzie kierował swe wysiłki"[7]. Niemcom koniecznie należy

wmówić, że strzelają za daleko. Jak stwierdził doktor Reginald Jones, błyskotliwy fizyk przydzielony do wywiadu sił powietrznych: „Moglibyśmy podawać właściwe miejsca zrzutu bomb o dalszym zasięgu, ale połączyć je w czasie z pociskami padającymi bliżej. Kiedy nieprzyjaciel skoryguje cel, zmniejszy przeciętny zasięg"[8]. Tak powstałą błędną informację należało dokładnie sprawdzić, a potem miał ją nadać Zigzag. To wszystko wymagało czasu. „Jest sprawą zasadniczą – pisał prowadzący Chapmana – aby odbierający nie zauważyli, że zawsze zachodzi znaczne opóźnienie w czasie"[9]. Gra toczyła się o nie byle jaką stawkę. Gdyby Niemcy przejrzeli Chapmana, zamiast wziąć jego raporty za dobrą monetę, uznaliby je za to, czym były w rzeczywistości, czyli za sprzeczne z prawdą, i zamiast skrócić zasięg pocisków, wydłużyliby go odpowiednio. Zamiast odwieść latające bomby od celu, Zigzag mimowolnie naprowadziłby je wprost na zamierzone miejsce.

Aby wzmocnić jego wiarygodność, sporządzono fotografie zniszczeń dokonanych przez „pluskwy" w okolicy Londynu w celu przekazania ich Niemcom przez Lizbonę. Wywiad lotniczy jednak się temu sprzeciwił: „Obawiam się, że nie możemy przystać na ich wysłanie, gdyż mogą się bardzo przydać nieprzyjacielowi; z kolei gdyby nie miały dla niego wartości, uznałby, że Zigzag nie jest zbytnio potrzebny"[10]. Był to zasadniczy dylemat wszystkich ludzi prowadzących podwójnego agenta – jak przesłać prawdziwe, a jednocześnie nieszkodliwe informacje.

Chapman miał za zadanie nadawać codzienne meldunki o stanie pogody wraz ze wskaźnikami barometrycznymi. Wydział Piąty zwrócił się do Komitetu Dwudziestu z pytaniem, czy może je wysyłać, nie powodując zagrożenia. Agent dostał przecież aż nadto pieniędzy, by kupić barometr, stąd trudno mu się będzie wytłumaczyć, dlaczego nie przekazuje potrzebnych danych. Po pewnym wahaniu władze wyraziły na to zgodę i Chapman mógł je dostarczać, ale z „nieznacznymi odchyleniami"[11].

Zwodnicze meldunki Chapmana zachowały się tylko we fragmentach. Wydział Piąty pilnował, by niszczyć korespondencję, świadomy możliwych następstw, gdyby mieszkańcy południowego Londynu dowiedzieli się, że poświęcano ich, aby chronić centrum miasta. Niemiecki wywiad w Oslo odbierał zakodowane meldunki Chapmana codziennie rano, w Paryżu wieczorem. Początkowo odbiór był słaby, ale uległ poprawie, gdy Chapman sypnął wyzwiskami. „Dochodząca nas korespondencja, oprócz skarg na złą słyszalność, dotyczy prawie wyłącznie czasu i miejsca wybuchu bomb latających" – donosił prowadzący Chapmana oficer[12]. W Najtajniejszych Źródłach nie ma żadnej wzmianki o tym, aby Niemcy wątpili w prawdziwość doniesień. Brytyjscy przełożeni Chapmana byli zachwyceni: „Zigzag okazał się wprost niezastąpiony podczas wprowadzania w życie planu mającego odwrócić skutki bombardowań"[13].

Do tej pory trwa spór o to, jak dalece ten plan był skuteczny. Z całą pewnością Niemcy nigdy nie ustalili właściwego zasięgu i bomby spadały bliżej, niż zamierzano, na przedmieścia i wsie, gdzie oczywiście zabijały i niszczyły, ale na znacznie mniejszą skalę niż w centrum Londynu. „Chapman cieszył się wielkim zaufaniem Niemców" – pisał John Masterman[14], który sam dobrze wiedział, co to znaczy przeżyć bombardowanie. Z otwartymi oczyma leżał na podłodze zakładu fryzjerskiego w Reform Club, słuchając brzęczących nad głową pluskiew i zastanawiając się w głuchej, dudniącej ciszy, czy zginie od następnej. „Bałem się, jak każdy podczas nalotu"[15] – przyznawał. Jednak miasto nie obróciło się w zgliszcza, jak przepowiadała niemiecka propaganda. Katedra św. Pawła, Reform Club i sam Masterman wyszli spod nawały pluskiew, a swe ocalenie zawdzięczali w jakimś stopniu podwójnemu agentowi, wystukującemu kłamstwa alfabetem Morse'a na niemieckim nadajniku. „Podstęp okazał się prawdziwym triumfem – unosił się Masterman – i ocalił życie tysiącom"[16].

25 lipca zapadła decyzja o zawieszeniu planu maskującego skutki bombardowań, gdyż w wieczornych gazetach pojawiły się mapy przedstawiające miejsca, w których spadły bomby. Kierowane radarem baterie przeciwlotnicze ze Stanów Zjednoczonych zaczęły jed-

nak masowo zestrzeliwać V-1 i w ciągu miesiąca zagrożenie z ich strony znacząco zmalało, chociaż w sumie zabiły one sześć tysięcy sto osiemdziesiąt cztery osoby. Chapman powiadomił swych niemieckich mocodawców, że teraz poszukuje tajnego urządzenia, za które obiecano mu wysoką nagrodę[17]. Eddie bardzo szybko się nudził, o czym wiedzieli wszyscy, podobnie jak o tym, że lubi pieniądze, toteż gdy ogłosił, że zamierza zająć się bardziej lukratywnym obiektem, nie wzbudziło to podejrzeń Niemców.

Chapman spędził miesiąc w swej kryjówce, „pilnie wystukując żądane przez Ministerstwo Lotnictwa wiadomości"[18], ale zżymał się coraz bardziej. „Jeśli sprawy nadal będą toczyć się tym torem, może go to do nas zniechęcić – pisał oficer prowadzący sprawę Zigzaga. – Swój pokrętny umysł zwróci ku planom zarobienia większych pieniędzy, co prawie na pewno przyciągnie uwagę policji. Będzie to niezwykle żenujące, jeśli Chapman zostanie ujęty w trakcie współpracy z nami"[19]. Jak zwykle też libido Chapmana potrzebowało zaspokojenia. Pewnego wieczora Reed poszedł z nim do osławionego baru przy Cork Street, gdzie nietrudno było poderwać dziewczynę, i wręczył agentowi banknot dwudziestofuntowy, mówiąc: „Znajdź sobie jakąś, ale wracaj za pół godziny"[20].

Chapman wciąż nie mógł chodzić sam po ulicach, nie narażając się na aresztowanie, a Scotland Yard miał długą pamięć. Wydział Piąty zastanawiał się, czy nie czas, by z tej pamięci coś wymazać. „Naprawdę uważam, iż dokonanymi dotąd czynami Zigzag zasłużył sobie na ułaskawienie za wszystkie przestępstwa, o które jest oskarżany" – pisał John Marriott, jeden z prawników Wydziału Piątego, zastępca Robertsona[21]. „Zgadzam się" – odpisał Tar[22]. Ponieważ jednak zgodnie z prawem nikt nie może się ubiegać o ułaskawienie, o ile nie zostanie osądzony i skazany, policja w całym kraju, pragnąca dorwać Eddiego Chapmana, została jedynie poinformowana przez Sekcję Specjalną, że Ministerstwo Spraw Wewnętrznych „nie życzy sobie jego oskarżenia"[23]. Było to faktyczne, choć nieformalne ułaskawienie. „Nie wolno podjąć przeciw niemu żadnych kroków, a przynajmniej bez poprzedniego uzgodnienia z nami" – oświadczono w Wydziale Piątym[24]. Chapmanowi jednak nikt nie powiedział, że jego winy puszczono w niepamięć, jako że groźba kary pozostała nader użytecznym wędzidłem.

Szefowie Zigzaga zaczęli dyskutować, w jaki sposób najlepiej go teraz wykorzystać. On sam chciał wrócić do Francji, mówiąc, że pomógłby „ustalić wszelkie tajne kontakty Niemców, jeżeli pozostawili je po sobie"[25], lecz pomysł ten odrzucono. Chapman był zbyt cenny jako podwójny agent w Wielkiej Brytanii, karmiący Niemców fałszywymi informacjami. „Opcja powrotu Zigzaga do Niemców na tym etapie wojny nie wchodzi w ogóle w grę" – brzmiała decyzja przełożonych[26].

Któregoś dnia Ronnie Reed zabrał Eddiego na lunch do RAC Club i nie mógł się nadziwić, jak sprzecznym ulega on pragnieniom, nie czując się przy tym ani trochę winnym. Jednym tchem mógł zapewniać o swej miłości do Dagmar i wyrażać „chęć napisania do Fredy, by zawiadomić ją, że wrócił do Londynu"[27]. Reed zgodził się przekazać dziewczynie wiadomość, lecz poradził Chapmanowi, by napisał, że jest „bardzo zajęty i odezwie się za kilka dni"[28]. Bardziej niepokojące było to, że Eddie mówił o spisaniu swoich przygód w formie „autobiografii"[29], co Wydział Piąty z miejsca oprotestował. Stwierdzono, że podczas wojny i prawdopodobnie długo po jej zakończeniu agent nie może pisnąć słowa „o swej robocie – ani dla Niemców, ani dla nas"[30]. Chapman odpowiadał zrzędliwie, że chce pisać, póki jeszcze wszystko dobrze pamięta[31], i obiecał, że we wspomnieniach ograniczy się do swej „dawnej przestępczej działalności"[32]. Nie przekonało to Wydziału Piątego.

Chapman zebrał dowody głębokiej troski Niemców o słabe punkty ich U-Bootów, więc Tar uznał, że najlepszym sposobem, by „podtrzymać zainteresowanie Zigzaga"[33] i jednocześnie zwieść wroga, będzie wykorzystanie tych lęków poprzez „wysłanie fałszywych danych o urządzeniu działającym pod wodą"[34]. Powstał nowy plan: Eddie nada wiadomość do swych przełożonych, powiadamiając, że na północy Anglii odnalazł fabrykę wytwarzającą nowe urządzenie do wykrywania łodzi podwodnych. Nie mógł go jednak zdobyć, gdyż „zakłady pracują nieprzerwanie"[35]. Następnie przekaże, że udało mu się z biura fabryki „wykraść dokument i zdjęcia"[36]; zapis treści dokumentu zostanie następnie przesłany drogą radiową, a fotografie przekazane przez Lizbonę. Nie trzeba chyba dodawać, że w obu przypadkach miało chodzić o fałszywki.

Z meldunków szpiegów i z Najtajniejszych Źródeł Anglicy wiedzieli, że niemiecką marynarkę alarmują straty ponoszone przez U-Booty, przypisywane zastosowaniu zupełnie nowej broni. Niemcy jednak się mylili. Jak zauważył Ewen Montagu z wywiadu marynarki, „rosnące straty wśród U-Bootów wynikały z zastosowania innej broni, głównie min Mark XXIV, oraz z przechwytywania i odczytywania sygnałów U-Bootów dzięki złamaniu kodu Enigmy"[37]. Zdolność dekodowania wiadomości radiowych przesyłanych do i z U-Bootów była najsilniejszym orężem Brytyjczyków w wojnie podwodnej. Skoro jednak Niemcy uważali, że istnieje jakaś nowa, potężna broń, te obawy należało podtrzymywać i wzmacniać. Jak przy każdym podstępie, także i teraz Wydział Piąty postarał się o dostarczenie wiadomości możliwie bliskich prawdzie.

Brytyjskie niszczyciele, fregaty i korwety zaopatrzono niedawno w urządzenie zwane „jeżem", czyli moździerz eksplodujący w zetknięciu z łodzią podwodną. Najtajniejsze Źródła podały, że wywiad niemiecki dowiedział się o nich od gadatliwych marynarzy któregoś ze statków handlowych[38]. Ponieważ przeciwnik wiedział już coś o tej broni, pozostało uzupełnić tę wiedzę jak największą dozą mylnych informacji. „O ile nie możemy ujawnić szczegółów konstrukcji, powinniśmy wyolbrzymiać zasięg i siłę rażenia »jeży« oraz – co najważniejsze – wmówić Niemcom, że posiadają one zapalniki kontaktowe, przez co mogą wybuchnąć w celu lub obok niego bez istotnego wstrząsu"[39]. Taki „zapalnik kontaktowy" miał rzekomo wyzwalać inne ładunki głębinowe zaraz po odkryciu łodzi podwodnej. Nic takiego oczywiście nie miało miejsca, ale robiąc z łagodnego „jeża" przerażającą bestię, wywiad marynarki liczył na dalsze osłabienie morale Niemców i powstrzymanie U-Bootów przed atakowaniem konwojów. Co najważniejsze zaś, jeśli ich dowódcy baliby się, że Marynarka Królewska posiada urządzenie o napędzie rakietowym, mogące ścigać przeciwników na dnie oceanu, niezbyt chętnie zanurzaliby się głębiej i łatwiej byłoby zwalczać ich blisko powierzchni wód.

Chapman niezwłocznie wysłał wiadomość, twierdząc, że słyszał o zapalniku kontaktowym, mniejszym niż zwykły ładunek głębinowy, produkowanym u Cossora w celu atakowania głęboko zanurzonych U-Bootów. Odpowiedź spełniła wszelkie nadzieje. Po wysłaniu informacji dla niemieckiej marynarki mocodawcy obsypali Zigzaga pochwałami, domagając się dalszych szczegółów[40]. Chapman zameldował fałszywie, iż cała tajna produkcja Cossora odbywa się teraz w St Helens[41], i zapowiedział, że udaje się na północ, aby zebrać dalsze informacje. Ruszyła operacja Kałamarnica.

Podczas gdy Admiralicja pracowała nad szczegółami, Chapman mógł spędzać czas na rozrywkach, do czego go zachęcano. Agent Zigzag nadal „był wart tego, by o niego dbać"[42], ale stosunki między nim a brytyjskim wywiadem zaczęły się powoli psuć. Przyczyny miały mało wspólnego z wojną, a wiele z ludzkimi charakterami – jak to zwykle bywa.

Rola Ronniego Reeda w sprawie Zigzaga nieoczekiwanie dobiegła końca, kiedy skierowano go jako oficera łącznikowego do wojsk amerykańskich we Francji. Reputacja Reeda, podobnie jak jego wąs, urosła znacznie w ciągu ubiegłych dwóch lat; cieszył się teraz niezmiernie na „piękne doznania"[43] w niewidzianej wcześniej Francji. Dla Chapmana jednak odejście Reeda było poważnym ciosem. Obaj bardzo się polubili podczas niespokojnych dni spędzonych nad radioodbiornikiem. W dniu wyjazdu Reeda Chapman podarował swemu prowadzącemu paczuszkę owiniętą w bibułkę. Wewnątrz, ciągle w skórzanym pudełeczku, spoczywał jego Krzyż Żelazny. Był to typowy dla Eddiego spontaniczny gest szacunku i przyjaźni, który głęboko wzruszony Reed potrafił docenić.

Mianując na miejsce Reeda nowego oficera prowadzącego Zigzaga, Tar Robertson popełnił rzadko mu się zdarzający, lecz brzemienny w skutki błąd, gdyż człowiek ten jak żaden inny nie mógł przypaść Chapmanowi do gustu.

Major Michael Ryde był rzeczowym, drobiazgowym zawodowcem, przesadnie przestrzegającym zasad, niemal zupełnie pozbawionym poczucia humoru i mającym problemy z alkoholem. Syn i wnuk rzeczoznawców nieruchomości, poślubił jedyną córkę sir Josepha Balla, osławionego intryganta politycznego i szefa sekcji badawczej Wydziału Piątego. Ball wprowadził zięcia do tajnych służb tuż przed wybuchem wojny i przez trzy lata Ryde wykonywał beznadziejnie nudną papierkową robotę jako rejonowy oficer łącznikowy bezpieczeństwa w Reading. Świeżo przyjęty do B1A, inteligentny, pedantyczny i moralizatorski, potrafił być czarujący na trzeźwo, ale po pijanemu okazywał się zawsze nie do zniesienia. Chapman i on poczuli do siebie niechęć od pierwszego wejrzenia. W plątaninie lojalności Chapmana wystąpiła teraz pełna ironii symetria: swego najbliższego przyjaciela, niemieckiego prowadzącego, musiał zdradzać dla dobra ojczyzny, ale człowiek, który powinien być mu sojusznikiem w tym przedsięwzięciu, miał się szybko okazać zaprzysięgłym wrogiem.

Ryde widział w swym plebejskim podopiecznym zawadę i żenujący nabytek tajnych służb i w ciągu kilku godzin od przejęcia sprawy postawił sobie za osobisty cel usunięcie Chapmana z brytyjskiego wywiadu przy pierwszej sposobności.

Michael Ryde

27

Wyścigi psów

W miarę jak wojna zbliżała się do końca, wywiad brytyjski coraz bardziej się zastanawiał nad przyszłością i zaczął postrzegać swą sieć szpiegowską w nowym świetle. Działania czasu wojny okazywały się brudnym biznesem i Chapman nie był jedynym podejrzanym typem, który zadomowił się w Wydziale Piątym. W obliczu zwycięstwa niektórzy ludzie na wysokich szczeblach wywiadu zaczęli jednak rozważać, czy może – a raczej: czy powinno – znaleźć się w nim miejsce dla łajdaka pokroju Eddiego Chapmana.

Nowy oficer prowadzący Zigzaga był mu teraz stałym towarzyszem. Stanowiło to dla obydwu prawdziwą torturę, gdyż rzadko trafia się dwóch tak niedobranych partnerów jak oszust-hulaka i jego arystokratyczny cień. Przy każdej sposobności Chapman starał się wyrwać na miasto, oczywiście na koszt Wydziału Piątego. Osiemdziesiąt funtów na wydatki i pięćdziesiąt kartek na odzież, jakie otrzymał po przyjeździe, ulotniło się w ciągu kilku dni. Chapman zażądał więcej, przypominając, że kiedy wylądował przed miesiącem, przywiózł w walizce sześć tysięcy funtów. Ryde odpowiedział mu krótko, że dziesięciofuntowe banknoty były przestarzałe, więc nie nadawały się do użycia. Chapman poczuł się nieprzyjemnie zaskoczony[1], ale niespeszony oświadczył, że chce w takim razie otrzymać resztę przywiezionej gotówki. Wydział Piąty z pewną obawą patrzył, jak strumień pieniędzy płynie do rąk właścicieli kasyn i barmanów z Soho.

Ryde eskortował tam swego podopiecznego z najwyższym obrzydzeniem. „Spędziłem sporo czasu z Zigzagiem, męcząc się niemało i niemało wydając na jego rozrywki" – skarżył się[2]. Ryde nie miał nic przeciwko temu, żeby się napić, wręcz przeciwnie, nie chciał tylko pić w towarzystwie kogoś takiego jak Eddie Chapman.

Na początku sierpnia poprosił Tara Robertsona o spotkanie, aby omówić sprawę Zigzaga i – o ile to możliwe – ją zakończyć. Zameldował, że Chapman jest „w kiepskim nastroju", kosztuje mnóstwo, jest kapryśny i ze wszech miar podejrzany[3]. „Często przebywa w towarzystwie pewnego zawodowego boksera", z którym dzieli te same upodobania[4], i „zawsze obraca się wśród pięknych kobiet"[5] – co wywoływało taką irytację Ryde'a, że raczej powodowała nim zazdrość niż dezaprobata. Oficer prowadzący zakończył swój raport następująco: „Sprawę Zigzaga należy zamknąć, i to przy pierwszej nadarzającej się okazji"[6]. Przełożeni od razu przywołali go do porządku. John Masterman polecił, aby słowo „pierwszej" zastąpił przez: „najpóźniejszej", z czym zgodził się Tar i oświadczył, że sprawa zostanie zamknięta, gdy uzna się to za stosowne. Głęboko dotknięty Ryde dał za wygraną, ale zaczął czyhać na potknięcie Chapmana, gromadząc wszelką dostępną amunicję.

Robertson zabrał Chapmana na lunch do swego klubu i stwierdził, że ten wrze gniewem przeciwko Ryde'owi, skarżąc się „na sposób prowadzenia swojej sprawy"[7]. Spytany o plany na przyszłość, „zdawał się nie mieć żadnego sprecyzowanego pomysłu"[8], choć wspomniał o prowadzeniu klubu, pubu albo pozostaniu po wojnie w Wydziale Piątym. „Widać, że jest rozdrażniony, i to się chyba nie zmieni tak długo, jak długo będzie musiał monotonnie wystukiwać komunikaty według naszych instrukcji"[9].

Stosunki między Ryde'em a Chapmanem osiągnęły dno, ale pod innymi względami sprawy Zigzaga miały się dobrze. Niemcy dotąd darzyli go pełnym zaufaniem. Na początku sierpnia von Gröning przysłał wiadomość z prośbą o zasugerowanie sposobu, w jaki Eddie przekaże aparat fotograficzny i pieniądze drugiemu szpiegowi, oraz instrukcją, by znalazł „właściwą osobę" do śledzenia formacji bombowców na lotniskach wschodniej Anglii[10]. Ministerstwo Lotnictwa stanowczo sprzeciwiało się wszelkim próbom zwodzenia na tym ostatnim obszarze, więc Chapman odpowiedział wymijająco, że przyjaciele, których chciał zatrudnić w tym celu, znajdują się albo w więzieniu, albo w nieznanym mu miejscu[11].

Operacja Kałamarnica weszła w następną fazę. Plan składał się z dwóch elementów. Pierwszym była „wykradziona" fotografia podwodnego „zapalnika zbliżeniowego", wymierzonego przeciw łodziom podwodnym, który oczywiście nie istniał. Miała zostać dostarczona Niemcom przez Lizbonę. Przedstawiała „jeża" wraz z linijką o długości osiemnastu cali, tak spreparowaną, by wyglądało, że broń liczy sobie tylko sześć cali, czyli jedną trzecią tego, co w rzeczywistości. Chapman powie Niemcom, że przekupił marynarza z floty handlowej płynącego do Lizbony, aby robił za „muła" i schował zdjęcie do prezerwatywy ukrytej w puszce z solą. Eddie przekonał go, że przemyca narkotyki[12]. W rzeczywistości to Wydział Szósty w Lizbonie odegrał rolę listonosza i sfałszowaną fotografię przekazał wrogowi agent przebrany za marynarza. Niemcy zareagowali zgodnie z życzeniami: „Po dostaniu zdjęcia nie mogli się wprost doczekać szczegółów dotyczących zapalnika" – pisał Ewen Montagu[13].

Zigzag wywiązał się i z tego zadania. Z pomocą profesora Geoffreya J. Gollina, błyskotliwego uczonego przydzielonego jako doradca do wywiadu Marynarki Wojennej, Montagu stworzył fikcyjny list od profesora A.B. Wooda, znawcy akustyki głębinowej z Laboratorium Badań Admiralicji w Teddington, do naukowca z fabryki amunicji Cossora nazwiskiem Fleming. Unosił się w nim nad zaletami nowego, tajnego urządzenia zwalczającego okręty podwodne. Chapman powiadomił swych niemieckich prowadzących, że znalazł list w filii Cossora w Manchesterze i skopiował go, a potem przesłał przez radio, słowo po słowie:

Drogi Flemingu,

z pewnością się ucieszysz tak jak ja, gdy poznasz wyniki ostatnich prób z kałamarnicą.

Odchylenie plus minus piętnaście stóp jest wspaniałym ulepszeniem starej metody poszukiwania na głębokościach i żałuję tylko, że nasz obecny cel nie rozwija większej szybkości. Trzynaście węzłów to bez wątpienia tyle, ile wróg osiąga w tej wojnie, ale musimy być o „skok" do przodu, a nawet o dwa!

Myślę, że zainteresują Cię załączone zdjęcia standardowego zestawu zdalnie kierowanego ładunku głębinowego, bezpośrednio połączonego ze sterującym urządzeniem kontrolnym Modelu J kałamarnicy, zgodnie z pomysłem zmarłego kapitana Walkera.

Mam nadzieję, że niedługo znów odwiedzę Manchester, i cieszę się na kolejną dyskusję w rodzaju tych, które okazały się tak owocne w ciągu minionych trzech lat.

Szczerze oddany
Profesor A.B. Wood[14]

Nie było żadnego kapitana Walkera, żadnego „sterującego urządzenia kontrolnego Modelu J", a już na pewno ładunku głębinowego, zdolnego wykryć łódź podwodną z odległości piętnastu stóp, a potem ścigać ją z szybkością trzynastu węzłów. Niemniej istniał pewien Fleming, a mianowicie Ian Fleming, przyszły twórca Jamesa Bonda, pracujący wtedy w wywiadzie marynarki. Mógł on brać udział w tym podstępie, obliczonym na wywołanie jak największego lęku wśród dowódców U-Bootów i skłonienie ich do trzymania się możliwie blisko powierzchni wody. Ewen Montagu ogłosił zwycięstwo operacji: „Nigdy nie dowiemy się, co powiedziano o tych informacjach w niemieckiej marynarce, ale z działań Abwehry wynika, że wszystko odbyło się po naszej myśli"[15].

Pomimo że sukces operacji Kałamarnica był ewidentny, Ryde robił, co mógł, by go pomniejszyć. „Nie wydaje mi się, by istniała szansa, że te fotografie dotrą do Berlina – pisał. – Jeśli Admiralicja nie wymaga już od nas nic w tej sprawie, powinniśmy ją zakończyć i jak najszybciej rozstać się z Zigzagiem, obdarzywszy go – jeśli trzeba – taką premią pieniężną, na jaką swoim zdaniem zasłużył..."[16]. Ryde zdawał się bardziej niż kiedykolwiek zdecydowany przepędzić Chapmana. Wydawało się, że okazją po temu może być sprawa przekazania aparatu fotograficznego Brutusowi. Uzgodniono, że Zigzag zostawi oznaczoną paczkę z pieniędzmi i aparatem w szalecie na stacji kolejowej, ale w trakcie przygotowań Niemcy nadali wiadomość, z której wynikało, że wątpią w lojalność Chapmana. Niemiecki przełożony Brutusa pisał, że nie życzy sobie bezpośredniego kontaktu swego agenta z Frycem, gdyż uważa, iż na tym ostatnim „nie można całkowicie polegać"[17]. Najpewniej chodziło tutaj jedynie o wewnętrzną rywalizację, w wyniku której jeden prowadzący podważał wiarygodność agenta swego kolegi, ale wystarczyło to Ryde'owi, by oświadczyć, że „Niemcy nie mają zaufania do Zigzaga"[18].

Ryde uważał, iż podejrzenia mogą się nasilić z racji powszechnie publikowanego oświadczenia w sprawie V-1 złożonego w parlamencie przez Duncana Sandysa, ministra przewodniczącego w Radzie Wojennej (War Cabinet) komitetowi do spraw bomb latających. Sandys zdradził pewne nader ważne szczegóły dotyczące bombardowanych dzielnic Londynu. „Jeśli wiadomości wysłane przez Zigzaga zostaną dokładnie porównane z przemówieniem wygłoszonym w Izbie przez Duncana Sandysa, wykaże to poważne rozbieżności między nimi i zniweczy nasze starania"[19]. Pozostawała też sprawa Dagmar. „Zigzaga może skompromitować dziewczyna, którą zostawił w Oslo" – pisał Ryde, powoli lecz nieprzerwanie podkopując wiarygodność własnego agenta. Kiedy napomknięto o możliwości zatrudnienia Chapmana w Wydziale Piątym po zakończeniu wojny, Ryde się żachnął: „To niemożliwe, by prowadził się w prywatnym życiu tak, by nadawać się do pozostania w służbie"[20]. Podkreślał też, że wartość Chapmana zależy od jego stosunków z von Gröningiem, a więż ta zaniknie wraz z końcem wojny.

Nieświadomy intryg Ryde'a Chapman znalazł sobie nową, lukratywną rozrywkę. Od jednego ze starych znajomych z półświatka dowiedział się, że wyścigi psów w południowym Londynie są „ustawiane". Niektóre zwierzęta, za zgodą ich właścicieli, karmiono mięsem faszerowanym luminalem, lekiem podawanym epileptykom. Łagodnie otępiający środek zaczynał działać dopiero wtedy, gdy pies, zazwyczaj faworyt, przebiegł pewną odległość – wtedy zwierzę zwalniało. Chapman dostawał cynk, że pies otrzymał lek, a potem wysoko obstawiał innego i zwykle wygrywał dużo pieniędzy, którymi dzielił się ze swym informatorem.

Pewnego sierpniowego wieczora 1944 roku Chapman pojawił się w swej kryjówce kilka godzin po uzgodnionym terminie nadawania do Niemiec i wyjaśnił niedbale, że był na wyścigach psów. „Zigzag sam schodzi na psy"[21] – cieszył się jego prowadzący, rozradowany, że może wypowiedzieć się w tak znaczący sposób. Meldował, że zgarnia on duże sumy, obstawiając z góry wyznaczonych zwycięzców[22]. Zapytany o to Chapman odparł gniewnie, że zarabia dzięki informacjom pozyskanym za pośrednictwem swych kontaktów, a ta metoda nie różni się zbytnio od stosowanych w wywiadzie. Oczywiście Ryde nie patrzył na sprawę w ten sposób. „Korzystanie z usług innych, aby obdzierać ze skóry bukmacherów, nie jest chyba wskazanym zajęciem" – burzył się[23].

Mocno naciskani Masterman i Robertson niechętnie przyznawali, że Chapman może wkrótce „przestać być potrzebny"[24], ale wzdragali się przed pozostawieniem go samemu sobie. Tar twierdził, iż wykonał on niezmiernie pożyteczną, niebezpieczną robotę[25] i kiedy sprawa dobiegnie końca, należy zatroszczyć się o niego, wypłacając mu stosowną sumę pieniędzy[26]. Z zawsze cechującą go ojcowską troską Robertson zastanawiał się, czy Chapman by się ustatkował, gdyby podjął jakąś uczciwą pracę. Powiedział też Zigzagowi, że „jeśli przedstawi jakąś konkretną propozycję, to niewykluczone, że go wesprzemy jakimś kapitałem"[27]. Eddie podchwycił to z entuzjazmem, wspominając o prowadzeniu klubu na West Endzie albo hotelu w Southend (podobno hotel Ship Hope wystawiono na sprzedaż), dzięki czemu mógłby znaleźć się bliżej Fredy i Diane. Ryde oświadczył, że otwarcie lokalu przez kogoś o tak złej reputacji będzie jedynie stratą pieniędzy, bo policja zwyczajnie zamknie interes, kiedy się dowie, kto go prowadzi. Chapman mógłby być hotelarzem jedynie wtedy, gdyby okręgowy komisarz policji został o tym powiadomiony i zaznajomiony z sytuacją. Gdyby, nie zwracając uwagi na przeszłość Chapmana, nie miał nic przeciw temu, póki ten będzie odpowiednio zarządzał hotelem, Zigzag mógłby spróbować. Ryde wątpił jednak, żeby jakikolwiek komisarz zgodził się na taką propozycję, oraz wahał się, czy Chapman nie wejdzie w konflikt z prawem: „To chyba oczywiste, że nie możemy wspomagać go finansowo, jeżeli prowadzenie interesu postrzega w ten sposób co wyścigi psów"[28].

Zgodnie z przepowiednią Ryde'a Chapman powrócił do dobrze znanych mu miejsc – klubu Shim-Sham i Nite Lite – oraz do starych nawyków. Magnes przestępczego świata przyciągał coraz bardziej, ale też lata w roli tajnego agenta spowodowały w Eddiem zmianę. Wciąż w pierwszym rzędzie był lojalny wobec Wielkiej Brytanii i nowego tajnego bractwa, do którego teraz należał. Kiedy Ryde napomknął, że jego dni jako tajnego agenta są policzone, odparł z rozdrażnieniem, że jeśli jego usługi są już niepotrzebne, „nawiąże kontakt z Amerykanami"[29].

Wolny od kary dzięki nieoficjalnemu ułaskawieniu ze strony Ministerstwa Spraw Wewnętrznych Chapman poruszał się teraz po Londynie z większą swobodą, chociaż Ryde podążał za nim z daleka, cmokał z dezaprobatą i zbierał informacje. Prowadzący nie ustawał w śledzeniu swojego szpiega. „Widziałem Zigzaga zwracającego się do jakiegoś Norwega po norwesku, rozmawiającego z niemiecką Żydówką po niemiecku i z jakimś Francuzem po francusku. Słyszałem, jak dyskutuje z pewnym notorycznym przestępcą o warunkach w Paryżu w sposób ewidentnie wskazujący, że był tam w ciągu ostatnich kilku miesięcy"[30]. Powiadamiał przełożonych, że Chapman pragnie napisać wspomnienia o swych wyczynach, i zastanawiał się, co będzie, jeśli jego wrodzona chełpliwość każe Zigzagowi pochwalić się przed przyjaciółmi. „Jestem w stanie zapobiec takim niedyskrecjom, jeśli zdarzy mi się być na miejscu – pisał – ale nie wiadomo, jaką postać przybierają te rozmowy, kiedy mnie tam nie ma"[31].

Ryde znowu przegrał. Chapman, niezależnie od tego, jak się prowadził, pozostawał wciąż cennym pracownikiem. „Wojna może się skończyć w każdej chwili, wszystkie jego kontakty z Niemcami ustaną i sprawa umrze śmiercią naturalną"[32]. Ustalono, że jeśli tak się stanie, z agentem należy się pożegnać szczodrze i taktownie, ze świadomością, że „konieczność zamknięcia sprawy wiąże się nie z zarzutami pod jego adresem, tylko z narzuconą nam przez wojnę sytuacją"[33].

Ryde burzył się i knuł. „Coraz bardziej zdaję sobie sprawę, że w przypadku takich ludzi jak Zigzag nie sposób ustrzec się przed poważnym ryzykiem przecieku"[34]. Zigzag był jednak trudniejszy do ustrzelenia, niż sądził jego prowadzący. Za każdym razem, gdy Ryde'owi się zdawało, że ma go już w ręku, ten odskakiwał na bezpieczną odległość, dowodząc swej wartości. Wspomagał go w tym von Gröning, wciąż żądający kolejnych informacji. „Spróbuj dostać wydania raportów działu wojny podwodnej Admiralicji o akcjach przeciw U-Bootom z ostatnich miesięcy... To bardzo ważne"[35]. Nie ustawał w pochwałach Fryca: „Ogólne sprawozdanie nader interesujące"[36].

8 września Niemcy wypuścili na Paryż i Londyn pierwsze rakiety V-2. Różniły się one całkowicie od swoich poprzedniczek. Te wczesne pociski balistyczne, napędzane silnikiem na ciekły tlen i alkohol, miały zasięg dwustu mil i leciały dziesięć razy szybciej niż V-1, przenosząc w stożkowatym cielsku tonę materiałów wybuchowych. Chapman dowiedział się o tej broni jeszcze we Francji i ostrzegał wywiad brytyjski przed sterowaną przez radio rakietą, która „ma być większa, kosztowna w produkcji i pochłaniająca mnóstwo paliwa"[37]. Von Gröning raz jeszcze zlecił mu pomoc w ustalaniu celów dla nowych bomb. „Podawaj dalej miejsce i czas wybuchów. Czy następują częściej?"[38]. Ataki V-2 miewały straszliwe skutki, jak wtedy, gdy od jednej bomby zginęło sto sześćdziesiąt osób w domu towarowym Woolworth w południowym Londynie. Chapman wysłał jednak raport, w którym bagatelizował efekty ostrzału: „Słyszałem pogłoski o wybuchach w gazowni i w wodociągach, ale nie znam szczegółów. Zbieram informacje"[39].

Podczas pobytu w kwaterze głównej Luftwaffe w Berlinie Chapmanowi pokazano fragmenty radaru brytyjskiego nocnego myśliwca i zapamiętał, że każda z tych części miała numer seryjny. Teraz poprosił von Gröninga, aby przysłał mu pełną listę tych numerów, czego potrzebował rzekomo w celu zdobycia właściwego urządzenia, a w rzeczywistości po to, by Ministerstwo Lotnictwa dokładnie wiedziało, czym dysponują Niemcy. Postanowiono również, że wystąpi z kolejnym popisem irytacji, aby podrażnić von Gröninga. Wysłał zatem gniewną wiadomość, że nie otrzymuje wystarczającej pomocy, i natarczywie upomniał się o pieniądze. Pytał też znacząco, czy niemiecki wywiad zamierza mu pomagać po zakończeniu wojny.

Chapman mógł nie wiedzieć o tym, że podczas jego nieobecności führer rozprawił się z resztkami Abwehry. 20 lipca niemiecki oficer Claus von Stauffenberg próbował zamordować Hitlera, podłożywszy aktówkę z bombą w sali konferencyjnej Wilczego Szańca – punktu dowodzenia na froncie wschodnim, niedaleko Rastenburga (Kętrzyna) w Prusach Wschodnich. Ciężka noga dębowego stołu najpewniej osłoniła führera przed siłą eksplozji. Chapman nigdy by nie popełnił tak prostego błędu. W wyniku nieudanego zamachu aresztowano pięć tysięcy wojskowych, w tym Canarisa i jego zastępcę Hansa Ostera. Zostali osądzeni, uznani za zdrajców i straceni. Von Gröning najpewniej nie należał do spisku, ale jako oficer Abwehry ze starej szkoły, mający antynazistowskie poglądy, z pewnością znajdował się w kręgu podejrzanych.

Jego odpowiedź na skargi Chapmana przyszła po upływie kilku dni. Była to osobliwa, dziwnie wzruszająca wiadomość, wyznanie dumnego człowieka, którego świat walił się w gruzy: „SYTUACJA WOJENNA NIE WPŁYNIE NA TWOJĄ SYTUACJĘ PO POWROCIE. MUSISZ PODAĆ PROPOZYCJE W STOSOWNYM CZASIE I DOSTANIESZ WSZELKĄ POMOC COKOLWIEK NASTĄPI. BYŁEM W KRAJU, MÓJ DOM ZNISZCZONY PRZEZ BOMBY, INACZEJ ODPOWIEDZIAŁBYM WCZEŚNIEJ. GRAUMANN[40].

Dom rodzinny von Gröninga w Bremie, wielki, pięciopiętrowy symbol pozycji arystokracji, obróciły w perzynę alianckie bombowce. Budynek był pusty; kucharz, szofer, kamerdyner, ogrodnik, pokojówki i reszta służby zostali odprawieni na długo przedtem. Ktoś ukradł pozłacany powóz, a samochody zarekwirowano. Ukryte na strychu obrazy von Gröninga, antyki, porcelana, srebra i inne cenne *objets d'art* – pozostałości po sławnych przodkach – uległy zniszczeniu. Jedyną wydobytą spod zgliszczy wartościową rzeczą był osmalony, srebrny puchar z wyrytymi nazwiskami poległych towarzyszy z pułku Białych Dragonów.

28

Sprawa zamknięta

Oczyma wyobraźni Chapman widział starego przyjaciela siedzącego na gruzach swego zmiecionego przez bomby dostatniego życia, pijącego do utraty świadomości. Los von Gröninga wzruszył go głęboko: PRZYKRO MI Z POWODU ZŁYCH WIEŚCI. PROSZĘ NIE PIĆ ZA DUŻO. JADĘ DO MANCHESTERU Z ZADANIEM. CO Z ZABRANIEM MNIE NA WYBRZEŻU? PROSZĘ O ADRES KRYJÓWKI WE FRANCJI ORAZ PODANIE PRZEZ RADIO CZY JA ALBO JIMMY MOŻEMY TAM PÓJŚĆ. POTRZEBUJĘ TEŻ FRANCUSKICH PIENIĘDZY. DAGMAR[1].

W nadesłanej wiadomości von Gröning napomykał o planie dalszych działań szpiegowskich z udziałem Chapmana, „cokolwiek nastąpi". Alianci doskonale pojmowali niebezpieczeństwo grożące ze strony nazistowskich grup oporu, które mogłyby kontynuować działalność w Niemczech po zakończeniu wojny. Z inspiracji Himmlera powstała już złożona z fanatyków SS partyzancka organizacja o nazwie Werewolf, aby na wypadek okupacji podjąć wojnę podjazdową. Ryde niechętnie przyznał, że wiadomość ta rzuca nowe światło na sprawę Zigzaga. Wskazywała na to, że niemiecki szpieg „nosi się z zamiarem działania po wojnie". Zachodzi zatem konieczność dalszego prowadzenia sprawy, aby sprawdzić, „czy Graumann zamierza pracować po ostatecznej klęsce Niemiec". Gdyby Chapman mógł skłonić Niemców, by „spotkali się z nim gdzieś nad Morzem Północnym, można by było wciągnąć ich w zasadzkę"[2].

Zgodnie z obietnicą von Gröning przysłał następnego dnia pełną listę numerów seryjnych pozyskanych z wyposażenia rozbitego samolotu angielskiego. Był to zbiór słów, figur, kropek i kresek, stanowiący dla wywiadu kolejną żyłę złota[3]. W Ministerstwie Lotnictwa wzięto się z miejsca do omawiania poszczególnych części urządzenia. Montagu nie posiadał się z radości: „Niemcy zdradzają temu agentowi swe największe sekrety... Nawet z Najtajniejszych Źródeł nie wiedzieliśmy, że znają niektóre z tych danych"[4]. Zarzucono natomiast plan kolejnej mistyfikacji opartej na informacjach dostarczonych przez nocne myśliwce, wychodząc z założenia, że „wobec posiadanej przez Niemców wiedzy graniczy wprost z nieprzyzwoitością, byśmy w tym stanie rzeczy mieli zabierać się do fałszowania"[5].

Ryde się zżymał: Chapman znowu mu uszedł i, co gorsza, Robertson polecił, by omówił z tym niesympatycznym młodym człowiekiem sprawę wynagrodzenia oraz postanowił, czy należy „z naszych funduszy uzupełnić to, co ZZ otrzymał od Niemców"[6]. Pieniądze szybko znikały. „Cały czas twierdzę, że jesteśmy zobowiązani postępować uczciwie z Zigzagiem – pisał Tar – z uwagi na wielkie usługi, jakie oddał krajowi"[7]. Suma pięciu tysięcy funtów powinna zarówno „spłacić nasz dług wobec niego, jak i uzmysłowić mu, że cenimy jego pracę przynajmniej w takim samym stopniu jak Niemcy to, co zrobił dla nich"[8].

Podczas przeprowadzonej pewnego wieczora nieprzyjemnej rozmowy Chapman oświadczył, że spodziewał się „sprawiedliwego potraktowania"[9] przez wywiad brytyjski.

– Mógłby mnie pan oświecić, co ma pan na myśli? – rzucił przez zaciśnięte zęby Ryde.

– Cóż, Niemcy dali mi sześć tysięcy funtów, kiedy tu wracałem – odparł Chapman.

Ryde odrzekł na to, że z przywiezionych przez niego sześciu tysięcy tysiąc należał się komuś innemu, zatem dostał od Niemców pięć tysięcy funtów.

Prowadzącemu trudno było pogodzić się z tym, że musi targować się z takim typem. Wypomniał, że Chapman zachował pieniądze ze swej pierwszej misji i powinien być za to wdzięczny. Nie zrobiło to żadnego wrażenia na Zigzagu, który sucho stwierdził, że „jak dotąd cała sprawa kosztowała rząd brytyjski niecałe dwieście funtów"[10].

– Uważam, że powinien być pan całkowicie zadowolony – powiedział Ryde z całą wyniosłością, na jaką mógł się zdobyć, ale Chapman absolutnie się tym nie przejął. Pełna wzajemnych docinków rozmowa nie przyniosła nic prócz pogłębienia antypatii.

Niemcy skłonni byli okazać większą hojność. Chapman wysłał wiadomość, domagając się „co najmniej sześciu tysięcy funtów", dostarczonych przez spadochroniarza[11]. Odpowiedziano, że dostanie je raczej przez Lizbonę, najpewniej przez „zaufanego marynarza", który wcześniej przewiózł fotografie[12]. Gdyby jednak okazało się to niemożliwe, pieniądze zostaną zrzucone z samolotu. „To są zwykłe czcze obietnice" – zauważył Ryde, węsząc jednocześnie kolejną możliwość podważenia wiarygodności Zigzaga[13].

Abwehra często w przeszłości zaopatrywała swych agentów w fałszywe brytyjskie pieniądze. Było to posunięcie, które miało przynieść oszczędności, niemniej głupie, gdyż kilku nazistowskich szpiegów ujęto z tego powodu. „Sądzę, że najważniejsze dla zamknięcia sprawy Zigzaga jest zniszczenie jego wiary w Niemców – pisał Ryde. – W całej sprawie interesują go tylko pieniądze, jakie może zarobić, więc gdybyśmy mogli przejąć przesyłkę i udowodnić mu, że pieniądze są fałszywe, byłby to krok milowy w osłabieniu szacunku, jakim bez wątpienia darzy Graumanna i pozostałych... Jeśli banknoty okażą się falsyfikatami, Zigzag najpewniej wyśle niecenzuralną wiadomość i sam zamknie sprawę"[14].

Tymczasem Eddie wysłał do von Gröninga meldunek, że jedzie do doków liverpoolskich, aby poszukać kuriera, który przewiózłby pieniądze.

Ryde chciał wylać Chapmana, pozostawiając go jednocześnie bez grosza przy duszy, w taki sposób, by nigdy nie wrócił, nie mógł się niczego domagać od wywiadu i nigdy już nie pracował w charakterze szpiega. W tym celu musiał zniszczyć wiarygodność agenta, a na to wystarczyłby jeden poważny błąd z jego strony. Ryde dowiedział się aż o dwóch, spowodowanych przez najbliższych sprzymierzeńców Chapmana: von Gröninga, bezdomnego od niedawna arystokratę, i Jimmy'ego Hunta, zwolnionego ostatnio z więzienia.

Ryde'a bardzo interesowała więź między Chapmanem a von Gröningiem. „Zigzag zawsze wyraża się o Graumannie z najwyższym szacunkiem, wykazując coś w rodzaju przywiązania do tego »starego człowieka«"[15]. Niemniej w całej tej sprawie kryło się coś poza wzajemnym szacunkiem, coś, co, jak czuł jego prowadzący, Chapman zachowywał dla siebie. Ryde był nudnym pedantem i snobem, ale również utalentowanym szpiegiem, intuicyjnie wykrywającym kłamstwo. Kiedyś z rana, w kryjówce, po tym jak Chapman wysłał wiadomość do Niemiec, zręcznie pokierował rozmową w stronę doktora Graumanna, zastanawiając się, czy Niemcy nie podejrzewają czasem, że Eddie pracuje pod kontrolą. Nim Chapman zdążył odpowiedzieć, Ryde kontynuował, jakby nad czymś głośno myślał:

– Jeżeli Graumann to podejrzewa, chyba nie podzieli się tym z nikim, bo we własnym interesie powinien ciągnąć sprawę jak najdłużej.

– Tak – zgodził się bez zastanowienia Chapman i dorzucił: – Graumann jest moim najlepszym zabezpieczeniem.

– Co pan ma na myśli? – zapytał Ryde.

– Na naszej sprawie zarabia bardzo dużo. Jeśli na przykład poproszę o sześć tysięcy funtów, Graumann wyciągnie zapewne dwanaście tysięcy, a resztę zatrzyma dla siebie.

Ryde'owi powoli zaczynało świtać, że Chapman kręci sznur na własną szyję. Jeżeli wraz z von Gröningiem spiskuje, by wyciągać pieniądze od niemieckich przełożonych, jest bardzo prawdopodobne, że zwierzył mu się, iż pracuje dla Anglików. Jeśli zaś tak się stało, to von Gröning przez chciwość i ambicję zdradza ojczyznę wraz z podwójnym agentem. „Ten dowód na zmowę w sprawach finansowych – pisał Ryde – wzmacnia moje podejrzenia, iż przynajmniej wspomniał Graumannowi, swemu niemieckiemu prowadzącemu, że się z nami kontaktuje".

Widząc wyraz twarzy Ryde'a, Chapman zmienił temat. „Miałem wrażenie, że Zigzag doskonale wie, o czym myślę, ale nie miał zamiaru o tym mówić i moje podejrzenia jeszcze bardziej się nasiliły" – ciągnął Ryde.

Ryde uznał, że sprzysiężenie Zigzaga i jego niemieckiego szefa nie niesie większego ryzyka, gdyż we własnym interesie von Gröninga leży dochowanie tajemnicy Chapmana. „Jeśli Graumann naprawdę jest świadomy pozycji Zigzaga w naszym kraju, to najpewniej nikt poza nim o tym nie wie, dlatego obecnie nic poważniejszego nam nie grozi" – rozważał. Dla jego celów o wiele większe znaczenie miał fakt, że jeśli Chapman ujawnił się swemu prowadzącemu z Niemiec, a zataił to przed Brytyjczykami, naruszył kardynalne reguły bezpieczeństwa i udowodnił, że kłamie. Ryde był wniebowzięty: „Pokazuje to, że Zigzag ukrył przed nami tę ważną informację, a w myśl naszych zasad nie możemy pracować z kimś, kto nie jest wobec nas całkowicie szczery" – podsumowywał.

Jeśli Chapman powiedział von Gröningowi, że pracuje dla brytyjskiego wywiadu, to czy powierzył tę tajemnicę komuś jeszcze? Na odpowiedź nie trzeba było długo czekać.

Ryde głowił się nieprzerwanie, jaki jeszcze znaleźć dowód na niesolidność Chapmana, kiedy wymierzenie ostatecznego ciosu nieoczekiwanie umożliwił mu Jimmy Hunt. W pewien późny październikowy wieczór w mieszkaniu Chapmana zjawił się Reisen, zastępca Ryde'a, i trafił na hulankę. Gospodarz przewodził przyjęciu. Jego nieciekawi znajomi z dawnych lat i nowi, jeszcze bardziej podejrzani, jak bokser George Walker i dziennikarz Frank Owens, krążyli po pokoju w różnym stopniu upojenia alkoholowego. Gdy Reisen wszedł do środka, jakiś wielki osobnik o twarzy bladej od długotrwałego przesiadywania w celi powstał chwiejnie na nogi. Był to Jimmy Hunt, kasiarz, który odegrał kluczową rolę na początku drogi przestępczej Chapmana, a potem jako wytwór wyobraźni Wydziału Piątego w jego drugiej, szpiegowskiej karierze.

– Zdaje się, że przyszedł pan zabrać Eddiego do roboty – rzucił Hunt z porozumiewawczym uśmiechem. Reisen odpowiedział coś wymijająco, starając się ukryć zaskoczenie. Ze słów Hunta jasno wynikało, że wie, o jakiej robocie mowa. Chapman nie tylko zwyczajnie puścił farbę, lecz także zrobił to przed świeżo zwolnionym z więzienia, zalanym w trupa przestępcą i czyniąc to, podłożył głowę pod topór.

Rozanielony, mściwy Ryde wziął się do porządkowania dowodów i ruszył do ataku, jakby miał wykończyć nieprzyjacielskiego szpiega. W przeszłości Chapman zetknął się z niejednym przesłuchującym, między innymi z Cynowym Okiem Stephensem, Praetoriusem, von Gröningiem, Dernbachem i ubraną w modny płaszcz piękną kobietą z Romainville. Poradził sobie z gestapo, Abwehrą i Wydziałem Piątym, *agent provocateur* z baru w Oslo, wścibskim łowcą szpiegów z SS w Paryżu i różnymi agentami. Dopadł go dopiero księgowy z Whitehall.

Oskarżenie Ryde'a było majstersztykiem. „Od dawna podejrzewałem, że Zigzag nie zwraca uwagi na konieczność zachowania pełnej dyskrecji, obowiązującej w stosunkach z nami" – pisał. Zwierzywszy się Huntowi, złamał podstawową zasadę bezpieczeństwa. Ze złośliwą premedytacją Ryde przedstawiał listę zarzutów: Chapman już wcześniej ujawnił się przed nieupoważnioną do tego osobą, czyli Dagmar Lahlum, i prawdopodobnie pozostawał w porozumieniu ze swym niemieckim przełożonym; próbował wyciągać pieniądze z Wydziału Piątego, grał na ustawionych wyścigach psów i obracał się w towarzystwie zawodowych przestępców; groził, że zatrudni się w innym wywiadzie i kosztował niemało pieniędzy, wydając je na szampana i kobiety lekkich obyczajów. Pomijając von Gröninga, kierującego się własnym interesem, Niemcy nie darzyli swego agenta zbytnim zaufaniem, a przemówienie Duncana Sandysa zaufanie to mogło tylko pomniejszyć. Wreszcie Zigzag pogrążył się całkowicie, przechwalając się pracą dla brytyjskiego wywiadu przed znanym kryminalistą. „Ten postępek w pełni uzasadnia zamknięcie jego sprawy oraz udzielenie mu surowej nagany – podsumował z rozkoszą Ryde. – Z uwagi na niebezpieczną sytuację, spowodowaną odkryciem się Zigzaga przed nader niepewnym przyjacielem...

jestem zdania, że należy go zwolnić, wyjaśniając, że nie dotrzymał warunków umowy i odtąd nie ma co liczyć na żadną pomoc z naszej strony, jeśli znajdzie się w jakichś kłopotach".

Nie powinien też dostać zgody na pracę w jakichkolwiek tajnych służbach. „Musimy uświadomić Zigzagowi, że podejmiemy wszelkie kroki, aby uniemożliwić mu nawiązanie kontaktów z Amerykanami, Francuzami i każdym innym rządem". Zdaniem Ryde'a Chapman nie powinien też dostać ani pensa więcej: „Jestem przeciwny dalszemu wypłacaniu mu pieniędzy, bo jeśli raz to zrobimy, będzie żądał następnych kwot... Trzeba powiedzieć Zigzagowi, że nie może już się spodziewać wsparcia z naszej strony, ani finansowego, ani prawnego. Dzięki nam ma w policji czystą kartę i dużą sumę pieniędzy, której nigdy by nie zdobył bez naszej pomocy. Zawiódł nas natomiast bardzo".

Ryde odradzał utrzymywanie kanału Zigzaga bez jego osoby, gdyż wszelka próba naśladowania sposobu, w jaki nadaje, stwarzałaby poważne ryzyko ze względu na jego specyficzny styl. Sprawa powinna zostać zamknięta jednym cięciem, co każe Niemcom przypuszczać, że Chapman został ujęty. „Niemcy sądzą, że Zigzag udał się na poszukiwanie kuriera. Jeżeli po przerwie nie pojawi się w eterze, uznają, że został zaaresztowany"[16].

Po otrzymaniu obciążającego dossier szefowie Wydziału Piątego nie mieli innego wyjścia, jak wyrazić zgodę na zakończenie sprawy. Zrobiła to również Admiralicja, jakkolwiek z wahaniem, jako że operacja Kałamarnica jeszcze trwała. „Sądzę – pisał Masterman – iż jego sprawę należy teraz zamknąć, że nie powinniśmy Zigzagowi już nic płacić i że trzeba powiadomić Yard"[17]. Tar Robertson nie oponował: „Powinniśmy skończyć to teraz" – stwierdził[18]. 2 listopada 1944 roku Chapman otrzymał odpis Ustawy o tajnych dokumentach i nieświadomy tego, co nastąpi, złożył na nim podpis, potwierdzając, że: „Przyjmuję do wiadomości, iż wszelkie ujawnienie, teraz czy po ukończeniu obecnej wojny, faktów związanych z moją pracą będzie przestępstwem karanym więzieniem"[19]. Wydział Piąty zakneblował Zigzagowi usta, a potem się go pozbył.

Ryde'owi przypadło zadanie zwolnienia Chapmana, które wykonał „z całą stanowczością"[20], wyrzucając go z mieszkania przy Hill Street po wcześniejszym wykładzie na temat popełnionych przez niego błędów, z zapowiedzią, że jeśli odważy się wyjawić, co robił podczas wojny, stanie przed sądem. Triumfujący i małoduszny, pozbył się Chapmana z fanfarami i groźbą: „Musi zrozumieć, że ma teraz stanąć na własnych nogach i jeśli kiedyś zwróci się do nas, to jako urząd rozważymy, czy go zamknąć, czy pozbyć się w jakiś inny sposób"[21].

Chapman raz po raz narażał życie w służbie brytyjskiego wywiadu, dostarczył nieocenionych informacji, które wpłynęły na prowadzenie przez aliantów działań wojennych, dotarł do wyższych szczebli niemieckich tajnych służb i pomagał udaremniać ataki rakiet V na centrum Londynu. Jeszcze teraz oficerowie niemieckiego wywiadu ślęczeli nad dostarczonymi przez Zigzaga dokumentami z nieistniejącym urządzeniem do zwalczania łodzi podwodnych. Wyciągnął z nazistowskiego Ministerstwa Skarbu blisko siedem tysięcy funtów (czyli według współczesnego kursu dwieście trzydzieści tysięcy), a brytyjskiego rządu nie kosztował prawie nic. Był jednak również przestępcą prowadzącym kosztowny tryb życia i w oczach wielu typem niezasługującym na to, by traktować go jak bohatera. Tak przedstwiał się człowiek, którego Wydział Piąty miał się „pozbyć", gdyby ośmielił się znowu zawracać mu głowę.

Sprawę Zigzaga zamknięto i kariera trzydziestoletniego Chapmana jako tajnego agenta skończyła się nagle i definitywnie. Tego wieczora, po kolacji z innymi oficerami w klubie, major Ryde z całą satysfakcją podsumował upadek Eddiego, kończąc, że „Zigzag powinien być wdzięczny, iż nie wsadziliśmy go za kratki"[22].

Cynowe Oko Stephens postrzegał jednak Zigzaga w innym świetle. Dla niego Chapman był najgorszym z ludzi, w którym wojna wyzwoliła to, co najlepsze. Po latach pisał: „Nie ma i chyba nigdy nie będzie powieści szpiegowskiej, która urokiem i nieprawdopodobieństwem dorównałaby prawdziwej historii Edwarda Chapmana, człowieka, którego wojna obdarzyła cnotami, i to tylko na czas jej trwania"[23]. W Niemczech Stephan von Gröning na próżno czekał na wiadomość od swego agenta i przyjaciela. Czekał z nadzieją podczas odwrotu nazistów, czekał i wtedy, kiedy wokół niego rozpadał się reżim Hitlera.

Znając usposobienie Chapmana, można się było spodziewać, że na zwolnienie zareaguje oburzeniem. Tak naprawdę jednak niewdzięczność Wydziału Piątego dała mu w końcu wolność. Nie musiał już podlegać ani niemieckiemu, ani brytyjskiemu wywiadowi. Miał pieniądze i medal od pierwszego oraz nieformalne ułaskawienie od drugiego. Żaden inny tajny agent nie otrzymał podobnej nagrody od obu stron. Wydział Piąty zagroził mu natychmiastową karą za ujawnienie jego historii, ale wiedział, że kiedyś zostanie ona opowiedziana.

Chapman powrócił do tego, na czym znał się najlepiej, jako że Anglia pod koniec wojny stała się przestępczym rogiem obfitości. Dzięki swym starym znajomościom nawiązał kontakt z Billym Hillem, właścicielem klubu nocnego i podziemnym bossem, pozującym na „króla Soho". Spędził on wojnę, bogacąc się na czarnorynkowych interesach i ochranianiu kanciarzy. Zdaniem Chapmana był „twardym gościem, o niespotykanym zuchwalstwie i werwie"[24], a także znakomitym wspólnikiem. Zarabianie pieniędzy na faszerowaniu psów narkotykami pozostało już tylko rozrywką. Pojawiły się nowe możliwości zdobycia funduszy i Chapman wszedł w spółkę z Hillem.

Zwolnienie ze służby dla kraju pozwoliło również Chapmanowi powrócić do spraw sercowych. Rozpoczął kolejne romantyczne poszukiwania. Ich celem nie była czekająca w Oslo Dagmar ani ciągle pobierająca pensję od Wydziału Piątego Freda, ani nawet jego była żona Vera, ani Anita, portugalska prostytutka z baru U George'a. Chapman postanowił odnaleźć Betty Farmer, dziewczynę, którą przed sześcioma laty zostawił w Hotelu de la Plage. Może już nie żyła, może wyszła za mąż albo się wyprowadziła, Eddie jednak wiedział, że jeśli ją odnajdzie, a ona mu na to pozwoli, postara się wszystko naprawić.

Skontaktował się z Paulem Backwellem i Allanem Toothem, byłymi policjantami i swoimi dawnymi stróżami, i poprosił ich o pomoc. Wynajął też prywatnego detektywa Doughy'ego Bakera. Poszukiwanie stało się obsesją Chapmana, usuwając na bok wszelkie inne myśli i inne kobiety. „Mój umysł nurtowało przede wszystkim pragnienie odnalezienia Betty, dziewczyny, którą po raz ostatni widziałem, gdy przed aresztowaniem wyskakiwałem przez okno hotelowe"[25] – pisał po latach. Backwell i Tooth zdołali się dowiedzieć tylko, że w 1943 roku Betty zatrudniła się w hotelu na wyspie Man. Rodzina sądziła, że pracuje w fabryce pod Londynem, a jedna z przyjaciółek opowiadała, że romansowała z pilotem spitfire'a, zestrzelonym nad morzem w pobliżu Margate.

Latem Chapman zaprosił ekspolicjantów na spotkanie, na którym mieli omówić poszukiwania Betty Farmer. Podczas lunchu w stylowym hotelu Berkeley (Chapman jak zwykle nie liczył się z groszem) tłumaczyli, że znalezienie jednej kobiety w pogrążonej w wojennym chaosie Anglii nie jest sprawą prostą, zwłaszcza że nie mają żadnej jej fotografii.

– Czy jest tu na sali podobna do niej dziewczyna[26]?

Chapman rozejrzał się po restauracji, po przybyłej na lunch klienteli złożonej z bankierów i gangsterów, dłużników i śledczych, i wskazał siedzącą w rogu, plecami do nich, szczupłą kobietę o jasnych włosach.

– Tamta – powiedział – od tyłu wygląda dokładnie jak ona. – I w tej właśnie chwili kobieta się odwróciła. – Chryste! – wykrzyknął Chapman. – To Betty! Przepraszam was, panowie[27].

Backwell i Tooth, dyskretni do końca, oddalili się, podczas gdy kelner sprzątał szczątki filiżanki, którą osłupiała Betty Farmer wypuściła z ręki, kiedy mężczyzna, ostatni raz widziany na sali sądowej na Jersey, pochwycił ją za ramię. Chapman podsunął sobie krzesło.

– Wyjeżdżam – powiedział, jak dawno temu przed wojną – ale zawsze wracam[28].

EPILOG

Po zakończeniu wojny zespół podwójnych agentów został szybko rozwiązany. Upłynęły dziesiątki lat, nim ktoś spoza grona wtajemniczonych dowiedział się o jego istnieniu. Kilku spośród nich wyszło z cienia, aby opowiedzieć swoją historię i zyskać pewną sławę, ale większość pozostała nieznana.

Tommy „Tar" Robertson porzucił sztukę zwodzenia i resztę życia spędził, hodując owce na farmie w Worcestershire. „Prawdziwy geniusz"[1] podwójnej gry otrzymał od Harry'ego Trumana Legię Zasługi, Order Korony Jugosłowiańskiej od króla Piotra podczas raczej osobliwej ceremonii w Claridge's, a od ojczyzny Order Imperium Brytyjskiego za działalność zbyt tajną, aby ją opisywać. Niezmordowany w swych obowiązkach John Masterman nazwał przedwczesne odejście Tara ze służby „jedną z największych strat, jaką poniósł Wydział Piąty"[2], ale Robertson był całkowicie szczęśliwy, doglądając swych owiec. Przestał nosić tartanowe spodnie, lecz nadal rozmawiał w pubach z różnymi dziwnymi typami. Kiedy zmarł w 1994 roku, na grobie superszpiega, który na zawsze zachował dar słuchania innych, wyryto jako epitafium krótki wiersz:

Błogosławieni, co z miłym uśmiechem
Wpadną na chwilę pogawędzić.
Błogosławieni, co nigdy nie rzekną:
Mówiłeś mi to dzisiaj już dwa razy[3].

John Cecil Masterman, który bardziej lubił wykładać, niż słuchać, otrzymał tytuł szlachecki i odznaczono go Orderem Imperium Brytyjskiego. Wrócił na Oksford, do swoich klubów, krykieta i powieści kryminalnych. Został rektorem Worcester College, a także wicekanclerzem w Oksfordzie. W 1957 roku wydał jeszcze jedną powieść detektywistyczną, *The Case of the Four Friends*, z bohaterem o nazwisku Chapman, w której zastanawia się nad fenomenem przestępczego umysłu: „Dowiedzieć się o zbrodni, nim zostanie popełniona, przewidzieć jej przebieg i nie dopuścić do niej! To się nazywa sukces"[4]. Zasiadał w zarządach firm przemysłowych oraz znanych szkół prywatnych, niezłomnie czuwając nad ładem i praworządnością. „Wszystko, co dobre w tym dziwnym świecie, dzieje się tylko dzięki ludziom dobrze urodzonym" – twierdził[5].

Ale w 1970 roku, po raz pierwszy w życiu, Masterman wyszedł przed szereg, wydając książkę o systemie podwójnych agentów. Napisał ją zaraz po wojnie na ścisły użytek Wydziału Piątego, ale w tajemnicy zachował dla siebie kopię. Szpiegowskie skandale lat sześćdziesiątych w znacznej mierze podkopały morale brytyjskiego wywiadu i Masterman postanowił poprawić jego reputację, przywołując historię niepodważalnego sukcesu. Szef Wydziału Piątego Roger Hollis oraz premier Alec Douglas-Home odmówili zgody na publikację, więc Masterman wydał *Brytyjski system podwójnych agentów 1939–1945** w Stanach Zjednoczonych, gdzie nie obowiązywała Ustawa o tajnych dokumentach. Wiele wysoko postawionych osobistości, w tym dawni koledzy Mastermana z Wydziału Piątego, nie kryło oburzenia, a John Marriott przestał się do niego odzywać. W roku 1972 rząd brytyjski ugiął się jednak i książka wyszła drukiem po usunięciu budzących kontrowersje ustępów. „Jakie to dziwne – pisał Masterman – że ja, który całe życie wspierałem rząd, w wieku osiemdziesięciu lat zostałem zwycięskim buntownikiem"[6].

Inni poszli za jego przykładem. Ewen Montagu napisał o operacji Mielonka, zwodniczym planie, który przekonał Niemców, że alianci zamierzają najechać Bałkany i Sardynię, a nie Sycylię. Montagu,

---

* W Polsce książka ukazała się w 1974 r. nakładem Wydawnictwa Ministerstwa Obrony Narodowej w przekładzie M. Pająk i W. Rychlickiego (przyp. red.).

wówczas sędzia nadzorujący sądy w marynarce wojskowej, zagrał nawet epizodyczną rolę w opartym na książce filmie z 1956 roku, również zatytułowanym *Człowiek, którego nie było*.

Paul Backwell, wojenny strażnik Chapmana, został kapitanem wywiadu, zaś Allan Tooth – starszym chorążym Polowej Służby Bezpieczeństwa.

Ronnie Reed przyjął po wojnie stanowisko starszego doradcy technicznego w Wydziale Piątym. W latach 1951–1957 kierował sekcją kontrwywiadu rozpracowującą działalność radzieckich szpiegów w Wielkiej Brytanii, w tym sprawy Burgessa, McLeana i Philby'ego. Przeszedł na emeryturę w 1977 roku, ale poproszono, aby pozostał w Wydziale Piątym jako doradca. Później napisał pełną monografię o radiowej działalności czasu wojny, którą wydano jako dodatek do oficjalnej historii brytyjskiego wywiadu z okresu drugiej wojny światowej. Był człowiekiem zbyt skromnym, aby ujawnić swe autorstwo. Zmarł w 1995 roku, w wieku siedemdziesięciu ośmiu lat. Krzyż Żelazny wręczony Chapmanowi przez von Gröninga za usługi oddane Trzeciej Rzeszy, a potem podarowany Ronniemu na pamiątkę ich przyjaźni, pozostaje w posiadaniu rodziny Reedów.

Lord Victor Rothschild za swe wojenne dokonania z materiałami wybuchowymi otrzymał Medal Jerzego. Pracował na wydziale zoologicznym uniwersytetu Cambridge, a potem został doradcą Margaret Thatcher do spraw bezpieczeństwa. Jego studencka przynależność do działających na uniwersytecie Apostołów Cambridge i znajomość ze szpiegami KGB Guyem Burgessem i Anthonym Bluntem ściągnęły nań podejrzenie, że był „piątym członkiem" „szpiegowskiej siatki Cambridge". Zaciekle bronił się przed tymi zarzutami i w roku 1986 napisał list otwarty do brytyjskich gazet, w którym oświadczył: „Nie jestem i nigdy nie byłem radzieckim agentem"[7].

Michael Ryde, ostatni oficer prowadzący sprawę Chapmana, wkrótce po wojnie odszedł z Wydziału Piątego i wrócił do rodzinnej firmy, zajmującej się wyceną nieruchomości. Szybko zaczął pić ponad miarę i całkiem się stoczył. Jego pierwsze małżeństwo się rozpadło, rozwiódł się też po raz drugi, zostawiając dwoje małych dzieci. W pubie słuchano z niedowierzaniem, jak się przechwalał rolą, jaką odegrał w sprawie Eddiego Chapmana, człowieka, którym pogardzał.

Terence Young wyszedł cało z bitwy pod Arnhem i został wziętym reżyserem, twórcą dwóch pierwszych filmów o Jamesie Bondzie: *Dr No* i *Pozdrowienia z Rosji*. Ten drugi mówi o rosyjskim szpiegu, planującym zabić Bonda i wykraść maszynę szyfrową. Filmowa postać najsłynniejszego tajnego agenta wzorowana była chyba na samym Youngu, gdyż niektórzy z występujących na planie twierdzili, że „Sean Connery to czyste odbicie Younga"[8].

Sztukmistrz Jasper Maskelyne ku swej głębokiej irytacji odszedł po wojnie w niebyt. Za wyczyny w dziedzinie kamuflażu nie doczekał się ani odznaczenia, ani formalnego podziękowania, a w oficjalnych relacjach z kampanii w Afryce Północnej ledwie raczono o nim wspomnieć. Coraz mniej publiczności zjawiało się na przedstawieniach, które odbywały się w niezbyt renomowanych miejscach. Rozgoryczony porzucił magię, wyemigrował do Kenii, gdzie prowadził dobrze prosperującą szkołę jazdy i walczył z rebeliantami Mau Mau. Zmarł w 1973 roku.

Reginald Kearon, kapitan City of Lancaster, dowodził podczas wojny jeszcze pięcioma innymi statkami handlowymi. Za swoje zasługi otrzymał Order Imperium Brytyjskiego oraz Medal Wojenny Lloyda. Morze niezmiennie wystawiało go na próby, tak jak w 1948 roku, kiedy niezatapialny Reg Kearon wybrał się samotnie żaglówką na rejs po Morzu Śródziemnym, a potem znaleziono go „dryfującego na jej wraku w kierunku Hajfy"[9]. Odszedł na emeryturę w 1954 roku, tym samym, w którym City of Lancaster, przemianowany tymczasem na Lancastrian, trafił na złomowisko.

Od roku 1945 Robin „Cynowe Oko" Stephens prowadził w Bad Nenndorf koło Hanoweru Ośrodek Szczegółowego Przesłuchania Połączonych Służb (Combined Services Detailed Interrogation Centre – CSDIC), czyli tajne więzienie, założone w brytyjskiej strefie okupacyjnej. Było to coś w rodzaju obozu 020 na terenie Niemiec, w którym Cynowe Oko wydobywał prawdę z licznych szpiegów i oficerów wywiadu, dostarczanych tutaj, w miarę jak alianci szli w głąb Niemiec. Znaleźli się wśród nich Walter Schellenburg, asystent Himmlera, i Ernst Kaltenbrünner, następca Heydricha na stanowisku szefa RSHA („demon zła"[10], jak się wyraził o nim Stephens). Później Cynowe Oko został oskarżony o stosowanie brutalnych metod podczas przesłuchań, ale oczyścił się z wszelkich zarzutów, przy okazji nazywając swych oskarżycieli „degeneratami, w większości dotkniętymi chorobami wenerycznymi, i patologicznymi kłamcami"[11].

Stephan von Gröning został aresztowany przez Amerykanów i osadzony w obozie jenieckim w pobliżu Bremy. Pozbawiony domu, w chwili nadejścia żołnierzy mieszkał wraz z siostrą Dorotheą i jej adoptowaną żydowską córeczką. Eskortujący go Amerykanie zgubili drogę do obozu, więc pół-Amerykanin von Gröning wskazał im ją w znakomitej angielszczyźnie z akcentem wyższych sfer. Pozwolono mu raz w miesiącu wysyłać kartkę do bliskich. Człowiek, któremu służba prasowała bieliznę, musiał teraz prosić o chustki do nosa i pastę do zębów. Został zwolniony po sześciu miesiącach i ku swej irytacji przekonał się, że chcąc dostać bony żywnościowe, a tym samym jeść, musi znaleźć sobie zajęcie. Dzięki przyjaciołom rodziny dostał posadę w Muzeum Bremy, ale rzadko przychodził do pracy.

Pieniądze mogły się rozejść, ale von Gröning do samego końca pędził życie jak kiedyś, typowe dla ludzi jego sfery[12]. Ożenił się z o wiele młodszą od siebie kobietą imieniem Ingeborg i podczas gdy ona pracowała, on całymi godzinami leżał na sofie, czytając pożyczone książki. Rzadko mówił o wojnie. Sądził, że Eddie Chapman został ujęty, że wykryto, iż jest szpiegiem, i go stracono. W portfelu przechowywał fotografię z La Bretonnière.

Walter Praetorius, alias Thomas, nazista kochający tańce ludowe, został aresztowany, sprowadzony do Bad Nenndorf i przesłuchany przez Cynowe Oko Stephensa. Ten miał więźniów obozowych za „niezmiennie odrażających"[13], ale Praetorius zaimponował mu, najpewniej z powodu swej anglomanii, tak odpowiadającej jego surowemu szowinizmowi. Praetorius został zwolniony po kilku miesiącach przesłuchań z orzeczeniem, że służył długo i najpewniej godnie jako stały pracownik niemieckiego wywiadu[14]. Osiadł wówczas w Goslar w zachodnich Niemczech, gdzie powrócił do nauczania angielskiego i do tańca.

5 maja 1945 roku oddziały 41. Pułku Kawalerii Stanów Zjednoczonych wyzwoliły obóz koncentracyjny Mauthausen-Gusen, gdzie trafiły na sceny z piekła rodem, na ludzkie szkielety snujące się po opuszczonej fabryce śmierci. Wśród wymizerowanych duchów znajdował się Anthony Faramus. Stracił płuco i siedem żeber, jego ciało zżerały dyfteryt, szkarlatyna, gangrena i dyzenteria. A jednak w jakiś sposób ten kruchy chłopak z Jersey, który tak łatwo się rumienił, zdołał ocaleć. W Anglii trafił do szpitala RAF i gdy wyzdrowiał, wyszedł z szesnastoma funtami w gotówce i dwoma funtami tygodniowego zasiłku. Udało mu się odnaleźć Eddiego Chapmana dzięki pomocy dziennikarza Franka Owensa, który był świadkiem ich „krępującego" spotkania[15].

– Myślałem, że nie żyjesz – odezwał się Chapman.

– Ja też tak myślałem, czasami.

– Jak ci się wiodło?

– Nie za dobrze.

– Wciąż się o ciebie martwiłem.

– Ja tak samo o ciebie, Eddie, i zastanawiałem się, czy odniosłeś sukces. Prowadziłeś niebezpieczną grę.

Nastała chwila kłopotliwej ciszy.

– Gdzie byłeś? – spytał Chapman.

– W tak wielu podłych miejscach, Eddie, że czasami kusiło mnie, by zdradzić cię przed Szwabami. No, ale nie zrobiłem świniom tej przyjemności i dotrzymałem tajemnicy.

Znów nastąpiła długa przerwa, po czym Chapman powiedział:

– Wiesz, Tony, gdyby nie ja, nie musiałbyś przechodzić przez to wszystko[16].

Faramus nigdy nie zdradził Chapmana, a ten starał się podtrzymać zaufanie Niemców również i po to, by – jak wierzył – chronić przyjaciela. Poszli do pobliskiego pubu, gdzie tęgo popili. „Miliony zmarły bez jednego słowa – rzekł Chapman do przyjaciela. – Myśmy ocaleli, by przynajmniej opowiedzieć naszą historię"[17]. Faramus napisał wstrząsające wspomnienia. Pracował jako statysta w filmach. Ironia losu sprawiła, że wystąpił na planie jako jeniec wojenny w filmie *Ucieczka z Colditz*, bo jeśli więźniowie tego obozu cierpieli, to na pewno nigdy tak jak on. W końcu wyjechał do Hollywood, gdzie zatrudnił się jako kamerdyner u Clarka Gable'a.

Dagmar Lahlum na próżno czekała na powrót Chapmana, podczas gdy Norwegia wyrównywała ponure rachunki. Vidkun Quisling, aresztowany w swej rezydencji Gimli i skazany za zdradę, stanął przed plutonem egzekucyjnym. Dwóch członków norweskiego ruchu oporu postawiono przed sądem za zamordowanie Feltmanów, ale zdołali się oczyścić z zarzutów. Sąsiedzi Dagmar z Eidsvoll, dokąd wróciła, szeptali za jej plecami, że jest niemiecką dziwką[18]; słyszała to, ale nie odzywała się słowem. Nigdy nie powiedziała sąsiadom ani rodzinie, że podczas wojny pomagała brytyjskiemu wywiadowi. Aby pozbyć się „pani Plotki"[19], przyjęła pracę pielęgniarki na pasażerskim statku Stvanger Fjord, pływającym między Oslo, Nowym Jorkiem i Nową Szkocją. Tak jak Chapman nauczyła się kochać morze i jak jego „zawsze drążył ją niepokój"[20]. Pracowała też w księgarni, potem jako fryzjerka, a w końcu jako księgowa. Wciąż nosiła modne suknie i paliła craveny. Nie wyszła za mąż, nie miała dzieci i nigdy nie wyzbyła się swych upodobań. W podeszłym już wieku nosiła mocny makijaż i kapelusze z lamparciej skóry, a siostrzenica przyłapała ją kiedyś, jak tańczyła sama przed lustrem. Kiedy w 1999 roku zmarła na chorobę Parkinsona, siostrzenica znalazła pudełko listów, starannie napisanych po angielsku, na papierze lotniczym. Wszystkie były zaadresowane do Eddiego Chapmana i nigdy nie zostały wysłane. Siostrzenica Dagmar wrzuciła je do pieca.

Freda Stevenson nie widziała – i całkiem słusznie – powodu, by czekać. Została stenotypistką i w 1949 roku poślubiła urzędnika z banku, młodszego od niej o pięć lat. Po czterech latach przyjęła pracę w kiosku, rozwiodła się i wyszła za mąż za bogatego właściciela stacji benzynowej nazwiskiem Abercrombie. Chociaż wywiad zniszczył dokument, na mocy którego pobierała pięć funtów tygodniowo, i usunął z akt wszelkie wzmianki o niej, dzięki transakcji między Chapmanem a Wydziałem Piątym Freda prawdopodobnie aż do śmierci otrzymywała czeki z Towarzystwa Spółdzielczego Londynu.

W hotelu Berkeley Eddie Chapman i Betty Farmer przegadali całe godziny i pobrali się niedługo potem. Było to szczęśliwe, trwałe małżeństwo, choć w ciągu następnych pięćdziesięciu lat oczy Chapmana wędrowały tu i tam. Często odchodził, lecz zawsze wracał. W październiku 1954 roku przyszła na świat ich córka Suzanne.

Zigzag nigdy nie chodził prostą drogą. Po wojnie wrócił do półświatka londyńskiego West Endu, gdzie wszelkiego rodzaju utracjusze zgotowali mu serdeczne powitanie. W latach pięćdziesiątych przemycał złoto przez Morze Śródziemne. Po nabyciu udziałów w jachcie motorowym Billy'ego Hilla, Flemingu, dawnym trałowcu, Chapman i załoga składająca się z ludzi jego pokroju pożeglowali do Maroka, gdzie zamierzali się wzbogacić na przemycie ośmiuset pięćdziesięciu tysięcy paczek papierosów i porwaniu zdetronizowanego sułtana. Plan spalił na panewce, przestępcy wdali się bowiem w bójkę w sąsiedztwie doków i wypędzono ich z Tangeru. W ślad za nimi popędził reporter „Sunday Chronicle", którego zaprosili na pokład, a potem zamknęli w kabinie. Na przystani w Tulonie Fleming stanął w ogniu, zapewne podpalony w celu otrzymania odszkodowania, co nasuwa podejrzenie, że Chapman nie stracił swoich sabotażowych umiejętności. Niedługo potem gang Hilla skradł wóz pocztowy i uszedł z kwotą dwustu pięćdziesięciu tysięcy funtów. W latach sześćdziesiątych Chapmanowie przenieśli się na afrykańskie Złote Wybrzeże, gdzie Eddie zaangażował się w zyskowny kontrakt budowlany. Wszczęto śledztwo dotyczące łapownictwa, ale wtedy Chapman był już z powrotem w ojczystym kraju.

Cynowe Oko Stephens zastanawiał się kiedyś, „co będzie, gdy Eddie popełni przestępstwo – zrobi to z całą pewnością – stanie przed sądem i poprosi o wyrozumiałość przez wzgląd na wielkie zasługi, jakie oddał wywiadowi podczas wojny"[21]. Nie czekał długo na odpowiedź. Przez dwadzieścia następnych lat Chapman raz za razem pojawiał się na sali sądowej, ale nigdy nie wrócił do więzienia. Kiedy w 1948 roku został oskarżony o puszczanie w obieg fałszywej waluty, przedstawił zaświadczenie od niewymienionego z nazwiska „wyższego oficera z Ministerstwa Wojny"[22], który stwierdził, że jest on „jednym z najmężniejszych ludzi, jacy służyli w ostatniej wojnie"[23]. Prawie na pewno chodzi tutaj o Ronniego Reeda. Wydział Piąty nie do końca uchylał się od swych zobowiązań. Innym razem, w 1974 roku, uniewinniono Chapmana od zarzutu rozbicia komuś głowy szklanką na dansingu w hotelu Watersplash w New Forest. Do bójki doszło z powodu młodej kobiety, Theresy Chin. „Podczas wojny przechodziłem szkolenie w walce bez broni – oświadczył sądowi Chapman – i nie potrzebowałbym szklanki, by obronić się w bójce w pubie. Mógłbym zabić gołymi rękami"[24]. Kiedy go uniewinniono, zaprosił przysięgłych na kielicha.

Chapman wciąż się zadawał z szantażystami, hazardzistami i złodziejaszkami. Jeździł rolls-royce'em (choć nigdy nie zrobił prawa jazdy) i nosił płaszcze z futrzanym kołnierzem. Gazety uwielbiały „Eddiego Chapmana – dżentelmena włamywacza". Przez jakiś czas występował nawet w roli „honorowego korespondenta w sprawach zbrodni" dla „Sunday Telegraph", ostrzegając czytelników przed ludźmi swego pokroju[25]. W 1960 roku pewien reporter spytał go, czy nie tęskni do dawnych, przestępczych lat. „Trochę – odparł w zadumie. – Ale nie żałuję niczego. Niczego, cokolwiek zrobiłem. Myślę, że byłem uczciwym huncwotem"[26].

„Czasami czujesz, że jest coś, co m u s i s z zrobić, i wtedy trzeba się kierować osądem własnym, a nie innych osób – napisał kiedyś John Masterman. – Jedni nazywają to przekonaniem, inni zwykłym uporem. Cóż, wybór należy do ciebie"[27]. Wojna na krótko wyzwoliła w Chapmanie niezłomne przekonanie co do tego, jak należy postępować. Wady jego dorównywały zaletom i dopóki żył, nie było wiadomo, czy stał po stronie dobra, czy zła, czy zwodził zwodzących i czy nie był w zmowie ze swym niemieckim prowadzącym. Zmarł na atak serca w 1997 roku i może trafił do nieba, a może w całkiem inne miejsce. Najpewniej wciąż porusza się zygzakiem.

Chapman próbował wydać książkę o swych wojennych przygodach, ale tak jak w przypadku Johna Mastermana, sprzeciwił się temu Wydział Piąty. Spisał więc mocno okrojoną wersję wydarzeń, którą opublikowała francuska gazeta „L'Etoile", a potem w 1953 roku „News of the World", ale kiedy naruszył tajemnicę państwową, do akcji wkroczyli rządowi prawnicy. Ukarano go grzywną w wysokości pięćdziesięciu funtów, a cały nakład gazety poszedł na przemiał. Ponowna próba publikacji również napotkała opór cenzury. Wreszcie w 1954 roku ukazały się, napisane z pomocą anonimowego autora, fabularyzowane wspomnienia zatytułowane *The Eddie Chapman Story*, które zawierają historię jego pobytu w Niemczech, ale nie mówią nic o współpracy z Wydziałem Piątym. „Jaka jest prawda o Eddiem Chapmanie? – pytała jedna z gazet. – Jeśli te wszystkie zdumiewające opowieści są prawdziwe, to dlaczego nie został ujęty i skazany jako zdrajca ojczyzny?"[28].

Wreszcie w 1966 roku Chapmanowi pozwolono wydać kolejną książkę, *The Real Eddie Chapman Story*, w której wspominał o pracy dla Wydziału Piątego, nie podając jednak szczegółów. Posłużyła ona jako podstawa scenariusza raczej kiepskiego filmu *Agent o dwóch twarzach* w reżyserii Terence'a Younga, z Christopherem Plummerem w roli Zigzaga. Film nie miał wiele wspólnego z rzeczywistością i Chapman był nim głęboko rozczarowany. Twierdził, że nie cieszy się takim uznaniem, na jakie zasłużył, i że mógłby je zdobyć, gdyby zamordował Hitlera. Tak czy inaczej stał się dość zamożnym człowiekiem, przez jakiś czas posiadał zamek w Irlandii i farmę w Hertfordshire, niedaleko fabryki De Havillanda.

W 1974 roku w jednym z londyńskich barów Chapman wpadł na Leo Kreuscha, bezzębnego niemieckiego boksera, który uczył go strzelania w La Bretonnière. Leo zdradził mu prawdziwe nazwisko

człowieka, którego Eddie znał jako doktora Graumanna, i powiedział, że przeżył on wojnę i mieszka teraz w Bremie. Chapman napisał do von Gröninga, z sentymentem wspominając lata, jakie spędzili razem w Nantes, Paryżu i w Oslo. Pytał, czy stary przyjaciel
wie, co się stało z żaglówką, którą sprawił sobie za otrzymane w nagrodę pieniądze, i czy pamięta Dagmar Lahlum. „Pewnie wyszła za
mąż" – zamyślił się nostalgicznie. Opisał swe posiadłości, dołączył
zdjęcie irlandzkiego zamku i zaprosił von Gröninga do siebie. „Jak
piękne wspomnienia przywołamy... Pamiętam, że bardzo lubi pan
zamki"[29]. To ostatnie nie było zbyt taktowne, ale Eddie nie mógł
wiedzieć, że von Gröning nie jest już bogatym człowiekiem.

Suzanne Chapman wyszła za mąż w 1979 roku w Shenley Lodge,
trzydziestodwupokojowym ośrodku wypoczynkowym prowa-
dzonym przez Eddiego i Betty. Tego dnia wśród gości weselnych
znajdował się starszy, krótkowzroczny dżentelmen z Niemiec, za-
bawiający dzieci recytowaniem staromodnych angielskich wierszy-
ków. Kiedy przyjęcie dobiegło końca, Eddie Chapman i Stephan von
Gröning wzięli się pod ręce i pogrążeni we wspomnieniach, ruszyli
na przechadzkę. Zaskoczona i poruszona tą trwałą więzią między
szpiegiem a jego oficerem prowadzącym Betty pomyślała, że „są
dla siebie jak bracia"[30]. Gdy odeszli ostatni goście, z ogrodu dał się
słyszeć śmiech i nikłe dźwięki *Lili Marleen*.

HI HU HA HA HA

POSTSCRIPTUM

W kilka tygodni po ukazaniu się pierwszego wydania *Agenta Zigzaga* otrzymałem telefon od niemieckiego ambasadora Niemiec w Londynie Wolfganga Ischingera. „Właśnie skończyłem czytać pańską książkę – powiedział. – Opisuje pan, jak Eddie Chapman został przetransportowany przez Luftwaffe przez kanał La Manche, a potem zeskoczył na spadochronie w Anglii. Chyba zainteresuje pana, że człowiekiem, który dowodził tym lotem, był mój ojciec. On i pilot Fritz Schlichting żyją i cieszą się dobrym zdrowiem".

Porucznik Fritz Schlichting, młody pilot,
który wiózł Chapmana do Anglii w 1942 roku.

Schlichting to ten wysoki, nieśmiały lotnik z Krzyżem Żelaznym, który siedział za sterami zwiadowczego focke-wulfa w 1942 roku, podczas gdy Karl „Charlie" Ischinger był jego dowódcą i nawigatorem, którego Chapman opisał jako „niskiego, krępego młodego człowieka, lat blisko dwudziestu ośmiu, o spokojnych niebieskich oczach". Eddie był przekonany, że obaj mężczyźni nie żyją. „Cała załoga zginęła podczas swego sześćdziesiątego lotu nad Anglią" – pisał.

Wiadomość, że pilot i nawigator nie tylko przetrwali wojnę, lecz także żyją do tej pory, doprowadziła do spotkania z Fritzem Schlichtingiem w jego domu w niemieckim Detmold. Osiemdziesięcioczteroletni, czarujący i gościnny lotnik wspominał dzień startu z Le Bourget, jakby to było w ubiegłym tygodniu, a nie dawno temu.

Tworzyliśmy Zwiadowczy Dywizjon 123 Luftwaffe, stacjonujący w Château du Buc, za Wersalem. Przeprowadzaliśmy nocne loty nad

Podporucznik Karl „Charlie" Ischinger, dowódca samolotu
Luftwaffe, którym Chapman leciał do Anglii w 1942 roku,
składający meldunek majorowi Arminowi Göbelowi,
dowódcy Szwadronu Zwiadowczego 123.

Anglią, fotografując skutki nalotów bombowych i starając się ustalić ich nowy cel. Była to niebezpieczna robota. Straciłem ponad osiemdziesięciu kolegów. Przeciętna liczba lotów przed zestrzeleniem wynosiła około czterdziestu; ja zaliczyłem osiemdziesiąt siedem.

Pewnego dnia jeden z naszych dowódców, major Gobin, powiedział Charliemu i mnie, że wyznaczono nam specjalną misję. Kazano się nam przebrać w cywilne ubrania i jechać do Paryża. Tam w restauracji spotkaliśmy się na obiedzie z angielskim szpiegiem i jego przełożonymi. Wiedzieliśmy tylko, że ma na imię Fritz, tak jak ja. Był wspaniałym, wesołym kompanem, z którym łatwo się można było dogadać.

Po paru tygodniach spotkaliśmy się wszyscy na lotnisku Le Bourget i zaprowadziłem go do samolotu. Chapman wyglądał na zupełnie spokojnego, choć zadawał mnóstwo pytań. Lecąc nad kanałem, śpiewaliśmy piosenki, ale gdy Chapman miał wyskakiwać, stało się coś złego. Spostrzegliśmy, że sznur jego spadochronu nie był należycie umocowany i gdyby wyskoczył w ten sposób, mógłby się zabić. Wreszcie Charlie dał znak i Chapman otworzył klapę. Na plecach miał wielki plecak i Bóg jeden wie, co w nim trzymał. Kiedy wyskakiwał, zaklinował się w otworze. Rozpaczliwie próbował się uwolnić, ale bezskutecznie, i dopiero Charlie mu pomógł, wymierzając kopniaka w plecy.

Takim sposobem straciliśmy Chapmana z oczu na blisko cztery miesiące, ale słyszeliśmy, że skutecznie wykonał swą misję. Wszyscy go bardzo lubili i nikomu nie przyszło na myśl, że mógłby pracować dla Brytyjczyków. Spotkaliśmy się z nim znowu w Paryżu i było to radosne powitanie. Chapman wręczył Charliemu i mnie po paczce; w każdej znajdowało się wielkie pudełko czekoladek i funt kawy, którą kupił w drodze powrotnej w Madrycie. Była to prawdziwa ziarnista kawa, a nie żadna namiastka, więc bardzo nas to ucieszyło.

W nagrodę za pomyślną misję Chapmana każdy z nas otrzymał specjalny srebrny puchar, ja swój mam do dziś. Charlie wciąż jest moim najbliższym przyjacielem. Liczy sobie teraz dziewięćdziesiąt siedem lat i nie cieszy się najlepszym zdrowiem, ale nadal bawimy

się doskonale, gdy wspomnimy tę niezwykłą noc, kiedy zrzuciliśmy
brytyjskiego szpiega nad Anglią.

Czarujący pilot Luftwaffe był tylko jednym z wielu ludzi, którzy wyłonili się z przeszłości Chapmana, dodając nowe legendy i wspomnienia, jedne tkliwe, inne o wiele mniej. W redakcji „The Times" zadzwonił telefon i w słuchawce odezwał się subtelny głos starszej pani, która nie przedstawiwszy się, oświadczyła:

– Był absolutnym śmieciem, wie pan? Najprzystojniejszym mężczyzną, jakiego znałam, ale kupą gówna. – Po tych słowach się rozłączyła.

W Norwegii inną z zawiedzionych przez Chapmana kobiet w końcu spotkała nagroda za jej bohaterstwo. Norweskie media zrelacjonowały historię Chapmana, a ogólnokrajowa gazeta „Aftenposten" zamieściła ją na pierwszej stronie z nagłówkiem: „Zmarła jako kolaborantka, a naprawdę była brytyjską agentką". Okazało się, że Dagmar stanęła przed trybunałem sądzącym zbrodnie wojenne, odsiedziała sześć miesięcy w więzieniu i przyznała się do winy w zamian za odstąpienie od formalnego wyroku. Odrzucona przez rodaków, obrzucana obelgami, dotrzymała danej Chapmanowi obietnicy i nigdy nie wspomniała o swych związkach z brytyjskim wywiadem.

Przyjaciel Chapmana John Williams opowiedział o tym, jak się poznali w Shenley Lodge, które pełniło najpierw funkcję wiejskiego klubu z barem i ruletką, nim przekształciło się w ośrodek wypoczynkowy:

– Pojawiłem się przed imponującym wejściem do Shenley, gdy nagle usłyszałem straszliwy hałas dobiegający z dachu rezydencji. Na tym właśnie dachu poznałem Eddiego, walącego z karabinu maszynowego Vickers do płyty ustawionej pół mili dalej między dwoma dębami!

Inny znajomy, dziennikarz Peter Kinsley, napisał list do „The Times", gdy *Agent Zigzag* zaczął się tam ukazywać w odcinkach: „Eddie byłby zachwycony tym szumem medialnym. Jego przyjaciele z dawnych lat mówili, że powinien nosić koszulkę z napisem

»Jestem szpiegiem MI5«. Kiedy widziałem go po raz ostatni, opowiadał, jak przegapił fortunę, kradnąc futra, gdyż wziął gronostaje, którymi obszywano szaty koronacyjne, za zwykłe króliki. Mówił też, iż zdołał kiedyś przekonać pewną pracującą w Anglii niemiecką *au pair*, że jest monterem telefonicznym z urzędu pocztowego, i włamał się do sejfu ściennego. Innym razem, kiedy odwiedził go inspektor podatkowy, pokazał mu zaświadczenie lekarskie, że ma słabe serce i nie można go narażać na stres. Dziesięć minut później przejechał rolls-royce'em obok inspektora czekającego w deszczu na autobus i pożegnał mężczyznę lekkim skinieniem ręki".

Otrzymałem też pełen żalu list od Briana Simpsona, kolekcjonera medali wojennych, który w latach osiemdziesiątych mieszkał niedaleko Shenley Lodge. Usłyszał on o przygodach Chapmana od ich wspólnego znajomego i zapytał, czy mógłby kupić jego Krzyż Żelazny. Zgodnie z obietnicą parę tygodni później Chapman przyniósł medal, a właściwie dwa, mówiąc, że drugi otrzymał od samego Hitlera. Dobito targu i Eddie wziął pieniądze, a uszczęśliwiony Simp-

Tommy „Tar" Robertson, szef sekcji B1A,
noszący tartanowe spodnie pułku piechoty Seaforth Highlanders,
dzięki którym zyskał sobie przydomek „Namiętne Gacie".

son – medale. Dwadzieścia lat później zbieracz, czytając tę książkę, przekonał się, że go oszukano. Swój Krzyż Żelazny Chapman podarował wiele lat wcześniej Ronniemu Reedowi, a te posiadane przez Simpsona okazały się replikami. „Pańska książka była dla mnie prawdziwym szokiem – pisał ten kolekcjoner. – Wynika z tego, że Eddie śmiał się ostatni. Mojej żonie ofiarowywał mały sztylet wysadzany klejnotami, który, jak powiedział, dostał od Hermanna Göringa. Nie chciała go jednak wziąć". Nie trzeba tu dodawać, że Chapman nie widział Göringa na oczy.

Z przeszłości zaczęli się kolejno wyłaniać dawni znajomi Chapmana, byłe kochanki i ofiary, aby dorzucić kolejne opowieści – jedne prawdziwe, inne będące spuścizną kreowanego przez Zigzaga mitu. Wreszcie, ku mojemu zadziwieniu, pojawiła się jedyna osoba, która znała całą prawdę o Eddiem Chapmanie, a mianowicie sam Eddie.

John Dixon, niezależny producent filmowy, zadzwonił do mnie, by powiedzieć, że ma sześć godzin taśmy, na której Chapman opowiada o swym życiu, z których nie wyemitowano ani minuty. Dixon nakręcił ten film w 1996 roku, na rok przed śmiercią Chapmana, z zamiarem zrobienia dokumentu, do czego nigdy nie doszło. Zatrzymał go dla siebie, myśląc, że któregoś dnia historia Chapmana zostanie opowiedziana. Teraz zaofiarował się, że mi go pokaże.

Moje pierwsze spotkanie z Chapmanem, który przemówił zza grobu w małej sali kinowej w Soho, to jedna z najdziwniejszych rzeczy, jakie mi się przytrafiły w życiu. Podczas nagrania Chapman był stary i chory, ale wciąż pełen werwy. Kiedy rozparty na krześle snuł wspomnienia, palił, chichotał, mrugał okiem i wdzięczył się do obiektywu, promieniował jakimś dzikim urokiem. Opisywał skok ze spadochronem nad Anglią, stosunki z von Gröningiem, fikcyjne zbombardowanie fabryki De Havillanda i życie, jakie pędził na Jersey, we Francji, Lizbonie i w Oslo. Swe przestępcze wyczyny wspominał z pogodnym zadowoleniem.

Ale w jego słowach pobrzmiewał ton mowy pożegnalnej. Stanowią one testament człowieka mówiącego do potomności, czasem dającego świadectwo prawdzie, a czasem nie, gdyż osiemdziesięciodwuletni Chapman nadal był bezczelnym łgarzem. Opisywał na przykład, jak w 1943 roku zabrano go do Winstona Churchilla i jak ze spoczywającym w łóżku, odzianym w szlafrok premierem obalił butelkę brandy. Pyszna historia, ale zupełnie nieprawdziwa.

Chapman nie mógł sobie wyobrazić, że Wydział Piąty zdecyduje się otworzyć archiwa i prawda o jego działalności czasu wojny wyjdzie na jaw.

Stojący nad grobem Eddie Chapman nadal odgrywał swoją rolę roześmianego huncwota, plótł bzdury i patrząc prosto w oczy, wyciągał ci portfel z kieszeni.

Ben Macintyre
kwiecień 2007

Eddie Chapman na spotkaniu po latach z prowadzącymi
z Wydziału Piątego w Savoyu, w październiku 1980 roku.
Chapman w drugim rzędzie trzeci od prawej;
Tommy „Tar" Robertson w drugim rzędzie trzeci od lewej;
Roman Garby-Czerniawski, podwójny agent Brutus,
w pierwszym rzędzie trzeci od lewej.

DODATEK

Oto dokładna kopia objaśnienia kodu stosowanego przez Chapmana, znajdująca się w archiwach Wydziału Piątego (KV2/455).

KOD MNOŻENIA
podany
angielskiemu spadochroniarzowi

Ten kod opiera się na słowie „CONSTANTINOPLE" ustalonym przed wyjazdem agenta. „Constantinople" otrzymuje cyfrową pozycję w alfabecie w poniższy sposób, pomnożoną przez datę nadanej wiadomości. W tym przypadku wybrano ósmy dzień miesiąca.

C	O	N	S	T	A	N	T	I	N	O	P	L	E
2	9	6	12	13	1	7	14	4	8	10	11	5	3

8

23	6	8	97	05	3	7	15	8	4	80	92	2	4

Następne posunięcie:
Trzeba wypisać alfabet, przyporządkowując każdej literze jej cyfrową pozycję.

a	b	c	d	e	f	g	h	i	j	k	l	m	n	o	p	q	r	s	t	u	v	w	x	y	z
1	2	3	4	5	6	7	8	9	10	11	12	13	14	15	16	17	18	19	20	21	22	23	24	25	26

Zapisany jest wynik mnożenia i można wysłać wiadomość, w tym przypadku brzmiącą:

I HAVE ARRIVED AND IN GOOD HEALTH
[PRZYBYŁEM. CZUJĘ SIĘ DOBRZE.]

Należy zauważyć, że pierwsze pięć liter to „f". Jest to znak ustalony między agentem a jego niemieckim prowadzącym, świadczący o tym, że pracuje z własnej woli. Gdyby został zmuszony do nadawania, świadczyłby o tym brak pięciu „f", co z miejsca zauważyłby niemiecki przełożony.

Metoda kodowania:
Dodanie „f", która jest szóstą literą, do 2 daje 8 i literę „h", która jest ósmą w alfabecie.
W drugim przypadku znowu „f" (szósta litera w alfabecie) dodana do 3 daje 9, a to z kolei literę „i".
Metoda ta obowiązuje w całej wiadomości włącznie z podpisem FRITZ.

2	3	6	8	9	7	0	5	3	7	1	5	8	4	8	0	9	2	2	4
f	f	f	f	f	I	H	A	V	E	x	A	R	R	I	V	E	D	A	N
h	i	l	n	o	p	h	f	y	f	y	f	z	v	q	v	n	f	c	r
D	I	N	G	O	O	D	H	E	A	L	T	H	x	F	R	I	T	Z	x
f	l	t	o	x	v	d	m	h	h	m	y	p	b	n	r	r	v	b	b

Grupy 5 znaków
są potem odczytywane poziomo, a nie pionowo jak w innych przypadkach.

A zatem:
HILNO PHFYL YFZVQ VNFCR FLTOX VDMHH MYPBN RRVBB

Uwaga: koniecznie należy umieścić dokładną liczbę liter w kodzie, nim się przejdzie do kodowanych grup pięciu znaków.

PRZYPISY

KV2 to oddział Archiwum Narodowego w Kew.

Jeśli nie zaznaczono inaczej, przesłuchania prowadzone przez wymienionych z nazwiska oficerów Wydziału Piątego dotyczą Chapmana.

Wykorzystane w tekście cytaty z gazet zostały zredagowane.

1. Hotel de la Plage

1. Wywiad z Leonardem Maxiem, byłym kelnerem z Hotelu de la Plage, Jersey, lipiec 2006.

2. Wywiad z Betty Chapman, Amersham, 25 listopada 2005.

3. Ibid.

4. Edward Chapman, *The Real Eddie Chapman Story*, Londyn 1966, s. 32. Dalej cytowane jako: *Chapman*.

5. Robin Stephens, 7 stycznia 1942, KV2 457.

6. Wywiad z Betty Chapman, 25 listopada 2005.

7. *Chapman*, s. 27.

8. Raport Lauriego C. Marshalla, 15 stycznia 1943, MI5, 133B. Te akta, niedawno udostępnione przez MI5, dodano do KV2 457. Dalej cytowane jako: KV2 457 (uzupełnienie).

9. Frank Owens, w: *Chapman* (wstęp), s. 9.

10. Ibid., s. 27.

11. Wykaz policyjny, KV2 455.

12. Owens, w: *Chapman*, s. 9.

13. R. Stephens, *Camp 020: MI5 and the Nazi Spies*, Londyn 2000, s. 218. Dalej cytowane jako: *Camp 020*.

14. Ibid.

15. KV2 457.

16. *Chapman*, s. 28.

17. Przesłuchanie przez Ronalda Reeda, 7 stycznia 1943, KV2 457.

18. Wywiad z Terence'em Youngiem, 22 stycznia 1943, KV2 458.

19. Ibid.

20. „Sunday Telegraph", 23 marca 1963.

21. Raport Paula Backwella, KV2, 456.

22. „Jersey Evening Post", 13 lutego 1939.

2. Więzienie na wyspie Jersey

1. „Jersey Evening Post", 14 lutego 1939.

2. Ibid.

3. Anthony Faramus, *The Faramus Story*, Londyn, data wydania nieznana (1954?), s. 12. Dalej cytowane jako: *Faramus*.

4. Protokół sądu więziennego Jersey, Jersey Historical Archive.

5. Zeznanie strażnika Packera przed sądem więziennym Jersey, Jersey Historical Archive.

6. „Jersey Evening Post", 6 lipca 1939.

7. Ibid.

8. Ibid.

9. Ibid.

10. „Daily Express", 8 lipca 1939.

11. „Jersey Evening Post", 6 lipca 1939.

12. Protokół sądu więziennego Jersey, Jersey Historical Archive.

13. Ibid.

3. Wojna na wyspie

1. H.G. Wells, *Outline of History*, Londyn 1920, s. 209.

2. *Faramus*, s. 10.

3. Przesłuchanie, 1 stycznia 1943, KV2 456.

4. Przesłuchanie, 17 grudnia 1942, KV2 455.

5. *Chapman*, s. 48–49.

6. *Faramus*, s. 29.

7. Ibid., s. 30.

8. Przesłuchanie, 17 grudnia 1942, KV2 455.

4. Romainville

1. *Faramus*, s. 39.

2. Ibid., s. 36.

3. *The Trial of German Major War Criminals*, tom 6, Londyn, 1946, s. 141.

4. *Faramus*, s. 40.
5. Przesłuchanie przez E. Goodacre'a, 18 grudnia 1942, KV2 455.
6. Przesłuchanie przez E. Goodacre'a, 17 grudnia 1942, KV2 455.
7. *Faramus*, s. 43.
8. Przesłuchanie przez Victora Rothschilda, 28 stycznia 1943, KV2 458.
9. *Faramus*, s. 48.
10. Ibid., s. 37.
11. Ibid., s. 49.
12. Ibid.
13. Ibid., s. 37.
14. *Chapman*, s. 62.
15. Ibid.
16. Przesłuchanie przez R. Stephensa, 7 stycznia 1942, KV2 457.
17. Przesłuchanie przez R. Stephensa, 17 grudnia 1942, KV2 455.
18. Ibid.
19. *Faramus*, s. 37.
20. Ibid., s. 49.
21. *Chapman*, s. 64.
22. Ibid., s. 66.

5. Villa de la Bretonnière

1. Przesłuchanie przez R. Stephensa, 17 grudnia 1942, KV2 455.
2. Ibid.
3. Ibid.
4. Przesłuchanie przez V. Rothschilda, 2 stycznia 1943, KV2 456.
5. Raport T.A. Robertsona ze szkolenia SOE, KV4 172.
6. John Curry, *The Security Service 1908–1945: The Official History*, Londyn, 1999, KV4 1–3
7. Cytowane w: Emily Jane Wilson, *The War in the Dark: The Security Service and the Abwehr 1940–1944*, praca doktorska, Cambridge, 2003.
8. Ibid.
9. Evelyn Waugh, cytowane ibid.
10. Curry, op. cit.
11. List Waltera Praetoriusa z 1979 roku na stronie internetowej rodziny Thomasów.
12. Akta Waltera Praetoriusa, KV 2 524.
13. Ibid.
14. Ibid.
15. Przejęty meldunek ISOS, 2 lutego 1942, KV2 456.

6. Doktor Graumann

1. Przesłuchanie, 1 stycznia 1943, KV2 456.
2. Ibid.
3. Przesłuchanie przez V. Rothschilda, 2 stycznia 1943, KV2 456.
4. Przesłuchanie, 1 stycznia 1943, KV2 456.
5. Przesłuchanie przez V. Rothschilda, 2 stycznia 1943, KV2 456.
6. Przesłuchanie przez E. Goodacre'a, 17 grudnia 1942, KV2 455.
7. Przesłuchanie przez R. Stephensa, 17 grudnia 1942, KV2 455.
8. Ibid.
9. Przesłuchanie przez V. Rothschilda, 28 stycznia 1943, KV2 458.
10. Przesłuchanie przez V. Rothschilda, 2 stycznia 1943, KV2 456.
11. Ibid.
12. Przesłuchanie przez R. Stephensa, 3 stycznia 1943, KV2 456.
13. Przesłuchanie przez R. Reeda, 21 grudnia 1943, KV2 456.
14. Przesłuchanie przez R. Stephensa, 3 stycznia 1943, KV2 456.
15. *Chapman*, s. 66.
16. Wywiad z Ingeborg von Gröning, Brema, 22 maja 2006.
17. Ibid.
18. Gladys von Gröning, akta imigracyjne, HO 405/16169.
19. Wywiad z Ingeborg von Gröning, Brema, 22 maja 2006.
20. *Chapman*, s. 73.
21. Ibid., s. 71.
22. Ibid., s. 69.
23. Ibid., s. 72.
24. Przesłuchanie przez R. Stephensa, 17 grudnia 1942, KV2 455.
25. Przesłuchanie przez R. Stephensa, 19 grudnia 1942, KV2 455.
26. Ibid.
27. Raport Reeda, 1 stycznia 1943, KV2 457.
28. Przesłuchanie przez E. Goodacre'a, 17 grudnia 1942, KV2 455.
29. Ibid.
30. Raport Reeda, 15 marca 1943, KV2 459.
31. Przesłuchanie, 1 stycznia 1943, KV2 456.
32. Przejęty meldunek ISOS, 20 października 1942, KV2 460.
33. Ibid., 23 października 1942.
34. Ibid., 14 października 1942.
35. Przesłuchanie przez R. Stephensa, 17 grudnia 1942, KV2 455.

7. Kryptolodzy

1. Przejęty meldunek ISOS, 13 października 1942, KV2 460.

2. Peter Twinn, w: F.H. Hinsley, Alan Stripp (red.), *Codebreakers: The Inside Story of Bletchley Park*, Oksford 2001.

3. Cytowane w: Penelope Fitzgerald, *The Knox Brothers*, Londyn 2001, s. 98.

4. Cytowane w: Wilson, op. cit.

5. J.C. Masterman, *Brytyjski system podwójnych agentów 1939–1945*, Londyn 1972, s. 3.

6. Przemówienie Christophera Harmera na nabożeństwie ku czci T.A. Robertsona (1909–1994) w opactwie Pershore, przechowywane w dokumentach dotyczących podpułkownika T.A. Robertsona, dzięki uprzejmości Trustees of the Liddell Hart Centre for Military Archives, King's College, Londyn.

7. J.C. Masterman, *On the Chariot Wheel: An Autobiography*, Oksford 1975, s. 219.

8. Harmer, op. cit.

9. Ibid.

10. Masterman, *On the Chariot Wheel*, s. 108.

11. Ibid., s. 114.

12. Cytowane w: Wilson, op. cit.

13. Masterman, *On the Chariot Wheel*, s. 377.

14. Masterman, *Brytyjski system podwójnych agentów 1939–1945*, s. 54.

15. Ibid., s. 1.

16. Ibid., s. 22.

17. Ibid., s. 24.

18. Ibid., s. 25.

19. Masterman, *On the Chariot Wheel*, s. 219.

20. Ibid.

21. Ewen Montagu, *Beyond Top Secret Ultra*, Londyn 1977, s. 134.

22. Uwagi Reeda o przechwytywaniu meldunków ISOS, 30 czerwca 1942, KV2 456.

23. Ibid., 28 lipca 1942.

24. Raport Reeda, 20 sierpnia 1941, KV2 455.

25. Raport RSS, 19 września 1941, KV2 455.

26. Ibid.

27. Raport Reeda, 20 sierpnia 1941, KV2 455.

8. Mosquito

1. Raport Reeda, 8 lutego 1942, KV2 458.

2. Przesłuchanie przez V. Rothschilda, 2 stycznia 1943, KV2 456.

3. Przesłuchanie przez E. Goodacre'a, 17 grudnia 1942, KV2 455.

4. Ibid.
5. Przesłuchanie przez majora D.B. „Stimmy'ego" Stimsona, 17 grudnia 1942, KV2 455.
6. Ibid.
7. KV2 457.
8. Raport Backwella, 30 grudnia 1942, KV2 456.
9. Przesłuchanie przez R. Stephensa, 17 grudnia 1942, KV2 455.
10. Ibid.
11. Przesłuchanie przez V. Rothschilda, 2 stycznia 1943, KV2 456.
12. Ibid.
13. Przesłuchanie, 1 stycznia 1943, KV2 456.
14. Ibid.
15. Przejęty meldunek ISOS, 2 października 1942, KV2 460.
16. Uwagi Backwella, KV2 456.
17. Przesłuchanie przez E. Goodacre'a, 18 grudnia 1942, KV2 455.
18. Ibid.
19. Uwagi Backwella, KV2 456.
20. Memorandum, KV2 456.
21. Patrz: *A Short History of the DH98 Mosquito*, bbc.co.uk.
22. Przejęty meldunek ISOS, 12 października 1942, KV2 460.
23. Memorandum, 24 września 1942, KV2 456.

9. Pod niewidzialnym okiem

1. Przesłuchanie przez E. Goodacre'a, 17 grudnia 1942, KV2 455.
2. Przesłuchanie przez R. Stephensa, 17 grudnia 1942, KV2 455.
3. Ibid.
4. Przesłuchanie przez V. Rothschilda, 2 stycznia 1943, KV2 456.
5. Ibid.
6. Ibid.
7. Przesłuchanie przez R. Stephensa, 17 grudnia 1942, KV2 455.
8. Memorandum, KV2 456.
9. Ibid.
10. Przesłuchanie przez R. Stephensa, 3 stycznia 1943, KV2 456.
11. Ibid.
12. Przesłuchanie przez V. Rothschilda, 2 stycznia 1943, KV2 456.
13. Przesłuchanie przez R. Shorta, 18 grudnia 1942, KV2 455.
14. Ibid.
15. Przesłuchanie przez R. Stephensa, 3 stycznia 1943, KV2 456.
16. Przesłuchanie przez V. Rothschilda, 2 stycznia 1943, KV2 456.

17. Ibid.
18. Przejęty meldunek ISOS, 26 września 1942, KV2 460.
19. Memorandum, KV2 456.
20. Ibid.
21. Uwagi Reeda, przejęty meldunek ISOS, 17 grudnia 1942, KV2 456.
22. Przejęty meldunek ISOS, 7 grudnia 1942, KV2 460.
23. Przesłuchanie, 1 stycznia 1943, KV2 456.
24. Przesłuchanie przez R. Stephensa, 17 grudnia 1942, KV2 455.
25. *Chapman*, s. 103.
26. Przesłuchanie przez E. Goodacre'a, 18 grudnia 1942, KV2 455.
27. Ibid.
28. Przesłuchanie przez R. Stephensa, 17 grudnia 1942, KV2 455.

10. Zrzut

1. Uwagi Reeda, przejęty meldunek ISOS, 10 grudnia 1942, KV2 456.
2. Przesłuchanie przez E. Goodacre'a, 17 grudnia 1942, KV2 455.
3. Oświadczenie Chapmana, 18 grudnia 1942, KV2 455.
4. Memorandum, KV2 455.
5. Przesłuchanie przez V. Rothschilda, 2 stycznia 1943, KV2 456.
6. Przesłuchanie przez R. Stephensa, 17 grudnia 1942, KV2 455.
7. Ibid.
8. Przesłuchanie przez R. Stephensa, 7 stycznia 1943, KV2 457.
9. Przesłuchanie przez E. Goodacre'a, 18 grudnia 1942, KV2 455.
10. Ibid.
11. Przesłuchanie przez R. Stephensa, 17 grudnia 1942, KV2, 455.
12. Ibid.
13. Raport z obozu 020, 11 lipca 1944, KV2 459.
14. Raport Reeda, 1 stycznia 1943, KV2 456.
15. Przesłuchanie przez E. Goodacre'a, 18 grudnia 1942, KV2 455.
16. *Faramus*, s. 74.
17. Ibid., s. 78.
18. Przesłuchanie przez R. Stephensa, 17 grudnia 1942, KV2 455.
19. Ibid.
20. Przesłuchanie przez V. Rothschilda, 2 stycznia 1943, KV2 456.
21. Ibid.
22. Przesłuchanie przez R. Stephensa, 7 stycznia 1942, KV2 457.
23. *Chapman*, s. 107.
24. Ibid.
25. Przesłuchanie przez R. Stephensa, 7 stycznia 1942, KV2 457.
26. Ibid.

27. Przesłuchanie przez R. Stephensa, 17 grudnia 1942, KV2 455.

28. Przesłuchanie przez D.B. „Stimmy'ego" Stimsona, 17 grudnia 1942, KV2 455.

29. Ibid.

30. Przesłuchanie przez R. Stephensa, 17 grudnia 1942, KV2 455.

31. Przesłuchanie przez D.B. „Stimmy'ego" Stimsona, 17 grudnia 1942, KV2 455.

11. Niezwykła noc Marthy

1. Memorandum, KV2 455.
2. Uwagi Reeda o przechwytywaniu meldunków ISOS, KV2 456.
3. Memorandum, KV2 455.
4. Memorandum RSS, 8 października 1942, KV2 455.
5. Memorandum, KV2 455.
6. Ibid.
7. Memorandum, 1 października 1942, KV2 455.
8. Memorandum, 4 października 1942, KV2 455.
9. Raport policji, KV2 455.
10. Ibid.
11. Raport sierżanta J. Vaila, KV2 455.
12. Ibid.
13. Raport zastępcy komisarza okręgowego policji z Ely, KV2 455.
14. Raport Stephensa, 17 grudnia 1942, KV2 455.

12. Obóz 020

1. *Camp 020*, s. 107.
2. Ibid. s. KV4 14, s. 306.
3. *Camp 020*, s. 54.
4. Ibid., s. 73.
5. Ibid., s. 295.
6. Ibid., s. 40.
7. Ibid., s. 19.
8. Ibid., s. 71.
9. Przesłuchanie przez R. Stevensa, 17 grudnia 1942, KV2 455.
10. Raport Stephensa, 18 grudnia 1942, KV2 544.
11. *Camp 020*, s. 109.
12. Patrz: przesłuchanie przez R. Stephensa, 17 grudnia 1942, KV2 455.
13. Cytowane w: Montagu, op. cit., s. 108.
14. *Camp 020*, s. 105.

15. Ibid., s. 58.

16. Memorandum Reeda, 21 grudnia 1942, KV2 456.

17. Przesłuchanie przez E. Goodacre'a, 18 grudnia 1942, KV2 455.

18. Przesłuchanie przez R. Stephensa, 17 grudnia 1942, KV2 455.

19. Memorandum Stephensa, KV2 455.

20. *Camp 020*, s. 218.

21. Raport Stephensa, 7 stycznia 1942, KV2 457.

22. Uwagi Reeda o przechwytywaniu meldunków ISOS, 28 lipca 1942, KV2 456.

23. Memorandum Robertsona, 24 grudnia 1942, KV2 456.

24. Oświadczenie Chapmana, 18 grudnia 1942, KV2 455.

25. Ibid.

26. Raport Reeda, 15 marca 1943, KV2 459.

27. Chapman do Stephensa, 18 grudnia 1942, KV2 455.

28. Raport Stephensa, 7 stycznia 1942, KV2 457.

29. Ibid.

30. Raport Stephensa, 18 grudnia 1942, KV2 455.

31. Ibid.

32. Wspólne oświadczenie śledczych, 18 grudnia 1942, KV2 455.

33. Memorandum Robertsona, 18 grudnia 1942, KV2 455.

13. Crespigny Road 35

1. Zapis zarejestrowanego w 1994 roku na wideo wywiadu z Ronniem Reedem, dzięki uprzejmości Nicholasa Reeda; dalej cytowany jako: Reed – wywiad.

2. Wywiad z Charlesem Chiltonem, 5 października 2006.

3. Memorandum Reeda, 19 grudnia 1942, KV2 455.

4. Ibid.

5. Chapman do Stephensa, 19 grudnia 1942, KV2 455.

6. Raport Reeda, 20 grudnia 1942, KV2 455.

7. Ibid.

8. Przejęty meldunek ISOS, 20 września 1942, KV2 460.

9. Uwagi Reeda o przechwytywaniu meldunków ISOS, KV2 456.

10. Uwagi Reeda, KV2 456 i przejęty meldunek ISOS, 21 grudnia 1942, KV2 460.

11. Uwagi Reeda, KV2 456.

12. Raport Reeda, KV2 458.

13. Memorandum, KV2 456.

14. Memorandum Mastermana do Robertsona, 17 grudnia 1942, KV2 455.

15. Raport, 19 grudnia 1942, KV2 455.

16. Memorandum Robertsona, 30 stycznia 1943, KV2 458.
17. Raport Ministerstwa Lotnictwa, 7 lutego 1943, KV2 458.
18. Raport Stephensa, 7 stycznia 1942, KV2 457.
19. Podsumowanie Robertsona, 21 grudnia 1942, KV2 456.
20. Ibid.
21. Notatka, KV2 456.
22. Ibid.
23. Uwagi Backwella, KV2 458.
24. Ibid.
25. Uwagi Backwella, KV2 456.
26. Uwagi Tootha, KV2 456.
27. Ibid.
28. Memorandum Reeda, 26 grudnia 1942, KV2 456.
29. Masterman, *Brytyjski system podwójnych agentów 1939–1945*, s. 90.
30. Masterman, *On the Chariot Wheel*, s. 212.
31. Ibid.
32. Raport Stephensa, 7 stycznia 1942, KV2 457.
33. Ibid.
34. *Camp 020*, s. 105.
35. Raport Reeda, KV2 456.
36. Raport Reeda, 1 stycznia 1943, KV2 456.
37. Uwagi Backwella, KV2 458.
38. Memorandum Reeda, 23 grudnia 1942, KV2 456.
39. Raport Reeda, 10 lutego 1942, KV2 458.
40. Raport Reeda, 28 grudnia 1942, KV2 456.

14. Odejść w wielkim stylu

1. Harmer, op. cit.
2. Raport Reeda, 28 grudnia 1942, KV2 456.
3. Ibid.
4. Przejęty meldunek ISOS, 27 grudnia 1942, KV2 460.
5. Raport Reeda, 28 grudnia 1942, KV2 456.
6. Niedatowana notatka, KV2 456.
7. Przesłuchanie Marshalla, 24 grudnia 1942, KV2 456.
8. Ibid.
9. Memorandum Mastermana, 26 grudnia 1942, KV2 456.
10. Masterman, *Brytyjski system podwójnych agentów 1939–1945*, s. 19.
11. Frank Ruskell, cytowane w: *Short History of the DH98 Mosquito*, op. cit.
12. Raport Backwella, 30 grudnia 1942, KV2 456.
13. Z „legendy" Chapmana, KV2 459.

14. Memorandum, KV2 456.
15. Raport Reeda, 10 lutego 1942, KV2 458.
16. Memorandum, 5 stycznia 1943, KV2 456.
17. Ibid.
18. Uwagi Backwella, KV2 458.
19. Ibid.
20. Uwagi Tootha, KV2 456.
21. Raport Reeda, 15 marca 1943, KV2 459.
22. Protokół spotkania, 31 grudnia 1942, KV2 456.
23. Raport Robertsona, 11 stycznia 1943, KV2 457.
24. Uwagi Tootha, KV2 456.
25. Ibid.
26. Raport Reeda, 1 stycznia 1943, KV2 456.
27. Ibid.

15. Freda i Diane

1. Raport Backwella, KV2 456.
2. Ibid.
3. Raport Marshalla, 15 stycznia 1943, MI5 ref. 133B, KV2 457 (uzupełnienie).
4. Raport Backwella, KV2 456.
5. Odręczna notka do uwag Backwella z 12 stycznia 1943, KV2 457 (uzupełnienie).
6. Notatka Backwella, 12 stycznia 1943, KV2 457 (uzupełnienie).
7. Ibid.
8. Raport Reeda, 15 marca 1943, KV2 459, dokument 254 B.
9. Ibid.
10. Raport Backwella, KV2 458.
11. Ibid.
12. Ibid.
13. Raport Marshalla, 7 stycznia 1943, KV2 457 (uzupełnienie).
14. Uwagi Tootha, 7 stycznia 1943, KV2 457 (uzupełnienie).
15. Ibid.
16. Raport Backwella, KV2 458.
17. Raport Reeda, 7 stycznia 1943, KV2 457 (uzupełnienie).
18. Memorandum Reeda, 13 stycznia 1943, KV2 457 (uzupełnienie).
19. Raport Marshalla, 15 stycznia 1943, MI5 ref. 133B, KV2 457 (uzupełnienie).
20. Raport Marshalla, 23 stycznia 1943, KV2 458.
21. Ibid.
22. Raport Reeda, 15 marca 1943, KV2 459, dokument 254 B.

23. Ibid.
24. Ibid.
25. Przesłuchanie przez V. Rothschilda, 2 stycznia 1943, KV2 456.
26. Uwagi Backwella, KV2 458.
27. Raport Reeda, 15 marca 1943, KV2 459, dokument 254 B.
28. Raport Marshalla, 15 stycznia 1943, MI5 ref. 133B, KV2 457 (uzupełnienie).
29. Ibid.
30. Odręczna notka Reeda do powyższego.
31. Raport Reeda, 1 stycznia 1943, KV2 456.
32. Uwagi Backwella, KV2 458.
33. Ibid.
34. Reed – wywiad, 1994.
35. Uwagi Backwella, KV2 458.
36. Ibid.
37. Uwagi Tootha, 26 stycznia 1943, KV2 458.
38. Uwagi Tootha, KV2 456.
39. Ibid.
40. Uwagi Tootha, 26 stycznia 1943, KV2 458.
41. Odręczna notka Reeda na powyższych uwagach Tootha.
42. Raport Reeda, 15 marca 1943, KV2 459, dokument 254 B.
43. Ibid.

16. Abrakadabra

1. Charles Fraser-Smith, *The Secret War of Charles Fraser-Smith*, Londyn 1981, s. 121.
2. Odręczna notka Mastermana do memorandum Reeda, 7 stycznia 1943, KV2 457.
3. Fraser-Smith, op. cit.
4. Raport Reeda, 15 marca 1943, KV2 459.
5. Memorandum Mastermana, 27 stycznia 1943, KV2 458.
6. Ibid.
7. Ibid.
8. Ibid.
9. Raport Reeda, KV2 458.
10. Memorandum pułkownika Johna Turnera, KV2 458.
11. Memorandum Reeda, KV2 458.
12. Raport Reeda, 31 stycznia 1943, KV2 458.
13. Ibid.
14. Fraser-Smith, op. cit.

15. Raport Reeda, 15 marca 1943, KV2 459, dokument 254 B.

16. Raport Stephensa, 7 stycznia 1942, KV2 457.

17. Raport Reeda, 15 marca 1943, KV2 459, dokument 254 B.

18. Memorandum Robertsona, 1 stycznia 1943, KV2 457.

19. Raport Reeda, 15 marca 1943, KV2 459, dokument 254 B.

20. Ibid.

21. Ibid.

22. Masterman, *Brytyjski system podwójnych agentów 1939–1945*, s. 132.

23. Ibid.

24. Raport Reeda, 13 marca 1943, KV2 459.

25. Raport Shanksa, 6 stycznia 1943, KV2 457.

26. Ibid.

27. Raport Marshalla, 15 stycznia 1943, MI5 ref. 133B. KV2 457 (uzupełnienie).

28. Ibid.

29. Malcolm Muggeridge, *Chronicles of Wasted Time*, tom II, Londyn 1979, s. 222.

30. Cytowane w: Kenneth Rose, *Elusive Rothschild: The Life of Victor, Third Baron*, Londyn 2003, s. 67.

31. Przesłuchanie przez V. Rothschilda, 2 stycznia 1943, KV2 456.

17. Im większa przygoda, tym...

1. Raport Robertsona, 2 lutego 1943, KV2 458.

2. *Camp 020*, s. 176

3. Uwagi Reeda, KV2 456.

4. Raport Robertsona, 2 lutego 1943, KV2 458.

5. Ibid.

6. Przypisywany Robertsonowi raport o szkoleniu SOE, KV4 172.

7. Ibid.

8. Ibid.

9. Uwagi Reeda o przechwytywaniu meldunków ISOS, KV2 456.

10. Raport Reeda, 13 marca 1943, KV2 459.

11. Ibid.

12. Raport Reeda, 15 marca 1943, KV2 459, dokument 254 B.

13. Ibid.

14. Raport Reeda, 13 marca 1943, KV2 459.

15. Memorandum Robertsona, KV2 457.

16. Raport Reeda, 13 marca 1943, KV2 459.

17. Memorandum, KV2 457.

18. Niedatowana notatka Chapmana, KV2 458.

19. Raport Marshalla, 2 lutego 1943, KV2 456.
20. Ibid.
21. Ibid.
22. Uwagi Tootha, KV2 456.
23. Masterman, *Brytyjski system podwójnych agentów 1939–1945*, s. 18.
24. Raport Marshalla, 2 lutego 1943, KV2 456.
25. Ibid.
26. Raport Reeda, 15 marca 1943, KV2 459, dokument 254 B.
27. Memorandum Reeda, 10 lutego 1943, KV2 458.
28. Raport Reeda, 15 marca 1943, KV2 459, dokument 254 B.
29. Memorandum Reeda, 10 lutego 1943, KV2 458.
30. Ibid.
31. „Evening Standard", 12 lutego 1943.
32. „News Chronicle", 10 lutego 1943.
33. Memorandum Reeda, 10 lutego 1943, KV2 458.
34. Ibid.
35. Raport Reda, 15 marca 1943, KV2 459, dokument 254 B.
36. Raport Reeda, 8 lutego 1943, KV2 458.
37. Przesłuchanie przez V. Rothschilda, 28 stycznia 1943, KV2 458.
38. Uwagi Backwella, KV2 458.
39. Ibid.
40. Uwagi Reeda, 10 lutego 1943, KV2 458.
41. Memorandum Reeda, 10 lutego 1943, KV2 458.
42. Uwagi Backwella, KV2 458.
43. Raport Reeda, 8 lutego 1943, KV2 458.
44. Raport Reeda, 15 marca 1943, KV2 459, dokument 254 B.
45. Ibid.
46. Uwagi Stephensa, KV2 456.
47. Robertson, 1 stycznia 1943, KV2 457.
48. Memorandum Reeda, 10 lutego 1943, KV2 458.
49. Raport Reeda, 15 marca 1943, KV2 459, dokument 254 B.
50. Ibid.
51. Notatka Robertsona, KV2 457.
52. Raport Backwella, KV2 456.
53. Memorandum Robertsona, 11 stycznia 1943, KV2 457.
54. Przesłuchanie przez Rothschilda, 28 stycznia 1943, KV2 458.
55. Raport Reeda, 15 marca 1943, KV2 459, dokument 254 B.
56. Memorandum Robertsona, 11 stycznia 1943, KV2 457.
57. Ibid.
58. Raport Reeda, 8 lutego 1943, KV2 458.

59. Ibid.
60. Memorandum Robertsona, 11 stycznia 1943, KV2 457.
61. Raport Stephensa, 7 stycznia 1942, KV2 457.

18. Pasażer na gapę

1. Raport Reeda, 3 marca 1943, KV2 458.
2. Ibid.
3. Ibid.
4. Memorandum Reeda, 10 lutego 1943, KV2 458.
5. Raport Reeda, 3 marca 1943, KV2 458.
6. Raport Reeda, 15 marca 1943, KV2 459, dokument 254 B.
7. Raport Reeda, 3 marca 1943, KV2 458.
8. Uwagi Reeda, KV2 458.
9. Ibid.
10. Raport Reeda, 15 marca 1943, KV2 459, dokument 254 B.
11. Uwagi Reeda, KV2 458.
12. Raport Reeda, 15 marca 1943, KV2 459, dokument 254 B.
13. Ibid.
14. Ibid.
15. Odręczne pismo do Marshalla, 3 marca 1943, KV2 458.
16. Raport Reeda, 3 marca 1943, KV2 458.
17. Ibid.
18. Raport Reeda, 15 marca 1943, KV2 459, dokument 254 B.
19. Ibid.

19. „Joli Albert"

1. Raport Reeda, 26 marca 1943, KV2 459.
2. Ibid.
3. *Chapman*, s. 137.
4. Raport Reeda, 18 kwietnia 1943, KV2 461.
5. Raport Reeda, 26 marca 1943, KV2 459.
6. Raport majora R.L. Browna, 26 kwietnia 1943, KV2 461.
7. Ibid.
8. Raport Reeda, 26 marca 1943, KV2 459.
9. Raport majora R.L. Browna, 26 kwietnia 1943, KV2 461.
10. Wyciągi z dziennika okrętowego City of Lancaster, KV2 459.
11. Masterman, *The Case of the Four Friends*, Londyn, 1961, s. 19.
12. Raport majora R.L. Browna, 26 kwietnia 1943, KV2 461.
13. Ibid.

14. Raport Reeda, 15 marca 1943, KV2 459, dokument 254 B.
15. Raport z obozu 020, 11 lipca 1944, KV2 459.
16. Raport Stephensa, 29 czerwca 1944, KV2 459.
17. Raport z obozu 020, 11 lipca 1944, KV2 459.
18. Ibid.
19. Ibid.
20. Wyciągi z dziennika okrętowego City of Lancaster, KV2 459.
21. Ibid.
22. Raport Reeda, 26 marca 1943, KV2 459.
23. Raport z obozu 020, 11 lipca 1944, KV2 459.
24. Raport Stephensa, 29 czerwca 1944, KV2 459.
25. Przejęty meldunek ISOS, 27 maja 1945, KV2 459.
26. Memorandum, 23 marca 1943, KV2 459.
27. Raport o spotkaniu, 22 marca 1943, KV2 459.
28. Ibid.
29. Ibid.
30. Ibid.
31. Ibid.
32. Niedatowane memorandum, KV2 459.
33. Ibid.
34. Wyciągi z dziennika okrętowego City of Lancaster, KV2 459.
35. Ibid.
36. Raport Reeda, 26 marca 1943, KV2 459.
37. Ibid.
38. Ibid.
39. Ibid.
40. Telegram, KV2 459.
41. Raport Stephensa, 27 czerwca 1943, KV2 460.
42. Raport Reeda, 26 marca 1943, KV2 459.
43. Ibid.
44. Memorandum Rothschilda, 28 marca 1943, KV2 461.
45. Ibid.

20. Niewypał

1. Raport z obozu 020, 11 lipca 1944, KV2 459.
2. Ibid.
3. Ibid.
4. Raport majora Michaela Ryde'a, 24 października 1944, KV2 460.
5. Raport z obozu 020, 11 lipca 1944, KV2 459.
6. Ibid.

7. Przypisywany Robertsonowi raport o szkoleniu SOE, KV4 172.

8. Raport Reeda, 15 marca 1943, KV2 459, dokument 254 B.

9. Masterman, *Brytyjski system podwójnych agentów 1939–1945*, s. 32.

10. Raport z obozu 020, 11 lipca 1944, KV2 459.

11. Ibid.

12. *Chapman*, s. 158.

13. Raport z obozu 020, 11 lipca 1944, KV2 459.

14. Memorandum Mastermana, 18 kwietnia 1943, KV2 461.

15. Memorandum Montagu, 18 kwietnia 1943, KV2 461.

16. Memorandum Rothschilda, 25 kwietnia 1943, KV2 461.

17. Ibid.

18. Ibid.

19. Rothschild o planie Niewypał, KV2 461.

20. List pułkownika Lesliego Wooda do Rothschilda, KV2 461.

21. Odręczna notka Mastermana odnośnie do planu operacji Niewypał, KV2 461.

22. Memorandum Mastermana, KV2 461.

23. Raport Browna, 26 kwietnia 1943, KV2 461.

24. Raport Reeda, 26 kwietnia 1943, KV2 461.

25. Raport Browna, 26 kwietnia 1943, KV2 461.

26. Raport Reeda, 26 kwietnia 1943, KV2 461.

27. Ibid.

28. Memorandum, 26 kwietnia 1943, KV2 461.

29. Raport Reeda, 26 kwietnia 1943, KV2 461.

30. Duff Cooper do Dicka White'a, 5 maja 1943, KV2 459.

31. Ibid.

32. Memorandum Rothschilda, 6 grudnia 1943 KV2 461.

33. Ibid.

21. Lodowy front

1. Wywiad z Ingeborg von Gröning, Brema, 22 maja 2006.

2. *Chapman*, s. 161.

3. Raport Ryde'a, 24 października 1944, KV2 460.

4. Raport z obozu 020, 11 lipca 1944, KV2 459.

5. Ibid.

6. *Chapman*, s. 164.

7. Raport z obozu 020, 11 lipca 1944, KV2 459.

8. Raport Ryde'a, 24 października 1944, KV2 460.

9. Raport z obozu 020, 11 lipca 1944, KV2 459.

10. Masterman, *Brytyjski system podwójnych agentów 1939–1945*, s.187.

11. Ibid., s. 72.
12. Wywiad z Ingeborg von Gröning, Brema, 22 maja 2006.
13. Ibid.
14. Raport z obozu 020, 11 lipca 1944, KV2 459.
15. Olav Riste, Berit Nökleby, *Norway, 1940–45: The Resistance Movement*, Oslo 2004, s. 51.
16. *Chapman*, s. 171.
17. Ibid.
18. Raport z obozu 020, 11 lipca 1944, KV2 459.
19. Raport Stephensa, 29 czerwca 1944, KV2 459.
20. Raport z obozu 020, 11 lipca 1944, KV2 459.
21. *Chapman*, s. 172.
22. Ibid.
23. Raport z obozu 020, 11 lipca 1944, KV2 459.
24. Wywiad Rothschilda z agentem Jiggerem (von Schoenichem) w Paryżu, 8 listopada 1944, KV2 460.
25. Ibid.
26. *Chapman*, s. 174
27. Raport z obozu 020, 11 lipca 1944, KV2 459.
28. Ibid.
29. *Chapman*, s. 175.
30. Raport z obozu 020, 11 lipca 1944, KV2 459.
31. Ibid.
32. Ibid.
33. Ibid.
34. Ibid.
35. Ibid.
36. *Chapman*, s. 171.
37. Ibid., s. 176.

22. Dziewczyna z Ritza

1. Wywiad z Bibbi Røset, Oslo, 15 czerwca 2006.
2. Ibid.
3. Ibid.
4. Raport z obozu 020, 11 lipca 1944, KV2 459.
5. Wywiad z Bibbi Røset, Oslo, 15 czerwca 2006.
6. Raport z obozu 020, 11 lipca 1944, KV2 459.
7. *Chapman*, s. 177.
8. Wywiad z Bibbi Røset, Oslo, 15 czerwca 2006.
9. *Chapman*, s. 178.

10. Raport Stephensa, 29 czerwca 1944, KV2 459.
11. Raport z obozu 020, 11 lipca 1944, KV2 459.
12. Ibid.
13. Ibid.
14. Raport Stephensa, 29 czerwca 1944, KV2 459.
15. Ibid.
16. *Chapman*, s. 179.
17. Raport z obozu 020, 11 lipca 1944, KV2 459.
18. Ibid.
19. Ibid.
20. *Chapman*, s. 180.
21. Ibid.
22. Raport z obozu 020, 11 lipca 1944, KV2 459.
23. Ibid.
24. Ibid.
25. Raport Ryde'a, 20 października 1944, KV2 460.
26. Ibid.
27. *Chapman*, s. 196.
28. Wywiad z Leifem Myhrem, Oslo, 16 czerwca 2006.
29. Ibid.
30. Raport z obozu 020, 11 lipca 1944, KV2 459.
31. Ibid.
32. Przesłuchanie przez V. Rothschilda, 28 stycznia 1943, KV2 458.
33. Raport z obozu 020, 11 lipca 1944, KV2 459.
34. Wywiad z Bibbi Røset, Oslo, 15 czerwca 2006.
35. Raport z obozu 020, 11 lipca 1944, KV2 459.
36. Ibid.

23. Konsultant w dziedzinie sabotażu

1. Raport z obozu 020, 11 lipca 1944, KV2 459.
2. Ibid.
3. Raport Stephensa, 29 czerwca 1944, KV2 459.
4. Raport z obozu 020, 11 lipca 1944, KV2 459.
5. Ibid.
6. Raport Stephensa, 29 czerwca 1944, KV2 459.
7. Raport z obozu 020, 11 lipca 1944, KV2 459.
8. Ibid.
9. Masterman, *Brytyjski system podwójnych agentów 1939–1945*, s. 171.
10. *Camp 020*, s. 350.
11. Raport z obozu 020, 11 lipca 1944, KV2 459.

12. Raport Ryde'a, 27 lipca 1944, KV2 460.
13. Raport Stephensa, 29 czerwca 1944, KV2 459.
14. Ibid.
15. Raport z obozu 020, 11 lipca 1944 KV2 459.
16. Ibid.
17. Ibid.
18. Wywiad z Bibbi Røset, Oslo, 15 czerwca 2006.
19. Ibid.
20. Raport z obozu 020, 11 lipca 1944, KV2 459.
21. Memorandum Reeda, 7 lipca 1944, KV2 459.
22. Ibid.

24. Lunch w hotelu Lutétia

1. Przejęty meldunek ISOS, 15 grudnia 1944, KV2 459.
2. *Camp 020*, s. 298
3. Ibid.
4. Ibid.
5. Ibid, s. 299.
6. Ibid.
7. Masterman, *Brytyjski system podwójnych agentów 1939–1945*, s. 171.
8. Ibid.
9. Raport z obozu 020, 11 lipca 1944, KV 459.
10. Ibid.
11. Raport z obozu 020, 11 lipca 1944, KV2 459.
12. Ibid.
13. Raport Stephensa, 29 czerwca 1944, KV 459.
14. Ibid.
15. Raport z obozu 020, 11 lipca 1944, KV2 459.
16. Ibid.
17. Ibid.
18. „News of the World", 25 października 1953.
19. Ibid.
20. *Faramus*, s. 93.
21. Ibid., s. 100.
22. Ibid., s. 136.
23. Ibid., s. 82.
24. Raport z obozu 020, 11 lipca 1944, KV2 459.
25. *Chapman*, s. 241.
26. Raport z obozu 020, 11 lipca 1944, KV2 459.
27. Raport Stephensa, 29 czerwca 1944, KV2 459.

28. Raport z obozu 020, 11 lipca 1944, KV2 459.

29. Raport Stephensa, 29 czerwca 1944, KV2 459.

30. Ibid.

31. Cytowane we wspomnieniu pośmiertnym Ericha Vermehrena de Saventhema autorstwa Richarda Bassetta, „Independent", 3 maja 2005.

32. *Chapman*, s. 237.

33. Raport z obozu 020, 11 lipca 1944, KV2 459.

34. Ibid.

35. Ibid.

36. Raport, 13 lipca 1944, KV2 460.

37. Raport z obozu 020, 11 lipca 1944, KV2 459.

38. Ibid.

39. „News of the World", 1 listopada 1953.

40. Raport z obozu 020, 11 lipca 1944, KV2 459.

41. „News of the World", 1 listopada 1953.

42. Ibid.

43. „News of the World", 25 października 1953.

44. *Chapman*, s. 244.

25. Oszust marnotrawny

1. „News of the World", 1 listopada 1953.

2. Raport z obozu 020, 11 lipca 1944, KV2 459.

3. „News of the World", 1 listopada 1953.

4. Reed – wywiad.

5. Przejęty meldunek ISOS, 10 czerwca 1944, KV2 459.

6. Memorandum, 25 września 1944, KV2 460.

7. *Camp 020*, s. 224.

8. Memorandum, 28 czerwca 1944, KV2 459.

9. Stephens w raporcie z obozu 020, 11 lipca 1944, KV2 459.

10. Raport z obozu 020, 11 lipca 1944, KV2 459.

11. *Camp 020*, s. 218.

12. Stephens w raporcie z obozu 020, 11 lipca 1944, KV2 459.

13. Memorandum Milmo, 29 czerwca 1944, KV2 459.

14. Reed – wywiad.

15. Raport z obozu 020, 11 lipca 1944, KV2 459.

16. Dearden, cytowane w raporcie Stephena, 29 czerwca 1944, KV2 459.

17. Memorandum Reeda, 28 czerwca 1944, KV2 459.

18. Stephens w raporcie z obozu 020, 11 lipca 1944, KV2 459.

19. Ibid.

20. Memorandum, 10 lipca 1944, KV2 459.
21. Memorandum Reeda, 28 czerwca 1944, KV2 459.
22. Thaddeus Holt, *The Deceivers: Allied Military Deception in the Second World War*, Londyn 2004, s. 853.
23. Raport Reeda, 28 czerwca 1944, KV2 459.
24. Memorandum Milmo, 1 sierpnia 1944, KV2 460.
25. Memorandum Milmo, 28 czerwca 1944, KV2 459.
26. Memorandum, 29 czerwca 1944, KV2 459.
27. Raport z obozu 020, 11 lipca 1944, KV2 459.
28. Raport Stephensa, 29 czerwca 1944, KV2 459.
29. Raport z obozu 020, 11 lipca 1944, KV2 459.
30. Memorandum Ryde'a, 14 sierpnia 1944, KV2 460.
31. Memorandum Milmo, 28 czerwca 1944, KV2 459.
32. Raport z obozu 020, 11 lipca 1944, KV2 459.
33. Raport Stephensa, 29 czerwca 1944, KV2 459.
34. Raport z obozu 020, 11 lipca 1944, KV2 459.
35. Ibid.
36. Memorandum Marriotta, 29 lipca 1943, KV2 459.
37. Raport z obozu 020, 11 lipca 1944, KV2 459.
38. Stephens w raporcie z obozu 020, 11 lipca 1944, KV2 459.
39. Raport Stephensa, 29 czerwca 1944, KV2 459.
40. Ibid.

26. Pluskwy

1. Masterman, *Brytyjski system podwójnych agentów 1939–1945*, s. 179.
2. Ibid.
3. Ibid.
4. Michael Howard, *Strategic Deception in the Second World War*, Londyn 1995, s. 178.
5. Ibid.
6. Memorandum Reeda, 28 czerwca 1944, KV2 459.
7. Masterman, *Brytyjski system podwójnych agentów 1939–1945*, s. 181.
8. Ibid.
9. Memorandum, KV2 460.
10. Uwaga z Ministerstwa Lotnictwa, 29 sierpnia 1944, KV2 460.
11. Memorandum J.A. Drew, 11 lipca 1944, KV2 459.
12. Raport Ryde'a, 26 lipca 1944, KV2 460.
13. Ryde do Robertsona, 13 września 1944, KV2 460.
14. Masterman, *Brytyjski system podwójnych agentów 1939–1945*, s. 172.

15. Masterman, *The Chariot Wheel*, s. 212.
16. Ibid.
17. Memorandum, 1 sierpnia 1944, KV2 460.
18. Memorandum Ryde'a, 14 sierpnia 1944, KV2 460.
19. Ibid.
20. Reed – wywiad.
21. Memorandum Marriotta, 29 lipca 1943, KV2 459.
22. Ibid.
23. Memorandum sir Alexandra Maxwella, 15 lipca 1944, KV2 460.
24. Uwagi D.I. Wilsona do powyższego.
25. Memorandum Ryde'a, 14 sierpnia 1944, KV2 460.
26. Ibid.
27. Raport Stephensa, 29 czerwca 1944, KV2 459.
28. Ibid.
29. Memorandum Ryde'a, 26 lipca 1944, KV2 460.
30. Memorandum Ryde'a, 6 sierpnia 1944, KV2 460.
31. Memorandum Ryde'a, 26 lipca 1944, KV2 460.
32. Ibid.
33. Memorandum Ryde'a, 14 sierpnia 1944, KV2 460.
34. Memorandum, 1 sierpnia 1944, KV2 460.
35. Ibid.
36. Ibid.
37. Montagu, op. cit., s. 114.
38. Ibid.
39. Ibid., s. 124.
40. Ibid., s. 125.
41. Memorandum, 1 sierpnia 1944, KV2 460.
42. Memorandum Ryde'a, 6 sierpnia 1944, KV2 460.
43. Reed – wywiad.

27. Wyścigi psów

1. Raport z obozu 020, 11 lipca 1944, KV2 459.
2. Raport Ryde'a, 24 sierpnia 1944, KV2 460.
3. Memorandum Ryde'a, 8 sierpnia 1944, KV2 460.
4. *Camp 020*, s. 225.
5. Ibid.
6. Memorandum Ryde'a, 14 sierpnia 1944, KV2 460.
7. Memorandum Robertsona, 15 sierpnia 1944, KV2 460.
8. Ibid.
9. Ibid.

10. Memorandum, 1 sierpnia 1944, KV2 460.
11. Ibid.
12. Montagu, op. cit., s. 126.
13. Ibid.
14. Fałszywy list od A.B. Wooda, KV2 460.
15. Montagu, op. cit., s. 126.
16. Ryde do Robertsona, 13 września 1944, KV2 460.
17. Przejęty meldunek ISOS, 25 września 1944, KV2 460.
18. Ryde do Robertsona, 13 września 1944, KV2 460.
19. Ibid.
20. Memorandum, 1 sierpnia 1944, KV2 460.
21. Memorandum Ryde'a, 6 sierpnia 1944, KV2 460.
22. Ibid.
23. Ibid.
24. Memorandum Robertsona, 15 sierpnia 1944, KV2 460.
25. Ibid.
26. Ibid
27. Memorandum Ryde'a, 6 sierpnia 1944, KV2 460.
28. Ibid.
29. Memorandum Ryde'a, 14 sierpnia 1944, KV2 460.
30. Ryde do Robertsona, 13 września 1944, KV2 460.
31. Ibid.
32. Raport Ryde'a, 24 sierpnia 1944, KV2 460.
33. Memorandum Ryde'a, 14 sierpnia 1944, KV2 460.
34. Ryde do Robertsona, 13 września 1944, KV2 460.
35. Przejęty meldunek ISOS, 4 września 1944, KV 460.
36. Ibid.
37. Raport Stephensa, 29 czerwca 1944, KV2 459.
38. Przejęty meldunek ISOS, 4 września 1944, KV2 460.
39. Wiadomość wysłana 14 września 1944, KV2 460.
40. Przejęty meldunek ISOS, 28 sierpnia 1944, KV2 460.

28. Sprawa zamknięta

1. Raport Ryde'a, 28 sierpnia 1944, KV2 460.
2. Ibid.
3. Memorandum Montagu, 29 sierpnia 1944, KV2 460.
4. Ibid.
5. Ibid.
6. Memorandum Ryde'a, 6 sierpnia 1944, KV2 460.
7. Memorandum Ryde'a, 14 sierpnia 1944, KV2 460.

8. Ibid.

9. Raport Ryde'a, 24 sierpnia 1944, KV2 460.

10. Ibid.

11. Ryde do Robertsona, 13 września 1944, KV2 460.

12. Raport Ryde'a, 19 września 1944, KV2 460.

13. Ryde do Robertsona, 13 września 1944, KV2 460.

14. Raport Ryde'a, 19 września 1944, KV2 460.

15. Raport Ryde'a, 24 października 1944, KV2 460.

16. Ibid.

17. Odręczna notka Mastermana do powyższego.

18. Ibid.

19. Sygnowana kopia Ustawy o tajnych dokumentach, 2 listopada 1944, KV2 461.

20. Raport Ryde'a, 24 października 1944, KV2 460.

21. Ibid.

22. Ibid.

23. *Camp 020*, s. 217.

24. „Sunday Chronicle", 24 lipca 1954.

25. Eddie Chapman, *Free Agent,* s. 11.

26. Wywiad z Betty Chapman, 25 listopada 2005.

27. Eddie Chapman, *Free Agent,* s. 12.

28. Wywiad z Betty Chapman, 25 listopada 2005.

Epilog

1. Cytowane w: Wilson, op. cit.

2. Masterman, *On the Chariot Wheel*, s. 219.

3. Przemówienie Christophera Harmera na nabożeństwie w opactwie Pershore ku czci T.A. Robertsona.

4. Masterman, *The Case of the Four Friends*, s. 14.

5. Masterman, *On the Chariot Wheel*, s. 371.

6. Ibid., s. 361.

7. „Daily Telegraph", 4 grudnia 1986.

8. Lois Maxwell (panna Moneypenny), cytowane w Wikipedii.

9. Rejestr kapitanów Lloyda, National Maritime Museum.

10. *Camp 020*, s. 22

11. FO 371/70830, CG 2290/G, cytowane przez Hoare w: *Camp 020*, s. 8.

12. Wywiad z Ingeborg von Gröning, Brema, 22 maja 2006.

13. FO 371/70830, CG 2290/G.

14. *Camp 020*, s. 72.

15. *Faramus*, s. 177.

16. Ibid.

17. Słowo wstępne Eddiego Chapmana do powyższego, s. 7.

18. Wywiad z Bibbie Røset, Oslo, 15 czerwca 2006.

19. Ibid.

20. Ibid.

21. *Camp 020*, s. 226.

22. „Evening Standard", 13 października 1948.

23. Ibid.

24. „Daily Telegraph", 10 października 1974.

25. „The Times", notka pośmiertna Eddiego Chapmana, 26 grudnia 1997.

26. „Daily Express", *The Sentimental Screwsman*, 21 października 1960.

27. Masterman, *On the Chariot Wheel*, s. 361.

28. „News of the World", *A Traitor or a Hero?*, 10 stycznia 1954.

29. Chapman do von Gröninga, 1 listopada 1974, dzięki uprzejmości Ingeborg von Gröning.

30. Wywiad z Betty Chapman, 25 listopada 2005.

PODZIĘKOWANIA

Wiele ludzi z pięciu krajów przyczyniło się do powstania tej książki, pomagając w dotarciu do źródeł, udzielając wywiadów, porad, dzieląc się zdjęciami, dokumentami i wspomnieniami. W Anglii wśród osób, którym winien jestem ogromną wdzięczność, są: Betty Chapman, Tony Faramus, Howard Davies i Hugh Alexander z National Archives, dziękuję też Mary Teviot za jej wspaniałe dokonania w dziedzinie genealogii. Za nieocenione konsultacje historyczne jestem wdzięczny profesorowi M.R.D. Footowi i Calderowi Waltonowi, majorowi A.J. Edwardsowi i zmarłemu już pułkownikowi Tony'emu Williamsowi z Military Intelligence Museum Archive, Caroline Lamb z Liddell Hart Centre for Military Archives, Dunii Garcia-Ontiveros z National Maritime Museum, George'owi Malcolmsonowi z Royal Navy Submarine Museum, Davidowi Capusowi z Metropolitan Police Service Records Management Branch. Andrei i Edwardowi Ryde'om, Sophii i Charlesowi Kitsonom, Margery Barrie, Carolyn Elton, Nicholasowi Reedowi i Charlesowi Chiltonowi dziękuję za pomoc w stworzeniu pełniejszego wizerunku prowadzących Chapmana oficerów. Na Jersey Steven Guy-Gibbens, naczelnik więzienia La Moye, i Paul Matthews, notariusz, umożliwili mi dostęp do akt więziennych, policyjnych i sądowych; dziękuję również Lindzie Romeril i Stuartowi Nicolemu z Jersey Historical Archives oraz Janowi Hadleyowi i Johnowi Gueganowi z tamtejszego „Evening Post". W Norwegii Alf Magnussen z „Aftenposten" pomógł przywrócić pamięć o Dagmar dzięki relacjom Bibbi Røset, Leifego Myhrego i Haralda Næssa, a ten ostatni pozwolił mi rozwalić łomem część dachu w poszukiwaniu ukrytego przez Chapmana filmu. W Stanach Zjednoczonych Anne Cameron Berlin wprowadziła mnie do US National Archives, w Niemczech natomiast niezmiernie pomogli mi Peter Steinkamp z Bundesarchiv-Militärarchiv we Freiburgu oraz gościnne Ingeborg i Petra von Gröning. Wdzięczny również jestem Georges'owi i Caroline Paruit, właścicielom La Bretonnière w Nantes.

Jak na tajną organizację, Wydział Piąty okazał się przykładem otwartości, nie tylko pozwalając mi na dostęp do jeszcze niedawno utajnionych dokumentów, lecz także pomagając w znalezieniu dodatkowych materiałów. Innym, którzy woleli nie podawać nazwisk, powiem: wiecie, jak jestem Wam wdzięczny.

Robert Thomson, Keith Blackmore, Anne Spackman, Bob Kirwin, Daniel Finkelstein i pozostali moi koledzy z „The Times" byli niezwykle pomocni i wyrozumiali. Michael Evans cały czas służył swą ogromną wiedzą, a Denise Reeves dokonywała cudów, wyszukując zdjęcia.

Michael Fishwick i Trâm-Anh Doan z wydawnictwa Bloomsbury stanowili parę czarujących i kompetentnych współpracowników, zaś praca Kate Johnson nad oryginałem książki zaoszczędziła mi niejednego zakłopotania. Wszystkie pozostałe niedociągnięcia są skutkiem mojego uporu.

I na koniec – jak zawsze – składam wyrazy podziękowania i miłości Kate Muir za jej wsparcie, cierpliwość i subtelne sugestie edytorskie. Jej też tę książkę poświęcam.

WYBRANA BIBLIOGRAFIA

Archiwa
Archiwum Narodowe w Kew
Narodowe Muzeum Morskie w Greenwich
Tajne Archiwum Wojskowe we Freiburgu
Archiwum Narodowe w Waszyngtonie
Archiwum Piśmiennictwa Biblioteki Brytyjskiej
Archiwum Historyczne Jersey
Archiwum Piśmiennictwa Jersey w St Helier
Archiwum Sądownicze Jersey

Źródła drukowane
C. Andrew, *Secret Service: The Making of the British Intelligence Community* (Londyn, 1985)

R. Bennett, *Behind the Battle: Intelligence in the War with Germany 1939–45* (Londyn, 1999)

M. Carter, *Anthony Blunt: His Lives* (Londyn, 2001)

E. Chapman, *The Eddie Chapman Story*; przedmowa: F. Owens (Londyn, 1953)

E. Chapman, *Free Agent: The Further Adventures of Eddie Chapman* (Londyn, 1955)

E. Chapman, *The Real Eddie Chapman Story* (Londyn, 1966)

J. Curry, *The Security Service 1908–1945: The Offcial History* (Londyn, 1999)

L. Farago, *The Game of the Foxes: The Untold Story of German Espionage in the US and Great Britain During World War Two* (Nowy Jork, Londyn, 1972)

A.C. Faramus, *The Faramus Story* (Londyn, rok wydania nieznany)

A.C. Faramus, *Journey into Darkness: A True Story of Human Endurance* (Londyn, 1990)

M.R.D. Foot, *SOE: The Special Operations Executive 1940–1946* (Londyn, 1999)

T. Harris, *Garbo: The Spy Who Saved D-Day*; wstęp: M. Seaman (Londyn, 2004)

H. Haufler, *The Spies Who Never Were: The True Stories of the Nazi Spies Who Were Actually Double Agents* (Nowy Jork, 2006)

R. Hesketh, *Fortitude: The D-Day Deception Campaign* (Londyn, 1999)

F.H. Hinsley, *British Intelligence in the Second World War: Its Influence on Strategy and Operations*, cz. I (Londyn, 1979)

F.H. Hinsley, C.A.G. Simkins, *British Intelligence in the Second World War: Security and Counter-Intelligence*, cz. IV (Londyn, 1990)

T. Holt, *The Deceivers: Allied Military Deception in the Second World War* (Londyn, 2004)

H. Michael, *Strategic Deception in the Second World War* (Londyn, 1995)

D. Kahn, *Szpiedzy Hitlera: niemiecki wywiad wojskowy w czasie II wojny światowej* (Nowy Jork, 2000; Warszawa, 2000)

P. Knightley, *The Second Oldest Profession* (Londyn, 1986)

G. Liddell, *The Guy Liddell Diaries, 1939–1945*, cz. I i II (Londyn, 2005)

K. Macksey, *The Searchers: Radio Intercept in Two World Wars* (Londyn, 2003)

J.C. Masterman, *Brytyjski system podwójnych agentów 1939–1945* (Londyn, 1972; Warszawa 1974)

J.C. Masterman, *On the Chariot Wheel: An Autobiography* (Oksford, 1975)

R. Miller, *Codename Tricycle: The True Story of the Second World War's Most Extraordinary Double Agent* (Londyn, 2005)

E. Montagu, *Beyond Top Secret Ultra* (Londyn, 1977)

E. Montagu, *Człowiek, którego nie było* (Oksford, 1996; polskie wyd. w zbiorze z: D. Cooper, *Operacja „Złamane Serce"*, Warszawa, 2006)

L. Paine, *The Abwehr: German Military Intelligence in World War II* (Londyn, 1984)

D. Popov, *Spy/Counterspy* (Nowy Jork, 1974)

K. Rose, *Elusive Rothschild: The Life of Victor, Third Baron* (Londyn, 2003)

H. Sebag-Montefiore, *Enigma: The Battle for the Code* (Londyn, 2000)

P. Schenk, *Invasion of England 1940: The Planning of Operation Sealion* (Londyn, 1990)

R. „Cynowe Oko" Stephens, *Camp 020: MI5 and the Nazi Spies*; wstęp: O. Hoare (Londyn, 2000)

W. Stevenson, *A Man Called Intrepid: The Secret War of 1939–45* (Londyn, 1976)

J.H. Waller, *Niewidzialna wojna w Europie: szpiegostwo i konspiracja w latach 1939–1945* (Nowy Jork, Londyn, 1996; Warszawa, 1999)

N. West, *MI-5: operacje brytyjskiej Służby Bezpieczeństwa 1909–1945* (Londyn, 1981; Warszawa 1999)

E.J. Wilson, *The War in the Dark: The Security Service and the Abwehr 1940–1944*, praca doktorska (Cambridge, 2003)

F.W. Winterbotham, *The Ultra Secret* (Londyn, 1974)

ŹRÓDŁA ZDJĘĆ

Za rozwinięcie poniższych not uznaje się również tekst *Podziękowań* ze stron 358–359. Przedruk zdjęć ze zbiorów prywatnych za zgodą Bloomsbury Publishing Plc.

Wkładka nr 1

Eddie Chapman, 16 grudnia 1942 roku (KV2 458 © the National Archives)

Chapman w obozie 020 (KV2 462 © the National Archives)

Chapman podczas wieczerzy wigilijnej, 1942 rok (KV2 462 © the National Archives)

Chapman podczas wieczerzy wigilijnej, 1942 rok (KV2 462 © the National Archives)

Irlandzki dowód tożsamości (KV2 462 © the National Archives)

Książeczka żeglarska (KV2 462 © the National Archives)

Jersey pod okupacją (© Popperfoto/Getty Images)

Norwegia pod okupacją (© Getty Images)

Wjazd do Romainville (ze zbioru Anthony'ego Faramusa w *Journey into Darkness*, Grafton Books, 1990)

Faramus w obozie śmierci Mauthausen-Gusen (ze zbioru Anthony'ego Faramusa w *Journey into Darkness*, Grafton Books, 1990)

Faramus jako jeniec wojenny w *Ucieczce z Colditz* (ze zbioru Anthony'ego Faramusa w *Journey into Darkness*, Grafton Books, 1990)

Bombowiec Mosquito podczas budowy w zakładach lotniczych (© Hulton-Deutsch Collection/CORBIS)

Mosquito – drewniany cud (© Bettmann/CORBIS)

Zakłady lotnicze De Havillanda (KV2 457 © the National Archives)

Zainscenizowany sabotaż w zakładach De Havillanda (KV2 458 © the National Archives)

Bomba węglowa (KV2 461 © the National Archives)

Zdjęcie rentgenowskie bomby węglowej (KV2 461 © the National Archives)

Spreparowana fotografia (KV2 460 © the National Archives)

Wkładka nr 2

Rittmeister Stephan von Gröning (dzięki uprzejmości Ingeborg von Gröning)

Stephan von Gröning jako młody oficer (dzięki uprzejmości Ingeborg von Gröning)

Franz Stoetzner (dzięki uprzejmości MI5)

Karl Barton (dzięki uprzejmości MI5)

Lord Rothschild (© Getty Images)

John Cecil Masterman (© National Portrait Gallery, London)

Jasper Maskelyne (© Mary Evans Picture Library/Alamy/BE&W)

Major Ronnie Reed (dzięki uprzejmości Nicholasa Reeda)

Reed z niemiecką radiostacją Chapmana (dzięki uprzejmości Nicholasa Reeda)

Dagmar Lahlum (dzięki uprzejmości Bibbi Røset)

Freda Stevenson z córeczką (KV2 462 © the National Archives)

Graffiti na strychu La Bretonnière (ze zbiorów Autora)

Hitler jako marchewka (ze zbiorów Autora)

Villa de la Bretonnière w 1942 roku (dzięki uprzejmości Ingeborg von Gröning)

Chapman z Billym Hillem (© Ullstein bild/BE&W)

Chapman w mundurze SS (© Popperfoto/Getty Images)

Krzyż Żelazny (dzięki uprzejmości Nicholasa Reeda, zdjęcie Richarda Pohle)

Chapman w 1953 roku (© AP/BE&W)

Zdjęcia w tekście

INDEKS

SPIS TREŚCI

Ben Macintyre jest felietonistą i zastępcą redaktora naczelnego „The Times". Pracował jako korespondent w Nowym Jorku, Paryżu i Waszyngtonie. Obecnie mieszka w Londynie wraz z żoną i trojgiem dzieci. *Agent Zigzag* jest jego piątą książką.

Wydawnictwo NASZA KSIĘGARNIA Sp. z o. o.
02-868 Warszawa, ul. Sarabandy 24c
tel. 022 643 93 89, 022 331 91 49,
faks 022 643 70 28
e-mail: wnk@wnk.com.pl

Dział Handlowy
tel. 022 331 91 55, tel./faks 022 643 64 42
Sprzedaż wysyłkowa: tel. 022 641 56 32
e-mail: sklep.wysylkowy@wnk.com.pl
www.wnk.com.pl

*Książkę wydrukowano na papierze
Ecco-Book Cream 60 g/m² wol. 2,0.*

Redaktor prowadzący **Katarzyna Piętka**
Opieka merytoryczna **Magdalena Korobkiewicz**
Redakcja **Magda Majewska**
Korekta **Anna Wieczorek,
Malwina Łozińska, Jolanta Sztuczyńska**
Opracowanie indeksu **Ewa Mościcka**
Redaktor techniczny, DTP **Agnieszka Dwilińska-Łuc**

ISBN 978-83-10-11683-3

PRINTED IN POLAND

Wydawnictwo „Nasza Księgarnia", Warszawa 2010 r.
Wydanie pierwsze
Druk: Opolgraf S.A.